2021

中国农垦统计年鉴

CHINA STATE FARMS STATISTICAL YEARBOOK

中华人民共和国农业农村部农垦局
中 国 农 垦 经 济 发 展 中 心　编

中国农业出版社
北京

《2021中国农垦统计年鉴》编辑委员会

2021 ZHONGGUO NONGKEN TONGJI NIANJIAN BIANJI WEIYUANHUI

主　任：张桃林

副主任：左常升　邓庆海　李尚兰　彭剑良　程景民　王润雷
秦福增

委　员：（按垦区顺序排列）

王国丰　张　勇　邓祥顺　曹　庆　郭荣琴　陈　健
贾志翔　王守聪　向世华　肖荷花　魏红军　郑永利
詹先豪　兰亨庭　吴颖霞　孙明河　方汝东　李宗友
胡祥文　支光南　甘承会　盖文启　何　勇　吴运杰
吴忠志　余　繁　郭　剑　谢天德　赵得林　张　戈
姚新民　李万茂　安尼瓦尔·亚森　齐新林　王庆煌
林辉新　朱云生　武新宇　王　生

《2021中国农垦统计年鉴》编辑人员

主　　编：王润雷

副 主 编：武新宇　王　生　周　磊　程维歧　张若凡

编辑人员：（按垦区顺序排列）

王宏伟　李少川　王　伟　高保萍　吕　红　韩　军　张　舒

张　斌　沈轶敏　端　静　谷兆骐　闫崔峰　黄明明　彭　欢

段恩来　刘红岩　焉　潮　罗超意　湛　欣　韦汉东　梁园园

严　凌　熊召军　赵　颖　周　力　于智勇　张　程　杨文智

王　丽　蒋　伟　赵海涛　闫香国　赵慧阳　刘琼璇　陈　飞

王　爽

审　　稿：张若凡　罗菁菁

内蒙古兴安农垦收获小麦

内蒙古兴安农垦收获大豆

内蒙古农垦

内蒙古农垦现有104个国有农牧场，分布在10个盟（市）、46个旗(县、区、市)。现有土地面积3 376.94千公顷，其中耕地748.2千公顷，牧草地2 227.13千公顷，林地220.42千公顷。垦区总人口46.3万人，年末从业人员17.9万人。2020年实现生产总值122亿元，人均可支配收入1 7140元。

垦区农牧业标准化建设不断加强

一是重点在通辽等垦区推广玉米深耕深松、全程机械化技术，标准化种植建设面积达到32万亩；在大兴安岭垦区推广大豆大垄高台、垄上三行窄沟密植技术，标准化种植建设面积达46.48万亩；在巴彦淖尔、包头、赤峰、兴安盟垦区试种推广高丹草面积达7 000亩，平均亩产10～12吨，有效降低养殖户饲料成本。

二是推进海拉尔垦区和锡林郭勒盟垦区畜牧业标准化养殖建设，主推优良品种、饲养管理等建设。推进杂交改良技术，引进澳大利亚多羔萨福克胚胎3 000枚，完成胚胎移植，在全区农垦推进湖羊、澳大利亚多胎萨福克羊的培育繁殖达4万只。

垦区高标准农田建设不断完善

呼伦贝尔农垦集团完成2020年6万亩高标准农田建设项目规划，年底前开工建设；兴安农垦已经完成80%以上的高标准农田项目建设，剩余工程正在抓紧施工，预计在年底前完成2万亩的目标任务。

垦区农牧业综合服务能力不断提升

农垦企业充分发挥规模化、机械化优势，积极推广宣传先进的生产技术和优良品种，发挥示范带动作用，提供农垦企业跨区作业投入机械达204台套，农垦企业跨区作业面积达62.63万亩。

右图：内蒙古兴安农垦肉牛养殖、
内蒙古兴安农垦自己培育的兴安细毛羊
内蒙古兴安农垦梅花鹿养殖、
内蒙古兴安农垦野猪养殖

广东农垦胶林新姿

广东农垦

砥砺七十年 奋进新征程

1951年11月，广东农垦的前身华南垦殖局成立。2万多名官兵组建的2个林业工程师和1个独立团助力新中国橡胶垦殖事业发展，将南泥湾军垦火种播撒在了华南大地上。70年来，广东农垦披荆斩棘、砥砺奋进，已经发展成为涵盖天然橡胶、剑麻、蔗糖、乳业、畜牧、粮油、果蔬、休闲旅游、新型城镇化等产业领域，一、二、三产业融合发展、国内外市场同步开拓的现代农业“国家队”。

围绕“海外再造新广垦”的战略目标，广东农垦以东南亚等地区为重点，大力推动天然橡胶等产业“走出去”发展。如今的广东农垦已是全球最大的天然橡胶全产业链经营企业，产品国际竞争力和市场话语权逐步提升。

在乡村振兴的时代大潮中，广东农垦依托湛江垦区国家现代农业示范区，蔗糖、剑麻国家优势特色产业集群，菠萝优势产区省级现代农业产业园等平台，引导周边农户种植优质菠萝、高产甘蔗、红心火龙果等，带动地方产业转型升级、农民增收致富。参与组建广东种业集团，每年向地方供应优质种苗1 000万株以上。

广东农垦将坚定履行战略资源保障者、现代农业引领者、乡村振兴践行者的时代使命，聚焦国家战略资源、现代农业和食品供给、城乡融合发展等主业，深化国企和农垦改革，建设现代化美丽垦区，全力打造具有国际竞争力的现代农业企业集团。

广垦橡胶（湄公河）有限公司外景

红星农场有限公司“红土金菠”生产基地

庐山农垦

Lushan Agricultural Reclamation

庐山综合垦殖场

庐山综合垦殖场始建于1957年12月，总场场部坐落于庐山牯岭大林路93号，辖区面积约81.2平方公里，总人口10 105人，职工3 195人。

庐山综合垦殖场是一家国营农垦现代化农业企业，具有物华天宝、人杰地灵的独特优势。自1957年建场以来，庐山农垦人发扬“艰苦奋斗，勇于开拓”的农垦精神，致力于开发山区、建设山区、发展山区，为当地经济社会发展做出了突出贡献。特别是党的十八大以来，庐山综合垦殖场坚持向改革要动力，向创新要活力，向特色优势要竞争力，重点围绕打造休闲旅游农业、培植庐山云雾茶品牌、优化绿色水产养殖、开发名优特新果业种植，调结构、强产业、促融合，着力构建“环庐山经济带”，取得丰硕成果。“一杯云雾茶，半部庐山史”，庐山云雾茶品牌享誉中外。“一颗黄金果开启财富密码”，碧根果优质种苗繁育种植、产品研发，助推一、二、三产融合发展。“石门涧文旅综合体特色小镇”“庐山云茶谷”建设承载着农垦山水文脉，向世人传唱“庐山天下悠”的动人歌谣。

景区风光

党的十八大以来，庐山综合垦殖场坚持经济建设、政治建设、文化建设、社会建设和生态文明建设五位一体，全面推进，成就了垦区、园区、景区与城区一体化发展，开创了富有中国特色社会主义的乡村振兴样板，构建起了富有农垦气质、品质、特质、味道的中国特色乡村，让庐山综合垦殖场承载起了乡音、乡情、乡愁与乡土情怀。

美丽庐山，出彩农垦。庐山综合垦殖场是一片投资兴业的热土，也是一方修心养性的仙境。

碧根果产品

茶叶基地

淮海农场

建设“四个工作室”引领高质量发展

为擘画“十四五”新蓝图，进一步抓好经济转型、民生提档、社会和谐，淮海农场以“四个工作室”建设为抓手，通过集聚要素资源和力量，大力推进结构调整、体制创新、技术创新、管理创新，加大人才培养力度，为青年人创造、拓展释放创新活力的空间，推进淮海经济社会高质量发展。

推进“转型发展工作室”建设，探索经济增长新路径；推进“社会治理工作室”建设，促进幸福指数新提升；推进“党的建设工作室”建设，汇聚干事创业新能量；推进“健康农场工作室”建设，注入企业发展新活力。

中国热带农业科学院分析测试中心

中国热带农业科学院分析测试中心位于海南省海口市，组建于1984年，前身是两院测试技术条件室。目前重点开展热带农产品质量安全检验检测和科技创新业务。针对我国热带农产品生产、贸易、消费以及管理方面的科技需求，重点开展热带农产品检测技术、农产品质量安全风险评估和营养品质评价、农药安全评价、热带农业产地环境控制技术、热带农业标准制修订等研究。

中心建立以来，单位取得一批重要成果，如酸性土壤改良技术（获国家发明专利和农业农村部肥料登记）、农产品检测技术（分子印迹检测技术、传感器检测技术）等。在农产品质量安全例行监测、专项监测、风险评估、协助地方农检机构建设和农产品质量安全舆情应对等方面开展了大量卓有成效的支撑服务工作，为农业农村部实现“两个努力确保”的总体目标做出了贡献。

现代农业

水产养殖

耕耘七十载 奋进新时代

江苏省东辛农场始建于1950年4月，拥有土地30万亩，其中耕地15万亩，养殖水面2.5万亩，林地2万亩，人口4万人，职工5 000人。旗下拥有10个农业生产区、5个外拓基地、4个托管基地、11家专业化公司、5家控参股企业。先后被评为全国粮食生产先进单位、国家首批无公害农产品生产基地、江苏省农业产业化重点龙头企业，连续多年被评为江苏省文明单位和文明单位标兵、江苏农垦先进企业和社区工作先进单位，跻身全国农垦百强场行列，是一个粮经饲统筹，产加销一体，一、二、三产融合发展的国有大型农业综合企业。

东辛农场依托自然资源和区位优势，大力发展现代农业和以水产养殖、奶牛养殖、林业为核心，以肉鸡养殖、建筑地产及电力安装、有机肥、现代服务业为支持的“3+X”新型产业体系。2019年，全场实现营业收入10.95亿元，利润2.07亿元，农场公司和苏垦农发东辛分公司首次实现双过亿。

奶牛养殖

肉鸡养殖

道路“四横六纵”

林网交错

城镇新貌

海河亮化

职工住宅

河滨公园

热带作物学报　热带农业科学　热带农业工程　世界热带农业信息

物联网基地设备

中国热带农业科学院科技信息研究所

中国热带农业科学院（简称中国热科院）科技信息研究所（简称“信息所”），隶属农业农村部，是我国热区唯一从事热带农业农村经济与信息化创新研究及公益性服务的国家级科研机构。

该所内设3个管理机构、9个研究室（中心）、1个产业发展部和2个外点机构。形成了农业农村经济、农业信息化工程、农业科学数据和国际热带农业四大优势学科领域，重点开展热带农业经济与发展、热带农业信息化工程、热带农业科学数据、国际热带农业和热带农业科技文献分析与应用等12个学科领域、35个学科方向的基础性、公益性和前瞻性研究，发展工程咨询与智库服务、期刊编辑与图书出版、科技培训与知识共享、文献分析与档案服务、数据管理与信息服务五大产业发展与成果转化（移）平台。现有职工140人，其中高级职称45人，硕士/博士学位74人；享受政府特殊津贴专家1人，农业现代产业技术体系岗位科学家1人，全国农业科研杰出人才1人。

该所是中国热科院信息化基础信息网络及公共服务平台技术支撑单位。挂靠建设的中国热科院图书馆始建于1958年，现有九大书库，库房面积3 200米^2，电子藏书50多万种、纸质藏书22万册、期刊2 000余种、数据库40余个；依托建设的中国热科院档案馆始建于1986年，为档案管理国家二级单位，保存自建院以来的文字、照片、录像、实物等档案共计30 293卷222 082份，党和国家领导人视察院校的照片1 500余张、题词30余幅。

该所还是中国热科院中国热带农业走出去研究中心依托建设单位，及联合国粮食农业组织（FAO）热带农业研究培训参考中心等国际合作平台的重要参建单位。“十三五”以来，主承办援外技术培训班80期，培训来自90个国家的4 000多名学员，为10余家企业培训，扶持企业“走出去”，与40多个国家及国际组织建立合作关系，签署合作协议共计200多份，有效服务国家外交大局和热带农业科技创新合作，助力热带农业“走出去”。

近5年来，信息所先后承担国家、省、部级以上项目100余项，获得中华农业科技奖二等奖1项、海南省科技进步二等奖1项、海南省科技进步三等奖3项；获软件著作权40余项；出版专著10余部；年均发表科研论文60余篇；累计发表SCI/EI收录论文20余篇。

新的发展时期，信息所秉承 “开放办所、特色兴所、聚智强所、文化建所”的发展思路，全面增强自身创新跨越与持续发展能力，努力在服务国家乡村振兴战略、践行“一带一路”倡议及助力海南自贸港和国家热带农业科学中心建设的新征程上做出更大的贡献。

中国社会组织评估等级证书

证书编号：社评学字[2018]第007号

中国热带作物学会

经评估，你会被评为4A级社会组织，特颁此证。

（有效期至：2023年12月）

中华人民共和国民政部

二○一八年十一月

广东燕塘乳业股份有限公司

广东燕塘乳业股份有限公司始创于1956年，为农业农村部直属广东农垦上市企业，中国奶业协会副会长单位、中国乳制品工业协会副理事长单位、IDF（国际乳品联合会）中国国家委员会成员、中国奶业20强（D20）企业联盟成员，也是广东第一家一体化全产业链乳制品上市公司、华南首家且唯一一家D20企业。

一直以来，燕塘乳业秉承“市场导向、科技领先、质量第一、顾客至上”的经营理念，深入打造一体化全产业链，实现“从牧场到餐桌”的全程质量管理，为广大消费者输出“至佳品质”和“至佳体验”，深受人们喜爱和信赖。

作为华南乳业领头牛，目前燕塘乳业拥有两个现代化乳品加工基地。其中，广州开发区旗舰工厂具有“智能高效、节能环保、行业示范”突出优势，设有华南地区唯一的国家乳制品加工技术研发专业中心和博士后科研工作站，引领南方乳业发展。此外，旗下的阳江牧场和澳新牧业为国家级示范牧场，养殖管理处于南方领先水平，是高温高湿地区奶牛养殖的典范。

未来，燕塘乳业将继续坚持“精耕广东、放眼华南、迈向全国”的发展战略，以资产经营和资本运作为双轮驱动，充分利用资本市场的广阔平台，着力打造“种植饲养、食品加工、营销网络、物流运输、资本运作”五大产业板块，大力推进实施科技兴乳，致力成为中国优秀乳制品上市企业集团，实现人们对优鲜生活的美好向往。

新疆西域春乳业有限责任公司

专属牧场荷斯坦奶牛牛社

新疆西域春乳业有限责任公司始建于1955年，系新疆农业农村厅下属企业。公司地处新疆昌吉州呼图壁县，距离乌鲁木齐市72公里，交通便利。西域春乳业依托呼图壁种牛场，倾心打造涵盖奶牛粪污还田与饲草料种植、奶牛繁育与奶牛饲养、乳制品加工与销售的种养加一体化的奶业全产业链经营模式，始终坚持“先牧场后市场”的发展战略，形成环境友好、新鲜营养、信息溯源、质量安全的闭合循环的奶业经营模式。

公司目前拥有近20万亩饲草料基地，规模化奶牛饲养场9座、良种奶牛近30 000头，全部实现了规模化、标准化和现代化，日产优质鲜牛奶280～300吨。牧场到加工厂20公里，从牧场挤奶到车间加工仅需2小时。确保了西域春乳品的新鲜、营养和安全。

西域春乳业奶源均来自公司专属牧场，实施质量创新，争创名牌，先后研发出了60多种西域春系列乳品，深受消费者亲睐。

西域春乳业在上海、浙江、广东、山东、江苏、福建、海南、北京、郑州、湖北、湖南、四川等地设置销售处，疆外销售额在2019年基础上实现了近42%的增长。西域春作为新疆具有成长力的品牌，正依托自身独有的资源优势，着力打造具有新疆地域特色的传统乳制品，带动新疆乳业持续健康发展。

利拉伐转盘式挤奶台

标准化牧场西门塔尔奶牛

广东农工商职业技术学院

学校承办2021年度教育部易班开放平台产品调研培训会

省教学名师陶正平教授在产教融合实训基地指导学生嫁接技术

学校女篮荣获第二十二届CUBA中国大学生篮球三级联赛全国总决赛亚军

广东农工商职业技术学院是一所普通公办高职院校。学校成立于1952年，前身是叶剑英元帅在兼任华南垦殖局长期间创办的华南垦殖干部学校。1984年经广东省人民政府批准成立广东农垦管理干部学院，1989年经农业部批准挂牌“农业部华南农垦干部培训中心”，2000年更名为广东农工商职业技术学院。

学校坚持“以人为本、特色强校、求实创新、和谐发展”的办学理念，依托农垦、面向广东、服务社会，以“农”为主导，带动“工商”两翼，三者融合发展，培养服务国家、服务社会的高素质技术技能人才。2005年被确定为全国“高职高专院校人才培养工作水平评估”优秀院校；2016年被确定为“广东省示范性高等职业院校”；2016年被确定为“广东省一流高职院校建设计划”立项建设单位；2018年荣膺高等职业院校“服务贡献”“国际影响力”“教学资源”3个全国50强。在“武书连2020年中国高职高专排行榜”中，学校综合实力在全国高职中排第44名，在广东高职中排第7名。

学校分为粤垦路校区和增城校区，有9个二级学院，开设51个招生专业，共有全日制在校生2万多人。学校招生范围覆盖12个省份。近年来，学生毕业薪酬稳居广东省高职院校前列，毕业生初次就业率持续走在全省高校前列，深受用人单位欢迎和好评。

学校先后荣获“广东省职业教育先进单位”“广东省师德建设先进集体”“广东省文明单位”“广东省依法治校示范校”等荣誉。2021年，学校入选国家级乡村振兴人才培养优质校及国家级示范性职业教育集团，获国家级智能财税学生技能大赛协办权；学校被评为广东脱贫攻坚先进集体，为高校定点扶贫做出了示范。

目前，学校以广东省一流高职院校建设为抓手，大力实施“创新强校”工程，努力建设成为省内一流、全国知名、东南亚有影响，具有南亚热带产业特色的应用型大学。

校址：广东省广州市天河区粤垦路198号（粤垦路校区）

广东省广州市增城区中新镇风光路393号（增城校区）

电话：（020）85230372　传真：（020）85230563

官网：http：//www.gdaib.edu.cn

洞天福地——鸡冠山垦殖场

江西鸡冠山垦殖场创办于1956年春，已有65年历史，2012年10月，上栗县杨岐乡成立后，江西鸡冠山垦殖场并入杨岐乡，实行两块牌子，统一领导。江西鸡冠山垦殖场距萍乡市区23公里，距上栗县城8公里，总面积85.8平方公里，人口3.6万，下辖杨岐、关上等16个分场及鸡冠林场、杨岐林场。境内旅游资源发达，拥有被称为“天下第一洞、地下艺术长廊”的孽龙洞和始建于唐朝、被称为佛教杨岐宗发祥地的杨岐普通寺，是拥有“中国烟花爆竹之乡”美称的上栗县境内的一处“洞天福地”。

近年来，江西鸡冠山垦殖场通过大力整合传统产业，积极引进新型产业，着力推动绿色发展，竭力构建全域旅游体系，形成了“以抓好产业转型为导向、以抓好生态旅游为核心”的高质量发展模块。全场原30余家花炮企业被整合为8家，传统产业得到整合提升；引进联锦成（“5020”项目）、恩硕科技（亿元级项目）、盈恒汽车部件等10余个项目，为经济发展注入了新活力；引进一方禅宗文化创意产业园项目，荣获“江西魅力乡镇十强”称号，为构建“禅茶、农业、观光旅游、休闲度假”等多功能旅游综合体奠定坚强根基。

武胜县现代农业示范场

四川省武胜县现代农业示范场组建于2007年，属全额拨款的事业单位。现有在职职工45人，具有大学本科学历10人，高级职称30人，主要从事农业科技试验、示范、推广工作。全场有农用地1 457亩，为更好地发挥专业人才优势，增强现代农业的示范带动作用，利用现有土地从事种养殖业和招商引资，进行工业探索。主导产业为果苗繁育、生猪繁育、蔬菜生产，兼顾粮油、水果、蚕桑等示范及推广工作。是广安市农业示范的旗帜单位。

示范职工住宿

南门分场果苗繁育基地

园艺总场生猪繁育场

湖南农垦

益阳大通湖管理区

大通湖区宏硕多功能智慧育秧工厂，工作人员查看秧苗床上的秧苗长势

国清农机专业合作社邱国清操作植保机

农技人员检查高档优质稻生长情况

怀化果木场

怀化职业技术学院王智课教授指导果木场产业发展

市（县）农业农村局领导调研果木场产业发展

柑橘病虫害绿色防控（处理落果）

农业博览会推广产品

新疆农垦科学院机械装备研究所

果园静电喷雾机

葡萄修剪机

200马力以上拖拉机配套犁

新疆农垦科学院机械装备研究所成立于1960年2月，是以承担国家部委、兵团（自治区）重大科技攻关项目，研究开发先进适用的新型农用技术装备，推广示范和技术服务为主的科研单位。现有在职专业技术人员35人，其中高级职称24人，研究生学历24人。拥有享受国务院政府特殊津贴专家4人，百千万人才工程国家级人选1人，农业农村部有突出贡献的中青年专家1人、自治区有突出贡献优秀专家1人、农业农村部体系岗位科学家1人，兵团学术（技术）带头人1人，兵团英才5人，兵团中青年科技创新领军人才5人。拥有“农业农村部新疆棉花全程机械化科研基地”“兵团棉花全程机械化工程实验室”，共建“农业农村部西北农业装备重点实验室”“兵团农业机械重点实验室”等科研平台。获国家专利100余项，其中发明专利20余项；发表论文200余篇；编写专著8部，制定并颁布实施的农业农村部行业标准2项；已取得成果80余项，其中2项达到国际领先水平，32项达到国内领先水平；7项产品被原国家经济贸易委员会认定为国家级新产品；50余项荣获国家和兵团（省）部级科技进步奖，其中获国家科技进步一等奖1项、二等奖2项，农业农村部神农中华农业科技一等奖1项，兵团科技进步一等奖4项、二等奖16项、三等奖30项。

机械装备研究所在耕整地机械、种植机械、田管机械、节水农业技术装备、收获机械、畜牧机械、机采棉配套技术装备和农业机械标准化等领域，已逐步形成了有一定实力的重点研究方向。

食用糯性木薯品种桂热10号是广西亚热带作物研究所从地方糯米木薯种质中选育的新品种，2020年9月通过全国热带作物品种审定委员会审定。品种低毒可鲜食，富含高支链淀粉，糯性强，薯形均匀，商品薯率高，是制作木薯羹和木薯糖水的最佳品种原料。用桂热10号制作的木薯羹，产品糯性强、食味佳、耐煮、Q弹、透明，风味独特，成网红食品，风靡全国。

食用糯性木薯品种

桂热10号

花蕾注射防治香蕉黄胸蓟马

香蕉黄胸蓟马（*Thrips hawaiiensis*）为香蕉的主要害虫之一。由于该虫主要为害香蕉的幼果，使嫩果表皮上形成木栓化的突起斑点，严重影响香蕉果实的外观及商品价值。再加上该虫个体较小，隐蔽性强，致使蕉农在施药过程中不断加大药剂浓度和增加施药次数来提高防治效果，由此产生的农产品质量安全和生态环境安全问题也不容忽视。花蕾注射是防治香蕉黄胸蓟马的一项新型技术，通过现蕾期注射，使药液在花蕾内部形成一层保护膜，从而起到杀虫作用。该法不受降雨、光照和干旱等自然因素和果树高度、危害部位等条件限制，具有施药量精确、药剂利用率高、不污染环境、对施药者安全等优点。中国热带农业科学院环境与植物保护研究所农药化学生物学与应用团队根据香蕉花蕾的生长规律和黄胸蓟马现蕾期为害香蕉幼果的特征，引进、优化了花蕾注射器，筛选喷杆种类、注射部位、注射时间和敏感药剂，通过观察药害情况及分析农药残留等方式完善了该项技术。优化后的技术在海南临高新盈农场进行了试验示范，经专家现场鉴定，示范区全程只需防治1次，防治效果在90%以上，比传统防治模式减少防治次数2～3次，减药77.78%～83.33%，该法从源头控制了香蕉黄胸蓟马的危害，有效保障了香蕉的质量安全，为香蕉安全生产和绿色防控提供了科学技术支撑。

香蕉花蕾

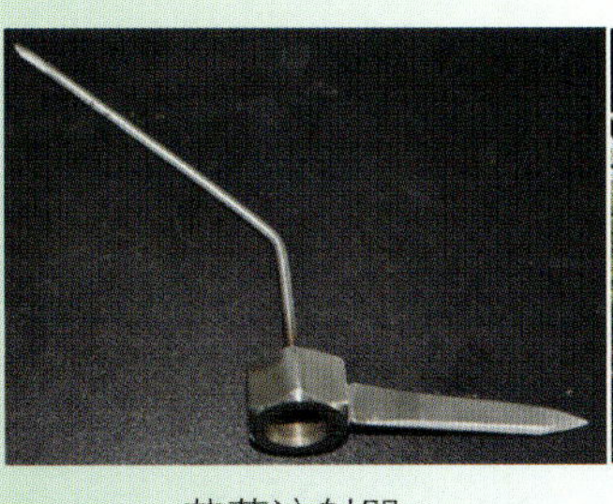
花蕾注射器

花蕾施药

对照区

处理区

热带果树高效施药技术——风送式喷雾技术

热带水果病虫害防治主要采用化学防治，最为常见的施药器械为由担架式施药器械组成的高压喷枪设备，喷雾方法多为大容量喷淋，造成药液大量流失、农药利用率低、环境污染严重及农药使用者劳动强度大等问题。风送式喷雾机是一种使药液雾化的同时，利用风机产生的强大气流将雾滴吹送至果树各个部位的大型施药器械。果园风送式喷雾机有悬挂式、牵引式和自走式等类型。但热带果树高效施药器械目前使用较少。针对热带果树施药技术落后、农药利用率低的问题，中国热带农业科学院环境与植物保护研究所农药化学生物学与应用课题组与广西田园生化有限公司联合研究，筛选并优化一款适用于热区平地矮化芒果果园的风送式喷雾机，风送式喷雾技术从施用器械上优化了农药雾滴在热带果树冠层上的分布，使农药雾滴在热带果树叶片上分布得更为均匀，同时，由于风送式喷雾机产生的雾滴粒径为100～150微米，增强了药液与靶标对象的接触机会，进而提高了防治效果和农药利用率。与传统方法相比，风送式喷雾技术可提高工效3～4倍，提升防效5%～10%，减药10%～20%，为热带果树高效施用提供了施药设备和技术支撑。

芒果园风送式喷雾

雾滴正面分布

雾滴背面分布

香蕉园风送式喷雾

雾滴正面分布

雾滴背面分布

香型优质大果杂交龙眼新品种“秋香”

龙眼是原产我国的名优亚热带特色水果，其果实营养丰富，自古被视为滋补品，素有“南方人参”之美誉。目前国际上鲜销的龙眼良种果实，要求具有果大、核小、皮薄、肉厚、耐贮运和货架期长等特点，更要有芳香、质脆、含糖量高和易离核等优良性状。因此，选育和推广具有国内外先进水平的有香气的龙眼新品种，是当前我国龙眼生产迫切需要解决的问题。

“秋香”龙眼是从“冬宝9号”×“香脆”的杂交后代中筛选而来的，同时具备母本“冬宝9号”果大质优和父本“香脆”有香气的特点。在福建福州、莆田、宁德，广西南宁，四川泸州等地表现出适应性强、早结、丰产、稳产性能优良、成花易、坐果率高等优点。南亚热带地区9月份高接，第二年可试产，高接1年后株产可达7.5～12.6 千克，2017年和2019年专家测产，株产分别为9.36千克（福建莆田，低位大枝嫁接，高接3年）和39.68 千克（广西南宁，小枝嫁接，高接3年），早结、丰产、稳产性能优良。2020年9月28日，全国热带作物品种审定委员会组织鉴评专家在四川省泸州市农业科学研究院龙眼示范基地现场测产，结果显示：高接3年树龄株产50.9 千克，折亩产1 679.7千克；平均单果重17.1克，可溶性固形物含量20.3%，可食率71.0%。

桂七芒

桂七芒是广西壮族自治区亚热带作物研究所用从印度芒901号实生后代中筛选出的优良单株培育成的优良品种，又称“桂热芒82号”。该品种核果呈长卵形至象牙形，单果重210～350克，果喙无或呈点状，果皮深绿色。果核扁平，多胚。两性花百分率10.3%～45.9%。成熟期在南宁和百色为7月中下旬，望谟为9月上旬，大小年现象不明显。历年生产性试验表明，2年生嫁接苗种植第4～6年鲜果年均亩产896.3千克，4年生树高接换种第4～6年年均亩产1 449.9千克。果肉质地细滑，纤维极少，汁液丰富，可食率71.3%，可溶性固形物21.8%，总糖含量18.0%，总酸含量0.3%，香气成分中罗勒烯占88.3%。该品种早结、稳产，果实外观好，大小适中，香气浓郁，较耐低温、阴雨，较抗细菌性角斑病，中感炭疽病，耐贮性欠佳。适合在广西右江河谷地带、贵州南北盘江河谷地带及类似生态区推广种植。

编者说明

BIANZHE SHUOMING

一、《2021 中国农垦统计年鉴》系统收录了全国农垦和各垦区 2020 年主要统计数据，是一部全面反映全国农垦系统经济和社会发展情况的资料性年刊。

二、本年鉴由农垦经济发展情况、主要经济与社会指标和附录组成，其中主要经济与社会指标分为 5 部分，即：1.综合情况；2.农业部分；3.工业部分；4.建运服部分；5.固定资产投资、外贸出口和科研情况。

三、本年鉴中涉及到的历史数据，均以最新出版的本年鉴数据为准；本年鉴中部分数据合计数或相对数由于单位取舍不同而产生的计算误差，均未做机械调整。

四、符号使用说明：本年鉴各表中的“空格”表示无该项数据；“…”表示数据不足本表最小单位；“#”表示其中的主要项；“—”表示数据不可比。

五、本年鉴修正了统计年鉴年度与出版年度不一致的问题。参照一般年鉴命名方式，以出版年度作为农垦统计年鉴的命名年度。

编　者

2021 年 8 月

目　　录

一、农垦经济发展情况

二、主要经济与社会指标

一

农垦经济发展情况

2020年全国农垦经济发展统计公报

农业农村部农垦局

2020年6月15日

2020年，面对国内外错综复杂环境，全国农垦系统坚持以习近平新时代中国特色社会主义思想为指导，坚持新发展理念，深入推进垦区集团化、农场企业化改革，促进农垦经济高质量发展，不断增强农垦企业内生活力、市场竞争力和影响力，农垦经济发展基本态势稳中向好。

一、综合

全年农垦经济实现生产总值[1] 8 279.79亿元（图1），比上年增长5.0%。其中，第一产业增加值1 982.30亿元；第二产业增加值3 288.94亿元；第三产业增加值3 008.55亿元。第一、第二、第三产业增加值占农垦生产总值的比重分别为24.0%、39.7%和36.3%。人均生产总值59 867元，比上年增长6.3%；人均可支配收入持续增长，达到21 908元，比上年增长3.3%（图2）。

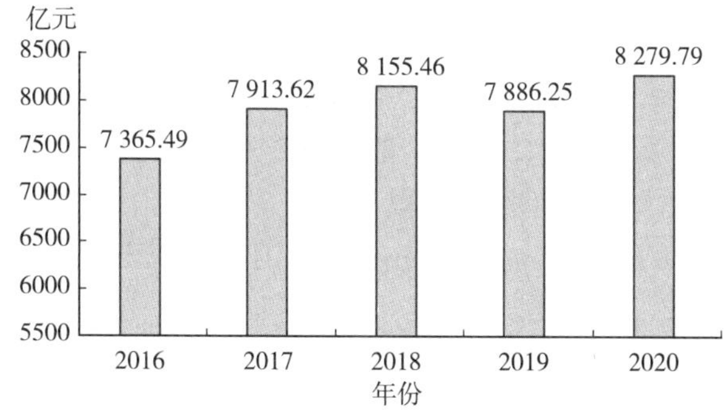

图1　2016—2020年农垦生产总值情况

二、农业

全年实现农林牧渔业总产值4 230.27亿元，比上年增长9.5%。其中，农业产值2 649.73亿元，林业产值103.15亿元，畜牧业产值972.39亿元，渔业产值277.57亿元，农林牧渔专业及辅助性活动产值227.43亿元。

图2　2016—2020年农垦人均指标情况

全年农作物播种面积6 850.75千公顷，比上年增加61.63千公顷，增长0.9%。其中，粮食播种面积4 807.81千公顷，增加13.02千公顷，增长0.3%；棉花面积1 016.24千公顷，增加9.64千公顷，增长1.0%；油料面积306.84千公顷，减少2.85千公顷，下降0.9%；糖料面积94.99千公顷，减少2.27千公顷，下降2.3%。

粮食总产量3 562.74万吨，比上年增加121.67万吨，增长3.5%（图3）。主要农产品产量见表1。

图3　2016—2020年农垦粮食总产量

表1 2020年主要农产品产量

产品名称	产量（万吨）	比上年增长（%）
粮食	3 562.74	3.5
棉花	261.84	7.0
油料	73.54	−2.8
糖料	712.51	−4.6
水果	816.97	4.2
茶叶	4.65	−12.4

畜牧业占农林牧渔业总产值的比重为22.9%，比上年减少0.1个百分点。牲畜年末存栏总数及主要畜产品产量见表2。

表2 2020年牲畜年末存栏总数及主要畜产品产量

产品名称	单位	产量与年末数	比上年增长（%）
大牲畜	万头	309.80	3.6
其中：奶牛	万头	136.21	38.2
猪	万头	881.69	21.1
羊	万只	1 082.95	−3.2
肉类	万吨	193.00	−3.8
牛奶	万吨	435.22	4.1
禽蛋	万吨	48.81	1.6

全年水产品产量173.47万吨，比上年增长7.5%。其中，淡水产品产量147.00万吨，同比增长8.3%；海水产品产量26.47万吨，同比增长2.7%。对虾产量5.26万吨，同比增长1.2%。

全年造林面积105.90千公顷，比上年减少2.22千公顷，下降2.1%。

2020年年末农业机械总动力3 208.60万千瓦，比上年增长2.9%；大中型农用拖拉机23.13万台，同比增长1.6%；小型及手扶拖拉机28.16万台，同比下降3.2%；联合收获机6.78万台，同比增长4.5%。

三、工业和建筑业

全年实现工业总产值9 718.34亿元，比上年增长4.5%。产值前十名的垦区共实现工业总产值8 814.69亿元，占工业总产值的90.7%，占比比上年提高了1.1个百分点；产值100亿元以上的农垦工业行业创产值6 769.97亿元，占工业总产值的69.7%。产值前十位的行业是农副食品加工业2 039.18亿元、食品制造业947.75亿元、烟草制品业698.29亿元、石油煤炭及其他燃料加工业562.88亿元、非金属矿物制品业464.90亿元、化学原料和化学制品制造业454.54亿元、有色金属冶炼和压延加工业449.39亿元、纺织业423.18亿元、医药制造业367.38亿元和电力、热力生产及供应业362.47亿元。

主要工业产品产量见表3。

表3 2020年主要工业产品产量

产品名称	单位	产量	比上年增长（%）
混配合饲料	万吨	739.88	−2.7
食用植物油	万吨	313.17	13.1
成品糖	万吨	355.19	−6.8
乳制品	万吨	435.50	23.4
其中：液体乳	万吨	408.95	24.1
饮料酒	万千升	198.79	34.0
水泥	万吨	1 580.73	4.5
砖	亿块	43.33	44.2
发电量	亿千瓦·时	964.58	7.7

年末建筑企业2 969个，从业人员34.18万人，全年实现增加值634.51亿元；年末固定资产原值240.20亿元；全年施工房屋建筑面积20 779.82万米^2。

四、交通运输业、批发零售餐饮业、其他服务业及出口商品

2020年共完成货运量6.95亿吨，客运量0.19亿人，实现营业收入217.10亿元。

年末批发零售业、餐饮业、其他服务业营业单位总数17.48万个，拥有固定资产原值765.30亿元，营业用房总面积1 756.57万米^2，从业人员70.03万人，全年完成商品销售额或营业收入4 482.58亿元。

2020年外贸出口供货商品总金额[2] 161.54亿元，比上年下降14.5%。出口供货商品金额超过5亿元的垦区有7个，其合计金额144.15亿元，占全国农垦出口供货商品总金额的89.2%。

五、科技

年末全系统拥有科研单位[3] 177个，职工1.40万人，其中，科技人员0.66万人。全年科研经费42.22亿元，其中，国家拨款6.48亿元，占

科研经费的15.3%；企业自筹34.84亿元，占科研经费的82.5%。

六、固定资产投资

2020年固定资产投资总额3 493.67亿元，比上年减少129.45亿元，下降3.6%，其中，第一产业投资额397.41亿元，占投资总额的11.4%；第二产业投资额1 570.70亿元，占投资总额的45.0%；第三产业投资额1 525.56亿元，占投资总额的43.6%。全年国有固定资产投资总额1 408.45亿元，占投资总额的40.3%。当年新增固定资产1 341.91亿元。

七、人口、就业和劳动工资

年末农垦系统总人口1 404.26万人，比上年减少34.27万人，下降2.4%。

年末从业人员572.51万人。其中，第一产业295.56万人，第二产业131.02万人，第三产业145.93万人，分别占从业人员的51.6%、22.9%和25.5%。

职工年末人数247.05万人，其中，在岗职工197.75万人。全年职工工资总额1 191.61亿元，职工年平均工资52 115元，比上年增长7.8%。

八、农业绿色发展

农垦系统高度重视绿色农业发展，扎实推进品种培优、品质提升、品牌打造和标准化生产工作。2020年农垦系统种子生产量130.37万吨，其中，原种生产量6.94万吨，良种生产量129.14万吨。年末全系统共获得绿色食品、有机食品、农产品地理标志认证个数2 230个，认证产量1 469.84万吨；农产品地理标志产品认证面积357.81千公顷，占农作物播种面积的5.2%。农垦系统优势产业基本实现标准化生产全覆盖，绿色食品原料标准化生产基地面积达661.78千公顷，其中，主要农作物598.25千公顷，水果56.53千公顷，茶叶2.08千公顷。打造“中国农垦”品牌矩阵，截至2020年年底，各垦区累计309个品牌纳入《中国农垦品牌目录》，其中，垦区（集团）公共品牌8个，企业品牌109个，产品品牌192个。

注释：

[1] 生产总值按现价计算。

[2] 外贸出口供货商品总金额不包括新疆生产建设兵团数据，增幅按可比口径计算。

[3] 2020版农垦综合统计调查制度中科研单位统计口径有调整，2020年数据与2019年数据不具有可比性。

北京农垦2020年经济发展统计公报

北京首农食品集团有限公司

2020年是全面建成小康社会和“十三五”规划收官之年，是“十四五”规划布局之年，也是北京垦区平稳发展，民生保障持续增强，综合实力进一步提升的一年。面对突如其来的新冠肺炎疫情，以首农食品集团为代表的北京垦区以高度的政治责任感，坚决贯彻落实党中央、北京市委、市政府的重要决策部署，聚焦打赢疫情防控阻击战，充分发挥首都食品供应服务保障的主渠道、主载体、主力军作用，在保供应、稳物价的同时，采取有力措施积极克服疫情影响，危中寻机，开拓进取，真抓实干，再次开创了北京农垦发展的新局面。

一、综合

2020年，北京首农食品集团坚持聚焦主业，扶优劣汰，加快结构性调整，在优化产业上实现更大突破。这一年，首农食品集团全面推进子集团与事业部制度改革，整合业务和产品资源，连接上下游、打通产业链，以供给侧结构性改革为主线，加大兼并重组、关闭撤销、挂牌转让、破产清算力度，把资金和资产向优势产业和优势企业集中，凝心聚力展现国有企业的优势和担当。本次农垦统计年报，也以集团的控股、实际控制、全资企业为主，剔除部分参股企业数据，以便更准确地展现国有企业在北京垦区的实际发展状况。

2020年，北京垦区生产总值增加值合计138.54亿元，较上年增加4.5%。其中，劳动者报酬58.12亿元，固定资产折旧19.37亿元，生产税净额16.96亿元，营业盈余44.09亿元。

第一产业增加值30.03亿元，占全年生产总值的21.68%。其中，劳动者报酬11.95亿元，固定资产折旧4.89亿元，生产税净额0.29亿元，营业盈余12.90亿元；第一产业增加值较上年增加24.96%。

第二产业增加值42.41亿元，占全年生产总值的30.61%。其中，劳动者报酬22.94亿元，固定资产折旧7.56亿元，生产税净额6.18亿元，营业盈余5.74亿元；第二产业增加值较上年增加2.86%。

第三产业增加值66.10亿元，占全年生产总值的47.71%。其中，劳动者报酬23.23亿元，固定资产折旧6.92亿元，生产税净额10.50亿元，营业盈余25.45亿元；第三产业增加值较上年减少1.71%。

北京垦区2020年年末土地总面积7 587.84公顷。其中，耕地面积1 410.29公顷，占土地总面积的18.59%，基本与上年持平。

2020年年末农垦总人口7.57万人，其中，农场人口12 597人。农垦年内平均人口7.2万人。年末职工人数5.16万人，其中，在岗职工4.99万人。职工工资总额47.11亿元，其中，在岗职工工资总额46.29亿元。

二、产业布局

（一）第一产业

1. 农林牧渔业总产值

2020年，实现农林牧渔业总产值86.20亿元，其中，农业产值12.60亿元，林业产值0.31亿元，牧业产值62.76亿元，占农林牧渔业总产值的72.81%，渔业产值5.21亿元，农林牧渔服务业产值5.32亿元；农林牧渔业商品总产值72.62亿元。

2. 农作物生产情况

（1）2020年农作物播种面积总计1 707.43公顷，比上年有所增加。谷物播种面积306.45公顷，主要为小麦、玉米，较上年有所增加；蔬菜、瓜类播种面积358.24公顷，较上年有较大幅度增加，主要是2020年裕农公司新种植蔬菜增加，总产量10 847吨。其他作物播种面积842.51公顷，其中，青饲料830.17公顷，较上年有所减少，主要是月盛斋公司2020年减少青贮种植。

（2）水果年末实有面积180.73公顷，比上年增加24公顷，主要为苹果、桃、樱桃、草莓，产量591.95吨，与上年相比有所下降。

3. 农牧业生产情况

（1）2020年共有大牲畜规模化养殖场31个，年末共有大牲畜总头数9.66万头，其中，肉牛8 409头，奶牛88 174头；牛奶产量53万吨。

（2）2020年共有猪23.61万头，能繁殖的母猪2.43万头，规模化养殖场11个，规模化养殖22.97万头。猪肉产量26 744.15吨，较去年的23 710.59吨增加3 033.56吨，增长12.8%。

（3）2020年年末共有家禽规模化养殖场54个，家禽存栏645万只，禽肉产量78 060.06吨，较上年的84 913.29吨下降8%。

（4）至2020年年末，水产产品总产量共4 867吨，全部为海洋鱼类产品。

（二）第二产业

（1）工业企业86家，全年完成工业总产值489.85亿元，较上年增加54.89%。其中，农副食品加工企业32家，工业总产值382.99亿元，占工业总产值的78.18%，与上年比较略有增加；食品制造企业43家，工业总产值102.89亿元，占工业总产值的21%，与上年比较略有降低；其他制造业总产值1.81亿元，占工业总产值的0.37%。主要工业产品中以农副食品加工产品为主。

（2）建筑企业2家，年末从业人员94人，比上年增加48人，全年施工房屋建筑面积8 500余米^2，房屋建筑竣工面积6 000余米^2，建筑业总产值21 807万元。

（三）第三产业

（1）2020年年末有交通运输业企业4家，年末从业人员1 872人，年末拥有主要运输工具1 709台，货运量89 350.27吨，客运量373.2万人，营业总收入46 458.46万元。

（2）2020年年末有批发零售业企业99家，年末从业人员4 388人，年末营业用房面积29.8万米^2，全年实现营业收入8 756 865.27万元。

（3）2020年年末有餐饮业企业5家，年末从业人员264人，年末营业用房面积5.45万米^2，全年实现收入总额5 998.64万元。

（4）2020年年末有其他服务业企业201家，年末从业人员11 682人，营业网点97个，年末营业用房面积131.53万米^2，全年实现收入总额1 280 862.81万元。

（5）全年外贸出口供货商品金额31 702.75万元。其中，畜产品出口19 746.8万元，占比62.28%；工业品出口11 955.95万元，占比37.71%。

三、固定资产投资

2020年全年完成固定资产投资总额425 661.55万元，全年固定资产投资资金来源合计373 140.64万元，其中，自筹资金302 403.9万元，占比81.04%；国家预算资金40 553.16万元，占比10.86%；其他资金来源30 183.58万元，占比8.1%。当年新增固定资产263 542.44万元。

投资总额中用于第一产业的投资为218 749.65万元，占投资总额的51.39%，比上年增加112%，主要由于本年新增猪场、鸡场、饲料厂等项目建设；用于第二产业的投资为50 815.26万元，占投资总额的11.93%；用于第三产业的投资为156 096.64万元，占投资总额的36.67%，主要由于草桥大厦无偿划转至北京首农供应链管理有限公司，将其转为固定资产；首农供应链公司冷库工程项目投资4 760万元。

四、科研基本情况

2020年度拥有科研单位14家，其中，部、省、地属科研单位5家，场直属科研单位9家。职工合计730人，科技人员429人，其中，本科及以上397人。科研经费合计22 248.96万元，其中，企业自筹19 242.96万元，占比86.48%，政府拨款3 006万元，占比13.52%。实验地面积1.26公顷。

五、机遇与挑战

2020年结束，2021年迎来了多种内部和外部的变化，对于北京垦区来讲，既有机遇也有挑战。

市场对优质高效食品供应链体系和农副食品统一标准的迫切需要创造的机遇。建设符合市场需求的新型供应链体系，解决食品终端短缺、经销链条繁琐等关键问题，舒缓政府食品供应压力，满足人民食品消费需求。

政策支持创造的机遇。党和政府对农垦改革提出的要求和目标、提供的支持和保障，有利于企业深化改革、加速开放、激发活力，实现做强做优做大的目标。国家政策的支持，有利于创新多样化金融服务手段，撬动产业链的整体升级，加快生产质量的全面提升，助力产业现代化进程。

发展方式变化带来的转型挑战。在经济发展新常态的背景下，增长速度从高速转向中高速，发展方式从规模速度型粗放增长转向质量效益型集约增长，发展动力从传统增长点转向新增长点，给垦区高质量发展带来挑战。

产业协同资源整合的挑战。联合重组后，集团公司加快推进子集团和事业部的改革，分别成立了多个专业子集团和事业部，在产权整合、业务管理方面加大了统筹力度，资源高效整合与共享、融合发展能力有待进一步加强，产业协同效应还需进一步发挥。

既有优势有待进一步放大。北京垦区有领先的农业技术、丰富的农村和城市物业资源，但用途和分布还有待实现规模放大，育种规模有待提升。目前，中国生物种业正迎来政策利好、资本青睐的良好内外部环境，集团应依托资本及人才优势加快建设现代种业研发链，构建企业主体的商业化育种体系，整合资源打造具有竞争力的“种业板块”。

商业模式创新和体制机制有待进一步优化。集团应在优势产业和产业链优势环节上进行资本性扩张和商业化运作；从低附加值环节向价值链中高端转移的意愿和能力还需进一步加强；以价值实现为目标的精细化管理水平还需进一步提高；人才结构失衡，创新能力不强，顶尖人才匮乏，以市场化为导向，符合垦区产业发展需求的人才引进、培养和使用管理体系有待进一步完善。下一步要加大深化改革力度，探索借力资本市场，促进集团各产业链转型升级。

天津农垦2020年经济发展统计公报

天津食品集团有限公司

2020年是我国全面建成小康社会和“十三五”规划的收官之年，天津食品集团以习近平新时代中国特色社会主义思想为指导，在天津市委、市政府和天津市国有资产监督管理委员会党委、天津市国有资产监督管理委员会的正确领导下，以党的建设为统领，统筹推进新冠肺炎疫情防控和企业改革发展，攻坚克难、锐意进取，较好地完成疫情防控、推进国企改革、对口帮扶等重点任务。天津食品集团聚焦天津食品产业优势资源，以民需为根本，以市场为导向，以现代农牧业、食品加工业、商贸物流及房地产业为重点发展方向，承担全市及周边地区“菜篮子”、肉禽蛋奶、粮油等食品供应，从源头保障食品品质，全力打造“从田间地头到餐桌”，纵贯一、二、三产业的食品全产业链和农工商科一体化的发展新模式，为大众提供健康、优质、安全、放心的食品，成为政府信赖、百姓放心、保障有力的民心工程企业。

集团全力打造一批核心骨干企业，现代农牧业以嘉立荷牧业集团、渤海农业集团、津垦牧业公司等为基地，大力发展奶牛、肉羊、生猪、蛋鸡养殖，加快生鲜绿色有机果蔬种植和观光休闲农业建设；食品加工业以海河乳业、二商迎宾、利民调料、桂顺斋等企业为龙头，做优做强海河牛奶、迎宾放心肉、副食调料、桂顺斋糕点、山海关豆制品等主副食品，满足市场需求，扩大市场占有率；商贸物流及房地产业以商贸公司、壳牌石油、红光贸易、农垦房地产等商贸物流企业为核心，拓展农产品贸易，发展冷链物流和连锁零售终端建设，进一步做大石油零售业务规模，发挥土地资源优势，做强房地产业。

2020年，天津食品集团共有120个经营单位，其中，农林牧渔业16个，工业27个，建筑业1个，商业22个，社会服务业及其他行业55个，分布在天津市郊区县和市内各区。2020年农垦总人口1.3万人，其中职工1.3万人，土地6 669.8公顷，其中，耕地2 738.5公顷。2020年，全体干部职工认真按照集团公司的工作思路和具体部署，认真履行岗位职责，在集团广大干部职工的齐心努力下完成了预期经济指标。

一、2020年度全系统主要经济指标完成情况

1. 经济总量情况。2020年，天津食品集团资产总额为473.7亿元，负债262.1亿元，所有者权益211.6亿元。集团实现生产总值38.0亿元，第一产业4.0亿元，第二产业5.6亿元，第三产业28.4亿元。集团上年生产总值38.7亿元，下降了1.8%，其中，第一产业比上年的3.8亿元增长5.3%、第二产业比上年的5.5亿元增长了1.8%、第三产业比上年的29.4亿元下降了3.4%。2020年，天津食品集团累计实现营业收入256.46亿元，比上年同期的255.13亿元增加1.33亿元，同比增长0.52%，完成上报国资委预算270.9亿元的94.67%。如考虑停止钢贸业务影响收入24亿元及利金粮油混改影响收入2.42亿元，2020年度收入可同比增长12.13%。

2. 农牧业生产情况。进一步推进农牧业结构优化调整，农垦年末耕地面积2 738.5公顷，由于调整种植结构，改善农田水利设施，采用优良品种和先进科学技术，加大农业设施建设投入，使种植业生产得以稳步发展。农作物总播种面积2 334.4公顷，比上年的2 136.1公顷增加了198.3公顷，其中，粮食播种面积2 025.6公顷，比上年的2 012.2公顷增加了13.4公顷，草坪种植面积138亩，提供商品草皮9.2万米^2。果园面积240.6公顷，比上年的247.9公顷减少了7.3公顷，水果总产量1 360吨，比上年的2 322吨减少了962吨。

天津食品集团奶牛业不断发展壮大，奶牛年末存栏达3.7万头，比上年的3.6万头增加了0.1万头；成母牛3.1万头，比上年的2.9万头增加了

0.2万头；全年牛奶总产量22.7万吨，比上年的20.4万吨增加了2.3万吨，比上年增长11.3%。

水面养殖面积214.4公顷，水产品总产量440吨，其中，海水水产品产量206吨，淡水水产品产量234吨。

3. 工业企业情况。2020年集团实现工业总产值43.3亿元，比上年的25.1亿元增加了18.2亿元。全年工业外贸出口额3 347万元，比上年的16 103万元减少了12 756万元。葡萄酒产量0.8万吨，中法合营王朝葡萄酿酒有限公司生产的葡萄酒仍为高品质的全汁高档葡萄酒。为保持葡萄酒生产优势，公司将继续增加投入，为更高、更大的跨越奠定坚实基础。集团乳品加工业在保障产品质量和开发新产品上下功夫，生产的乳制品在市场上深受消费者欢迎，从而扩大了市场占有率。全年生产乳制品9.5万吨，比上年的6.2万吨增加了3.3万吨，包装业全年完成纸箱1 749吨、塑料包装2 684吨。

4. 第三产业情况。集团第三产业实现生产总值28.5亿元，比上年的29.4亿元减少了0.9亿元，同比下降了3.1%。壳牌华北石油集团克服新冠肺炎疫情不利影响，全年实现营业额53.4亿元，实现利润1 505万元，同比增长160.2%。天津市第二商业学校和天津市经济贸易学校合并为天津市经济贸易学校，在扩大招生的同时，不断加强学生的思想和品质教育，使学员在德智体等方面得到良好的教育，为社会提供素质高、技能强的中等技术人才。食品集团旗下仓储库作为国家粮、肉、糖等物资的储备库，为国家和社会的物资供给提供了保障。

5. 固定资产投资与职工收入情况。2020年，集团完成固定资产投资17.6亿元。其中，第一产业11.1亿元；第二产业2.8亿元；第三产业3.7亿元。

2020年年末，集团从业人员共12 641人。年末从业人员比上年的10 411人增加了2 230人，增长了21.4%。全年从业人员人均年收入8.9万元。

二、2021年统计工作思路

1. 认真贯彻执行《中华人民共和国统计法》和《中华人民共和国统计法实施条例》。《中华人民共和国统计法》规定“统计的基本任务是对国民经济和社会发展情况进行统计调查、统计分析、提供统计资料和统计咨询意见，实行统计监督。”因此有必要组织全系统统计人员认真学习《中华人民共和国统计法》与《中华人民共和国统计法实施条例》，要让每个统计人员树立良好的统计职业道德，坚持实事求是，与弄虚作假的现象做坚决斗争，使统计工作规范化、科学化、制度化。

2. 抓好业务培训，提高统计人员业务素质。为规范集团统计套表填报，有效提升集团统计工作效率，快速、准确、全面地掌握基层单位的统计数据，2021年，天津食品集团要求系统内企事业单位综合统计人员继续加强统计基础知识的学习，搞好国有和非国有经济的统计工作，做好各种统计工作和任务，从而提高全系统统计人员整体业务水平。

河北农垦2020年经济发展统计公报

河北省农垦局

2020年河北垦区在农业农村部和河北省委、省政府的正确领导下，以习近平新时代中国特色社会主义思想为指导，全面贯彻新发展理念，认真落实中央一号文件精神和全国农业农村会议的部署，以推进垦区集团化农场企业化改革为主线，深化农垦改革发展，着力提升农垦产业链、供应链的现代化水平，强化创新驱动，巩固拓展脱贫攻坚成果同农场振兴有效衔接，谋划现代化发展新格局，加快建设农垦现代农业大基地、大企业、大产业，努力打造全省农业领域航母，推进农垦经济高质量发展。

一、综合

农垦经济平稳增长，经济总量又上新台阶。全年实现农垦生产总值542.42亿元，比上年下降7.34%（图1）。其中，第一产业增加值75.06亿元，下降1.17%；第二产业增加值288.72亿元，增长0.82%；第三产业增加值178.64亿元，下降19.91%。2020年人均GDP净减少11 492元，达128 268元，比上年下降8.22%。居民人均可支配收入21 055元，比上年增长0.51%。

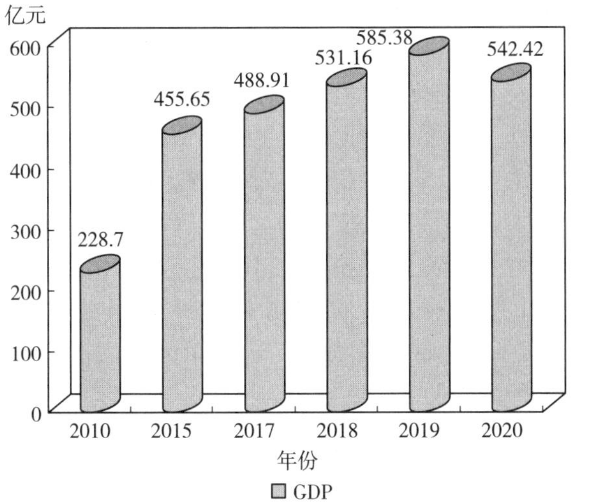

图1　农垦生产总值

2020年，各农场发挥自身优势，积极调整产业结构，特色主导产业对经济发展起到了龙头拉动作用。一、二、三产业增加值在农垦生产总值中的比重分别为14%、53%、33%。

二、农业

2020年垦区切实贯彻落实惠农强农政策，加快农业科技推广，加强现代农业建设，农业综合生产能力平稳增强。全年实现农林牧渔业总产值142.52亿元，比上年增长12.23%。其中，种植业产值33.42亿元，比上年增长12.14%；林业产值1.62亿元，比去年增长22.73%；牧业产值54.36亿元，比去年增长26.80%；渔业产值42.08亿元，比去年增长4.44%；服务业产值11.04亿元，比去年增长2.13%。

全年农作物总播种面积为89.35千公顷，比上年增加3.53千公顷，增长4.11%。其中，粮食作物播种面积72.53千公顷，比上年增加2.55千公顷，增长3.64%，占农作物总播种面积的81.18%；棉花面积0.82千公顷，减少0.84千公顷，下降50.60%；油料面积2.59千公顷，减少0.5千公顷，下降16.18%；蔬菜、瓜类面积5.29千公顷，减少0.60千公顷，下降10.18%。其他作物7.12千公顷，增加2.45千公顷，增加52.46%。农林牧渔业产值比例见图2。

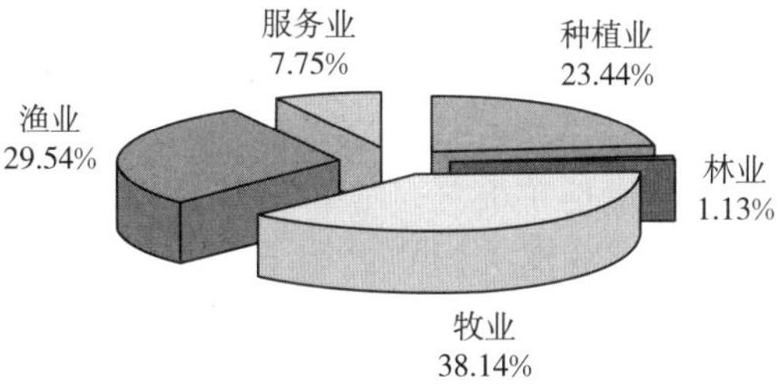

图2　农林渔业产值比例结构图

垦区全年农作物种子播种面积2 560.7公顷，其中，原种播种面积95.33公顷，良种播种面积

2 465.37公顷。生产量合计 13 888 吨；加工厂 6 个，加工生产能力 14 000 吨；种子公司 8 个；年末从业人员 67 人，其中，技术人员 28 人；种子质量检验室 6 个，种子检验人员 14 人。

2020 年粮食总产量 64.40 万吨，比上年增加 4.12 万吨，增长 6.83%（表 1，图 3）。

表 1　主要农产品产量

农作物名称	2020 年产量（吨）	比上年增长（%）
粮食	643 985	7.18
其中：稻谷	222 919	2.94
小麦	49 592	−8.22
玉米	117 186	13.87
油料	3 519	−25.17
其中：花生	577	4.71
油菜籽	2 010	−32.40
棉花	1 999	−46.99
糖料	24 384	22.39
蔬菜、瓜类	314 740	−1.16

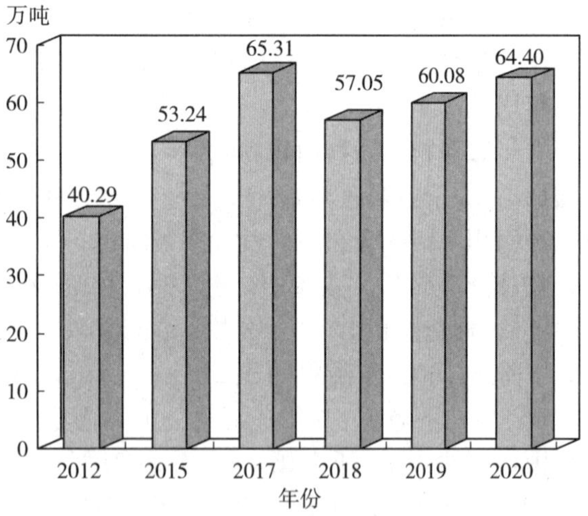

图 3　粮食产量

畜牧业保持健康发展。2020 年年末，大牲畜存栏 182 457 头（表 2）。奶牛数量达 148 185 头，与上年基本持平；牛奶总产量 652 233 吨，增加 57 575 吨，比上年增长 9.68%（图 4）。察北、沽源两个农场的牛奶产量分别达 249 820 吨和 268 243 吨，占全垦区牛奶总产量的 79.43%。

水产养殖业保持平稳发展。年末水产品养殖面积 16 865 公顷，比上年增长 0.69%。养殖面积中淡水 8 297 公顷，海水 8 568 公顷。全年水产品总产量 170 767 吨，比上年增加 7 299 吨，增长 4.46%。

表 2　牲畜年末存栏及畜产品产量

牲畜种类	计量单位	2020 年产量	比上年增长（%）
大牲畜总头数	头	182 457	1.76
其中：奶牛	头	148 185	−1.16
猪存栏	头	255 498	−6.21
羊存栏	只	63 085	−9.00
其中：绵羊	只	60 433	−8.61
家禽	只	3 145 360	12.65
肉类总产量	吨	62 025	−9.12
其中：猪肉	吨	36 937	−4.95
禽肉	吨	19 305	−8.90
牛奶	吨	652 233	9.68
禽蛋	吨	6 783	−61.12

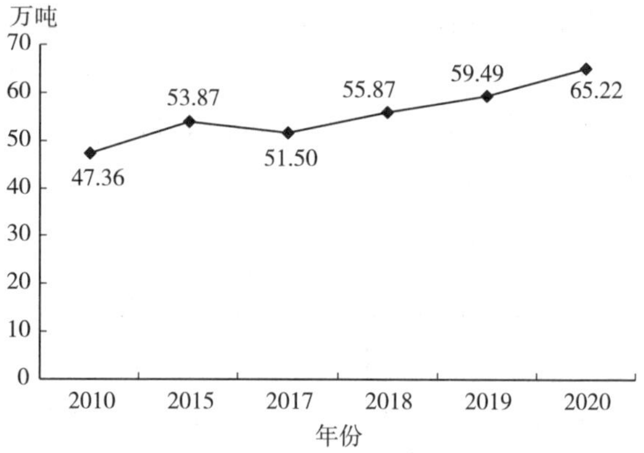

图 4　农垦牛奶产量

其中，淡水产品产量 92 633 吨，增长 5.42%；海水产品产量 78 134 吨，增长 3.35%。对虾产量 25 602 吨，比去年下降 7.71%。

全年植树造林面积 2.62 千公顷，其中，用材林 0.17 千公顷，经济林 1.12 千公顷，防护林 1.33 千公顷。年末林地面积 74.54 千公顷。

农业基础设施建设得到加强，农业生产机械化水平进一步提高。年末农业机械总动力 99.10 万千瓦，比上年下降 7.02%。农用排灌动力机械 11 965 台，大、中型农用拖拉机 3 901 台，小型拖拉机 15 480台，联合收获机 767 台。当年机播面积 79.14 千公顷，占农作物总播种面积的比重达 88.57%，机械收获面积 75.76 千公顷，占农作物总播种面积的 84.79%。

三、工业和建筑业

2020 年，第二产业实现增加值 288.72 亿元，比上年增长 0.82%，增加值占农垦生产总值的 53.21%，其中，工业增加值 253.61 亿元，比上年下降 0.85%；建筑业增加值 35.11 亿元，比上年增长 14.25%（图 5）。

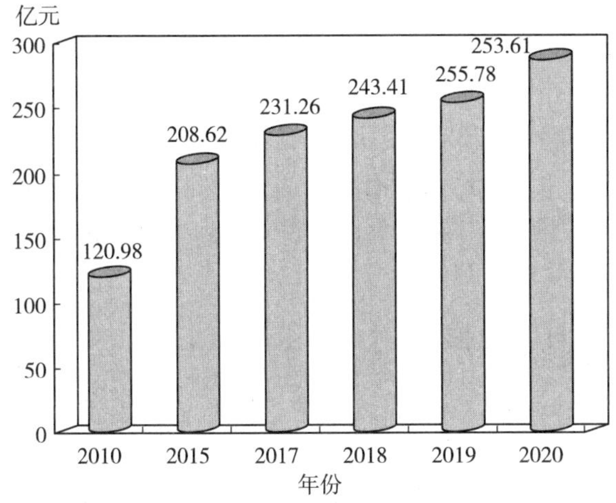

图 5 工业增加值

工业保持平稳发展。2020 年工业企业总数为 1 230个，其中，规模以上工业企业 248 个，销售产值 797.2 亿元，增长 36.62%。乳制品产量 30.54 万吨，比上年增长 2.35%，液体乳产量 26.55 万吨，比上年增长 0.57%。工业增加值见图 5。

2020 年实现工业总产值 833.28 亿元，比上年增长 0.26%。国有工业总产值 189.07 亿元，比上年下降 15.63%；战略性新兴工业产值 200.97 亿元，比上年增长 32.78%。主要工业产品总产值为：农副食品加工业 41.93 亿元，比上年增长 5.11%；食品制造业 35.53 亿元（主要为乳制品制造业），比上年增长 6.12%；纺织业 4.29 亿元，比上年增长 6.72%；纺织服装、服饰业 3.04 亿元，比上年下降 7.03%；家具制造业 62.26 亿元，比上年增长 34.24%；化学原料及化学制品制造业 16.03 亿元，比上年增长 72.11%；金属制品业 29.12 亿元，比上年增长 19.10%；交通运输设备制造业 57.47 亿元，比上年增长 30.85%；石油、煤炭及其他燃料加工业 407.36 亿元，比上年增长 1.68%。2020 年主要工业产品产量见表 3。

建筑业稳步发展。建筑企业 651 个，年末从业人员 10 312 人。全年实现增加值 35.11 亿元，比上年增长 14.74%。年末固定资产原值 5.98 亿元，全年施工房屋建筑面积 57.58 米^2，房屋竣工面积 17.98 万米^2。

表 3 2020 年主要工业产品产量

产品名称	绝对数（吨）	比上年增长（%）
原盐	29 500	−2.39
大米	205 916	−13.85
混、配合饲料	321 605	33.35
乳制品	305 415	2.36
其中：液体乳	265 505	0.59
饮料酒（千升）	2 401	1.13
其中：白酒	4 802	0.92

四、固定资产投资

固定资产投资增速较快。固定资产投资对垦区经济持续增长起着较强推动作用。2020 年全垦区完成固定资产投资总额 432.36 亿元，比上年增加 2.94 亿元，增长 0.68%（图 6）。国有固定资产投资 24.25 亿元，比上年下降 14.97%。

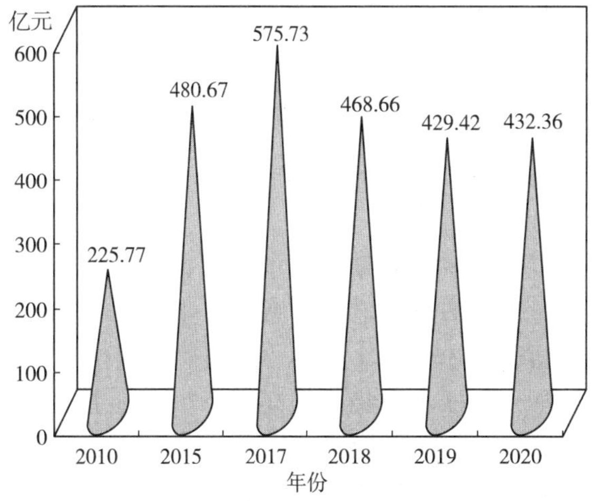

图 6 固定资产投资比较图

第一产业投资 20.22 亿元，比上年增长 13.28%；第二产业投资 317.33 亿元，比上年增长 3.81%；第三产业投资 94.81 亿元，比上年下降 10.46%。一、二、三产业在固定资产投资中比重为 4∶74∶22。

固定资产投资中，国家预算内资金 7.54 亿元，自筹资金 394.82 亿元，其他资金 20.55 亿元。当年新增固定资产 196.12 亿元。

五、运输业、批发零售贸易业、服务业及出口商品

交通运输业全年完成货运量 31 921 万吨，客

运315万人次；年末单位个数7 031个，从业人15 637人，运输工具11 917台；营业总收入25.58亿元，比上年增长2.94%。

批发零售业、餐饮业、服务业年末单位个数14 579个，固定资产原值37.45亿元，比上年增长6.36%，营业用房面积112.04万米^2，比上年增长85.13%；营业总收入461.26亿元，比上年增长38.93%，其中，批发零售业364.74亿元，比上年增长57.29%；餐饮业21.21亿元，比上年下降2.66%；服务业75.31亿元，比上年下降3.87%；批发零售业、餐饮业、服务业营业网点数17 107个，年末从业人员5.14万人。

全年出口商品总金额25.93亿元，比上年增长3.31%。其中，水产品1 351万元，比上年下降56.68%；工业品257 993万元，比上年增长4.10%。

六、科研

2020年年末，全垦区拥有科研单位3个，从业人员45人，其中，科技人员33人。科研经费6万元，企业自筹6万元，实验地面积23公顷。

七、人口、职工、收入与社会保障

2020年年末，垦区总人口为42.27万人，年末全垦区从业人员25.44万人。其中，第一产业8.57万人，比上年增长3.96%；第二产业7.33万人，比上年下降4.43%；第三产业9.54万人，比上年增长2.36%。

职工生活水平稳步提高。2020年全垦区实现居民人均可支配收入21 055元，比上年增长0.51%。垦区危房改造工作自2011年开展以来，职工居住条件得到改善，年末职工实有住房面积1 637万米^2，人均住房面积39.18米^2。

八、绿色、有机食品、无公害农产品

截至2020年年末，垦区认证了13个绿色、有机食品农产品，其中，种植业10个，含水稻6个、蔬菜1个、油料1个和其他2个，已认证的绿色食品产量14 663吨；认证有机食品1个，即水果（梨）1个，已认证有机食品产量300吨；畜牧业2个，其中，牛奶1个、羊肉1个，已认证的绿色食品产量9 608吨。

九、其他

全垦区32个农牧场中，生产总值超过1亿元的有10个。这10个农牧场共有职工6.82万人，耕地85.93千公顷。2020年实现生产总值524亿元，占垦区生产总值的96.68%。其中，农业增加值99.62亿元，工业增加值254.64亿元，利润总额43.02亿元。生产总值列前三位的是柏各庄农场、南大港农场、中捷农场，生产总值分别为196亿元、114亿元、82亿元。

2020年年末，全垦区拥有大中型工业企业19家，全年完成增加值85.50亿元，销售产值284.28亿元。年末资产总额211.62亿元，固定资产原值144.62亿元，年平均从业人员6 035人，实现利税总额9.79亿元。龙头企业19家，全年完成总产值59.83亿元，销售产值55.40亿元。完成增加值17.63亿元。年末资产总额82.16亿元，固定资产原值46.30亿元，年平均从业人员4 707人，实现利税总额4.9亿元。

山西农垦2020年经济发展统计公报

山西省农业农村厅农垦与渔业渔政管理局

2020年，面对国内外疫情风险挑战的复杂局面，山西垦区坚持以习近平新时代中国特色社会主义思想为指导，认真贯彻落实全国农垦专业会议精神，坚持新发展理念，落实高质量发展要求，保证垦区经济工作的平稳健康运行。

一、综合情况

山西农垦系统现有国有农场25个，全垦区年末总人口27 543人。其中，从业人员14 217人，第一产业5 783人，第二产业3 395人，第三产业5 039人。年末职工人数3 406人，其中，在岗职工2 592人。人均可支配收入13 361元，比上年增长14.39%，职工人均纯收入24 290元，比上年增长6.46%。年末实有住房面积55.58万米^2，人均住房面积20.19米^2。

土地总面积22 681.46公顷，其中，耕地面积6 405.39公顷，牧草地面积4 339.15公顷，林地面积8 070.82公顷，园地面积230.19公顷，居民点及工矿用地面积1 156.39公顷，其他面积1 823.79公顷。

2020年垦区全年实现生产总值6.42亿元，比上年下降0.16%，其中，第一产业增加值1.53亿元，比上年下降1.18%，第二产业增加值2.61亿元，比上年下降0.08%；第三产业增加值2.28亿元，比上年下降0.25%，第一、第二、第三产业增加值占生产总值的比重分别为24%、41%、35%。人均生产总值23 474元。实现农林牧渔业总产值3.32亿元，比上年下降0.97%，农林牧渔业商品产值2.49亿元，比上年下降3.38%。商品率为74.86%。

全年固定资产投资额1 653.22万元，比上年增长53.82%，其中，国有投入1 643.22万元，占总投资额的99%，第一、第二、第三产业投资分别为1 193.84万元、334.46万元、124.92万元。在资金来源中，国家预算资金307万元，自筹资金566.22万元，其他资金780万元。当年新增固定资产1 156.06万元。

二、农业

全年垦区农作物种植面积6 366.87公顷，比上年增加91.37公顷。其中，粮食种植面积4 979.1公顷，比上年增加137.75公顷；油料种植面积30.8公顷，比上年增加7.74公顷；蔬菜瓜果种植面积802.97公顷，比上年增加168.64公顷。在粮食种植面积中，玉米种植面积4 259.96公顷，比上年增加175.9公顷；小麦种植面积323.33公顷，比上年增加24.99公顷。果园面积158.53公顷，比上年减少4.97公顷。

垦区全年粮食产量38 861.43吨，比上年增加1 664.02吨，增长4.47%。其中，夏粮2 242吨；秋粮35 333.93吨。2020年主要农产品产量及其增减速度见表1。

表1　2020年主要农产品产量及其增减速度

产品名称	产量（吨）	比上年增长（%）
粮食	38 861.43	4.47
其中：玉米	34 738.41	4.82
小麦	2 246.5	14.81
谷子	108.5	−35.08
其他谷物	257.02	14.1
薯类	979	45.54
油料	48.5	12.79
蔬菜及瓜果	13 979.89	13.97
其中：蔬菜	12 127.89	13.36
水果	2 600.28	−25.29

垦区年末大牲畜存栏12 400头，比上年增长6.4%。其中，奶牛10 615头，比上年增长22.07%。年末生猪存栏9 409头，比上年增加7 417头；家禽存栏12.34万只，比上年下降2.94%。猪牛羊

肉总产量2 811吨，比上年下降8.14%。其中，猪肉产量500吨，比上年增长154.39%；牛肉产量673.1吨，下降6.64%；羊肉产量1 557.7吨，比上年下降24.32%。牛奶产量3.2万吨，比上年增长3.51%。禽蛋产量2 051.7吨，比上年下降1.01%。

年末农业生产机械化总动力30 076千瓦，比上年增加2 141千瓦，增长7.66%，全年实现机械耕地面积5 468.14公顷，占年末耕面积（6 405.39公顷）的85.36%；当年实际机械播种面积4 584.23公顷，占农作物播种面积（6 366.87公顷）的72%；机械收获面积2 207.9公顷，增速均比上年增长。农场用电量1 929.39万千瓦·时，农业用水量389.46万米^3。农用化肥施用量7 112.67吨，比上年增加260.92吨。有效灌溉面积4 704.52公顷，比上年增加523.11公顷，其中，节水灌溉面积115.35公顷。机电井291眼。

三、工业

受新冠肺炎疫情影响，垦区年末工业企业60个，比上年减少21个，其中，非金属矿物制造业减少18个。实现工业总产值31 848.32万元，比上年下降24.42%。国有及规模以上工业企业29个。比上年减少14个，实现工业销售产值18 727.8万元，实现主营收入18 183.42万元，比上年减少61.75万元。主要产品产量：饲料2万吨，乳制品226.8吨，白酒75万千升，家具500件，化学农药260吨。

四、交通运输、批发零售业、住宿餐饮业、服务业

年末交通运输单位39个，比上年减少4个，年末从业人员100人，全年从业人员报酬289万元，固定资产总值624万元，实现营业总收入646万元，全年货运量21.28吨，客运量5.53万人。

批发零售业年末单位1 049个，从业人员3 468人，从业人员劳动报酬7 369.48万元，固定资产总值3 273万元，商品销售总额或营业收入38亿元。

住宿餐饮业年末单位37个，从业人员434人，从业人员劳动报酬1 242.8万元，固定资产总值519.8万元，全年营业收入3 390.87万元。

其他服务业年末单位41个，从业人员343人，从业人员劳动报酬1 503.4万元，固定资产总值2 174万元，全年营业收入26 086.02万元。

内蒙古农垦2020年经济发展统计公报

内蒙古自治区农牧厅农垦局

2020年，内蒙古垦区在自治区党委、政府的领导下，积极贯彻落实中央、自治区有关决策部署和指示精神，有序推进全区农垦改革发展工作，较好地完成了全年各项工作任务。

一、综合情况

全年内蒙古垦区实现生产总值122.12亿元。其中，第一产业增加值81.76亿元；第二产业增加值24.92亿元；第三产业增加值15.44亿元。第一、第二、第三产业增加值占生产总值的比重分别为67%、20%、13%。居民人均可支配收入17 140元，同比增长6%。

二、农业

全年实现农林牧渔总产值139.39亿元（现行价，下同），同比增长8%。其中，农业产值76.88亿元，同比增长7.3%；牧业产值56.91元，同比增长8.6%；渔业产值0.76亿元，林业产值1.11亿元。

农作物播种面积675.2千公顷（含租赁面积），与上年基本持平。其中，粮食作物播种面积481.15千公顷，同比增加6.03千公顷，占农作物播种面积的71.2%；油料作物播种面积121.01千公顷，同比增加1.98千公顷，占农作物播种面积的17.8%。

小麦播种面积112.58千公顷，同比增加8.02千公顷，占粮食播种面积的23.39%；玉米播种面积164.28千公顷，与上年基本持平，占粮食播种面积的34.13%；豆类播种面积135.76千公顷，同比增加1.87千公顷，占粮食播种面积的28.2%。

粮食产量227.73万吨，同比下降1.51%。主要农产品产量见表1。

年末大小畜存栏337.19万头（只），肉类产量7.57万吨。牛奶产量30.25万吨。禽蛋产量7 971吨。牲畜年末存栏及主要产品产量见表2。

表1　2020年主要农产品产量

产品名称	产量（万吨）	同比增长（%）
粮食	227.73	−1.51
其中：小麦	30.50	−2.21
玉米	142.5	2.52
大豆	25	−2.88
油料作物	18.01	−2.65

表2　2020年牲畜年末存栏及主要产品产量

产品名称	计量单位	产量与年末数	同比增长（%）
大牲畜	万头	50.68	12.2
牛	万头	40.35	21.9
羊	万只	273.03	15.9
猪	万只	13.48	−46.4
肉类总产量	万吨	7.57	−16.7
其中：牛肉	万吨	1.84	−5.6
羊肉	万吨	3.17	1.9
猪肉	万吨	1.4	−55.9
牛奶	万吨	30.25	25.1

水产品产量为5 718吨，同比增加1 919吨，增长50.51%，水产品主要为养殖的淡水鱼。

农业生产条件进一步得到改善，综合机械化率为95.4%。年末机械总动力231.42万千瓦。其中，大中型拖拉机1.53万台；小型及手扶拖拉机5万台。联合收割机0.24万台。

农用化肥施用总量（折纯量）14.91万吨。有机肥施用量22.4万吨。

有效灌溉面积223.35千公顷，同比增长7.59%。其中，喷灌面积83.62千公顷；滴灌面积22.00千公顷。节水灌溉面积115.82千公顷，同比增长13.58%。

高标准农田面积128.55千公顷，占耕地面积的17%，永久性基本农田面积473.26千公顷，占耕地面积的63%。

三、工业和建筑业

2020年，实现工业总产值（现行价）42亿元，同比下降2.78%。煤炭开采和洗选业实现产值25.54亿元，农副食品加工业4.9亿元，非金属矿物制品业4.35亿元。主要工业产品产量见表3。

表3　2020年主要工业产品产量

产品名称	计量单位	实际数量	同比增长（%）
原煤	万吨	1 429.7	持平
小麦粉	万吨	1	10
饲料	万吨	2.51	1.18
发电量	万千瓦·时	12 931	持平
自来水	万米^3	210	13.8

建筑业年末有建筑企业21个，从业人员338人，固定资产原值1 175万元。全年施工房屋建筑面积2万米^2。

四、交通运输业、批发零售业、餐饮业

交通运输业实现营业总收入3.53亿元，同比下降5.87%。现有主要运输工具1 254台。全年完成客、货运输量分别为74.24万人和537.27万吨。

批发零售业有营业单位2 401个，增加358个，从业人员5 829人，减少784人，实现销售总额19.37亿元，同比下降5.97%。年末拥有固定资产原值7.43亿元，营业用房21.7万米^2。

餐饮业有营业单位1 114个，同比增加487个，从业人员2 939人，同比增加1 159人，营业收入2.92亿元，同比增长52.88%。年末拥有固定资产原值1.98亿元，营业用房12.2万米^2。

其他服务业有营业单位561个，同比减少61个，从业人员1 521人，实现营业收入5.86亿元，同比下降11%。年末拥有固定资产原值1.01亿元，营业用房4.49万米^2。

五、科技

拥有科研单位5个，职工62人，其中，科技人员18人。科研经费1 320万元。其中，政府拨款占经费的71%，企业自筹占经费的29%。

六、固定资产投资

年末完成固定资产投资23.19亿元，同比下降19.11%。总投资额中，用于第一产业12.88亿元，占投资总额的55.62%；第二产业6.36亿元，占投资总额的27.38%；第三产业3.95亿元，占投资总额的17%。当年国有固定资产投资总额为16.48亿元，占投资总额的72.64%。资金来源的比例为：国家预算资金占资金来源的28%，自筹资金占资金来源的64%，贷款资金占资金来源的1%，其他资金占资金来源的7%。

七、人口、职工、收入

年末内蒙古垦区总人口46.37万人，同比减少0.26万人，下降0.6%。

年末全区农垦社会从业人员17.89万人，同比减少1.1万人，下降5.8%，其中，第一产业15.28万人，第二产业0.64万人，第三产业1.92万人。

八、绿色食品、有机食品生产情况

绿色食品、有机食品农林产品认证数有53个，已认证的绿色食品、有机食品农林产品产量为14.8万吨。其中，绿色食品认证的主要农作物29个，已认证的产量13.14万吨；有机食品认证的主要农作物24个，已认证的产量1.7万吨；绿色食品认证的水果1个，认证的产量2.97万吨；有机食品畜禽类产品1个，已认证的产量为13吨。

辽宁农垦2020年经济发展统计公报

辽宁省农业农村厅

2020年，辽宁农垦在辽宁省委、省政府的正确领导下，在农业农村部农垦局的关心支持下，深入贯彻党中央、国务院关于进一步推进农垦改革发展文件精神和辽宁省委、省政府的工作部署要求，统一思想，坚定信心，努力克服新冠肺炎疫情带来的不利影响，不断深化农垦改革，加快现代农业发展，继续扎实做好国有农场办社会职能改革工作，全面落实“一衔接两覆盖”政策，巩固“十三五”国有贫困农场脱贫攻坚成果，垦区集团化农场企业化改革取得新突破，民生建设得到进一步加强。

一、综合

2020年，辽宁省农垦有国有农场（公司）104个，新增铁岭市农垦集团有限公司、盘锦盘山农垦集团有限公司、盘锦大洼农垦集团有限公司3个农垦区域性集团（公司），基层统计单位共有107个。

2020年，垦区总人口85.76万人，农场人口74.54万人。从业人员41.62万人，其中，第一产业24.89万人，第二产业6.21万人，第三产业10.52万人，各业人员所占比重分别为60∶15∶25。职工年末人数20.25万人，其中，在岗职工13.85万人；职工工资总额为44.88亿元，其中，在岗职工工资总额为30.35亿元。小城镇39个，比上年减少1个；小城镇人口36.37万人，占总人口数的42%；小城镇占地面积1.72万公顷，占土地总面积的3.4%。

土地总面积49.63万公顷，其中，耕地16.14万公顷，占土地总面积33%，其中，水田9.38万公顷，占耕地的58%；牧草地0.90万公顷，占土地总面积的1.8%；林地7.30万公顷，占15%；水面4.50万公顷，占9%；果园1.11万公顷，占2%；可垦荒地和宜林地0.66万公顷，占1.3%；居民点及工矿用地4.58万公顷，占9%，其他14.41万公顷，占29%。

2020年实现生产总值315.75亿元，比上年增长5.2%，其中，第一产业93.42亿元，比上年增长7.0%，第二产业106.87亿元，比上年增长12%，第三产业115.45亿元，比上年下降2.3%。一、二、三产业的比重为30∶34∶36。人均生产总值36 817元，比上年增加2 779元。在岗职工人均工资21 929元，比上年增加494元，增长2.3%，年末实有住房面积3 596万米^2，人均住房41.51米^2。

固定资产投资额为88.48亿元，比上年增长7%，其中，国有10.55亿元，占总投资额的12%，非国有77.93亿元，占总投资额的88%。按工程用途划分，第一产业15.87亿元，比上年下降32%，第二产业32.22亿元，比上年增长25%，第三产业40.39亿元，比上年增长21%。一、二、三产业投资比为18∶36∶46。按资金来源划分，国家预算内资金2.10亿元，占固定资产投资的2%，比上年下降67%，国内贷款3.37亿元，占固定资产投资的4%，比上年下降61%，自筹资金71.20亿元，占固定资产投资的80%，比上年增长22%，其他资金11.81亿元，占固定资产投资的13%，比上年增长24%。

外贸出口供货商品金额5.02亿元，比上年下降24%。出口额中，农产品金额0.22亿元，占商品总金额的4%，水产品金额1.80亿元，占商品总金额的36%，工业品金额2.99亿元，占商品总金额的60%。

实现生产总值超1亿元的农场36个，比上年减少5个，超1亿元农场实现生产总值297.82亿元，占全省农垦生产总值的94%。

二、农业

全年实现农林牧渔业生产总值179.19亿元，比上年增长1%。其中，种植业产值87.28亿元，比上年增长0.07%，林业产值2.51亿元，比上年增长5%，牧业产值35.29亿元，比上年增长6%，渔业产值46.90亿元，比上年增长2%。农林牧渔服务业产值7.22亿元，比上年下降6%。各业在农业总产值中的比重为49：1：19：26：5。农林牧渔业商品的产值为120.94亿元，比上年下降6%，是农牧渔业生产总值的67%。

粮食总产量130.07万吨，比上年增长2.5%。粮食总产量中谷物合计量128.81万吨，其中，水稻产量90.26万吨，占粮食总产量的70%，玉米36.96万吨，占粮食总产量的29%。豆类0.59万吨，占粮食总产量的0.46%，薯类0.67万吨，占粮食总产量的0.52%。油料1.85万吨，糖料2.03万吨，蔬菜、瓜类45.54万吨。农作物播种面积16.12万公顷，比上年增加0.07公顷，其中，粮食作物播种面积14.34万公顷，比上年减少0.09公顷，占农作物总播种面积的89%，油料作物0.61万公顷，占农作物总播种面积的3.8%，糖料0.04万公顷，占农作物总播种面积的0.2%，蔬菜、瓜类1.06万公顷，占农作物总播种面积的6.6%，在粮食作物中，水稻播种面积9.47万公顷，占粮食作物播种面积的66%，玉米4.22万公顷，占农作物总播种面积的29%，高粱0.07万公顷，占农作物总播种面积的0.5%，谷子0.28万公顷，占农作物总播种面积的2%。

大牲畜存栏6.85万头，比上年增加0.72万头，增长12%。其中，牛5.59万头，比上年减少0.02万头。生猪存栏48.50万头，比上年增加16.34万头，增长48%。家禽存栏1 040万只。肉类总产量15.30万吨，比上年增加4.43万吨，增长41%，其中，猪肉5.07万吨，增加1.64万吨，增长48%；牛肉0.44万吨，比上年减少0.74万吨，下降63%；羊肉0.25万吨，与上年持平；禽肉5.24万吨，比上年减少0.6万吨，下降10%；牛奶产量2.80万吨，比上年减少0.08万吨，下降3%；禽蛋3.21万吨，比上年增加0.71万吨，增长34%。水产总产量34.97万吨，比上年减少0.18万吨，下降0.5%。

水果种植面积0.88万公顷，其中，苹果种植面积0.51万公顷，占水果种植面积的58%；梨0.14万公顷，占水果种植面积的16%；桃0.09万公顷，占水果种植面积的10%；葡萄282公顷，占水果种植面积的3%；红枣5.66公顷，占0.06%；其他水果0.11万公顷，占水果种植面积的13%。水果总产量达11.86万吨，比上年下降19%。水果总产量中，苹果7.8万吨，占水果总产量的66%；梨1.40万吨，占12%；桃1.30万吨，占11%；葡萄0.3万吨，占2%；红枣420吨，占0.4%；其他水果1.01万吨，占9%。

植树造林3 101公顷，比上年减少452公顷，下降13%，其中，用材林699公顷，经济林619公顷，防护林1 784公顷。当年零星植树23.2万株，年末实有育苗面积514公顷，幼林抚育1 461公顷，成林抚育785公顷。

年末，农业机械总动力103.20万千瓦，比上年增加1.19千瓦，增长1.2%，其中，柴油机发动机动力81.47万千瓦，汽油发动机动力4.79万千瓦，电动机动力14.00万千瓦，其他机械动力2.94万千瓦。拥有大中型拖拉机5 789台，比上年增加310台；小型及手扶拖拉机8 338台，比上年减少661台。排灌动力机械1.38万台，联合收获机1 228台，农用飞机11架。当年实际机耕面积13.61万公顷，占粮食播种面积的95%，下降4%；当年实际机播面积12.44万公顷，占粮食播种面积87%，增长6%；当年机械收割面积11.47万公顷，占播种面积80%，增长2%。农业生产用电量4 736万千瓦小时，农业用水量7 379万吨。农药施用量2 385吨，比上年减少91吨。农用化肥施用折纯量7.39万吨，比上年减少0.6万吨。生物肥施用量4 970吨，比上年增加206吨；有机肥施用量5.23万吨，比上年增加0.3万吨；农业塑料薄膜使用量3 497吨，有效灌溉面积12.37万公顷，沼气池1 226个，机电井5 952眼。

绿色食品认证7个，有机食品认证3个，农产品地理标志认证15个。种子基地种子播种面积1 972公顷，种子生产量858吨，全部为良种，其中，水稻36吨，玉米676吨，大豆146吨。

三、工业

年末，垦区实现工业总产值271.27亿元，超10亿元的产业为：农副食品加工业100.66亿元，石油、煤炭及其他燃料加工业46.61亿元，有色金属冶炼和压延加工业18.62亿元，其他制造业18.42亿元，化学原料和化学制品制造业14.14亿元，非金属矿物制品业13.18亿元，食品制造业10.57亿元。

主要工业产品中，大米53.07万吨，饲料17.04万吨，精制食用植物油19.94万吨，饮料酒

4.57 万吨，乳制品 0.95 万吨，服装 133 万件，水泥 51 万吨，砖 7 908 万块。

规模以上工业企业 127 个，比上年减少 47 个，实现工业总产值 242.86 亿元，实现主营业务收入 304.11 亿元，实现利润 9.76 亿元。

四、建筑、交通运输、批发零售业、餐饮业、服务业

年末，建筑企业 179 个，比上年减少 11 个；从业人员 1.00 万人；固定资产原值 5.80 亿元；年末拥有机械设备 1 560 台；全年施工房屋建筑面积 90.81 万米^2；竣工房屋面积 54.98 万米^2。

运输单位 3 037 个，比上年减少 911 个；从业人员 7 392 人；固定资产总值 6 亿元；主要运输工具 6 492 台；实现营业总收入 10.38 亿元；全年货运量 1 830 万吨，客运量 337 万人。

批发零售业单位 7 134 个，比上年减少 377 个；从业人员 2.39 万人；从业人员劳动报酬 16.68 亿元；固定资产总值 9.48 亿元；年末营业用房面积 48.30 万米^2；销售额 38.90 亿元。

餐饮业 1 457 个，比上年减少 91 个；从业人员 1.40 万人；从业人员劳动报酬 2.56 亿元；固定资产总值 3.74 亿元；年末营业用房面积 12.91 万米^2；全年营业收入 7.59 亿元。

其他服务业单位 2 721 个，与上年持平；从业人员 1.05 万人；从业人员劳动报酬 4.61 亿元；固定资产原值 3.19 亿元；年末营业用房面积 13.16 万米^2；全年营业收入 7.21 亿元。

吉林农垦2020年经济发展统计公报

吉林省农垦局

吉林垦区土地总面积27.04万公顷。其中，耕地面积10.88万公顷，牧草地面积6.81万公顷，林地面积4.71万公顷，水面面积0.39万公顷，园地面积0.14万公顷，居民点及工矿用地1.48万公顷，其他面积2.44万公顷。

一、主要经济指标

全垦区实现生产总值29.6亿元，比2019年增长9%。其中，第一、二、三产业增加值分别为25.87亿元、1.12亿元、2.61亿元，分别比2019年增长9.9%、9.8%、0.3%，占国民生产总值的比重分别为87∶4∶9。

农林牧渔业总产值33.5亿元，农林牧渔商品产值为25.9亿元。工业总产值5.64亿元。

全年固定资产投资额4 717万元。其中，国有投入2 664.3万元，占总投资额的56%。第一、二、三产业投资额分别为4 507万元、180万元、30万元。在资金投入来源中，国家预算内资金2 399.5万元，自筹资金2 136.6万元；当年新增固定资产3 135.1万元。

二、农业

全年实现农林牧渔业总产值33.5亿元。其中，农业28.5亿元，牧业4.1亿元，林业与渔业分别为2 424万元、1 408万元。

全年农作物总播种面积为10.72万公顷，比2019年增加140公顷。其中，粮食播种面积10.24万公顷，占农作物总播种面积的95.5%；油料作物播种面积3 262公顷；其他作物播种面积924.72公顷。全年粮食产量69.15万吨。全年大牲畜存栏3.55万头，增加0.66万头。其中，牛3.22万头，肉牛2.47万头，奶牛0.75万头。农业机械总动力61.50万千瓦，大中型拖拉机5 150台，小型及手扶拖拉机15 339台。当年实际机耕面积10.38万公顷，占年末耕地面积95.5%；实际机播面积10.08万公顷，占农作物播种面积94%；机械收获面积9.55万公顷，占农作物播种面积的88.9%。

2020年吉林省农垦系统主要农产品产量见表1、表2。

表1　2020年吉林农垦主要农作物产量一览表

名称	产量（吨）
粮食	691 543
其中：稻谷	258 772
玉米	407 298
高粱	7 872
大豆	14 755
油料	7 149

表2　2020年吉林农垦主要农产品产量一览表

种类	计量单位	产量
大牲畜总头数	万头	3.55
其中：牛	万头	3.22
猪存栏	万头	3.01
羊存栏	万只	18.88
家禽	万只	68.21
肉类总产量	吨	11 327
其中：猪肉	吨	3 956
禽肉	吨	3 105
牛肉	吨	1 645
牛奶	吨	9 059
禽蛋	吨	2 489

三、工业

工业总产值（现价）5.6亿元。农副产品加工业实现产值1.42亿元，非金属矿物制品业实现产值2.4亿元，皮革毛皮羽毛及其制品业实现产值0.9亿元，医药制造业实现产值6 430万元，主要黑色金属冶炼和压延加工业产值2 597万元。主要产品产量：大米 5.86 万吨；中成药 650 吨；水泥 92.19 万吨。建筑业年末单位个数 13 个，固定资产原值 743 万元，房屋建筑竣工面积 7 480 米^2，总产值 803 万元。

四、第三产业

交通运输业单位年末 110 个，从业人员 214 人，固定资产原值 1 855 万元，年末拥有主要运输工具 122 辆，全年货运量 9.68 万吨，客运量 17.39 亿人，营业总收入 2 408 万元。批发零售业年末单位 761 个，年末从业人员 1 775 人，从业人员报酬3 734万元，固定资产原值 10 241 万元，销售总额 7 769 万元。餐饮业年末单位 127 个，年末从业人员 428 人，从业人员报酬 1 218 万元，固定资产原值 2 122 万元，全年营业收入 2 211 万元。服务业年末单位 124 个，年末从业人员 287 人，从业人员报酬 684 万元，固定资产原值 1 167 万元，全年营业收入 1 335 万元。

黑龙江农垦2020年经济发展统计公报

北大荒农垦集团有限公司

2020年，北大荒集团持续深入学习、贯彻落实习近平总书记对垦区两次“特指性”重要讲话和重要指示精神，按照党中央、国务院和黑龙江省委省政府、财政部、农业农村部的部署要求，加快推进改革进程；立足新发展阶段，贯彻新发展理念，构建新发展格局，扎实做好“六稳”工作，落实“六保”任务，紧紧围绕“三大一航母”战略和“1213”工程体系建设总体布局，聚焦主业主责，强化管理，补短板、锻长板，不断提高企业竞争力、创新力、控制力、影响力和抗风险能力，在“稳”中夯实了经营基础，在“进”中实现转型发展，高质量发展迈出新步伐。

一、综合

北大荒整体实力进一步增强。2020年，集团各级积极应对复杂多变的国内外经济形势和常态化疫情防控的双重挑战，精准施策，靶向发力，北大荒集团运行质量企稳向好。全年实现营业总收入1 423.32亿元，比上年增长15.38%；实现利税总额35.62亿元，比上年增长43.92%，其中，利润总额13.14亿元，增长329.41%，上缴税金22.48亿元，增长3.64%；资产负债率77.68%，比上年下降1.5%；年末资产总额2 164.31亿元，比上年增长8.73%；年末所有者权益483.18亿元，比上年增长16.6%；实现集团企业增加值493.8亿元，同比增长5.7%；粮食产量426.8亿斤，实现“十七连丰”；职工家庭人均可支配收入达27 877元，同比增长7.3%；全年完成固定资产投资94.5亿元，同比增长43.8%；“北大荒”品牌价值达1 028.36亿元，比上年增加239.18亿元，增长30.31%，位列“中国500最具价值品牌排行榜”第50位，持续领跑中国农业。位列“亚洲品牌500强排行榜”第90位；首次进入“世界品牌500强榜单”，位列第430位。“北大荒”品牌在国内、国际上的美意度和影响力不断增强。

产业呈不均衡发展态势。在集团企业增加值中，第一产业增加值356.9亿元，同比增长5.7%，占比72.3%。第二产业增加值45.2亿元，同比增长16.2%，占比9.2%。第三产业增加值91.6亿元，同比下降0.5%，占比18.5%，其中，交通运输业增加值3.3亿元，下降17.0%，占集团企业增加值（以下占比同此）0.7%；批发和零售业增加值6.8亿元，下降9.5%，占比1.4%；卫生和社会业增加值20.8亿元，增长1.0%，占比4.2%；农林牧渔专业及辅助性活动增加值26.7亿元，增长12.2%，占比5.4%。三次产业结构为72.3∶9.2∶18.5，其中，第一产业比重同比上升2.7个百分点，第二产业比重同比上升1.2个百分点，第三产业比重同比下降3.9个百分点。

二、农、林、牧、渔业

农业的支撑作用更加凸显。2020年，集团上下克服新冠肺炎疫情和低温降雪等不利影响，充分发挥科技的力量，运用“云”上备耕、智能化催芽、无人化插秧等科技措施，抢农时、上科技、保春种，291.1万公顷农作物总播种面积全部在高产期播种，比上年增长0.3%，粮食种植面积达289.3万公顷，比上年增长0.5%。其中，“三大主栽”作物——水稻、玉米、大豆分别为153.0万公顷、52.4万公顷和80.2万公顷，占粮食作物面积的比重达98.7%，为垦区粮食产能的稳固奠定了基础。深入实施“藏粮于地、藏粮于技”战略，广泛应用增产技术措施，充分发挥机械化、智能化优势抗灾夺丰收，粮食综合单产实现7 375.4公斤/公顷，粮食总产量为213.40亿公斤，当年为国家提供商品粮202.75亿公斤，粮食商品率达95.0%，分别占全国和黑龙江省粮食总产量的3.2%和28.5%。

历经74年的开发建设，垦区已累计生产粮食4 786.8亿公斤，累计向国家交售商品粮3 838.2

亿公斤。北大荒保障“中国粮食，中国饭碗”的作用更加突出，国家粮食安全“压舱石”的重要地位更加突出。

绿色农业发展步伐加快，“两品一标”和重要产品质量追溯工作扎实推进。2020 年，垦区全年绿色食品作物种植面积 124.64 万公顷，占垦区种植面积 42.82%；有机食品作物认证面积 18.73 万公顷，占垦区农作物种植面积 6.43%。绿色食品获证企业 154 家，有效使用绿色食品标志产品数 365 个；有机农产品企业 115 家，有机农产品达 384 个。到 2020 年年末，垦区累计获得国家地理标志农产品 12 个，创建全国绿色食品原料标准化基地 38 个。垦区农产品质量追溯系统覆盖规模逐年扩大，实现稻米产品质量追溯全覆盖。2020 年，垦区全程建立农垦农产品质量追溯的企业数量累计达 91 家，分布在垦区 9 个分（子）公司农牧场和集团直属企业，追溯产品种类涵盖谷物、蔬菜、水果、畜禽肉、奶粉、种子、豆酱、蜂蜜、豆油九大类 100 余个品种。2020 年，北大荒垦区主要农产品产量见表 1。

表 1　2020 年主要农产品产量

产品名称	产量（万吨）	比上年增长（%）
粮食	2 134.0	5.3
其中：水稻	1 386.5	3.9
小麦	1.6	22.2
玉米	523.5	3.7
大豆	206.3	19.0
杂豆	2.9	15.0
马铃薯（折粮）	7.3	23.6
油料	0.1	−16.0
亚麻	0.4	−10.3
蔬菜	6.2	−22.3
瓜类	4.8	−10.0
饲料作物	24.9	−37.8

林业产业快速发展。全年完成造林绿化面积 2.4 万亩，经济林达 19.77 万亩，林药种植 7.55 万亩，食用菌当年生产 3 068.8 万袋，林下经济总产值达 5.5 亿元。2020 年完成三江平原退耕还湿整改地块面积 5.44 万亩，3 年累计完成三江平原退耕还湿面积 15.82 万亩，完成了整改任务，涉及林草行业的 8 项中央环保督察问题全部完成整改及销号。完成自然保护地整合优化阶段性工作，共撤销垦区权限管理保护地 6 处，调出保护区内耕地 275.4 万亩。

畜牧业仍处在恢复发展阶段，全年实现增加值 37.9 亿元，比上年增长 2.3%。年末垦区“两牛一猪一禽”存栏“三增一降”，有黄牛 8.2 万头、奶牛 10.2 万头、生猪 60.6 万头和家禽 769.5 万只，分别比上年增长 13.9%、−4.5%、4.1%和 64.7%；全年肉蛋奶产量分别为 22.7 万吨、2.8 万吨和 39.3 万吨，分别比上年增长−7.9%、7.3%和 6.2%。2020 年启动实施了“奶牛单产 12 吨提升行动”，扎实推进粮改饲试点建设，奶牛平均单产水平明显提高；全面落实国家惠农政策，获得农牧民补助奖励资金、高产优质苜蓿示范建设项目补助资金、畜禽粪污资源化利用（整县推进）项目建设资金共计 15 835 万元。

渔业平稳发展。年末淡水养殖面积 2.52 万公顷，水产品产量 2.1 万吨，比上年增长 2.2%。

农业基础设施继续强化，现代化水平显著提高。年末垦区累计建成高标准良田 183.1 万公顷；有效灌溉面积达 159.5 万公顷，其中，节水灌溉面积 39.2 万公顷。现有粮食处理中心 369 座，种子加工厂 41 个，水泥晒场 3 880 万米^2，农用飞机场 66 处。集团自有粮食仓储能力达 1 514 万吨。农机装备能力显著提升。截至 2020 年年末，主要农作物耕种收综合机械化水平达 99.7%，农用机械总动力 1 237.4 万千瓦，比上年增长 8.9%；农用大中型拖拉机 9.6 万台，增长 6.6%，其中，100 马力以上拖拉机 15 401 台，增加 3 560 台；机动水稻插秧机 9.2 万台，增长 6.8%；联合收获机 4.7 万台，增长 10.3%。现有飞机 110 架，其中，农用飞机 77 架，航化作业面积 176.3 万公顷，增长 13.6%。建立了 10 个农机转型升级示范区，推动农业生产全程由机械化向智能化迈进，继续引领全国农业现代化发展方向。2020 年推广水稻辅助直行插秧面积 42.1 万亩，智能变量喷药作业面积 72 万亩，智能化轨道运输总长 2 527.6 公里、辐射面积 216.2 万亩。开展全程无人化农场项目试验，形成智慧（无人化）农场群 6 个，示范应用无人农机装备 74 台套，无人化作业面积 1.6 万亩。

三、工业和建筑业

工业生产快速增长，高质量发展的意识增强。

2020年，集团实现工业增加值40.0亿元，同比增长11.9%。其中，产业化龙头工业企业增加值34.7亿元，增长14.1%，占比为86.8%。

从行业门类看，制造业增加值36.6亿元，增长13.1%，占全部工业增加值的91.5%（以下所有占全部的比重简称占比）；电力、热力、燃气及水的生产和供应业增加值3.4亿元，增长6.5%，占比为8.5%。

从轻重工业看，轻工业增加值37.0亿元，增长13.5%，占比为92.5%；重工业增加值3.0亿元，增长4.0%，占比为7.5%。

从国民经济行业小类看，谷物磨制业增加值−0.7亿元，同比下降44.8%；食用植物油加工业增加值25.1亿元，增长21.4%，占比为62.8%；乳制品制造业增加值7.8亿元，增长8.4%，占比为19.5%；淀粉及淀粉制品制造业增加值0.4亿元，下降0.03%，占比为1.0%；豆制品制造业增加值0.1亿元，下降18.6%，占比为0.3%；化学药品原料药制造业增加值1.0亿元，增长9.7%，占比为2.5%；热力生产和供应业增加值2.7亿元，增长2.0%，占比为6.8%；自来水生产和供应业增加值0.7亿元，增长7.8%，占比为1.8%。

2020年，北大荒主要工业产品产量见表2。

表2　2020年主要工业产品产量

指标名称	计量单位	产量	比上年增长（%）
小麦粉	万吨	2.6	72.4
大米	万吨	31.6	23.4
食用植物油	万吨	173.2	43.5
乳制品	万吨	29.5	9.3
其中：乳粉	万吨	3.0	28.8
其中：液体乳	万吨	26.5	7.4
软饮料	万吨	3.8	−11.4
豆粕	万吨	667.9	33.4
豆制品	万吨	1.4	−48.2
发电量	亿度	3.4	1.1
热力	亿千焦	143 261.7	91.1
淀粉	万吨	7.9	4.9

从产业化经营看，北大荒集团拥有11家国有及国有控股的国家级和省级农业产业化龙头企业，其中，工业企业8户，贸易企业3户；国家级企业3户（工业），省级8户；直属企业9户，农场属企业2户。2020年，集团控股企业的粮食加工转化能力达1 473万吨，处理鲜奶能力达73.2万吨；集团参股企业的生猪屠宰能力达350多万头，白羽鸡屠宰能力达6 000多万只。

工业企业效益提升。国有及国有控股企业全年实现营业总收入612.7亿元，比上年增长26.5%；其中，产业化龙头企业实现营业总收入541.0亿元，比上年增长14.1%。实现利润−5.2亿元，比上年减亏0.2亿元，增长3.7%。其中，产业化龙头企业实现利润−0.8亿元，比上年减亏1.7亿元，增长68.0%。

建筑业稳步发展。2020年，集团实现建筑业总产值36.5亿元，比上年增长7.8%，其中，在系统外完成产值15.3亿元，比上年下降24.1%。当年新开工的单位工程施工个数132个，比上年减少61个。当年单位工程竣工个数90个，比上年减少195个。年内房屋建筑施工面积和竣工面积分别达10.1万米^{2}和9.3万米^2，分别比上年下降78.4%和71.3%。实现利税2.6亿元，增长40.6%。资产总额77.1亿元，增长26.7%。

四、固定资产投资

固定资产投资增长较快。全年完成集团口径固定资产投资总额94.5亿元，同比增长43.8%。从用途上看，生产性建设投资76.6亿元，增长52.2%；非生产性建设投资17.9亿元，增长16.2%。从产业投向上看，第一产业完成投资51.6亿元，增长59.8%，占54.6%；第二产业完成投资7.9亿元，增长108.2%，占8.4%，其中，工业完成投资7.8亿元，增长133.9%，占8.2%；第三产业完成投资35亿元，增长43.8%，占37%。从投资规模上看，500万元及以上项目完成投资53.4亿元，同比增长97.3%；亿元以上项目完成投资16.9亿元（三江平原青龙山灌区重点产业项目当年完成投资13.3亿元），同比增长66.2%。

五、交通和通讯业

公路建设扎实推进。全年完成交通建设投资2.8亿元，增长27.3%。危桥改造计划项目56项1 688延米；完成公路生命防护工程建设规模120公里；农村公路养护补贴里程15 555公里；垦区公路硬化里程达11 491公里，为垦区新农村建设做出了突出贡献。

通信事业持续发展。年末农垦通信拥有通信线路23 555公里，比上年增加1.06%，其中，光缆线路总长度22 524皮长公里，比去年增加444皮长公里；市话电缆总长度1 031皮长公里，比去年减少197皮长公里；传输设备总容量23 427G，互联网出口总容量380G。拥有国内较先进的云计算（IDC，全称Internet Date Center）数据中心机房3个，分别设立在东、西、中部的红兴隆、九三和哈尔滨分子公司（管理局），3个数据中心现运行使用53台服务器，共可承载服务器300台套。垦网固定电话用户17.7万部，比去年增加190户。互联网宽带用户15.95万户，垦网户均互联网宽带普及率31.22%。

六、国内贸易和对外经济

国内贸易稳步发展。2020年，集团贸易企业实现销售总额690.8亿元，比上年增长20.4%，其中，批发业销售额661.2亿元，增长20.4%；零售业销售额29.6亿元，增长20.3%。在贸易销售总额中，其中，线上交易额4.77亿元，比上年增长71.1%。

对外贸易总额高速增长。全年实现自营进出口总额36.2亿美元，比上年增长52.3%，其中，出口总额实现0.8亿美元，比上年下降10.3%；进口总额实现35.4亿美元，比上年增长54.8%。

招商引资和对外经济贸易合作持续发展。全年签订国内经济技术合作项目52项，引进外部投资27.3亿元，增长81.6%。受新冠肺炎疫情影响，未与国外开展项目合作。进一步深化与中信、中化、招商局等央企的交流合作。合作内容包括共同编制战略发展规划；成立合资公司、开展合作业务；拓宽线上市场、推进网销合作；共筹基金，携手进入资本市场，达成资本授信、并购合作、金融咨询、证券承销保荐等。

“走出去”工作稳中有降。2020年，垦区主要与俄罗斯、澳大利亚、泰国、老挝、美国等国家和中国香港地区开展投资合作，种植品种有大豆、玉米、水稻、大麦、小麦、油菜籽6种作物，境外开发土地面积72.1万亩，种植面积58.73万亩，比上年减少13.76万亩，粮食产量8.51万吨。

“营销”工作开创了新局面。展现了在所有企业经营活动的“龙头”作用，引领产业公司与基地农（牧）场签署订单种植协议202份，面积1 442万亩。加快了营销体系建设，组织建立的垦区内绿色智慧厨房专营店，已有61家试运营，73家通过设计审核；新组建的北大荒食品集团整合了食品产业资源，逐步打造成北大荒绿色食品产业板块；“北大荒绿色智慧厨房”通过产品榜单融合，汇集北大荒集团旗下8个品项40个品类1 000余种绿色安全优质产品，形成“大企业+大产业+大基地”联动模式，全年组织北大荒集团旗下企业参加各类展会近20场次，拓展了渠道，推广了产品。疫情期间，集团营销部组织产业公司先后发往北京、湖北、大连等地大米2万多吨、玉米6 100吨、豆粕4 295吨。

七、科技、教育、卫生

科技事业成果丰硕。2020年年末，集团共有各类科技园区4个，其中，国家级农业科技园区1个，省级农业科技园区3个；共有各类科技创新平台21个，其中，国家级工程技术研究中心2个，省级工程技术中心5个，国家级农业产业技术体系功能研究室1个，综合试验站6个，省部重点实验室2个，院士工作站1个，博士后科研工作站3个，生产力促进中心1个。农业科技进步贡献率达76.28%，比2015年提高8.08个百分点。集团全年R&D（全称Research and Development，科学研究与试验发展）投入经费32 601万元，其中，获得国家级科技项目经费6 020万元。全年组织实施省级以上科技项目27项，其中，有3项黑龙江省“百千万”工程科技重大专项课题，集团重点科研项目40个课题，农技推广和试验示范项目8大类69个；获黑龙江省科技奖励5项，评选集团科技进步奖29项。全年培训高素质农民培训7 960人；全年专利申请数129项，获批专利68项，共有有效专利374项。

教育事业健康发展。年末垦区共有各类中高等学校8所。其中，普通高等院校2所，招生0.6万人，在校生1.8万人，毕业生0.4万人；成人高等院校1所，招生0.004万人，在校生0.01万人，毕业生0.01万人；中等职业教育学校5所（4所全日制学校，1所成人农广校），招生0.07万人，在校生0.3万人，毕业生0.2万人。幼儿园107所，在园幼儿1.6万人。

医疗卫生服务保障体系不断完善。年末垦区共有各级各类医院124所，其中，集团（总局）总医院1所，分公司（管理局）中心医院7所，神经精神病专科医院1所，疗养院1所，农场级医院（挂社区卫生服务中心牌子，承担社区卫生服务功能）114所。共有卫生技术人员13 815人，其中，医生5 024人，执业医师和执业助理医师4 453人；护士4 925人，注册护士4 854人。拥有住院床位和观察床位12 466张。每千人拥有医生3.0人，每千人拥有医院床位7.4张。

八、社会保障和环境保护

社会保障事业平稳运行。年末垦区参加企业基本养老险95.3万人，其中，在职参保缴费44.7万人，离退休人员50.58万人，全年养老保险基金支出156.34亿元，比上年增长8.72%；参加机关事业养老保险5.4万人，其中，参保职工2.6万人，离退休人员2.8万人，全年养老保险基金支出17.38亿元；参加城镇社会养老保险1.24万人，其中，享受待遇人数0.76万人；参加生育保险30.9万人，参加基本医疗保险135万人，其中，参加职工医疗保险77万人，参加居民医疗保险58万人，全年医疗保险基金支出26.2亿元；参加失业保险28.2万人，全年失业基金支出5.8万元；参加工伤保险31.2万人，全年工伤保险基金支出6 458万元。

保险事业稳步发展。全年实现保费收入37.9亿元，同比增长13.3%。其中，农业保险保费收入31.3亿元，同比增长12.1%，种植业保险承保面积10 325.4万亩，同比增长29.7%；养殖业保险承保数量6 429.1万头（只），同比增长209.6%；财产保险保费收入6.6亿元，同比增长19.6%。全年赔付金额27.7亿元，比上年下降34.2%，其中，农业保险赔付金额24.6亿元，下降36.5%；受益农户户次92.15万户次。财产保险赔付金额3.2亿元，下降8.5%。

资源环境保护力度加大。年末垦区已建各级各类自然保护区16个，总面积51.5万公顷，占垦区土地总面积的9.3%。继续加强农垦环境保护和自然生态保护工作，2020年，垦区累计建成国家级生态文明建设示范区1个，国家级生态局1个，国家级生态场53个；省级生态示范区1个，省级生态局5个，省级生态场107个，基本构筑起国家商品粮和农产品生态安全基地。开展黑土保护行动，积极推动秸秆还田与规模养殖场畜禽粪污综合利用相结合，年末秸秆还田利用率97.8%，畜禽粪污综合利用率92.82%，规模场粪污处理设施装备配套率已完成国家和省里的任务指标；耕地休耕制度试点补贴面积49.4万亩、耕地轮作制度试点补贴面积193万亩，比上年增加15.3万亩；落实农业“三减”示范面积1 592万亩，比上年增加229万亩，每亩平均减肥量1.9公斤、每亩平均减农药量4.2克。

九、人口与人民生活

人口持续减少。据农垦第七次全国普查摸底数据初步显示，2020年年末常住总人口148.2万人，比上年年末减少14.1万人，下降8.7%。其中，农场人口127.7万人，占总人口的86.2%。年末垦区户籍人口149.9万人，比上年减少0.4万人。

职工工资水平稳步增长。年末全部在岗职工26.2万人，比上年下降2.6%，其中，农林牧渔业在岗职工19.6万人，下降3.2%；在岗职工平均工资为38 036元，同比增长6.9%，其中，农林牧渔业在岗职工29 373元，同比增长7.0%。

职工群众生活水平稳步提高。职工家庭人均可支配收入增速连续5年保持在6%以上，2020年达27 877元，同比增长7.3%。其中，工资性收入6 425元，增长6.9%，经营性净收入12 983元，增长15.2%，财产性净收入538元，增长10.5%，转移性净收入7 931元，下降3.5%。脱贫攻坚取得决定性成果，脱贫攻坚目标任务全面完成。32个贫困农（牧）场全部实现脱贫摘帽，4 733户、8 086人全部稳定实现脱贫，贫困农场职工家庭人均可支配收入24 892元，比上年增长9.1%，高于农（牧）场平均水平1.8个百分点。

居民居住条件和环境得到持续改善。年末，垦区居民住房面积达4 683.9万米^2，比上年增长0.7%，人均住房面积33.4米^2，增长0.9%。

注：

集团企业增加值、各产业和行业企业增加值及其构成项目绝对数按现价计算，增长速度按可比价格计算。

上海农垦2020年经济发展统计公报

光明食品（集团）有限公司

2020年，光明食品集团积极践行“人民至上”理念，坚定“食品产业与供应链”和“城市食品保障服务与资产经营管理”主责主业发展方向，坚持稳中求进总基调，全面深化国资国企改革，坚定不移走好高质量发展道路，以良好业绩收官“十三五”规划。

一、综合

2020年，光明食品集团全年实现增加值245.4亿元，比上年下降8.3%。其中：

第一产业增加值25.0亿元，比上年下降5.3%，占总增加值的10.8%；

第二产业增加值84.7亿元，比上年下降6%，占总增加值的34.5%。第二产业的增加值中，工业增加值81.9亿元，建筑业增加值2.7亿元；

第三产业增加值135.7亿元，比上年下降10.7%，占总增加值的54.7%。

2020年，光明食品集团工农业总产值（按现行价）445.8亿元，比上年增长6.8%。全年完成工农业出口商品额6.3亿元，比上年下降18.2%。其中，工业出口3.7亿元，与上年下降22.9%；农业出口2.6亿元，比上年下降10.3%。

2020年，光明食品集团固定资产投资完成额40.3亿元，比上年下降21.3%。

2020年，光明食品集团年末从业人员11.3万人，比上年增长6.2%。

二、第一产业

2020年，光明食品集团聚焦“殷实农场”和“高科技农业、高品质体验”要求，不断夯实农业基础，提高产出能力和水平，扎实推进都市现代绿色高效农业发展。

2020年完成农业总产值96.1亿元，比上年增长9.2%。其中，种植业18.3亿元，比去年增长21.9%；林业0.4亿元，与上年基本持平；畜牧业45.6亿元，比上年增长8.6%；渔业26.9亿元，比上年下降5.3%。

2020年，种植业生产情况：粮食播种面积28 378.5公顷，比上年下降6.3%，粮食总产量22.2万吨，比上年下降5.3%；蔬菜及食用菌产量23.8万吨，比上年增长6.7%；西甜瓜产量5.3万吨，与上年持平；鲜切花601.3万枝；盆栽花卉365万盆；草坪销售量29.9万米^2。全年防护林面积5 449.5公顷。

2020年，畜牧业生产情况：生猪养殖受非洲猪瘟重创，禽蛋受市场影响，均有所下降，生奶保持稳定态势。全年牛奶产量44.4万吨，比去年下降5.9%；生猪上市量74.2万头，比上年下降13.7%；家禽上市量65.5万只，比上年增长33.4%；禽蛋产量0.72万吨，比上年下降40.0%；肉鸽上市量33.5万羽，比上年下降28.7%。

全年水产品产量19.9万吨，比上年下降16%，其中，远洋捕捞15.1万吨，淡水养殖4.8万吨。

三、第二产业

2020年，光明食品集团继续聚焦农副食品加工业发展，受新冠肺炎疫情影响，消费品类分化较大，乳制品与罐头产量上升较大。

2020年，全年完成工业总产值349.7亿元，比上年增长6.1%，工业销售产值为343.9亿元，比上年增长3.3%，产销率98.3%。大中型企业总产值281.1亿元，占80.4%；农副食品加工业、食品制造业和饮料制造业企业总产值为327.7亿元，占总产值的93.7%。

全年工业企业，亿元以上工业产值的主要食品产量见表1。

表1 亿元以上工业产值的主要食品产量

产品名称	计量单位	产量	比上年增长（%）
小麦粉	吨	261 269	−11.4
大米	吨	190 503	−5.1

（续）

产品名称	计量单位	产量	比上年增长（%）
精制食用植物油	吨	94 258	4.0
成品糖	吨	1 557 018	−9.3
鲜、冷藏肉	吨	78 122	−18.7
熟肉制品	吨	6 867	−2.9
糖果	吨	27 178	−1.8
乳制品	吨	1 225 808	10.3
其中：液体乳	吨	1 218 330	10.3
罐头	吨	66 902	10.7
其中：畜肉类罐头	吨	30 124	−38.8
蜂蜜营养制品	吨	11 666	−9.7
冷冻饮品	吨	18 080	25.5
饮料酒	千升	85 460	−13.7
软饮料	吨	99 540	−65.9

建筑业生产情况：全年完成建筑业施工产值14.9亿元；比上年下降8.6%。施工面积745.3万米^2；竣工面积17.2万米^2。

四、第三产业

2020年，受新冠肺炎疫情影响以及电商的冲击，光明食品集团的商业、住宿餐饮业、出租车营运等服务业下降幅度较大。房地产主动调整市场策略，销售面积与销售额均有较大幅度上升。

2020年年末，批发零售贸易业的营业网点有2 973个，比上年下降13%，营业面积84.6米^2，比去年同期增长0.6%。

营运的出租车辆7 656辆，比上年下降24%。

全年房地产销售面积173万米^2，比上年增长20.6%；销售额222.3亿元，比上年增长43.7%。

五、固定资产投资

2020年，光明食品集团完成固定资产投资40.3亿元，比上年下降21.3%，其中，当年完成投资5 000万元以上项目占56.5%，比上年下降37.6%。固定资产投资总额中，第一产业5.4亿元，比上年增长50%；第二产业11亿元，比上年下降61.4%；第三产业23.9亿元，比上年增长25.1%。一、二、三产业的投资比重分别为13.4%、27.3%和59.3%。当年新增固定资产29.4亿元。

六、职工和工资

2020年，光明食品集团年末从业人员11.3万人，比上年增长6.2%。其中，第一产业1.1万人；第二产业4.1万人；第三产业6万人。一、二、三产业的从业人员比重分别为10.1%、36.5%和53.4%。第三产业中，批发和零售业的从业人员2.7万人，占全部从业人员的23.9%。

2020年，从业人员年平均报酬123 717元，比上年增长16.4%。

注：

1. 公报中提到的增加值按现行价格计算。
2. 公报中的统计数据口径是集团控股企业财务合并、事业单位和控股财务不合并的单位。

江苏农垦2020年经济发展统计公报

江苏省农垦集团有限公司

2020年，江苏农垦以习近平新时代中国特色社会主义思想为指导，全面贯彻党的十九大和十九届二中、三中、四中、五中全会精神，学习贯彻习近平总书记视察江苏重要讲话指示精神，认真落实江苏省委十三届九次全会、全省农村工作会议、全省国资监管工作会议部署，紧扣创建一流现代农业企业集团目标任务，围绕2020年及“十三五”工作，明确了“十四五”发展要求，在加快推动集团高质量发展方面再上新台阶。

一、综合

2020年，垦区实现生产总值208.36亿元，比上年增长2.54%。其中，第一产业增加值25.26亿元，比上年下降10.61%；第二产业增加值129.02亿元，比上年增长0.63%；第三产业增加值54.08亿元，比上年增长15.75%。三次产业比重为12∶62∶26。人均生产总值净增加4 205元，达113 148元，比上年增长3.86%。

2020年，集团高质量发展取得新成效。2020年是非常特殊、极不平凡的一年，面对百年未有之大变局的复杂形势和多重挑战，尤其是突如其来的新冠肺炎疫情冲击，集团坚持以习近平新时代中国特色社会主义思想为指导，江苏在省委、省政府的坚强领导和江苏省国有资产监督管理委员会的正确领导下，深入贯彻新发展理念，以“三个一”体系建设为抓手，扎实推进集团改革发展稳定，各项工作取得新成效。

疫情防控有力有序。集团党委多次召开会议研究部署疫情防控工作，各单位、各部门压实责任，广大职工群众服从服务大局，众志成城、攻坚克难，奋力打好疫情防控这场硬仗，坚持“两手抓、两手硬”，踩足复工复产“大油门”、按下经济恢复“快进键”，垦区经济社会发展活力加速恢复。

经济运行稳中有进。集团全年实现营业收入340.9亿元，增长4.01%，利润总额63.83亿元，增长10.3%，归属集团公司净利润23.31亿元，增长27.01%；经济增加值40.04亿元，增加3.42亿元，净资产收益率13.86%。截至2020年年末，集团资产总额487.83亿元，资产负债率42.85%，主体信用保持AAA级。

重点工作扎实推进。协调推进一批扬优势、补短板的重大项目。农场医院改革全面完成，“双百企业”改革、经理层成员任期制和契约化管理、退休人员社会化管理等稳步推进。启动国土空间规划编制工作，推进水产、电力服务资源整合重组，企村联建有序实施。党的领导全面加强，巡视巡察问题整改落实落地。

优结构增质效，农业生产效率持续提高。粮食单产保持高位。实现麦、稻总产25.13亿斤，周年亩产2 395斤。麦稻绿色优质高产高效示范方全部验收达标，其中，新洋分公司小麦高产攻关田亩产1 655斤，创江苏省小麦单产新纪录。新洋、新曹、东坝头、滨淮4家分公司小麦亩产超1 200斤，东坝头、南通、新曹、临海、弶港、东辛、新洋7家分公司水稻亩产超1 300斤。

畜禽水产形势趋稳。养殖水面6.5万亩，集体经营面积达1.39万亩，增加2 400亩，东辛水产公司、金鲤渔业公司分别实现利润2 400万元、650万元；奶牛存栏8 964头，产鲜奶2.8万吨；家禽存栏370.55万羽，出栏1 529.06万羽，产禽蛋1.84万吨；生猪存栏6.91万头，出栏7.44万头。

设施装备水平提升。农机智能化建设成效明显，新购置农机具2 500余台（套），建成高标准农田5万亩，新建烘干线2条，新增日处理能力420吨，新建及改造水泥晒场11万米^2。

结构调整有力推进。大华种业自主品种销量、占比同步提升。优质水稻种植面积增加12万亩，落实3万亩油菜种植。兴垦农业科技公司探索高效农业可复制模式。新曹农场公司大马士革玫瑰化妆品、玫瑰香鸡深受市场欢迎。麦芽公司高端麦芽销售突破4万吨。绿化苗木面积2.48万亩，增长20.11%，继弶港农场公司后，新洋农场公司尝试容器苗栽植、销售。白马湖、宝应湖、复兴圩、淮海、弶港、海安等农场公司调整苗木育苗种植结构。岗埠农场公司花卉产业园初见雏形。

质量管控不断强化。江苏省农垦农业发展股份有限公司出台农产品全面质量管控办法，全面质控系统被纳入国家平台监管，5家分公司通过国家绿办绿色基地创建验收，绿色食品原料标准化生产基地基本实现全覆盖。鲜奶指标全部优于中国农垦乳业联盟优质奶标准。东辛农产品检测公司顺利通过CMA（全称China Inspection Body and Laboratory Mandatory Approval，中国计量认证）资质认证。

品牌建设成效显著。苏垦米业获评“中国粮油领军企业”“中国十佳粮油区域领导品牌”，江苏农垦农业服务有限公司、金太阳粮油分别荣获“2020年度中国农资最佳渠道品牌”“中国粮油十佳高质量发展标杆企业”称号。“东辛水产”“入选中国农业品牌公共服务平台水产品推荐品牌”。麦芽公司荣获“盐城市市长质量奖”，华润雪花纯生通过高端认证。

主要农产品产量见表1。

表1　主要农产品产量

指标	单位	数量	比上年增长（%）
稻谷	万吨	64.8	−14.73
小麦	万吨	55.54	−2.08

牲畜年末存栏总数及主要畜产品产量见表2。

表2　牲畜年末存栏总数及主要畜产品产量

指标	单位	数量	比上年增长（%）
肉类总产量	万吨	4.04	10.08
猪牛羊肉	万吨	0.76	−35.04
禽肉	万吨	3.28	31.73
生猪年末存栏	万头	7.09	35.31
牛年末存栏	万头	0.99	50.00
羊年末存栏	万只	1.54	349.50
家禽年末存栏	万只	343.49	−10.32
肉猪出栏数	万头	7.56	−45.77
禽蛋产量	吨	21 474	11.64
牛奶产量	吨	28 027	−7.13

二、工业和建筑业

2020年，垦区拥有工业企业306个，其中，规模以上62个。全年实现工业总产值（现行价）318.57亿元，比上年下降8.08%。产品销售收入315.67亿元，比上年下降5.89%。

优配置挖潜能，产业发展后劲日益增强。

正大天晴实现营业收入196.24亿元，增长4.3%；利润47.86亿元，下降2.03%。连续6年进入“中国医药工业百强”前20。

正大丰海原料药生产基地项目正式开工。正大清江润安原料药基地竣工投产。

抓创新增动能，综合竞争实力稳步增强。

正大天晴取得10个上市品种的16个注册批件、4个项目的一致性评价批件，15个项目获得临床批件。南京正大天晴获得生产批件9项，完成生物药平台搭建。勤奋药业氯化钙、氯化镁双双通过CDE审核，实现规模生产与销售。金象传动“新型高速齿轮箱”与“压下减速机”2项省级新产品被鉴定为国内领先水平。麦芽公司与扬州大学合作的优质多抗啤麦品种选育项目获高等学校优秀成果科技进步奖。

建筑业平稳发展。2020年，建筑业实现产值200 779万元，比上年增长5.37%；实现增加值72 000万元，比上年增长8.66%；实现利润总额20 101万元，比上年增长14.1%；上交税金6 773万元，比上年增长29.85%。

三、第三产业

通宇公司9个在建项目安全有序推进，2020年实现营业收入13.86亿元，增长73.02%；利润7.06亿元，增长172.02%。苏舜板桥综合体开业运营。苏垦置业全面完成苏垦大厦装修工程。转型升级加快推进。清能公司完成垦区“十四五”清洁能源规划编制。金桥贸易公司有效有序收回金桥装饰城，稳步推进苏垦生态农副产品直销。苏舜公司加速品牌升级，大力压降成本费用，拓展二手车业务，加快转型突破。中山大厦宾馆商贸协同发展，全面完成各项指标。物业公司坚持强管理、提品质、增效益，营业收入、利润双增长。工程项目公司逐步开展项目申报、验收、审计、招标代理等业务。资本运作优化布局。

2020年，垦区第三产业完成营业收入130.33

亿元，比上年增长 8.17%。其中，批发零售贸易业 85.18 亿元，比上年增长 3.69%；餐饮业 6.01 亿元，比上年下降 4.71%；服务业 39.14 亿元，比上年增长 22.39%。

四、固定资产投资

集团公司与伊利集团签订战略合作备忘录，共建 2 万头高标准奶牛养殖场，靖江龙威项目已确定投资方案与实施路径，积极推进与国家电力投资集团有限公司新能源项目合作。江苏省农垦农业发展股份有限公司乌克兰子公司项目完成可行性研究，江苏省农垦农业科学研究院南京总部将于春节前入驻办公。正大丰海原料药生产基地项目正式开工。正大清江润安原料药基地竣工投产。

2020 年完成固定资产投资 41.92 亿元，较上年增长下降 24.55%。在全部固定资产投资中，基本建设投资完成 35.09 亿元，占固定资产总投资的 83.71%。在整个固定资产投资中，生产性固定资产完成 35.74 亿元，占整个固定资产总投资的 85.26%。

在全部固定投资中，第一产业完成 5.27 亿元，第二产投资完成 19.02 亿元，第三产业投资完成 17.64 亿元，分别占总投资的 12.57%、45.37%、42.08%。在全部固定资产投资中，国有固定资产投资完成 30.75 亿元，占整个固定投资的 73.35%。

五、科技

2020 年，全垦区共有各级各类科技专业技术人员 1 438 人。全年投入科研经费 277 941 万元。

六、人口和职工收入

2020 年，全垦区总人口 181 648 人。其中，农场人口 155 080 人。全垦区人口出生率 6.86‰，人口死亡率 7.87‰，人口自然增长率为－10.14‰。2020 年，全系统平均社会从业人员 79 242 人，其中，第一产业 17 748 人，第二产业 30 615 人，第三产业 30 879 人，分别占全部从业人数的 22.4%、38.63%、38.97%。职工收入继续提高，2020 年全垦区职工全年平均收入 86 534 元，同口径比上年增长 7.58%。2020 年垦区农场居民人均纯收入 35 273 元，同口径比上年增长 7.02%。

七、非国有经济

2020 年，全垦区非国有增加值 734 518 万元，比上年增长 5.64%，其中，第一产业增加值 120 773 万元，比上年增长 12.67%；第二产业增加值 289 555 万元，比上年增长 1.82%；第三产业增加值 324 190 万元，比上年增长 6.75%。三次产业比重为 16∶39∶45。年末非国有经营单位 13 972 个。其中，私营企业 1 084 个，个体经济 12 885 个。从业人员 55 649 人，其中，第一产业 10 608 人，第二产业 19 027 人，第三产业 26 014 人。从业人员收入总额 364 329 万元。全年共实现利税 301 907 万元，其中，利润 261 006 万元。当年非国有经济完成固定资产投资额 111 769 万元。

八、其他

全系统 17 个农场有限公司中，生产总值超过一亿元的有 15 个。这 15 个农场有限公司的平均职工人数为 18 766 人，2020 年实现生产总值 761 821 万元，占垦区生产总值的 36.56%。其中，农业增加值 86 911 万元，工业增加值 223 401 万元。销售税金 44 531 万元，利润总额 193 852 万元。东辛农场、岗埠农场、滨淮农场列生产总值前三位。

全系统有大中型工业企业 7 家，共实现现价总产值 1 967 819 万元，销售产值 1 967 249 万元。增加值 920 914 万元，增加值占垦区全部工业企业增加值的 75.59%。年末固定资产原值 662 316 元，职工人数 10 434 人，实现利润总额 533 754 万元。

浙江农垦2020年经济发展统计公报

浙江省国有农场管理总站

2020年，浙江垦区深入贯彻落实中央和浙江省委农垦改革发展文件精神，压实主体责任，强化推进举措，创新体制机制，按照打造现代农业示范基地、农业科技试验基地、优质农产品生产基地要求，聚焦提升农场综合生产能力、改善农场民生，加快推进省级示范性现代国有农场创建，全省农场经济社会发展稳中有进，农场社区和谐稳定。

一、基本情况

截至2020年年底，全省共有定点国有农场91个，同比减少5个，5家农场因机构改革撤销退出。土地总面积15 653.92公顷，总人口4.2万人，期末从业人员8 228人，实现生产总值7.9亿元，同比减少48.68%，主要原因为萧山区钱江农场工业产值减少6.9亿。其中，第一产业增加值3.1亿元，第二产业增加值4.3亿元，第三产业增加值0.5亿元，第一产业产值占比达39.2%，比重显著上升。

二、第一产业

全年实现农林牧渔业总产值58 551万元，比上年下降9.1%，除牧业产值同比上升外，其余均有不同程度下降。农业产值18 287万元，林业产值2 921万元，牧业产值29 278万元，渔业产值6 595万元，农林牧渔服务业产值1 471万元。

全年农作物播种面积3 242公顷，同比减少6.9%，其中，粮食作物播种面积968公顷，总产量6 488吨，单产6 704公斤/公顷；蔬菜瓜果种植面积1 601公顷，产量47 513吨；水果年末实有面积597公顷，产量12 698吨；茶叶种植面积1 219公顷，产量3 308吨。

全年造林面积235公顷，主要为特种用材林200公顷；年末育苗面积33公顷，幼林抚育面积4公顷，成林辅育面积146公顷。

畜牧业养殖方面，生猪养殖规模大幅回升，年末生猪存栏17万头，同比增长162%，其中，能繁母猪1.7万头。年内出栏14.2万头，猪肉产量1.1万吨。年末家禽数13.1万只，禽肉产量215.7吨。

水产品总产量3 530吨，同比增长42.3%，其中，海水产品产量1 153吨，淡水产品产量2 377吨。

三、工业和第三产业

全年工业总产值40.6亿元，主要由农场范围内非国有工业企业实现。主要产品包括软饮料1 705吨、精制茶50吨、家具1 100件、服装23.5万件、塑料制品521吨等。

第三产业增加值主要来自租赁和商务服务业及批发零售业等。批发零售、餐饮、服务业全年实现销售总额4 013万元。

四、固定资产投资

全年完成固定资产投资4 740万元，其中61.2%来自国有经济单位。第一产业是投资的主要方向，投资达4 733万元，资金主要来源是国家预算资金及自筹资金。

五、对外经济

全年出口供货商品总金额105万元，主要为茶叶50吨。

六、人民生活和社会保障情况

全省农场居民人均可支配收入达35 239元，比去年增长15.4%。年末从业人员人数8 228人，其中，第一产业2 201人，第二产业5 373人，第三产业654人。职工平均工资6万元，在岗职工平均工资8.9万元。

通过开展农场社区社会管理属地化改革工作“回头看”，进一步巩固提升“两个3年”任务成果，农场职工养老保险、医疗保险实现全覆盖，困难家庭全部被纳入城镇居民最低生活保障。

安徽农垦2020年经济发展统计公报

安徽省农垦集团有限公司

2020年，在安徽省委、省政府和安徽省国有资产监督管理委员会的正确领导下，集团公司做了如下几方面工作："十三五"期间，抢抓发展机遇，创新体制机制，转变发展方式，积极推进产业结构调整和优化升级，科学应对和克服各种不利因素，加快培育发展新动能和新的经济增长点，实现了一产强劲增长、二产不断突破、三产快速提升，促进了企业增效、职工增收，现代农业示范作用明显增强。2020年，面对新冠肺炎疫情和百年不遇特大洪涝灾害的双重考验，集团上下认真贯彻新发展理念，坚持疫情防控、抗洪救灾和生产经营"两手抓"，认真落实农垦乡村振兴发展规划，全力开拓市场经营，着力加快科技创新，狠抓企业内控管理，强力推进脱贫攻坚，全面加强党的建设，启动建设长三角绿色农产品生产加工供应基地，加快了经济高质量发展进程，实现了"两确保、两力争"发展目标。

一、主要经济指标完成情况

安徽农垦2020年主要经济指标完成情况见表1。

表1　主要经济指标完成情况

指标名称	单位	2020年	2019年	增长（%）	指标名称	单位	2020年	2019年	增长（%）
农垦生产总值	亿元	30.26	29.93	1.1	第一产业比重	%	46.07	45.11	2.1
其中：国有部分	亿元	20.35	19.70	3.3	第二产业比重	%	17.98	22.99	−21.8
国有部分比重	%	67.30	65.80	2.3	第三产业比重	%	35.96	31.87	12.8
第一产业增加值	亿元	13.94	13.50	3.3	工农业总产值	亿元	64.26	57.29	12.2
第二产业增加值	亿元	5.44	6.88	−20.9	农业总产值	亿元	26.09	24.16	8.0
第三产业增加值	亿元	10.88	9.54	14.0	工业总产值	亿元	38.17	33.13	15.2

二、第一产业主要指标

安徽农垦2020年第一产业主要指标见表2。

表2　第一产业主要指标

指标名称	单位	2020年	2019年	增长（%）	指标名称	单位	2020年	2019年	增长（%）
粮食总产	万吨	32.63	35.04	−6.9	棉花播种面积	千公顷	0.04	0.04	0.0
其中：小麦	万吨	14.48	13.59	6.5	蔬菜瓜类	千公顷	1.00	0.95	5.3
水稻	万吨	15.62	18.25	−14.4	干毛茶产量	万吨	1.38	1.49	−7.4
大豆	万吨	1.46	2.16	−32.4	茶园面积	千公顷	2.05	2.24	−8.5
粮食亩产	公斤	459.70	488.33	−5.9	园林水果产量	万吨	4.15	3.53	17.6
农作物总播种面积	千公顷	50.17	50.77	−1.2	园林水果面积	千公顷	1.40	1.32	6.1
粮食播种面积	千公顷	47.32	47.83	−1.1	高标准农田	千公顷	17.06	14.24	−19.8
油料播种面积	千公顷	0.54	0.56	−3.6	农业机械总动力	万千瓦	48.79	47.35	3.0

农业生产在基本稳定粮食种植面积的同时，优化品种结构，大力发展现代农业、高效农业及养殖业。

畜牧业渔业方面，肉类总产量 13 833 吨，同比增长 18.7%；水产品产量 14 205 吨，同比增长 18.2%。

全年农业固定资产投资 2.96 亿元，同比增长 116%，其中，国有投资 2.63 亿元，同比增长 108.8%，主要项目为农业综合开发、现代农业、农田水利基本建设、土地复垦、农机购置等。

三、第二产业主要指标

安徽农垦 2020 年第二产业主要指标见表 3。

表 3　第二产业主要指标

指标名称	单位	2020 年	2019 年	增长（%）	指标名称	单位	2020 年	2019 年	增长（%）
工业企业个数	个	143	137	4.4	建筑企业个数	个	129	123	4.9
工业总产值	亿元	38.16	33.13	15.2	建筑业总产值	亿元	9.47	7.25	30.6
其中：国有部分	亿元	5.72	1.87	205.9	其中：国有部分	亿元	7.99	5.75	39.0

四、第三产业主要指标

安徽农垦 2020 年第三产业主要指标见表 4。

表 4　第三产业主要指标

指标名称	单位	2020 年	2019 年	增长（%）	指标名称	单位	2020 年	2019 年	增长（%）
批发零售营业额	亿元	13.20	16.72	−21.1	第三产业增加值	亿元	10.89	9.54	14.2
其中：国有部分	亿元	2.68	3.34	−19.8	其中：交通运输及仓储	亿元	0.68	0.72	−5.6
住宿餐饮营业额	亿元	2.33	2.64	−11.7	批发和零售业	亿元	1.94	2.46	−21.1
其中：国有部分	亿元	0.43	0.73	−41.1	住宿和餐饮业	亿元	1.18	1.26	−6.3
服务业营业额	亿元	2.42	3.72	−34.9	房地产业	亿元	3.67	2.63	39.5
其中：国有部分	亿元	0.98	2.19	−55.3	居民和其他服务业	亿元	0.89	1.19	−25.2

住宿餐饮业主动适应市场消费变化，经营模式进一步创新。房地产业战略性调整取得积极成效，增强政策和市场的应对能力；新的经济增长点快速发展，集团公司组建资本运营公司，形成具有农垦特色的类金融运营业态，启动皖垦农产品营销体系建设，组建皖垦营销公司，设立营销专项资金，构建“皖垦”母子品牌体系，统一规范“皖垦”商标、品牌标识，实现了“皖垦”品牌首次在央视宣传推广。“致力绿色有机，服务美好生活”理念逐渐深入人心。

五、固定资产投资

全社会固定资产投资总额 4.71 亿元，同比增长 69.4%；其中，国有投资完成 4.08 亿元，同比增长 68.9%，非国有投资 0.63 亿元，同比增长 75%。

六、人口及从业人员情况

人口及从业人员主要指标见表 5。

表 5　人口及从业人员主要指标

指标名称	单位	2020 年	2019 年	增长（%）	指标名称	单位	2020 年	2019 年	增长（%）
垦区年末总人口	万人	11.9	12.41	−4.1	产业人数构成二产	%	19.35	18.25	6.0
年末社会从业人员	万人	5.28	5.37	−1.7	产业人数构成三产	%	23.91	23.46	1.9
其中：第一产业	万人	3.00	3.13	−4.2	年末职工人数	万人	2.88	3.26	−11.7
第二产业	万人	1.02	0.98	4.1	其中：在岗职工	万人	1.61	1.72	−6.4
第三产业	万人	1.26	1.26	0.0	在岗职工劳动报酬	亿元	8.36	7.89	6.0
产业人数构成一产	%	56.93	58.29	−2.3					

七、“十四五”发展思路、目标和 2021 年重点任务

以习近平新时代中国特色社会主义思想为指导，以加快实现农垦乡村振兴发展规划为总目标，坚持稳中求进工作总基调，以农业供给侧结构性改革为主线，以改革创新为动力，坚持走质量兴垦、绿色兴垦、科技兴垦、品牌强垦的高质量发展道路，进一步优化农垦产业结构，进一步扩大农垦经济规模，进一步提高农垦经济效益，全面建设长三角绿色农产品生产加工供应基地，全面开启新阶段皖垦农业现代化和全面振兴新征程。到“十四五”末，实现营收 140 亿元，利润总额 8 亿元。2021 年，是“十四五”开局之年，也是中国共产党建党 100 周年，做好今年的工作具有特别重大的意义。深入学习贯彻习近平总书记视察安徽重要讲话和中央经济工作会议、中央农村工作会议重要指示精神，深入学习贯彻党的十九届二中、三中、四中、五中全会精神、安徽省经济工作会议、安徽省国有资产监督管理委员会省属企业负责人会议精神，坚持创新、协调、绿色、开放、共享的新发展理念，坚持“致力绿色有机、服务美好生活”的发展使命，坚持绿色兴农、质量兴农、科技兴农、品牌强农的发展路径，全面落实农垦乡村振兴发展规划，进一步深化体制机制改革，进一步加快资源资产整合，进一步全力开拓市场，强力推进产品和品牌营销，进一步加快科技创新、强化精细管理，充分释放前进的内生动力、发展活力和产业核心竞争力，为加快皖垦高质量发展和新时代全面振兴，实现垦区全面小康，倾力打造长三角“大粮仓、大菜园、大厨房”，为建设经济强、百姓富、生态美的新阶段现代化美好安徽起示范带动作用。2021 年确保实现营收 51.5 亿元，利润总额 4.15 亿元。

福建农垦2020年经济发展统计公报

福建省农业农村厅农垦处

2020年，福建省农垦系统以习近平新时代中国特色社会主义思想为指导，全面贯彻党的十九大和十九届二中、三中、四中、五中全会精神，按照党中央和福建省委、省政府以及部局和厅里的工作要求，结合福建农垦实际，发改联动、产业融合、多措并举，垦区发展质量稳步提升，农场职工生活福祉持续增进，各项社会事业全面发展，生态环境质量总体改善。

一、综合

福建省农垦系统现有农场110个。土地总面积81.1千公顷，比上年下降6%，耕地面积7.1千公顷，比上年下降16%。

土地面积减少原因主要涉及漳州垦区4个农场。

大房农场因漳州高新区项目用地需要，被征用农场土地约120公顷。

安厚农场因工业园区征收、高速征迁、统计误差以及土地确权林权证重新办理为不动产证件，土地面积减少408.6公顷，小城镇面积减少，现以最新确权登记面积1 686.4公顷为准。

古农农场土地因国有土地出让给民营企业办工厂，农转非（工业用地），土地面积减少约3 242公顷，现以3 421.575公顷为准。

红星农场改革后，原来代管的集体土地940.13公顷已划归新社区管理，现以5 126.87公顷为准。

全省农垦系统总人口19.12万人，比上年增长2.6%。全垦区完成国民生产总值39.46亿元（图1），同比增长9.48%（未扣除价格因素，下同）。其中，第一产业增加值15.72亿元，增长39.85%；第二产业增加值14.14亿元，下降12.25%，主要原因是部分农场实行社企分离，下辖企业连同土地一并纳入地方政府管理，工业增加值不再纳入农场统计；第三产业增加值9.60亿元，下降10.49%。同比其中一、二、三产的比例为40∶36∶24，与去年相比，第一产业比例显著增加，第二产业比例显著下降，第三产业比例不变（图2）。居民人均可支配收入18 104元，同比增长23.95%；住房面积804.7万米^2，下降1%，人均住房面积48.82米^2。

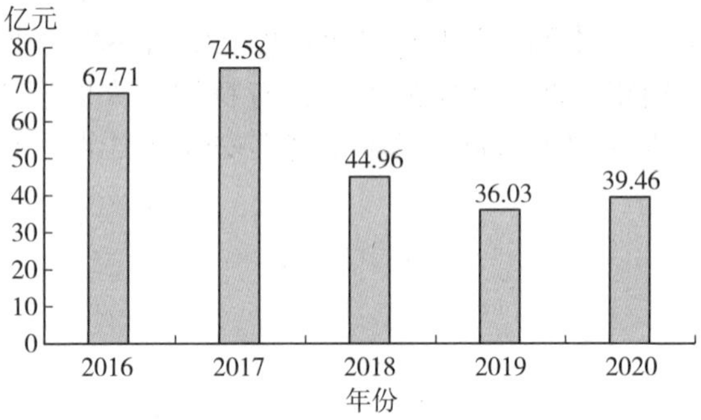

图1　2016—2020年福建垦区生产总值

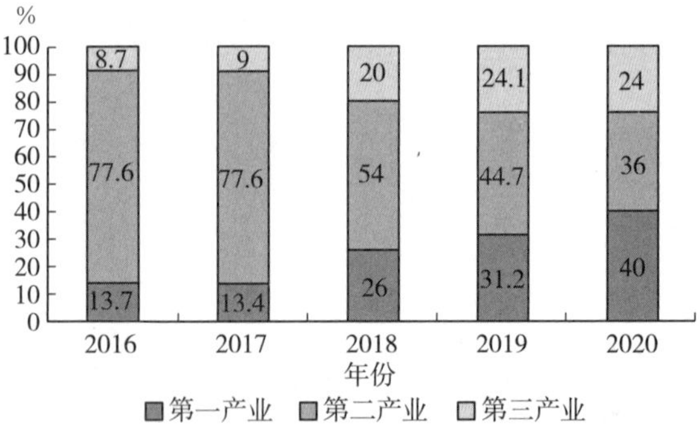

图2　2016—2020年三大产业增加值占生产总值比重

二、农业

农业总产值24.70亿元，比上年增长2.40%。农林牧渔结构为47.7∶3.8∶37.5∶11。农业产业结构有所改善，需进一步调整优化农业结构，提高农业发展质量和效益。

全年农作物总播种面积13.31千公顷，同比下降6.07%。其中，粮食种植面积6.92千公顷，同比下降7.4%；总产量3.96万吨，同比下降5.87%。油料面积1.04千公顷，同比下降18.11%；产量

0.27万吨，同比下降3.57%。蔬菜、瓜类种植面积4.50千公顷，同比增长0.9%；产量8.15万吨，同比增长11.95%。茶叶种植面积6.78千公顷，同比增长46.75%；产量0.66万吨，同比下降5.71%。水果种植面积12.07千公顷，同比下降10.46%；产量13.73万吨，同比下降4.05%（表1）。

表1　2020年主要农产品播种面积及产量

产品名称	播种面积（公顷）	比上年增长（%）	总产量（吨）	比上年增长（%）
农作物播种面积总计	13 312.51	−6.07		
粮食作物	6 918.59	−7.4	39 600.34	−4.04
其中：稻谷	4 476.03	−9.3	30 588.08	−7.1
油料合计	1 040.31	−18.11	2 713.5	−3.57
其中：花生	893.81	−21.08	2 494	−5.57
蔬菜、瓜类	4 501.06	0.9	81 487.51	11.95
茶叶	6 777.15	46.75	6 580.50	−5.71
水果	12 070.53	−10.46	137 281.10	−4.05

积极响应福建省生态文明先行示范区建设，切实抓好造林绿化和森林经营工作。全垦区现有林地总面积40.49千公顷，同比增长1.48%。森林覆盖率达1.88%，较上年变化较大的原因是2020年计算公式调整和漳州市垦区土地面积减少较多（具体原因见后附的情况说明）所以变化较大。2020年，全垦区共完成造林面积1.67千公顷，同比增长11.92%。

2020年肉类总产量2.19万吨，同比下降0.83%；其中，猪肉产量1.52万吨，同比下降5.70%。禽肉产量0.57万吨，同比增长11.97%。蛋类产量0.42万吨，同比增长6.10%。

渔业生产方面，全年水产品总产量1.55万吨，同比下降15.76%，其中，淡水水产品产量1.46万吨，占全年总产量94.19%，同比下降18.44%。养殖面积1.02千公顷，同比下降21.54%。

受农作物种植面积减少影响，年末全垦区拥有农业机械总动力4.06万千瓦，同比下降5.55%；其中，柴油发动机动力2.26万千瓦，同比下降4.55%。全省垦区机耕面积4.51千公顷，同比下降6.16%。农药施用量504.63吨，同比下降14.67%；测土配方施肥面积205.37公顷，同比下降25.72%。

三、第二产业

工业方面，部分比重大的企业实施社企分离，企业和土地归入地方政府统一管理，对总体影响较大。全年工业企业数323个，总产值36.81亿元，比减10.33%。其中非国有经济所占70%以上，占决定性地位，主要原因是：大力发展、完善工业园区、开发区建设，积极鼓励发展非公经济，新引进一批非公的工业企业，迁入、新建一批企业，更新改造提高产品的档次、以提高企业经济效益。规模以上工业企业全年实现产值25.54亿元，占69.38%，实现利润1.44亿元。主要产品产量见表2。

表2　2020年主要工业品产量

产品	计量单位	数量	比上年增长（%）
大米	吨	14 493	−2.32
饮料酒	千升	5 723	−17.15
精制茶	吨	4 147.5	−12.54
布	万米	1 350	2.22
皮革鞋靴	万双	557	−0.53
砖	万块	7 502	9.87
发电量	万千瓦·时	9 562	−10.41
自来水生产量	万米^3	177	1.31

四、第三产业

第三产业全年增加值达9.60亿元，同比增长10.60%，占福建垦区国民生产总值比重达24%，与上年持平，但与全省45.3%占比相比还是有较大差距。

受工业经济发展影响，运输业发展降幅较大。全年营业总收入1.61亿元，同比下降1.22%。其中，货运及装卸收入1.43亿元，同比下降0.16%。年末拥有主要运输工具913台，比上年增加18台。

五、市场经济

农林牧渔业商品总产值、出口供货商品量均有所增长。农林牧渔业商品总产值达16.04亿元，同比增长17.42%，商品率达64.9%，比上年上升8.2个百分点。

六、农场民生不断改善

一是被全面纳入改善民生政策覆盖范围。各地国有农场社会管理和公共服务职能被纳入地方政府统一管理后，福建省着力推动农垦与各地规划衔接，将国有农场纳入当地经济社会发展、新型城镇化等规划中，确保政策全覆盖。2020年，各级政府共安排农场社会管理和公共服务支出1 268.13万元。

二是提高农垦土地资源管理利用水平。全省国有农场已纳入当地土地利用总体规划范围，严格执行土地管理制度。完成全省国有农场2 493份23万亩土地租赁合同调查建档立卡。福州市农垦集团成功收回1.35万亩土地经营权，漳州市长泰古农农场采取公开竞拍的方式对外承包租赁，成交金额是上一轮承包价的67.5倍，国有资产实现大幅增值。

三是提升农垦特色产业发展水平。积极融入福建省现代农业“五千”工程和高质量发展“3 212”工程，先后建成茶叶、水果、生猪、禽蛋、水产等特色示范基地50个，示范面积2.2万亩。取得绿色食品认证10个，建成可追溯农产品生产基地2.0万亩以上。良种覆盖率达95%，耕种收机械化率达65%。国有农场已成为福建省现代农业建设和农产品安全供应的重要基地。

江西农垦2020年经济发展统计公报

江西省农业农村厅农垦局

2020年，按照江西省委、省政府的决策部署，在江西省农业农村厅党委的坚强领导下，江西垦区积极谋发展、促改革、惠民生，扎实有序推进农垦各项工作，主要有如下几个方面：一是农垦改革稳步推进。统筹协调推改革，垦区集团化、农场企业化再上台阶；积极稳妥搞试点，农垦土地资源化工作破题见效；深入一线解难题，建库上图工作扎实推进。二是垦区产业发展不断加快。垦区稻田综合种养提质扩面；农垦农产品质量建设持续提升；农垦农产品市场进一步拓展。三是垦区和谐稳定局面持续巩固。垦区危房改造任务如期完成；国有贫困农场扶贫工作成效明显。江西省垦区继续发扬农垦精神和改革创新精神，为进一步推进江西高质量跨越式发展贡献农垦智慧与力量。

一、基本情况

1. 全年农垦年末总人口1 417 401人，较上年下降2%；土地总面积689 550.43公顷，较上年下降2%；年末实有住房面积4 153.02万米^2，较上年增长0.47%。

2020年，垦区现有独立核算的工业企业2个（即九江五棉有限公司、江西省永修羽绒厂）；独立核算农垦农工商公司5个（即九江市农垦农工商公司、景德镇市农垦农工商公司、乐平市农垦农工商公司、鹰潭市农垦农工商公司、贵溪市农垦农工商联合公司）。见表1。

表1 全垦区独立核算企业个数统计

指标名称	2020年实际（个）	2019年实际（个）
独立核算企业合计	163	163
垦殖场、企业集团	156	156
其中：企业集团	9	9
独立核算的工业企业	2	2
独立核算的农垦农工商公司	5	5

2. 主要经济指标平稳发展。见表2。

表2 主要经济指标

指标名称	2020年实际（万元）	2019年实际（万元）	比上年增长（%）
生产总值	2 807 676.32	2 809 515	−0.07
其中：第一产业增加值	363 861.48	329 384	10.5
第二产业增加值	1 604 727.89	1 610 827	−0.4
第三产业增加值	839 086.95	869 304	−3.5
工农业总产值	7 753 166.77	7 459 324.56	3.9
其中：工业产值	7 409 319.9	7 129 131	3.9
农业产值	343 846.87	330 193.56	4.1
全垦区固定资产总投入	2 616 246.8	2 473 364	5.8
居民人均可支配收入	17 558	16 643	5.5

3. 农场按工农业总产值大小排序。2020年全省农垦工农业总产值上亿元的场（企业集团、厂）达48家，比去年减少8家，主要是受疫情影响，经济受到较大冲击。按工农业总产值大小顺序排列见表3。

表3　按工农业总产值大小顺序排列

排序	农场名称	工农业总产值（万元）	居民人均可支配收入（元/人·年）	排序	农场名称	工农业总产值（万元）	居民人均可支配收入（元/人·年）
1	江西省共青垦殖场	4 586 140.00	29 480.00	25	国营萍乡市万龙山垦殖场	31 886.00	11 654.00
2	江西云山集团有限责任公司	402 093.00	24 154.00	26	国营上饶市铅山县武夷山综合垦殖场	30 165.00	15 517.00
3	国营乐平市梅岩综合垦殖场	256 931.20	19 543.00	27	万埠垦殖场	27 696.00	21 468.00
4	九江市国营芙蓉农场	202 726.00	13 500.00	28	国营南昌扬子洲农场	20 060.00	19 000.00
5	江西恒丰企业集团	189 498.00	16 830.00	29	奉新县干洲垦殖场	19 863.60	12 960.00
6	江西大茅山集团有限责任公司	154 408.46	17 965.00	30	余江县刘家站垦殖场	18 944.00	15 380.00
7	德兴市新岗山垦殖场	146 405.00	12 850.00	31	江西省南昌市恒湖综合垦殖场	16 438.00	13 917.00
8	江西桑海集团有限责任公司	127 681.70	19 300.00	32	奉新县东风垦殖场	16 339.00	12 305.00
9	上高县墨山垦殖场	116 995.00	13 750.00	33	玉山县怀玉山垦殖场	16 091.00	13 720.00
10	江西黄岗山垦殖场	116 240.61	14 553.00	34	国营萍乡市广寒寨垦殖场	15 801.00	17 410.00
11	罗家垦殖场	93 544.62	21 349.00	35	上饶地区五府山综合垦殖场	15 280.00	20 000.00
12	新干县洋峰街道办事处	85 756.00	10 198.00	36	江西国营金平华侨农场	14 896.00	15 099.00
13	樟树市阁山垦殖场	83 637.00	15 021.00	37	永修县八角岭垦殖场	14 473.00	21 633.00
14	新余市国营南英综合垦殖场	75 673.00	16 515.00	38	湖口县武山垦殖场	13 871.00	15 000.00
15	国营弋阳县花亭综合垦殖场	72 522.00	11 480.00	39	饶丰垦殖场	12 523.00	14 300.00
16	国营萍乡市鸡冠山垦殖场	72 467.00	15 310.00	40	宜丰县石花尖垦殖场	12 157.00	15 893.00
17	彭泽县上十岭垦殖场	60 040.00	17 200.00	41	江西省国营康山综合垦殖场	11 844.00	13 010.00
18	东乡县红星垦殖场	58 775.00	20 412.00	42	南昌市五星垦殖场	11 650.00	18 000.00
19	国营分宜县介桥垦殖场	58 570.00	20 235.00	43	鄱阳县鸦鹊湖垦殖场	11 052.00	12 300.00
20	九江市国营赛湖农场	47 111.50	18 381.00	44	国营九江县新洲垦殖场	10 750.00	11 850.00
21	新余市仙女湖区九龙山垦殖场	44 575.00	16 858.00	45	科山垦殖场	10 655.00	20 600.00
22	国营弋阳县旭光综合垦殖场	35 539.00	12 200.00	46	临川区七里岗垦殖场	10 453.00	11 305.00
23	南丰县长红垦殖场	34 963.60	7 949.00	47	鄱阳县乐丰良种繁殖场	10 235.00	16 000.00
24	国营萍乡市五陂下垦殖场	33 790.00	17 840.00	48	荷塘垦殖场	10 108.00	19 925.00

二、工业方面

2020年，全垦区实现工业产值740.93亿元，比上年增长3.9%。

其中规模较大的产值上5亿元的行业有25个，累计完成工业产值719.53亿元，占工业总产值97.1%。其中，纺织服装、服饰业产值206.36亿元，比上年增长11.5%；纺织业产值74.35亿元，较上年增长8.3%；非金属矿物制品业产值53.90亿元，比上年增长5.1%；化学原料和化学制品制造业产值41.02亿元，比上年下降4.6%。见表4。

从工业产品产量看，几个主要工业产品产量分别为：原煤770 034吨；大米179 117吨；饮料酒110 808千升；纱45 197吨；机制纸及纸板82 633吨；中成药16 852吨；发电量63 880万千瓦小时。

三、农业方面

1. 垦区稻田综合种养提质扩面。

持续巩固现有5个稻虾综合种养示范点建设，辐射带动周边乡村快速发展稻田综合种养模式，全省垦区稻田综合种养面积达13万亩，亩均增加收益2 000元以上，获得良好社会效益和经济效益，成为江西省深化农业供给侧结构性改革的样板。

2. 农垦农产品质量建设持续提升。

依托农垦农业技术试验示范专项和农垦农业技术推广专项，在康山垦殖场精心组织实施水稻绿色优质高效技术模式，提升稻米品质。根据项目实施测算，水稻亩均单产增收100斤左右，稻米市场均价亦有较大幅度提高。继续推进质量追溯体系建设，对江西省农垦现有70家追溯项目单位进行评估筛选，将优质追溯项目单位纳入升级清单。做好恒湖稻米、庐山茶叶企业质量提升示范项目建设，增强农垦优质农产品供给能力。

表4　产值5亿元以上的行业合计

序号	指标名称	企业数（个）	工业产值（现价）（万元）	占工业总产值（%）
	合计	725	7 195 288.54	97.1
1	纺织服装、服饰业	109	2 063 592.60	27.9
2	纺织业	43	743 523.00	10.0
3	非金属矿物制品业	60	538 950.00	7.3
4	化学原料和化学制品制造业	51	410 200.51	5.5
5	通用设备制造业	8	361 424.00	4.9
6	计算机、通信和其他电子设备制造业	14	305 009.00	4.1
7	农副食品加工业	83	277 150.00	3.7
8	印刷和记录媒介复制业	11	248 415.00	3.4
9	食品制造业	31	244 767.70	3.3
10	木材加工和木、竹、藤、棕、草制品业	85	232 577.57	3.1
11	医药制造业	21	220 820.00	3.0
12	电气机械和器材制造业	13	210 931.00	2.8
13	酒、饮料和精制茶制造业	38	168 213.54	2.3
14	其他制造业	44	130 678.00	1.8
15	铁路、船舶、航空航天和其他运输设备制造业	2	120 000.00	1.6
16	家具制造业	24	119 714.00	1.6
17	皮革、毛皮、羽毛及其制品和制鞋业	9	116 437.00	1.6
18	有色金属冶炼和压延加工业	6	114 947.00	1.6
19	造纸和纸制品业	15	114 851.00	1.6
20	文教、工美、体育和娱乐用品制造业	4	99 155.00	1.3
21	煤炭开采和洗选业	8	83 031.00	1.1
22	金属制品业	15	79 051.00	1.1
23	橡胶和塑料制品业	18	67 993.62	0.9
24	专用设备制造业	11	63 010.00	0.9
25	有色金属矿采选业	2	60 847.00	0.8

3. 农垦农产品市场进一步拓展。

为促进江西省农垦产品产销对接，宣传推介产品质量优、市场反响好、发展前景足的农垦产品，先后组织江西省农垦企业参加第十八届中国国际农产品交易会和2020江西“生态鄱阳湖·绿色农产品”（广州）展销会。在南昌市湾里太平综合垦殖场成功举办2020中国农民丰收节农垦江西站活动，围绕“喜丰收奔小康”主题，通过物质文明展示、精神文明展示、电商现场对接和产品直播以及文艺节目表演，全面反映农垦改革发展成就。

农作物情况见表5，畜牧业情况见表6。

表5　农作物情况

指标	播种面积（公顷）		比上年增长（%）	产量（吨）		比上年增长（%）
	2020年	2019年		2020年	2019年	
农作物合计	139 200.93	143 190.37		/	/	/

（续）

指标	播种面积（公顷）		比上年增长（%）	产量（吨）		比上年增长（%）
	2020年	2019年		2020年	2019年	
粮食作物	108 925.96	110 555.16	−1.5	698 964.31	750 192.52	−6.8
油料	12 950.155	13 434.74	−3.6	29 623.83	29 672.55	−0.2
棉花	1 006.35	1 069.46	−5.9	2 687.36	2 786.77	−3.6
糖料合计	295.55	274.25	7.8	9 493.52	8 954.84	6.0
烟叶合计	100.00	110.60	−9.6	151.82	162.42	−6.5
蔬菜、瓜类	11 905.02	12 329.70	−3.4	235 171.44	241 453.23	−2.6

表6　畜牧业情况

指标	单位	2020年	2019年	比上年增长（%）
大牲畜存栏	万头	4.04	3.52	14.8
其中：奶牛	万头	0.1	0.38	−73.7
生猪出栏	万头	50.89	51.95	−2.0
生羊出栏	万只	1.38	1.72	−19.7
肉类总产量	吨	58 877.47	54 898	7.2

水产业方面，2020年，全垦区水产品养殖面积17 246.38公顷，其中，虾41.14公顷。全年水产品产量67 689.97吨，其中，养殖产量63 845.37吨，占水产品总产量的94.3%。

土地总面积情况见表7，造林面积情况见表8。

表7　土地总面积情况

指标	2020年（公顷）	占土地总面积（%）	2019年（公顷）	占土地总面积（%）
土地总面积	689 550.43	—	700 901.55	—
其中：耕地	79 461.66	11.5	78 532.98	11.2
林地	480 890.86	69.7	487 233.78	69.5
水面	30 142.01	4.4	29 070.6	4.1
宜林地	10 423.04	1.5	5 547.39	0.8
可垦荒地面积	6 974.89	1.0	7 537.04	1.1
居民点及工矿用地面积	29 594.93	4.3	30 347.29	4.3

表8　造林面积情况

指标	2020年（公顷）	占造林总面积（%）	2019年（公顷）	占造林总面积（%）
当年造林面积合计	4 969.55	—	6 390.17	—
其中：用材林	2 571.50	51.75	2 082.94	32.60
经济林	1 705.55	34.32	1 530.33	23.95
防护林	444.40	8.94	417.30	6.53
薪炭林	2.00	0.04	2 193.60	34.33
特种用材林	246.10	4.95	166	2.60
年末森林面积	456 326.49	—	487 233.78	—
当年幼林抚育面积	11 949.63	—	11 426.38	—

四、固定资产投资方面

2020 年，江西垦区共完成固定资产投资总额 2 616 246.8万元，较上年增加 5.8%，其中，第一产业 68 251.8 万元，占投资总额的 2.6%；第二产业 1 818 980 万元，占投资总额的 69.5%；第三产业 729 015 万元，占投资在投资总额的 27.9%。

五、科研方面

2020 年，全垦区科研单位 3 个，职工 185 人，其中科技人员 123 人，占职工人数的 66.5%，科研经费 2 226 万元。

六、劳动工资与人口方面

2020 年，全省农垦年末从业人员数 386 909 人，职工期末人数 221 761 人，在岗职工人数 192 881 人，职工工资总额 468 381.07 万元，其中在岗职工工资总额 386 849.11 万元。

2021 年，我们将坚持以习近平新时代中国特色社会主义思想为指导，全面贯彻落实党的十九届五中全会精神，深入学习贯彻习近平总书记视察江西重要讲话和指示精神，以垦区集团化、农场企业化为主线推进农垦改革，以建设现代农业示范区为目标推进产业优化升级，以垦区危房改造为抓手推进民生改善，以党的建设为统领推进干部能力提升，不断开创农垦事业改革发展新局面。

山东农垦2020年经济发展统计公报

山东省农业农村厅农垦局

2020年，山东农垦在农业农村部农垦局的关心指导和山东省委、省政府的领导下，坚持统筹疫情防控与农垦生产发展，持续推进农场企业化改革、公司化改造，积极探索创新农垦农业经营管理体制，努力加快转变经济发展方式，不断促进主导产业高质量发展，着力增强农场内生动力和发展活力，“十三五”各项任务圆满完成，农垦改革发展取得较大成效。

一、综合

山东垦区现有国有农场12个，分布于7个市11个县（市、区），全部实行属地管理。其中符合农垦企业属性并被纳入农垦综合统计调查范围的农场有10个。垦区土地总面积9 714.89公顷，其中，耕地面积5 668.83公顷。年末总人口8 750人，从业人员2 155人，职工2 205人。居民人均可支配收入26 951元，同比增长5%，国有农场在岗职工年均报酬3.03万元。全年实现生产总值合计16 630.68万元，实现营业盈余3 073.46万元。第一产业增加值11 362.32万元，营业盈余1 994.42万元，占全年营业盈余的64.89%。第二产业增加值123.18万元，营业盈余−73万元，占全年营业盈余的−2.38%。第三产业增加值5 145.18万元，营业盈余1 152.04万元，占全年营业盈余的37.48%。2020年，各国有农场充分发挥自身优势，积极调整产业结构，主导产业基础巩固，第三产业发展迅速，特色产业对经济发展起到了较大带动促进作用。一、二、三产业增加值分别占生产总值的68.32%、0.74%、30.94%。

二、第一产业

农业生产稳固增效。垦区农作物播种面积7 839.65公顷，其中，粮食播种面积7 533.46公顷，粮食总产量47 205.7吨。其中，小麦、水稻、玉米的播种面积分别为3 674.33公顷、528公顷、2 835.13公顷，产量分别达22 087.2吨、4 752吨、19 429吨。棉花播种面积20.33公顷，总产量45.5吨。蔬菜、瓜果产量11 485.3吨。

畜牧水产健康发展。生猪年末存栏3 470头，比上年增加270头，能繁母猪318头，比上年增加42头。肉类总产量310.40吨，比上年减少177.83吨，其中，当年猪出栏4 090头，比上年减少2 860头，同比下降41.2%。淡水水产品870吨，养殖面积411公顷。

农业机械化水平保持稳定。全年拥有农业机械总动力24 750千瓦。农业机械中，大中型拖拉机184台，小型及手扶拖拉机516台，排灌动力机械743台，联合收获机51台。当年实际机耕面积5 679.72公顷，实际机播面积达7 119.69公顷，机械收割面积6 846.69公顷。

农药化肥施用量持续减少。2020年，农药施用量108.49吨，同比下降29%；农用化肥施用总量6 199吨，同比下降35.99%，有机肥施用量410吨，同比增长3%。

农田水利建设有序开展。全年有效灌溉面积4 165.24公顷，其中节水灌溉面积1 116.81公顷。

全年完成农林牧渔业总产值16 708.99万元。其中农业总产值11 689.66万元，林业总产值1 752.35万元，牧业总产值2 054.00万元，渔业总产值622.21万元，农林牧渔专业及辅助性活动产值590.77万元。农林牧渔业商品总产值5 853.00万元。

三、第二产业

2020年，垦区工业总产值（现价）152.33万元。全年工业生产原盐2 200吨，配合饲料2 000吨。垦区有建筑企业1个，年末从业人员3人，全年从业人员报酬15万元，建筑业总产值299.6万元。

四、第三产业

2020年，垦区有批发零售业单位12个，从业人员33人，全年从业人员报酬167.20万元，营业收入2 278.48万元，与上年基本持平；有餐饮业单位1个，从业人员23人，全年从业人员报酬58.40万元，营业收入230.07万元，同比增长98.33%；有服务业单位2个，从业人员3人，全年从业人员报酬16.00万元，营业收入40.00万元，同比下降78.14%。

五、固定资产投资

2020年，垦区固定资产投资保持增长。全年固定资产投资总额5 638.64万元。其中第一产业投资额2 279.42万元，第三产业投资额3 359.22万元。国有固定资产投资总额2 279.42万元，当年新增固定资产5 638.64万元。

六、农垦科研基本情况

山东垦区有科研单位1个，职工18人，其中科技人员10人，本科以上3人。全年投入科研经费7.20万元。实验地面积6.7公顷。

七、从业人员、职工数及收入

2020年，垦区从业人员总数2 156人。其中第一产业从业人数1 947人，第二产业97人，第三产业112人，分别占从业人员总数的91.1%、4.6%和4.3%。年末，职工人数2 205人，工资总额6 100.57万元；在岗职工人数1 910人，在岗职工工资总额5 778.57万元。

河南农垦2020年经济发展统计公报

河南省农垦发展服务中心

2020年，河南农垦按照中央和农业农村部农垦局，河南省委、省政府和省厅的工作部署，结合河南农垦的实际情况，进一步深化农垦改革发展成果，继续推进本垦区农场集团化、企业化改革，积极推进基层农场农业供给侧结构性改革，以提高发展质量和效益为中心，求真务实，开拓创新，垦区经济和社会发展和谐稳定。

一、综合

2020年全年实现生产总值105 171万元，其中，第一产业增加值54 266万元；第二产业增加值29 705万元；第三产业增加值21 200万元。第一、第二、第三产业增加值在生产总值中的比重分别为51.6%、28.2%和20.2%。居民人均可支配收入22 000元，职工群众生活水平逐步提高。

二、农业

全年实现农、林、牧、渔业总产值146 632万元，比2019年的164 505万元下降10.8%。其中，农业产值95 094万元，林业产值680万元，牧业产值40 123万元，渔业产值4 729万元，农林牧渔服务业产值6 006万元。

全年农作物播种面积39 802公顷，比2019年的41 710公顷减少1 908公顷，下降4.5%。其中，粮食播种面积34 324公顷，比2019年的36 129公顷减少1 805公顷，下降5.0%，占农作物播种面积的86.2%；蔬菜瓜类面积1 130公顷，比2019年的1 255公顷减少125公顷，下降9.9%；油料面积4 252公顷，比2019年的3 993公顷增加259公顷，增长6.5%；棉花面积58公顷；药材类面积39公顷。

粮食总产量266 956吨，比2019年的268 747吨减少1 791吨，下降0.6%。全省小麦由于遭遇冬季冻害，扬花期温度过低，小麦大面积减产，小麦总产量147 610吨，比2019年的159 049吨减少11 439吨，下降7.2%；玉米总产量102 385吨，比2019年的88 806吨增加13 579吨，增长15.3%；大豆由于气候和病虫害原因减产，2020年总产量7 770吨，比2019年的11 496吨减少3 726吨，下降32%。主要农产品产量见表1。

表1 主要农产品产量

产品名称	2020年（吨）	比2019年增长（%）
粮食	266 956	−0.6
大豆	7 770	−32
玉米	102 385	15.3
油料	16 770	5.3
水果	30 932	−21.8

肉类总产量8 976吨，比2019年的14 352吨减少5 376吨，下降37.3%，其中，猪肉产量8 213吨，比2019年的13 582吨减少5 369吨，下降39.5%，猪肉产量下降的主要原因是受生猪市场行情及疫情影响，生猪养殖规模减小；禽肉产量546吨，比2019年的547吨基本持平，另外，禽蛋产量2 336吨，比2019年的1 609吨增加727吨，增长45.2%。牲畜年末存栏总数及主要畜产品产量见表2。

表2 牲畜年末存栏总数及主要畜产品产量

产品名称	2020年	计量单位	比2017年增长（%）
大牲畜存栏	1.44	万头	119
奶牛	0.5	万头	−23.9
猪年末存栏	8.75	万头	−24.7
猪年末出栏	11.07	万头	−31.3
肉类总产量	0.9	万吨	−37.3
牛奶	13 965	吨	1.3
水产品	2 782	吨	−152

农业生产机械化程度继续提高，年末农业机械总动力22.9万千瓦，比2019年的24.3万千瓦下降5.8%，其中大中型农用拖拉机894台比2019年的1 164台减少270台，下降23.2%；农用小型及手扶拖拉机5 835台，比2019年的6 040台减少205台，下降3.4%。当年实际机耕面积22 600公顷，占当年耕地面积的57%，当年实际机播面积32 069公顷，占农作物播种面积的80%；当年实际机收面积33 248公顷，占农作物播种面积的83%。

三、工业和建筑业

2020年垦区工业发展平稳，河南农垦共有工业企业13个，全年实现工业总产值28.9亿元，比2019年的23.8亿元增加5.1亿元，增长21%；完成工业增加值2.8亿元。其中，国有及国有控股工业企业总产值7.7亿元，占工业总产值的26.6%。工业总产值前三位的行业为：酒、饮料和精制茶制造业15.5亿元，食品制造业7.2亿元，农副食品加工业3.2亿元。主要工业企业的主要产品保持稳步增长，产品产量见表3。

2020年年末，垦区共有建筑企业3家，从业人员334人，全年实现总产值8 041万元；年末固定资产原值864万元；全年施工房屋建筑面积1万米^2。

表3　主要工业企业的主要产品产量

产品名称	2020年	计量单位	比2019年增长（%）
混配合饲料	230 000	吨	53
饮料酒	2 020	千升	12.7
乳制品	14 446	吨	−4.5

四、第三产业

垦区从业人员自主创业积极性和能力提高，经营领域不断拓宽，服务水平进一步提高，其中，批发零售业单位184个，从业人员853人，营业收入23 235万元；餐饮业单位31个，从业人员236人，营业收入5 720万元；服务业单位22个，从业人员431人，营业收入47 665万元。

五、人口、就业和劳动工资

2020年年末，垦区总人口为71 157人，比2019年的72 482人减少1 325人，下降1.8%。年末从业人员37 896人，其中，第一产业30 082人，第二产业4 289人，第三产业3 525人，分别占年末从业人员总数的79.4%、11.3%和9.3%。在岗职工工资总额3.1亿元，居民人均可支配收入22 000元。

湖北农垦2020年经济发展统计公报

湖北省农业农村厅农垦处

2020年，在农业农村部农垦局和湖北省农业农村厅党组的正确领导下，湖北垦区认真贯彻落实中央、省委一号文件、农村工作会议和农垦改革发展文件精神，按照部农垦局和厅党组的统一安排和部署，聚焦垦区集团化、农场企业化改革，贫困农场产业扶贫，垦区现代农业高质量发展等重点任务，统筹新冠肺炎疫情防控和垦区经济发展，较好地完成了全年各项工作任务，全省垦区经济恢复势头良好，湖北垦区经济社会发展取得了新的进展和成效。

一、综合

2020年，全年完成农垦生产总值1 781.38亿元，比上年增加60.08亿元，增长3.4%（东西湖垦区在2020年全国经济普查后，将2019年的生产总值调增了300亿元，湖北垦区2019年的生产总值相应地由1 421.3亿元调增到1 721.3亿元）（图1）。其中，第一产业完成增加值118.63亿元，增长1.43%；第二产业完成增加值1 009.56亿元，增长−0.77%；第三产业完成增加值653.18亿元，增长11.29%。一、二、三产业的比重为6.66：56.69：36.67，产业结构中的第二产业优势得到进一步巩固，第三产业仍然保持较快发展。

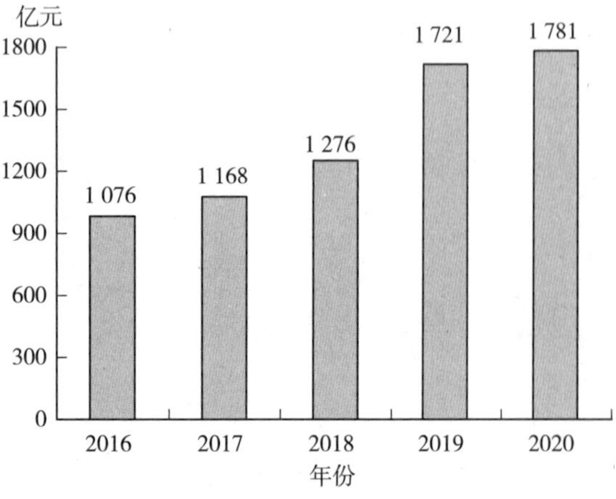

图1　2016—2020年湖北垦区生产总值递增对比表

2020年，垦区人均纯收入26 723元，比上年增加1 973元，增长7.97%；实现工农业总产值3 019.85亿元，同比增长12.68%；垦区国有经济实现利税268.58亿元，同比增长15.95%。

湖北省垦区国有农场中，国民生产总值超过1亿元的农场有47家，总值达1 777.81亿元，占全省农垦生产总值99.8%，生产总值过10亿的单位有9个：东西湖垦区1 319.71亿元；汉南垦区161.5亿元；武湖农场40.53亿元；总口农场27.75亿元；五三农场22.69亿元；后湖农场20.07亿元；龙感湖农场15.36亿元；沙市农场11.92亿元；草埠湖农场10.72亿元。

2020年年末，湖北农垦拥有国土面积37.04万公顷，与上年相比略增，其中，耕地面积14.38万公顷，同比上年略增0.19万公顷；养殖水面5.84万公顷。至2020年年末，有分场149个，较上年减少10个；社区304个，较上年增加62个；农业渔业生产队1 775个。国有及国有控股工业企业62家，较上年减少5家。

二、农业

全年实现农林牧渔业总产值244.12亿元，比上年增长0.46%。其中，农业产值115.35亿元，渔业产值76.57亿元，牧业产值42.29亿元，林业产值5.14亿元，农林牧渔服务业产值4.79亿元。

全年农作物播种总面积23.78万公顷，比上年减少0.31万公顷，其中，粮豆种植面积14.10万公顷，比上年减少0.3万公顷；棉花种植面积0.55万公顷，比上年减少0.1万公顷；油料种植面积2.4万公顷，比上年增加0.05万公顷；蔬菜瓜类种植面积6.3万公顷，比上年增加0.4万公顷。粮食总产量86.51万吨，棉花总产量0.72万吨，与上年比较均略有下降；油料产量9.42万吨，略有增长。

全省垦区肉类总产量9.6万吨，较上年的12.87万吨减少3.27万吨，下降25%；年内肥猪出栏76.81万头，同比下降33.78%，农场养猪持续走低；禽蛋总产量5.45万吨，同比略有下降；水产品产量达48.8万吨，与往年持平（表1）。

表1　2020年全省垦区主要农产品产量

产品名称	2019年产量（万吨）	2020年产量（万吨）	比上年增长（%）
粮食	92.68	86.51	－6.7
棉花	0.82	0.72	－12.2
油料	7.33	9.42	28.51
花生	3.14	5.24	66.88
油菜籽	3.68	3.75	1.9
肉类	12.87	9.59	－25.49
水产品	49	48.75	－0.51
水果	13.54	14.91	10.12
蔬菜	202.58	173.10	－14.55

全系统年末拥有农业机械总动力175.59万千瓦，其中，大中型拖拉机8 335台；小型拖拉机4.88万台；排灌机械2.28万台，农机数量略有下降。农业用电量4.84亿度，农业化肥施用折纯量12.96万吨，较上年减少0.74万吨；当年机械播种面积8.5万公顷，机械收割面积12.92万公顷，2020年新增造林面积4 008公顷。

三、工业和建筑业

2020年，湖北垦区工业受新冠肺炎疫情影响，工业生产总值减少。垦区有894家规模以上工业企业，其中，国有及国有控股企业71家。工业企业的固定资产原值550亿元，从业人员14.65万人。垦区实现工业总产值2 775.85亿元，主营业务收入2 427.47亿元，实现利润总额197.92亿元（表2）。

表2　2020年全省垦区主要工业产品产量

产品名称	计量单位	产量
小麦粉	吨	89 441
大米	吨	941 983
饲料	吨	1 482 681
精制食用植物油	吨	335 382
鲜冷藏肉	吨	59 134
乳制品	吨	652 712
精制茶	吨	1 078
棉纱	吨	159 637
布	万米	50 963
家具	件	849 256
服装	万件	5 041

2020年，全年垦区建筑企业总产值1 047.96亿元。年末拥有各类建筑单位705个，从业人员13.16万人，年末固定资产原值66.8亿元，各类机械总台数1.77万台，全年施工建筑面积16 870万米^2。

四、第三产业

2020年，农垦系统第三产业得到进一步发展，经营领域不断拓宽，结构更趋合理，服务水平进一步提高。全省系统拥有批发零售贸易单位7.18万个，从业人员12.45万人，营业收入1 155.57亿元；住宿餐饮业单位1.15万个，从业人员3.68万人，营业收入34.7亿元。运输业单位1.29万个，主要运输工具4.14万台，全年运输总收入87.47亿元。

五、固定资产投资

2020年，垦区完成固定资产投资849.13亿元，比上年减少434.11亿元，下降33.83%。其中，第一产业56.02亿元；第二产业469.02亿元；第三产业324.09亿元。当年新增固定资产429.52亿元，全年固定资产投资超过1亿元的农场达38家。

六、对外贸易

2020年，垦区外贸出口供货商品金额为46.61亿元，比上年增加4.42亿元，同比增长10.48%。其中，出口生猪3.88万头，蔬菜0.39万吨，再制蛋1 791万枚，医用材料0.69万吨，纺织品5.29亿元，童车54.82万台。出口金额较多的单位有：东西湖农管局19.94亿元，后湖农场11.86亿元，华严农场1.34亿元，沙市农场1.1亿元，五三农场0.75亿元。

七、科研、教育、卫生

垦区教育、卫生基础设施得到进一步改善。2020年，垦区拥有科研单位7个，从业人员835人，其中，科技人员439人，投入科研经费2 767万元，均有不同程度的减少。垦区年末有各类学校236所，教师人数1.02万人，在校学生13.65万人。至2020年年末，垦区有医疗单位610个，其中，医院97所，医生3 090人，较上年有所增加。

八、人口、职工生活和社会保障

2020年年末，垦区有50.86万户家庭，151.59万人，增加0.73万人。

2020年，垦区社会从业人数为98.02万人，比上年增加4.4万人，其中，第一产业33.32万人，第二产业36.02万人，第三产业28.68万人，第三产业人口增长较快；农垦从业人员劳动平均纯收入35 685元，增长6.66%；人均纯收入26 723元，增长7.97%。

2020年年末，垦区国有单位从业人员38.12万人，其中，国有职工36.01万人，国有单位从业人员劳动报酬124.5亿元，增长2.07%；常年或季节性外出打工14.25万人。

2020年年末，垦区从业人员全年纯收入343.62亿元，社保净收入59.85亿元；垦区在册职工36.43万人，在册职工参保人数26.49万人；退休农工月平均工资1 912元，增长4.25%；退休非农工月平均工资2 503元，增长3.0%；全垦区当年发放退休人员养老金74.83亿元，保证农垦职工“老有所养、病有所医”。全系统年末有住房面积5 782万$米^2$，户均面积113 $米^2$。

湖南农垦2020年经济发展统计公报

湖南省农业农村厅农田建设与农垦处

2020年，湖南省农垦系统在部农垦局和湖南省农业农村厅的正确领导和各级部门的大力支持下，坚持转变发展方式，团结一致，攻坚克难，奋斗拼搏，赢得了经济社会的全面发展。2020年，湖南省农垦垦区综合经济实力得到了显著提高，民生得到了进一步改善，农垦的凝聚力得到增强，实现了全省农垦经济社会稳定健康发展。

一、综合

2020年，3个农场退出农垦序列，由原来的65个农场变为62个农场。农垦年末总人口为738 566人，比去年减少51 789人，同比下降6.5%。土地面积为166 163.35公顷，比去年减少404公顷，同比下降0.24%，耕地面积为77 860公顷，比去年减少28公顷，同比下降0.04%。现代化农业园区为4个，占地面积为480公顷。高标准农田面积为27 641公顷，比去年增加3 375公顷，同比增长13.9%。

经济平稳保持正常发展。2020年，全垦区总人口数为73.86万人，农场人口56.9万人。居民人均可支配收入为16 235元，比上年增加1 275元，增长8.52%。实现国民生产总值为315.60亿元，比上年增加10.85亿元，增长3.16%，其中，第一产业总值为57.08亿元，比上年减少7.43亿元，下降11.52%；第二产业总值为135.15亿元，比上年增加1.78亿元，增长1.33%；第三产业总值123.37亿元，比上年增加16.5亿元，增长15.44%。

二、农业

农业生产稳中有升。2020年，全省农作物播种面积162 440公顷，比去年增加7 963公顷，增长5.0%. 其中粮食播种面积90 873公顷，比去年增加7 345公顷，增长8.8%；粮食产量693 121吨，比去年增加3 401吨，增长0.49%。谷物播种面积86 722公顷，比去年增加5 580公顷，增长6.88%；谷物产量672 135吨，比去年减少10 118吨，下降1.48%。其中，稻谷71 737公顷，比去年增加2 043公顷，增长2.93%；稻谷产量605 691吨，比去年减少18 692吨，下降3%。豆类种植面积2 699公顷，比去年增加1 074公顷；豆类产量5 991吨，比去年增加5 724吨。油料种植面积29 704公顷，减少653公顷，下降2.15%；油料产量49 614吨，比去年减少2 105吨，下降4.07%。棉花种植面积9 415公顷，比去年减少727公顷，下降7.17%；棉花产量54 221吨，比去年减少2 677吨，下降4.7%。蔬菜、瓜类种植面积26 890公顷，减少785公顷，下降2.84%；蔬菜、瓜类产量979 360吨，比去年减少52 080吨，下降5.05%。

渔、牧、林业持续稳定发展。当年植树造林3 617公顷，比去年增加419公顷，增长13.2%；森林覆盖率达7.83%。牛存栏4.6万头，比去年减少0.39万头，下降7.8%，其中，肉牛4.52万头，奶牛0.084万头。农业机械增加，机械化取代牛耕，导致肉牛、奶牛增加，耕牛减少，这是养殖业发展的趋势。2020年仔猪价格上涨，环保压缩养殖，导致生猪存栏略降不升，当年生猪出栏82.21万头，比去年减少30.81万头，下降27.3%，当年猪肉产量7.27万吨，同比去年减少2.11万吨，下降22.5%。当年牛出栏1.93万头，牛肉产量4 052吨，比去年减少342吨，下降7.79%；当年山羊出栏40 819只，比去年增加605只，增长1.5%，羊肉产量为688.78吨，增长1.07%；肉类总产量为10.96万吨，减少1.48万吨，下降11.9%。水产品产量为138 856吨，增加2 380吨，增长1.74%，其中鱼类为102 683吨，减少7 345吨，下降6.68%；由于湖区水域要净化达标，对鱼类养殖进行了控制，增加了水草和蟹类，以便净化水质。农林牧渔业总产值为173.20

亿元，比去年增加 15.3 亿元，增长 9.7%，其中，农业产值为 118.40 亿元，增长 12%；林业产值为 2.52 亿元，增长 4.3%；牧业产值为 27.8 亿元，增长 3.67%；渔业产值为 18.65 亿元，增长 10.39%；农林牧渔服务业产值为 5.78 亿元，增加 2%。

农业机械及使用情况。农业机械总动力为 139.92 万千瓦，其中，柴油发动机动力 101.78 千瓦，汽油发动机动力 12.24 万千瓦，电动机动力 21.09 万千瓦，其他机械动力 4.8 万千瓦。大中型拖拉机 5 236 台，小型及手扶拖拉机 5 977 台，排灌动力机械 28 280 台，联合收获机 3 398 台，农用飞机 50 架。当年实际机耕面积为 129 892.94 公顷，增长 4.77%；当年实际机播面积为 60 091.67 公顷，比去年增加 890 公顷，增长 1.5%。当年机械收割面积为 107 090 公顷，比去年增加 2 885 公顷，增长 2.77%。当年飞机播种面积为 4 200 公顷，比去年增加 1 192 公顷，增长 39.6%。农用塑料薄膜使用量 2 565 吨，比去年增加 102.5 吨，增长 4.16%。地膜使用量 1 930 吨，比去年增加 23 吨，增长 1.23%；地膜覆盖面积为 22 904 公顷，比去年增加 4 471 公顷。有效灌溉面积 62 266 公顷，比去年增加 6 501 公顷，增长 11.6%。

三、工业和建筑业

工业生产进入稳定期。规模以上工业企业和国有规模以下工业企业 179 个，比去年增加 8 个，增长 4.68%。工业总产值为（现价）3 272 943.64 万元，其中，国有 179 276 万元，比去年增加 407 224 万元，增长 14.21%。工业销售产值（现价）3 195 486 万元，其中，国有 178 786 万元，增加 415 208 万元，增长 14.93%。从业人员年末人数 35 102 人，利润总额 117 665 万元，同比去年增加 19 360 万元，增长 19.6%。固定资产净值 439 499 万元，其中，国有 348 万元，比去年增加 108 835 万元，增长 32.9%。工业企业 554 个，比去年增加 15 个，增长 2.78%；工业总产值 5 553 275.82 万元，比去年增加 600 674 万元，增长 12.3%。农副食品加工企业 132 个，加工产值为 2 041 581.82 万元，增加 255 166 万元，增长 14.28%。食品制造企业 46 个，制造业产值为 555 157 万元，增加 137 320 万元，增长 32.9%。

建筑业稳步发展。全垦区建筑企业 57 个，比上年增加 6 个。年末从业人数 12 113 人，比上年增加 2 356 人，增长 24%。年末固定资产原值 25 692万元，比上年增加 3 926 万元，增长 18%。全年施工房屋建筑面积 106.7 万米^2，房屋建筑竣工面积 70.58 万米^2，建筑业总产值 21.5 亿元。

四、固定资产投资

固定资产投资总量有所增加。受国家宏观经济影响，在国家经济刺激政策的影响下，2020 年全省农垦固定资产投资 49.61 亿元，比上年增加 2.2 亿元，增长 4.66%。第一产业固定资产投资 6.29 亿元，其中，国有 0.67 亿元，比上年增长 4.44%。第二产业 28.13 亿元，其中，国有 1.58 亿元，比上年增长 15.4%；第三产业 15.18 亿元，其中，国有 8.33，比上年减少 10.67%。当年新增固定资产 43.68 亿元，比去年增加 2.55 亿元，增长 6.19%。

五、科学技术和教育

2020 年年末，垦区有各类科研单位 4 家，与去年持平，科研人员和技术工人人数保持稳定，总人数为 79 人，比上年增长 7.6%。因贯彻省里相关文件精神，对农场办教育、医疗卫生等职能进行了剥离，相关单位逐步移交地方政府。

六、资源与环境保护

2020 年，垦区继续把粮食生产放在重要位置，确保粮食生产不动摇。全年未出现建设违规占用耕地的现象，耕地面积减少的势头进一步趋缓。农工环保意识得到加强，全年未发生重大面源污染事件，全年新增造林面积 1 450 公顷，新增果树定植 72.9 公顷，少砍伐树木 2 021 方，荒山变了青山，生态环境得到明显改善。

七、人口与社会保障

2020 年年末，全省农垦总人口为 73.86 万人，由于衡阳市三个农场退出农垦序列，导致比去年减少 0.52 万人。其中，农场人口 56.9 万人，农垦年平均人口 69.4 万人，城镇化进程稳定推进，人口进一步集中。

社会保障工作全面发展。全省农垦职工参加基本养老保险人数 25.8 万人，企业参加基本养老保险的离退休人员 8.1 万人，参加失业保险人数 2.3 万人，参加医疗保险人数 54 万人，全年发放企业离退休人员基本养老金 10.56 亿元，社会化发放基本养老金 8.36 亿元，社会化发放人数 15.2 万人，占离退休人员数的 98%，企事业参保离退休人员人均养老金 1 352 元/月，离退休职工的生活待遇得到进一步提高。

广东农垦2020年经济发展统计公报

广东省农垦集团公司

2020年，面对新冠肺炎疫情、严重自然灾害和病虫害等严峻挑战，广东农垦以习近平新时代中国特色社会主义思想为指导，深入贯彻落实习近平总书记出席深圳特区建立40周年庆祝大会和视察广东重要讲话、重要指示精神，全面贯彻落实党的十九届五中全会精神以及中央和广东省委、省政府的决策部署，疫情防控和生产经营两手抓、两手硬，垦区各级企业努力克服疫情的影响，确保正常经营，年初部署的各项工作圆满完成，取得了不平凡的业绩，做到防控不松懈、疫情不反弹、发展不停步。

一、综合

2020年，广东农垦实现生产总值180.39亿元，比上年减少6.03%，其中，第一产业增加值63.09亿元，下降0.67%；第二产业增加值61.52亿元，下降15.53%；第三产业增加值55.78亿元，增长0.31%；三次产业结构由上年的33.09：37.94：28.97变为34.97：34.11：30.92。人均农垦生产总值达46 171元，下降6.30%。国有在岗职工年均纯收入66 319元，增长2.39%，垦区居民人均可支配收入27 603元，增长0.82%。全年国有企业营业收入215.11亿元，利润2.89亿元，资产总额408.49亿元，净资产165.88亿元。

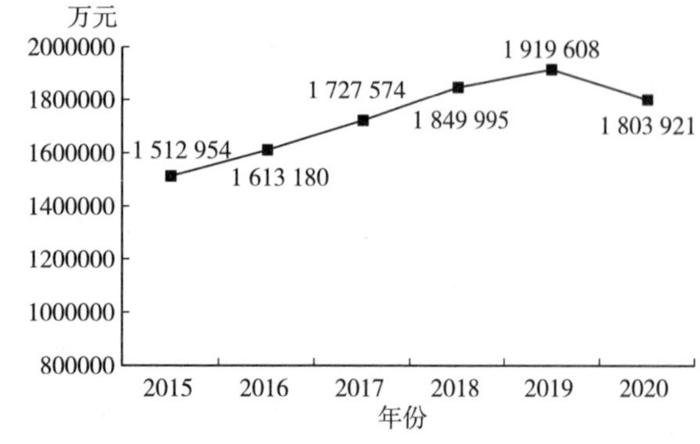

图1　2015—2020年广东农垦生产总值

2020年，广东农垦克服新冠肺炎疫情、高温干旱和病虫害等重大灾害，落实各项生产措施，做好稳产保供工作，圆满完成各项生产任务；积极承担社会责任，全年共为各类工商业租户减免物业租金2 304万元，彰显国企责任担当；积极履行保障城市优质安全食品供应使命，15家企业获得广东省农业农村厅“民生保供企业”资质认定，全力保障粮、油、菜、肉、奶、糖等农产品市场供应平稳，确保“菜篮子”供应，发挥了农业“国家队”的主体作用；垦区广大干部职工众志成城、共克时艰，垦区企业攻坚克难、逆势而上，紧盯发展目标不动摇，主要经营指标持续向好，营业收入、利润总额超额完成年初定下的任务，垦区经营保持平稳运行。

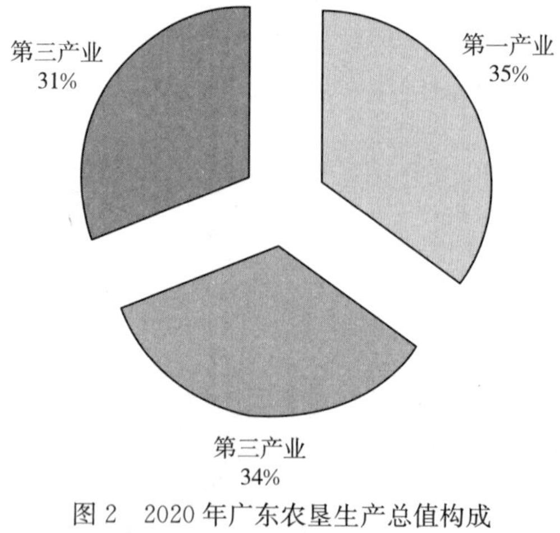

图2　2020年广东农垦生产总值构成

在肯定成绩的同时，也要清醒地看到，垦区仍然存在诸多不足和薄弱点，如农场产业发展质量普遍不高，土地经营收益不高，部分农场长期亏损扭亏压力大，食用油板块项目及赣亮医药等项目持续亏损，产业龙头带动作用不强，科技创新能力弱，垦区人力资源结构与现代企业集团发展不匹配等，与打造具有国际竞争力的现代农业企业集团、建成现代农业示范区的目标还有很大差距，需要树立危机与忧患意识，增强工作责任感和紧迫感，在后续工作中加以重视和突破。

二、农业

2020 年，广东农垦实现第一产业增加值 63.09 亿元，下降 0.67%。农林牧渔业总产值（按现行价计算）112.73 亿元，下降 1.03%，农林牧渔业商品产值为 100.87 亿元，农业商品率为 89.32%。

2020 年，农作物总播种面积 4 万公顷，下降 5.44%，其中，粮食播种面积 0.78 万公顷，增长 6.03%；糖蔗种植面积 2.40 万公顷，下降 9.27%；油料播种面积 1 840 公顷，下降 13.69%；蔬菜播种面积 0.73 万公顷，增长 0.78%。

垦区国内外橡胶年末实有面积 7.26 万公顷，其中，国内基地橡胶年末实有面积 4.77 万公顷，下降 0.29%；水果年末实有面积 3.52 万公顷，增长 4.59%；剑麻 3 438 公顷，下降 6.79%；茶叶 694 公顷，增长 6.13%。

全年生猪饲养量 108.41 万头，下降 13.15%，其中，年末存栏 55.87 万头；牛年末存栏 4.42 万头，其中，奶牛 3.42 万头；全年水产养殖面积 3 702公顷。

全年粮食产量 7.75 万吨，增长 45.14%；糖蔗产量 175.27 万吨，下降 19.15%；油料产量 0.51 万吨，下降 15.40%；蔬菜产量 18.10 万吨，增长 13.26%；干胶产量 79.72 万吨（包含海外、海南和云南），增长 5.04%；水果产量 88.02 万吨，减少 6.26%；剑麻直纤维产量 4 078 吨，增长 23.14%；茶叶产量 532 吨，下降 35.10%。

全年肉类总产量 7.63 万吨，下降 21.61%，其中，猪肉产量 4.55 万吨，下降 31.53%；禽肉产量 2.88 万吨，下降 0.42%，禽蛋产量 3 862 吨，增长 13.09%。全年水产品产量 4.28 万吨，增长 1.36%，其中，海水养殖 1.14 万吨，淡水养殖 3.13 万吨。鲜牛奶产量 7.01 万吨，增长 9.36%。

全年农业固定资产投入 9.70 亿元，增长 5.79%。年末农业机械总动力为 47.64 万千瓦，增长 2.57%。全年农用化肥施用量（折纯）6.11 万吨，增长 6.53%；农用塑料薄膜用量 810 吨，增长 5.61%；农药施用量 4 302 吨，增加 12.18%；有效灌溉面积达 2.76 万公顷，增长 14.28%。

三、工业和建筑业

2020 年，实现工业增加值 53.16 亿元，下降 17.33%，占生产总值的 29.47%。

2020 年，垦区各类工业企业 602 家，其中，规模以上工业企业 59 家，垦区各类工业企业全年实现工业总产值（按现行价计算，下同）220.03 亿元，下降 11.69%；规模以上工业总产值 191.88 亿元，占工业总产值的 87.21%。工业产品销售率为 97.81%，全年实现工业利润 24.79 亿元，应交税金 45 266 万元。

2020 年垦区二十三大类工业产品中，产值排前十位的行业是：化学原料和化学制品制造业产值 79.66 亿元，占 36.20%；其他制造业产值 47.86 亿元，占 21.75%；农副食品加工业产值 24.81 亿元，占 11.28%；食品制造业 19.15 亿元，占 8.70%；橡胶和塑料制品业 10.91 亿元，占 4.96%；金属制品业 9.95 亿元，占 4.52%；家具制造业产值 6.01 亿元，占 2.73%；木材加工和木、竹、藤、棕、草制品业 3.19 亿元，占 1.45%；纺织服装、服饰业 3.13 亿元，占 1.42%；纺织业 2.36 亿元，占 1.07%。这十大产业总产值 207.02 亿元，占工业总产值的 94.09%。垦区工业主要产品产量及其增减情况见表 1。

表 1　2020 年垦区工业主要产品产量及其增减情况

产品名称	计量单位	产量	比上年增长（%）
机制糖	吨	277 100	−28.49
罐头	吨	1 532	−17.82
酒精	吨	2 627	8.55
乳制品	吨	191 387	16.88
食用油	吨	34 190	0.63
有机复混肥	吨	42 126	10.28
饲料	吨	53 416	−29.46
水泥	吨	112 547	−13.99
家具	万件	225	−17.04
发电量	万千瓦·时	38 145	77.30

2020 年，全年完成建筑业产值 21.51 亿元，下降 4.54%，房屋施工面积 53.34 万米^2，房屋竣工面积 47.27 万米^2。建筑业增加值达 8.36 亿元，下降 2.11%。

四、固定资产投资

2020 年，全年全社会固定资产投资总额 33.62 亿元，增长 6.75%，其中，国有固定资产投资完成 18.61 亿元，增长 26.77%，非国有投资完成

15.01亿元，下降10.73%（图3）。

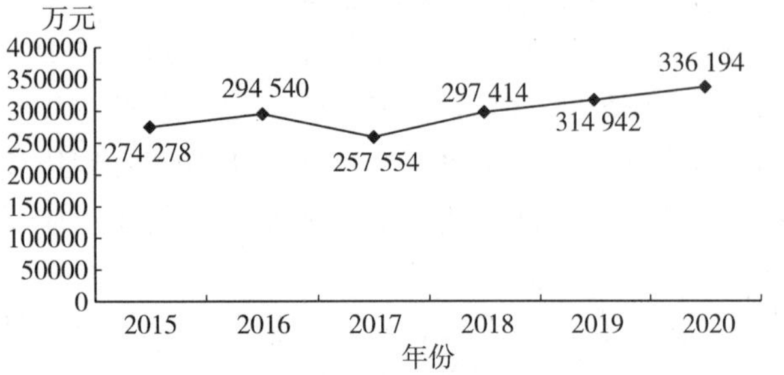

图3　2015—2020年广东农垦固定资产投资

分三次产业看，第一产业投资9.70亿元，增长5.79%；第二产业投资11.73亿元，增长56.20%；第三产业投资12.19亿元，下降17.73%。

五、交通运输业、批零贸易业、餐饮业、服务业及出口商品

2020年，共有主要运输工具3 005台，全年货运量592.66万吨；客运量824.92万人，营业总收入75 239万元。

2020年年末，批零贸易业、餐饮业、其他服务业营业单位总数达5 891个，营业网点5 793个，从业人员29 034人，年末固定资产原值43.15亿元，营业用房156.71万米^2，销售和营业总额177.62亿元。

2020年，出口商品总金额达49.34亿元，下降25.96%（图4）。其中，工业品出口44.51亿元，占出口总额的90.21%。

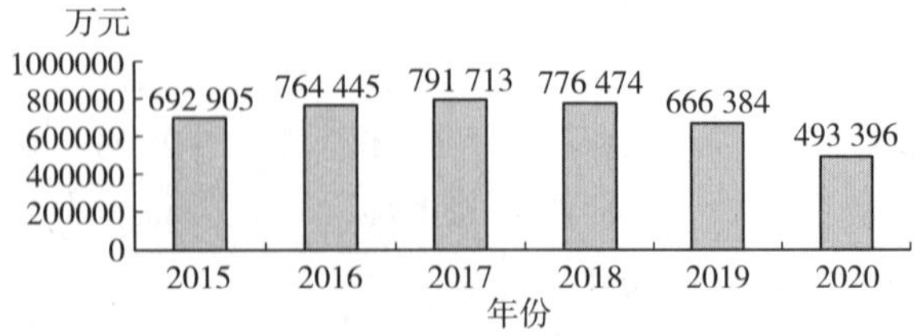

图4　2015—2020年广东农垦出口商品总额

六、科技生产、土地

2020年，广东垦区共有科研单位7家，科技人员429人，垦区科研经费合计8 968万元，垦区主要农作物耕种收综合机械化水平和良种覆盖率分别达74.9%和100%。

科技创新与成果。2020年，广东农垦被国务院认定为第三批大众创业万众创新示范基地；广垦橡胶特种胶试验车间完成设备安装、调试，开始进行小规模试产；军事科学院军需装备研究室采用垦区无氨浓乳生产的军用后勤装备样品正在进行寒区试验；燕塘乳业推出华南首款采用75℃工艺生产的乳品——新广州鲜奶，获得第二十二届中国国际高新技术成果交易会优势产品奖，并推出岭南真果乐、顶盖酸奶等多款特色新品；广垦畜牧集团从法国成功引进1 390头曾祖代纯种猪，推进垦区生猪良种繁育体系的构建。全年垦区共获国家级科技类奖项4个，省、市级科技类奖项9个，专利49项，授权软件著作7项，制定团体标准1个、企业标准6个，发表论文39篇。其中，由垦区单位独立完成的“高产高糖高效益甘蔗系列新品种引进示范与推广应用”和“油茶优良品种高效繁育及丰产栽培技术推广”分别获得省级农业技术推广奖二等奖和三等奖。

科技推广与服务。组建了广东省农村科技特派员广垦团队，统筹垦区主要科技骨干，在垦区地方、国内及国外开展技术服务。垦区全年繁育剑麻、油茶、菠萝等健康种苗404万株，新增发展特色农业20 296亩（国营）。通过割胶制度改革，全年共推广超低频割制（六天一刀以上割制）489.6万株，推广率62.48%，全垦区胶工人均干胶产量5.41吨，较上年增长6.29%。通过推广甘蔗生产全程机械化，完成2 020/2 021榨季机收3.8万亩，占总面积的10.9%；完成榨季机种7.52万亩，占新植原料蔗的58%，同比增长5%。完成无人机防治4万亩，同比持平。通过加强垦区农产品的品牌建设和质量安全监管，强化基地标准化建设，大力推广农产品质量追溯，开展垦区农产品质量安全快速检测约6 300样次。

科技体系建设与合作交流。进一步整合垦区科研机构，提高广东农垦热带农业研究院等单位的科研能力与科技服务水平。广东农垦热带农业研究院等单位组建广垦（阳江）科技创新中心、广东农垦蔗糖产业技术创新中心，成功申报了科学技术部、农业农村部、中国科学技术协会、广东省科学技术厅等多个单位的重点研发专项。广东农垦进一步加强科技合作交流，与广州国家现代农业产业科技创新中心共建“国家农业科创中心广东农垦分中心”，并积极与中国热带农业科学院、海南大学、华南农业大学、岭南师范学院、广东省农业科学院、华南理工大学、暨南大学等近20家科研院校开展技术交流与合作，合作项目获中国乳制品工业协会技术

进步一等奖 1 项、广东省级农业技术推广奖二等奖 1 项、三等奖 2 项。

2020 年，垦区年末土地总面积 222 999.51 公顷，其中，耕地 46 460.26 公顷，林地 34 212.23 公顷，园地 84 238.56 公顷，水面面积 6 141.9 公顷，居民点及工矿用地面积 10 919.02 公顷。广东农垦国有农场、国有土地使用权应确权发证面积为 21.2 万公顷（318.11 万亩），截至 2020 年年底，已完成国有土地确权登记发证面积 20.804 万公顷（312.06 万亩），发证率为 98.1%，已全面完成权属清晰、无争议农垦国有土地使用权的登记发证任务。广东省农垦集团公司印发《广东农垦国资电子交易平台使用及管理办法》，全面推广广东农垦国资电子交易平台，在土地和物业对外发包竞价的基础上，将非依法须招标的小额工程类项目和目录内、限额上的物资采购纳入平台采购，土地物业租赁合同全面实现网签，利用信息化手段强化落实风险防控，提高经营收益。集合了 OA（全称 Office Automation，办公自动化）、电子交易、合同网签、土地巡查、财务金蝶等多个系统的垦区国土资源管理平台系统开发进入测试阶段。

2020 年，垦区国土空间专项规划进入实质性编写阶段，该规划将被纳入广东省国土空间规划体系，全面衔接同级国土空间规划，批复后被纳入国土空间规划“一张图”实施监督信息系统。根据《广东省人民政府关于实施广东省全面推进拆旧复垦促进美丽乡村建设工作方案（试行）的补充通知》，广东农垦国有农场被纳入广东省全面推进拆旧复垦，促进美丽乡村建设工作实施范围。2020 年 12 月，广东省人民政府同意，广东农垦国有农场拆旧复垦项目实施主体为各地级市农垦局和国有农场。截至 2020 年年底，经广东省农垦总局批复同意、第三方专业机构复核，再报各地自然资源管理部门审核或初审立项认可，垦区符合拆旧复垦条件的土地面积 21 065 亩。

七、教育和卫生

教育事业。2020 年，广东垦区有普通高等学校 1 所，在校学生 23 491 人，当年新招生人数 8 797人，当年毕业生 6 394 人；中专 1 所，在校学生 4 979 人，当年毕业生 1 003 人；技工学校 2 所，在校学生 1 240 人，当年毕业生 244 人。

垦区职业教育稳步发展。2020 年，克服新冠肺炎疫情不利因素的影响，加快推进广东农工商职业技术学院 5.83 万米^2 的产学研大楼建设；响应《国家职业教育改革实施方案》《职业教育提质培优行动计划（2020—2023 年）》和《广东省职业教育“扩容、提质、强服务”三年行动计划（2019—2021 年）》，加快创新强校工程和一流院校建设。广东农工商职业技术学院 2020 年在中国管理科学研究院发布的全国高等职业学校综合实力排行榜中排名第 44 位（上年度为 66 位）、广东省第 7 名。广东省农垦集团公司被纳入广东省第一批“建设培育产教融合型企业名单”。

农民教育培训持续发力，全年举办覆盖全垦区和重点产业集团的农民培训班 17 期，培训各类人员 750 人。来自广垦粮油公司的学员韦健被推荐表彰为“全国百优扶贫先锋”。2020 年 8 月，在农业农村部组织的财政项目绩效评估现场抽查中，垦区农民培训工作获高度肯定，被推荐至“全国农民培训项目绩效考核培训班”进行经验交流。

医疗卫生事业。2020 年，垦区医疗产业通过集团化管理、专业化运营、差异化发展和优质化服务，努力化解新冠肺炎疫情带来的不利因素影响，全垦区医疗卫生机构预计完成总收入 18.19 亿元，和上年基本持平。一年来，垦区医疗基础设施建设步伐加快，广东省农垦中心医院 7.4 万米^2 的门诊综合楼项目正式动工，湛江农垦第二医院 9 000 多米^2 的内科住院大楼、湛江农垦第三医院（东升农场医院）8 000 米^2 的精神科大楼分别建成启用，黎明农场医院、铜锣湖农场医院相继恢复公立运营；加大力度建设特色专科。友好农场养老院高分通过国家三星级养老院的评审，被国家卫生健康委员会纳入首批“老龄健康医养结合远程协同服务试点机构”名单（全国 174 家、广东省 10 家），吴丽院长被授予“全国敬老爱老助老模范人物”称号。广前医院、丰收医院、五一医院、金星医院、建设医院纷纷加大力度拓展医养结合产业，全垦区康养床位突破 600 张。湛江农垦第二医院、湛江农垦第三医院、茂名农垦医院和湖光医院、南华医院发挥优势拓展精神科业务，实现经济效益和社会效益双丰收。2020 年，在全省 140 多个县（区）级单位精神卫生机构检查评比中，湛江农垦综合排名第 12 位，受到社会各界高度肯定；康养产业的发展思路进一步清晰。广东农垦总局成立医疗产业改革发展调研组，对组建广垦医疗集团开展深入调查研究，形成了“垦区医疗健康产业状况分析”“广垦医疗健康集团组建工作方案”“广东农垦‘十四五’健康产业发展规划”。垦区医疗健康产业的发展目标、发展思路进一步明晰，发展共识进一步凝聚。

截至2020年年末，垦区有医疗单位46个，其中，综合性三级甲等医院1家，综合性二级甲等医院3家，疾病预防控制中心（含卫生防疫站）2家。实际开放病床数7 074张，卫生技术人员3 748人，其中，医生1 252人。

农垦疫情防控与保供稳产。2020年，垦区各级迅速行动，成立疫情防控工作领导小组，建立防控工作机制，层层压实责任；各级领导靠前指挥、以上率下，广大党员职工迎难而上、众志成城，谱写了抗击疫情的广东农垦壮丽诗篇。垦区共投入超过1 332.8万元，实行群防群治，垦区6名医护人员驰援湖北抗疫一线，成为“最美逆行者”。广东省农垦中心医院被纳入属地新冠病毒感染的肺炎定点收治医院，广东省农垦中心医院、湛江农垦第二医院、茂名农垦医院被分别纳入属地发热门诊收治医院；广东农垦下属燕岭大厦、燕岭湛江新园酒店、湛江燕岭翠园酒店3家酒店被纳入属地健康集中观测定点酒店。做好农垦境外企业疫情防控工作，组织垦区医院与境外企业挂钩，提供远程在线医疗保障和健康咨询服务。在垦区各级的共同努力下，仅发生2起外地返垦人员输入型确诊病例，实现垦区内零传播、零感染，境外企业近万名员工零感染。落实“惠企惠民”政策，垦区各级为租户减免租金2 304万元。广东省农垦集团公司被确定为广东省疫情联防联控指挥部保供稳价组成员单位，旗下的广东广垦绿色农产品有限公司、广东省广垦粮油有限公司、广东广垦糖业集团有限公司、广东广垦畜牧集团股份有限公司、广东燕塘乳业股份有限公司等17家企业获得广东省农业农村厅颁发的“民生保供企业”资质。

八、扶贫攻坚

2020年，垦区在10个扶贫农场实施财政扶贫资金项目26个，投入财政资金3 822万元。贫困农场扶贫开发贯彻产业扶贫优先的原则，着重提高农场的自我造血能力。其中，投入产业扶贫项目资金3 284.60万元，占比85.9%，安排了19个产业发展项目。共计抚管橡胶5 060亩，种植茶叶250亩，抚管茶园320亩，抚管油茶8 626亩，种植火龙果220亩，种植红江橙725亩，抚管红江橙460亩，种植剑麻200亩，新建蔬菜基地200亩，建设对虾养殖改造池352亩，二次育苗大棚10 800米^2，油茶果采后初加工线厂房1 836米^2，涵盖垦区主导产业和优势特色产业。另外，投入537.40万元，实施一批基建项目，建成道路6.14千米，仓库600米^2，职工饮水工程1项，有效改善农场职工饮水用水、生产、储运等生产生活条件。全面落实湛江雷州市水标村的对口帮扶工作，2020年，广东省农垦集团公司投入180万元用于水标村基础设施改造和产业发展项目，水标村已脱贫109户398人，人均可支配收入达16 043元，同比增长14%，全村人均可支配收入达14 649元，同比增长22%，两个收入均是2015年的3倍，有效巩固提升脱贫攻坚成果。2020年9月，广东省委常委叶贞琴对水标村农房管控和乡村风貌提升工作表示肯定。

九、人口、职工与垦区居民收入

2020年，全垦区年末总人口39.10万人。

国有单位从业人员年末总数5.71万人，其中，国有在岗职工为3.32万人。全年国有在岗职工纯收入合计22.34亿元，国有在岗职工年均纯收入66 319元，增长2.39%。

2020年年末，从业人员123 525人，其中，从事第一产业56 263人，占从业人员总数的45.55%；从事第二产业31 775人，占从业人员总数的25.72%；从事第三产业35 487人，占从业人员总数的28.73%。从业人员年平均纯收入46 059元，增长0.98%。2020年垦区居民人均纯收入27 603元，增长0.82%。

十、农综、农业产业化重点龙头企业和境外企业基本情况

2020年，总共投入财政资金5 088万元用于高标准农田建设项目，共建设高标准农田7万亩。其中，2 704万元用于金星农场建设高标准农田30 000亩，1 128万元用于湛江农垦现代农业公司建设高标准农田18 000亩，462万元用于红星农场建设高标准农田10 000亩；382万元用于幸福农场建设高标准农田6 000亩，412万元用于丰收糖业发展有限公司建设高标准农田6 000亩。2020年完成农业龙头企业的申报和监测工作，新增广垦华丰

糖业有限公司为省级农业龙头企业，至2020年年末，垦区共有17家省级以上龙头企业，其中3家为国家级重点龙头企业。2020年年末，垦区境外企业达19家，境外企业全年总收入77.62亿元，利润总额1.40亿元。

十一、财务状况

资产负债情况：由于畜牧、粮油等产业迅速发展，垦区国有资产规模进一步扩大。2020年年末，垦区资产总额为408.49亿元，比年初增加2.98亿元，负债总额242.61亿元，比年初增加5亿元，资产负债率为59.39%，处于财务安全值的有效范围内。

所有者权益增减变动情况：2020年年末，所有者权益共165.88亿元（其中，归属于母公司的所有者权益为145.04亿元），比年初减少2.02亿元，减少的主要原因是少数股东权益变动，减少1.29亿元。

资产运营效率及债务风险情况：广东垦区2020年资产负债率为59.39%，处于较低的水平，有效地控制了企业的债务风险；流动比率98.28%，比上年减少了2.18个百分点；资产现金回收率6.37%，同比上年增加2.42个百分点，经营活动现金流量净流入25.94亿元；净资产利润率和总资产报酬率分别为0.88%和1.31%，企业资产的运营效率较好。

国有营业总收入、利润情况：2020年，垦区实现营业收入215.11亿元，比上年减少20.03亿元，减幅8.52%；实现利润总额2.89亿元，比上年减少8 089万元，减幅21.87%（图5）。

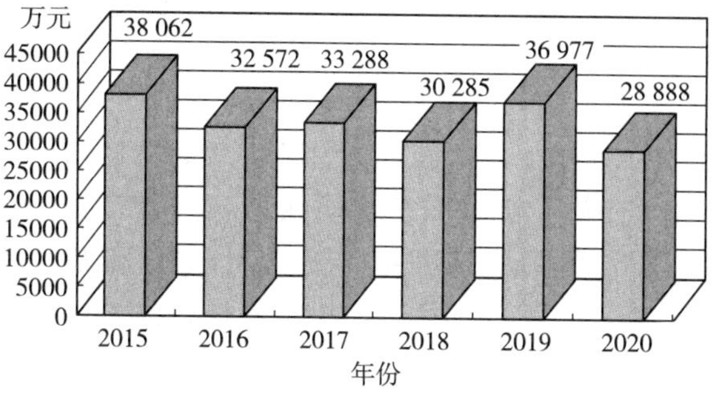

图5　2015—2020年广东农垦国有营业利润总额

税金缴纳情况：垦区2020年共实现各项税费6.22亿元。

十二、非国有经济

2020年，垦区实现非国有经济生产总值86.54亿元，下降8.15%，占垦区经济总量的47.97%。其中，第一产业增加值18.96亿元，第二产业增加值40.23亿元，第三产业增加值27.35亿元，各产业占非国有经济总量的比重分别为21.91%、46.48%、31.61%。

广西农垦2020年经济发展统计公报

广西农垦集团有限责任公司

2020年，在广西壮族自治区党委、政府的正确领导下，广西农垦集团克服新冠肺炎疫情的不利影响，紧紧围绕搬掉“三座大山”、聚焦“三个一批”重点工作发力，扎实推进打造“特色产业、乡村振兴、一、二、三产业融合发展”三大龙头企业的各项工作，集团经济运行总体平稳，稳中有进，保持了逆势增长的势头，全年集团实现营业收入167.3亿元，同比增长27.0%，实现利润6.2亿元，同比增长1.09倍。但由于农垦产业园区移交地方政府后不再被纳入垦区综合统计的调查范围，致使2020年垦区（全社会口径，下同）的各项统计指标数据同比有较大幅度的下降[1]。

一、综合

全年垦区实现地区生产总值[2]182.5亿元，按可比价[3]计算，同比下降40.7%（表1、图1）。其中，第一产业增加值50.2亿元，增长7.0%；第二产业增加值78.9亿元，下降58.3%；第三产业增加值53.4亿元，下降20.5%。第一、二、三产业增加值占地区生产总值的比重分别为27.5%、43.2%、29.3%（图2）。

表1 2020年广西农垦主要经济指标与2005年对比

指标名称	计量单位	2005年	2020年	2005—2020年平均递增（%）
地区生产总值	亿元	43.5	182.5	7.3
农业总产值	亿元	18.9	80.3	10.1
工业总产值	亿元	49.9	193.3	9.4
工业增加值	亿元	21.1	65.3	6.3
全社会固定资产投资	亿元	11.7	86.0	14.2
在岗职工人均纯收入	元/人·年	11 854	67 867	12.3
居民人均纯收入	元/人·年	6 799	26 422	9.6

图1 2013—2020年广西农垦地区生产总值及其增长速度

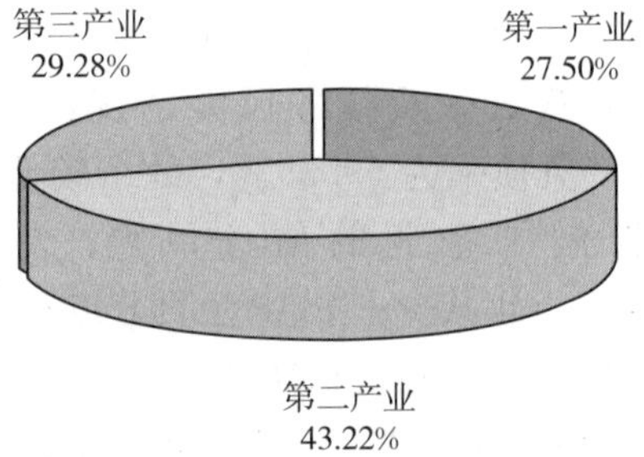

图2 2020年广西农垦地区生产总值构成

二、农业

全年垦区农林牧渔业总产值80.3亿元，同比增长16.3%（图3）。其中，种植业产值35.1亿元，下降4.1%；林业产值1.6亿元，下降20.8%；牧业产值40.5亿元，增长44.4%；渔业产值2.1亿元，下降11.5%。当年牧业产值对农林牧渔业总产值增长的贡献率为110.8%，拉动农林牧渔业总产值增长18.1个百分点。

图3 2013—2020年广西农垦农业总产值及其增长速度

2020 年，垦区甘蔗种植面积 21 725 公顷，同比增加 987 公顷；蔬菜种植面积 2 784 公顷，增加 117 公顷；剑麻种植面积 2 801 公顷，增加 24 公顷；茶叶种植面积 612 公顷，减少 10 公顷；水果种植面积 11 802 公顷，增加 689 公顷，其中，柑橙面积 5 429 公顷，增加 211 公顷（表 2）。2020 年，垦区生猪饲养量 175.0 万头，同比增加 3.1 万头，其中，年末生猪存栏 72.9 万头，增加 21.6 万头；出栏肉猪 67.8 万头，减少 19.7 万头（表 3）。

表 2　2020 年广西农垦主要农作物种植面积情况

指标名称	年末种植面积（公顷）	同比增长（%）
甘蔗	21 725	4.8
剑麻	2 801	0.8
茶叶	612	−1.6
水果	11 802	6.2
其中：柑橙	5 604	5.8
蔬菜	2 784	4.4

表 3　2020 年广西农垦主要农产品产量情况

指标名称	计量单位	产量	同比增长（%）
甘蔗	万吨	220.2	−0.2
剑麻纤维	万吨	1.1	21.4
干毛茶	吨	544	−26.1
水果	万吨	35.0	5.1
蔬菜	万吨	14.6	−7.0
肉类总产量	万吨	7.8	7.7
生猪出栏头数	万头	67.8	−22.5
水产品	万吨	1.3	−16.5

全年垦区甘蔗产量 220.2 万吨，同比下降 0.2%；蔬菜产量 14.6 万吨，下降 7.0%；剑麻纤维产量 1.1 万吨，增长 21.4%；干毛茶产量 544 吨，下降 26.1%；水果产量 35.0 万吨，增长 5.1%。全年垦区肉类总产量 7.8 万吨，同比增长 7.7%；全年生猪出栏 67.8 万头，下降 22.5%；水产品产量 1.3 万吨，下降 16.5%。

桂垦牧业公司全年生猪饲养量 123.0 万头，同比增加 20.1 万头，增长 19.5%。其中，生猪年末存栏 54.8 万头，增加 18.5 万头，增长 51.0%；肉猪出栏 48.6 万头，减少 7.4 万头、下降 13.3%；出售仔猪 6.6 万头，增长 48.5%；出售种猪 13.0 万头，增长 112.2%。全年实现利润总额 10.9 亿元，增长 3.6 倍。

农业现代化建设取得新成果。2020 年，集团年末高标准农田面积达 15 384 公顷，占全部耕地面积的 44.3%，同比增长 12.5%；年末农田节水灌溉面积 10 251 公顷，其中，喷灌面积 6 395 公顷，占 62.4%，滴灌面积 2 989 公顷，占 29.2%；年末农田节水灌溉面积占全部耕地面积的 29.6%；年末垦区建设有自治区级现代化农业园区 20 个，占地面积 8 722 公顷。

三、工业

全年垦区工业总产值 193.3 亿元，同比下降 64.3%；垦区工业增加值 65.3 亿元，按可比价计算，同比下降 60.9%（图 4、图 5）。分经济类型看，国有及国有控股工业企业增加值增长 26.4%，民营工业企业增加值下降 72.8%。将新兴、西江等 5 个移交地方政府管理的产业园区中的外来入园工业企业剔出垦区工业统计的调查范围，致使垦区工业经济指标数据大幅度减少。

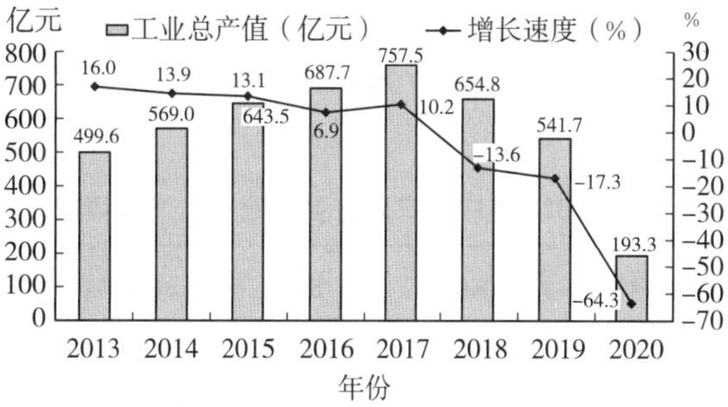

图 4　2013—2020 年广西农垦工业总产值及其增长速度

图 5　2013—2020 年广西农垦工业增加值及其增长速度

2020 年，垦区规模以上工业企业年末个数为 180 个，同比减少 145 个。全年垦区规模以上工业[4]总产值 177.6 亿元，同比下降 65.1%；规模以上工业增加值 59.9 亿元，按可比价计算，同比下降 62.3%；规模以上工业利润总额 3.4 亿元，同比下降 84.2%；规模以上工业税金总额 4.3 亿元，同比下降 61.6%；规模以上工业企业产销率为 95.6%（图 6）。

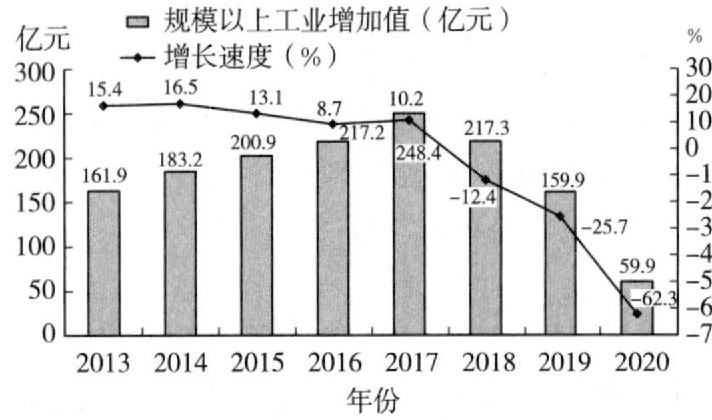

图 6　2013—2020 年广西农垦规模以上工业增加值及其增长速度

从垦区的工业产品产量看，2020 年，机制糖产量 115.2 万吨，同比增长 3.0%；剑麻制品产量 1.9 万吨，下降 26.8%；成品茶产量 676 吨，下降 57.8%；淀粉产量 18.8 万吨，下降 10.7%；软饮料产量 11.8 万吨，下降 9.6%；乳制品产量 3 472 吨，下降 0.3%；人造板产量 173.3 万米³，下降 12.4%；水泥产量 9.5 万吨，与上年持平；砖产量 6.3 亿块，下降 20.8%（表 4）。

表 4　2020 年广西农垦主要工业产品产量情况

指标名称	计量单位	产量	同比增长（%）
机制糖	万吨	115.2	3.0
剑麻制品	万吨	1.9	−26.8
成品茶	吨	676	−57.8
淀粉	万吨	18.8	−10.7
软饮料	万吨	11.8	−9.6
乳制品	吨	3 472	−0.3
人造板	万米³	173.3	−12.4
水泥	万吨	9.5	0.0
砖	亿块	6.3	−20.8

2020 年，垦区工业企业归属于 31 个行业大类，其中，工业产值前 5 位的行业分别是：农副食品加工业（78.8 亿元）、木材加工和木、竹、藤、棕、草制品业（50.2 亿元）、非金属矿物制品业（11.2 亿元）、造纸和纸制品业（8.1 亿元）、电力、热力生产和供应业（5.6 亿元）。农副食品加工业产值、木材加工和木、竹、藤、棕、草制品业的产值分别占垦区工业总产值的 40.8%、26.0%。

2020 年，从集团国有工业主要板块来看，糖业板块，广西糖业集团营业收入 69.8 亿元，同比增加 12.8 亿元，增长 22.4%；利润 2 052 万元，同比扭亏为盈（2019 年亏损 4.5 亿元）。淀粉板块，明阳生化集团营业收入 19.7 亿元，同比减少 2.3 亿元，下降 10.3%；实现利润−2.3 亿元，同比减亏 3 664 万元，下降 13.6%。剑麻板块，剑麻集团营业收入 4.5 亿元，同比增加 0.7 亿元，增长 18.0%；实现利润 3 390 万元，同比减少 3 233 万元，下降 48.8%。茶业板块，茶业集团营业收入 2.7 亿元，同比增加 0.8 亿元，增长 42.5%；实现利润 58 万元，同比减少 457 万元，下降 88.8%（表 5）。

四、固定资产投资

垦区全年完成固定资产投资额合计 86.0 亿元，同比下降 6.4%（图 7）。其中，第一产业完成投资 6.6 亿元，下降 16.8%；第二产业完成投资 18.2 亿元，下降 56.9%；第三产业完成投资 61.1 亿元，增长 47.0%。在全年完成的固定资产投资额中，国有投资 49.6 亿元，增长 74.4%；民间投资 36.4 亿元，下降 42.6%。

表 5　2020 年广西农垦集团国有工业经济指标完成情况

板块名称	营业收入		利润总额		资产总额		负债总额	
	绝对值（万元）	同比增长（%）	绝对值（万元）	同比增长（%）	绝对值（万元）	同比增长（%）	绝对值（万元）	同比增长（%）
糖业板块	698 451	22.4	2 052	上年亏 4.5 亿	857 521	−0.4	720 489	−1.5
淀粉板块	197 477	−10.3	−23 372	−13.6	602 989	−10.3	643 282	−6.8
剑麻板块	44 766	18.0	3 390	−48.8	80 436	6.1	55 812	−7.3
茶业板块	26 851	42.5	58	−88.8	42 672	22.2	33 377	10.5

全年完成的固定资产投资额分单位看，悦桂文旅公司完成 27.9 亿元，九曲湾农场公司完成 18.4 亿元，剑麻集团完成 9.3 亿元，良丰农场公司完成 6.7 亿元，桂垦牧业公司完成 5.1 亿元，其他二级公司合计完成 18.6 亿元。

五、对外开放

2020 年年末，垦区实有境外投资企业 3 家，分别是：中国·印尼经贸合作区有限公司、俄罗斯十万大山物流加工中心、广西明阳（越南）有限责任公司。上述3家公司2020年合计营业收入1.5亿元，亏损862万元。其中，中国·印尼经贸合作区有限公司营业收入3 096万元，盈利1 538万元；俄罗斯十万大山物流加工中心营业收入101万元，亏损94万元；广西明阳（越南）有限责任公司营业收入1.2亿元，亏损2 306万元。至2020年年末，中国·印尼经贸合作区共引进中国、日本、法国、新西兰、芬兰、印度尼西亚等国家和地区的62家企业入园，其中36家企业已建成投产，涉及农产品加工、食品加工、机械制造、变压器、汽车装备、仓储物流等产业。广西明阳（越南）有限责任公司2020年全年生产木薯变性淀粉2.6万吨。

图7　2013—2020年广西农垦全社会固定资产投资及其增长速度

2020年，垦区共有7家企业有产品出口，全年出口总额3.8亿元，同比下降60.9%，在出口总额中，农业产品出口总额2.7亿元，增长1.9倍，工业品出口总额1.2亿元，同比下降86.9%。2020年，桂垦牧业公司出口生猪5.7万头，出口额2.7亿元；明阳生化集团出口淀粉9 192吨，出口额4 103万元；剑麻集团出口剑麻制品260吨，出口额477万元。

六、人口、就业和民生

2020年年末，垦区总人口30.5万人，同比下降11.1%；社会从业人员11.7万人，下降27.0%，其中，外来就业9.6万人，下降30.1%；农垦在册职工2.1万人，下降9.2%；离退休职工在2018年年底前全面完成移交工作，由社区实行属地管理（图8）。2020年，垦区居民人均纯收入26 422元，同比增加1 566元，增长6.3%；在岗职工人均纯收入66 405元，同比增加13 416元，增长22.0%。年末垦区居民人均住房面积为41.2米^2（图9）。

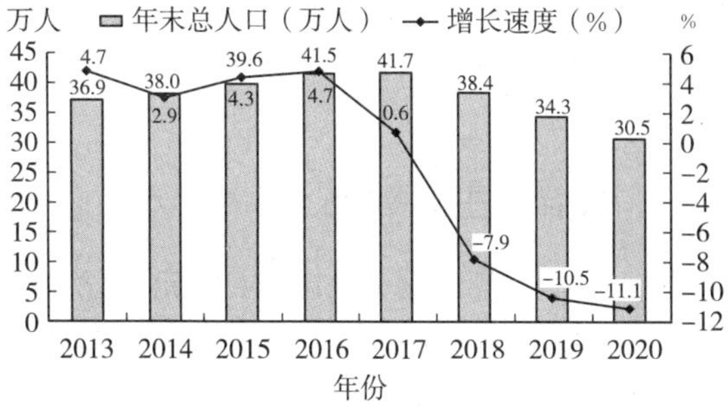

图8　2013—2020年广西农垦总人口及其增长速度

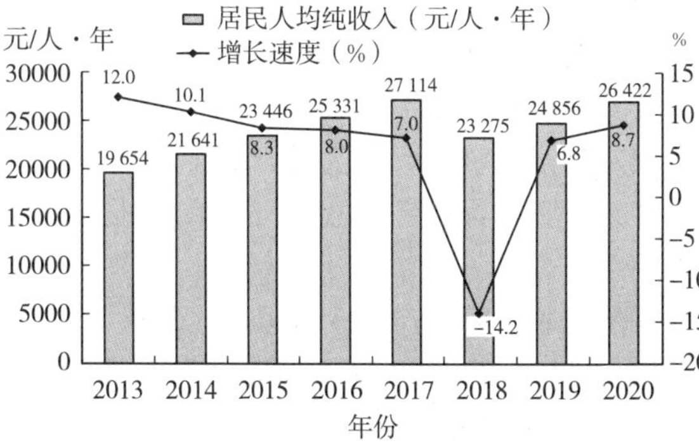

图9　2013—2020年广西农垦居民人均纯收入及其增长速度

注释：

[1] 2018年，将垦区企业办社会（包括"三供一业"）职能移交地方政府管理；2019年，将广西壮族自治区亚热带作物研究所、广西南亚热带农业科学研究所、金光农场"场带队"（坛蓬、草塘2个村委）移交地方政府管理；截至2020年年末，共有新兴、西江等5个产业园全面移交给地方政府管理。垦区统计调查的范围缩小，是垦区经济指标数据同比大幅度下降的主要原因。

[2] 地区生产总值（GDP）：指一个国家（地区）所有常住单位在一定时期内生产活动的最终成果。本公报按收入法计算，地区生产总值等于劳动者报酬、生产税净额、固定资产折旧和营业盈余之和。

[3] 本公报中，地区生产总值、各产业增加值绝对数按现价计算，增长速度按不变价格计算。

[4] 本公报中，规模以上工业的统计口径为"年主营业务收入2 000万元及以上的工业法人企业"。

海南农垦2020年经济发展统计公报

海南省农垦投资控股集团有限公司

2020年，是全面建成小康社会、“十三五”规划收官和“十四五”谋篇布局之年，更是海南自贸港建设关键之年。这一年，海垦集团在海南省委、省政府的正确领导和海南省国有资产监督管理委员会的直接指导下，努力克服新冠肺炎疫情、气候干旱、橡胶价格剧烈波动等不利因素影响，各项工作取得较好成绩。

一、综合及主要指标

农垦系统经营总收入410.24亿元，比上年增长4.8%（与上年对比，下同），其中，农垦集团公司的营业总收入243.61亿元，增长6.4%；农场国有经济收入10.46亿元，增长24%；农垦自营经济总收入161.64亿元，增长4.1%。

工农业总产值（当年价）191.68亿元，按可比价计算，增长6.6%。

固定资产投资69.52亿元，增长29.2%。

社会消费品零售总额120.01亿元，增长10.8%。

天然橡胶干胶总产125 459吨，下降11%。

农垦劳动者人均报酬23 527万元，下降100%；农垦人纯收入17 644万元，增长1.2%。

二、农林牧渔业

全年完成农林牧渔业总产值（现价）155.22亿元，按可比价计算，比上年增长9.4%。产值构成：农业102.36亿元，林业18.34亿元，畜牧业31.00亿元，渔业3.52亿元（表1）。

全年天然橡胶当年新定值和更新定值面积2.58万亩，下降37.1%；胡椒种植面积0.11万亩，下降51.4%；槟榔种植面积1万亩，下降51.9%；水果种植面积4.41万亩，增长91.3%。主要农业作物年末到达面积及增长见表2。

表1　主要农产品产量及增长

项　目	计量单位	产量	比上年增长（%）
粮食	万吨	9.02	−20.5
糖料	万吨	13.01	−26.1
蔬菜	万吨	22.52	8.4
水果	万吨	71.95	7.8
其中：荔枝	万吨	7.56	6.5
龙眼	万吨	2.48	0.9
芒果	万吨	32.14	8.5
香蕉	万吨	10.97	5.5
柑橘橙柚	万吨	2.22	23.1
橡胶干胶	万吨	12.55	−11.0
胡椒	万吨	1.19	−0.9
槟榔干果	万吨	4.09	−9.5
椰子	万个	1 163.87	0.6
干毛茶	吨	413.00	−3.5
肉类	万吨	6.96	−1.2
其中：猪牛羊	万吨	4.78	−4.5
禽肉	万吨	2.17	6.8
禽蛋	万吨	0.35	10.1
水产品总产值	万吨	3.53	−7.3

表2　主要农业作物年末到达面积及增长

项　目	面积（万亩）	比上年增长（%）
天然橡胶	334.54	−5.1
热带作物	57.66	8.7
其中：胡椒	9.40	−0.2
槟榔	37.49	8.0
椰子	5.86	48.7
茶叶	2.24	0.9
水果	67.46	7.9
其中：荔枝	10.64	−0.4

（续）

项　目	面积（万亩）	比上年增长（%）
芒果	30.07	0.8
香蕉	4.85	−2.8
林地含自然林	208.23	0.4
其中：人造林	111.24	4.9
水产品养殖	5.11	−3.7
农作物播种	45.61	−13.7
其中：粮食	24.17	−18.1
糖料	2.94	−27.4
瓜菜	15.10	−1.8

三、工业及建筑业

全年完成工业总产值（当年价）36.38 亿元，按可比价计算，比上年下降 4.2%。分轻、重工业看，轻工业产值 25.17 亿元，增长 6%；重工业产值 11.28 亿元，下降 21%。主要工业产品产量及增长见表 3。

表 3　主要工业产品产量及增长

项　目	计量单位	产量	比上年增长（%）
发电量	万千瓦・时	17 701.00	−1.7
水泥	万吨	72.60	−2.2
成品糖	万吨	0.45	−77.5
人造板	万米^3	1.35	−9.8
锯材	万米^3	5.91	−2.3
木制家具	万件	0.50	25.0
塑料制品	吨	250.00	持平
汽车大中修	辆	134.00	0.8

全年建筑业完成产值 50.68 亿元，按可比价计算，比上年下降 20.5%。全年房屋施工面积 80.69 万米^2，下降 43.7%；房屋竣工面积 50.09 万米^2，下降 31.6%，其中，住宅面积 24.24 万米^2，增长 2.6%。

四、社会消费品零售总额

全年社会消费品零售总额 176.08 亿元，增长 10.8%。其中，批发零售业 169.40 亿元，餐饮业 6.67 亿元，分别增长 56.4%和下降 3.5%。

五、交通运输业

全年完成运营收入 7.06 亿元，下降 7.9%；货物量 10 706 331.00 吨，下降 2.6%，客运量 5 238 223.00人，下降 7.6%。

六、固定资产投资

全年完成固定资产投资总额 69.52 亿元，增长 29.2%。投资构成为：第一产业投资 11.46 亿元，增长 74.9%；第二产业投资 4.29 亿元，增长 16.2%；第三产业投资 53.77 亿元，增长 23.4%。资金来源为：国家投资 2.46 亿元，下降 28.9%；国内贷款 6.13 亿元，增长 100%；利用外资 0.00 亿元，下降 100%；企事业单位自筹 15.11 亿元，增长 41.1%；其他资金 45.82 亿元，增长 15.6%

七、职工群众收入

全年劳动者报酬总额 92.27 亿元，增长 3.7%。其中，在岗职工工资 20.84 亿元，下降 1.3%；自营经济纯收入 71.43 亿元，增长 5.3%。劳动者人均报酬 74 543 元，下降 1.7%，其中，在岗职工平均工资 51 015 元，下降 1.3%；自营经济纯收入 23 528 元，下降 2.5%。农垦人均纯收入 17 644 元，下降 1.2%。

八、人口与职工

农垦户籍总人口 86.94 万人，增长 2.6%。农垦常住总人口 83.21 万人，下降 0.5%，其中，农场场部人口 25.36 万人。全部职工人数 4.68 万人，下降 2.8%，其中，在岗职工 4.09 万人，增长 0.2%。离退休及病退人员 23.86 万人，增长 0.8%。垦区人口出生率 0.93%，死亡率 0.3%，自然增长率 0.4%。

重庆农垦2020年经济发展统计公报

重庆市农业投资集团有限公司

2020年，重庆农业投资集团（简称重庆农投集团）全面贯彻习近平新时代中国特色社会主义思想，坚持稳中求进工作总基调。重庆垦区着力提升发展质量、构建现代农业经营体系，着力做实产业基础、做强农业优势产业链，着力推进改革创新、加强安全农食品保障体系建设，着力满足市场需求、保障重要农食品供给，取得一定成效。

一、垦区综合情况

（一）受疫情影响，各项经济指标降幅较大

垦区全年实现生产总值22.35亿元，比上年减少17.06%。按产业划分，第一产业增加值2.39亿元，与上年基本持平；第二产业增加值13.82亿元，同比下降7.8%；第三产业增加值6.13亿元，同比下降15.82%，一、二、三产业结构比为2.39∶13.82∶6.13（图1）。非公有制经济实现增加值5.44亿元，增长3.2%，占垦区经济的26.13%。

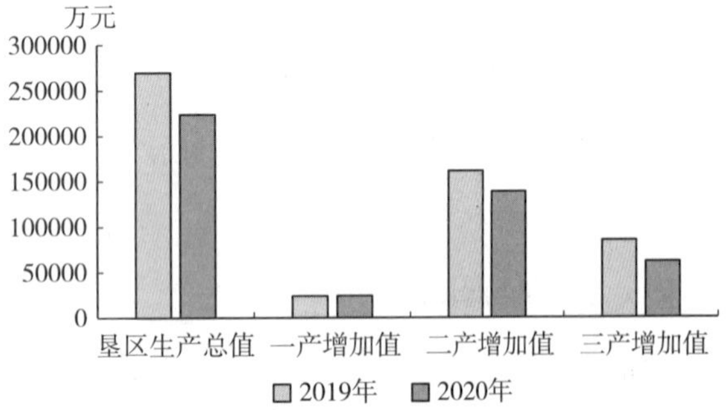

图1　重庆垦区全年生产总值

（二）经济质量保持稳定

截至2020年年底，重庆农投集团资产总额达182.31亿元，其中，控股企业达169.45亿元，较上年同期增长1.5%；营业收入实现94.6亿元，其中，控股企业实现营业收入72.3亿元，与上年基本持平；利润总额实现8.69亿元，其中，控股企业实现5亿元，较上年减少－26.5%。；归属于母公司净利润实现2.6亿元，较上年同期基本持平。

（三）职工收入稳定

2020年，重庆农投集团年末从业人员1.25万人，与上年基本持平。其中，第一产业1 367人，第二产业9 470人，第三产业1 673人，一、二、三产业的从业人员比重分别为10.92%、75.7%、13.38%。2019年，重庆农投集团控股企业职工人均工资7.98万元，与上年基本持平。

二、三次产业及固定资产投资情况

（一）第一产业

2020年，垦区实现农林牧渔业总产值14.94亿元，较上年下降1.3%，其中，畜牧业产值12.4亿元，同比增长0.8%，占农业总产值的83%；农业产值2.08亿元，同比基本持平，占农业总产值的14%；渔业产值4 492万元，同比下降5.8%，占农业总产值的3%（图2）。垦区年末存栏奶牛3.20万头；年末生猪存栏11.13万头；全年猪肉产量2.45万吨；年末家禽存栏120.92万只，禽蛋产量16 151吨，同比增长8.5%；牛奶产量18.05万吨，同比增长19.2%；鱼类产量800吨，同比下降79.8%。

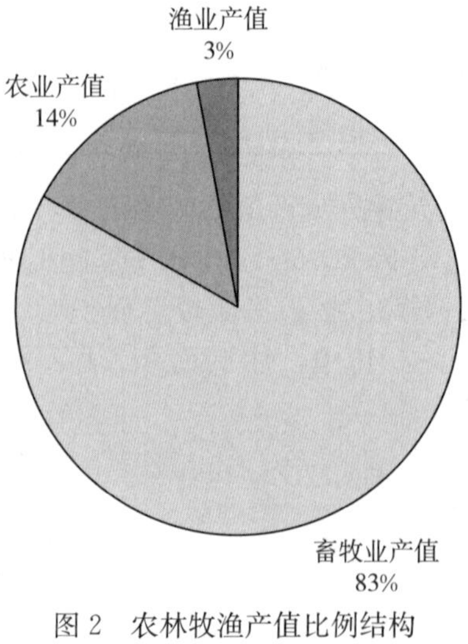

图2　农林牧渔产值比例结构

（二）第二产业

工业经济平稳发展。2020年年末，垦区实现工业总产值102.59亿元，较上年下降8.4%，全年实现工业利润总额3.1亿元，较上年下降3.1%；产品销售收入98亿元，产销率达95%。

（三）第三产业

2020年，垦区第三产业增加值6.13亿元，同比上年下降15.82%。其中，交通运输业6 870万元，同比上年下降2.3%；类金融业2.47亿元，同比上年增长4.7%；房地产业2.80亿元，较上年下降41.1%。

（四）固定资产投资情况

全年固定资产投资总额4.67亿元，其中，第一产业固定投资5 225万元，第二产业固定资产投资2.52亿元，第三产业固定资产投资1.63亿元。主要投资第一产业畜牧业发展，第二产业工业加工基地建设、技术改造，第三产业存量资产盘活。

三、垦区开展的主要工作

重庆农垦坚持“铸就国家品牌、引领良品生活”的战略理念，以满足用户“吃得健康、活出精彩”为己任，大力推动资源、资产整合，加快产业转型升级，不断满足消费者对美好生活的需要，将集团发展成为重庆主要生鲜农副产品和精深加工工业化产品第一供应平台，现代农业全产业链经营、三次产业融合发展的一体化平台，具有国际竞争力的全国一流大型农业产融集团。

四川农垦2020年经济发展统计公报

四川省农业农村厅农场管理局

2020年，四川农垦系统在农业农村部农垦局的指导下，在各级党委、政府和四川省农业农村厅党组的领导下，在思想和行动上与中央关于农垦改革的决策部署保持高度一致，聚焦重点任务，大力推进各项改革任务落实落地。四川省农垦区域性集团化、农场企业化持续推进；垦区民生工程、基础设施继续改善；事业性农场全面推行经营性资产剥离改革；国有重点贫困农场如期实现全面脱贫，农场经济和社会发展积极向好。

一、综合

截至2020年年末，四川农垦系统共有国有农场87个，含农垦企业27个，原良种场60个，较上年减少5个，分布在全省19个市（自治州），以种植业、畜牧业及种源繁育为主。

农垦年末总人口8 548人，较上年减少6 759人，其中，农场人口8 142人，较上年减少6 116人，农垦年内平均人口5 274人，较上年减少6 583人，农垦人口减少主要是因为有较大部分事业性原良种场正在进行改制，农场虽未撤销，但已经进行了人员分流和业务划转。

2020年年末，垦区土地总面积560 452.54公顷，比上年减少87 555公顷（2019年为648 007.15公顷）。其中，耕地1 039.84公顷，牧草地274 858.89公顷，林地面积166 475.19公顷，水面面积17.02公顷，园地面积1 329.71公顷，可垦荒地面积14.69公顷，居民点及工矿用地面积270.65公顷，其他土地面积116 434.89公顷。

2020年，四川农垦经济受新冠肺炎疫情的影响而有所下滑，垦区产值和职工收入均出现了不同程度的下降，全年实现农林牧渔总产值23 498.24万元，较2019年减少12 167.2万元。其中，农业产值6 241.96万元，较上年减少8 041.39万元，下降56.3%；林业产值48.50万元，较上年增加1.4万元，增长3%；牧业产值5 977.33万元，较上年减少4 995.56万元，下降45.5%；渔业产值97.20万元，较上年减少12万元，下降11%；农林牧渔专业及辅助性活动产值11 133.25万元，较上年增加880.36万元，增长8.6%。

从地区生产总值来看，垦区2020年全年生产总值为19 858.83万元，其中，第一产业增加值为16 166.59万元，占81.41%；第二产业增加值938.42万元，占4.73%；第三产业增加值2 753.82万元，占13.87%。

二、第一产业

切实抓好农林牧渔主导产业，增加农产品供给，是国有农垦场的使命和职责。2020年，四川垦区全年农作物总播种面积为1 666.17公顷，其中，粮食作物播种面积328.38公顷，占农作物总播种面积的19.71%，粮食作物主要是稻谷、小麦、玉米、高粱和大豆；油料、烟叶、药材、蔬菜瓜类作物的播种面积为164.57公顷，占农作物总播种面积的9.88%；其他作物（青饲料）的播种面积为1 174.72公顷，占农作物总播种面积的70.5%。粮食作物总产量3 428.54吨，其中，谷物总产量783.35吨，豆类产量21.01吨，薯类产量2 624.18吨；油料、蔬菜、瓜类等作物产量2 139.1吨。

茶叶年末实有面积820.52公顷，收获面积714.22公顷，产量838.61吨；水果年末实有面积1 023.75公顷，收获面积954.32公顷，产量14 995.13吨；桑园年末实有面积154.01公顷，收获面积144.35公顷，产量2 397.00吨。

2020年，畜牧业出现下滑。年末大牲畜总头数53 361头，其中，牛41 640头，规模化养殖场2个；猪年末总头数5 524头，规模化养殖场2个；羊年末总数14 109只，规模化养殖场7个；家禽年末总数51 368只。

肉类总产量1 658.02吨，较上年减少2 665.58

吨，下降61.7%；牛奶产量4 105.80吨，较上年减少3 227.9吨，下降44%。山羊、绵羊毛产量3.8吨，较上年下降8.53吨；禽蛋产量16吨，较上年增加8吨，增长100%。蚕茧产量145.14吨，较上年增加94.14吨，增长184.6%。

全年水产品总产量925.50吨，全部为淡水鱼类养殖，养殖面积为9.94公顷。

2020年当年造林面积129公顷，其中，防护林128.8公顷；年末森林面积3 340.01公顷；幼林抚育面积20.83公顷，成林抚育面积45.44公顷。

垦区农场机械化保持平稳。2020年，农业机械总动力58 018.16千瓦，较上年略有下降，其中，电动机动力56 986.26千瓦，占总动力的98%；有大中型拖拉机14台，比上年减少1台；有小型及手扶拖拉机106台，比上年增加6台；有排灌动力机械87台，比上年增加1台；有联合收获机7台，与上年持平；农业生产用电量852 453.11千瓦·时；农业用水量96 509.21米^3；农药施用量30.48吨，比上年减少9吨；农用化肥实物施用总量1 543.82吨，比上年减少440吨；农用塑料薄膜使用量34.75吨，比上年减少约600吨；农田节水灌溉面积149.34公顷，比上年增加64公顷。

全年实现农林牧渔总产值23 498.24万元，其中，农业产值6 241.96万元，林业产值48.50万元，牧业产值5 977.33万元，渔业产值97.20万元，农林牧渔专业及辅助性活动产值11 133.25万元。

三、第二产业

垦区全年规模以上工业企业共有3家，全部为国有企业；实现工业总产值（现价）971.20万元，主营业务收入1 078.20万元，主营业务利润33.75万元，利润总额38.35万元；3家工业企业年末从业人员78人，从业人员年末工资总额393.35万元。

垦区全年实现工业总产值5 441.90万元，其中，酒、饮料和精制茶行业实现产值4 917.60，占工业总产值的90.37%；从主要工业产品产量看，垦区工业产品全部为精制茶，全年生产量713吨。

四、第三产业

第三产业主要集中在批发零售行业，规模及业务量较小。2020年年末，垦区内有批发零售业单位1家，从业人员4人，营业网点4个，营业用房面积89米^2，全年实现销售收入64万元；其他服务业单位1家，从业人员11人，营业用房面积530米^2，全年实现销售收入233.12万元；从事交通运输业的单位1家，从业人员13人，从业人员工资总额84万元。

五、固定资产投资

固定资产投资稳步提升。2020年，四川农垦全年完成固定资产投资3 870.06万元，比上年增加986.76万元，增长34.2%，其中，国有农垦场完成投资2 446.78万元，比上年减少334.34万元，占全年农垦固定资产总投资的63.2%。按工程用途划分，第一产业完成投资3 717.80万元，占总投资额的96.1%；第三产业完成投资152.26万元，占总投资额的3.9%。从资金来源看，国家预算资金1 196.90万元，占全部资金来源的31.3%；自筹资金1 867.29万元，占全部资金来源的48.9%；其他资金来源704.87万元，占资金来源总额的18.5%；国内贷款50万元，占资金来源总额的1.3%。2020年新增固定资产2 780.51万元。

六、从业人员和劳动报酬

2020年年末，垦区的农垦从业人员共3 896人，较2019年有较大幅度减少，主要原因是有很大比例的事业性原良种场进行改制，实行人员分流。其中，第一产业3 313人，第二产业72人，第三产业511人，分别占年末从业人员总数的85.7%、1.9%、13.2%。

2020年年末，垦区的农垦职工3 421人，其中，在岗职工2 146人，职工工资总额16 388.47万元，其中，在岗职工工资总额13 818.78万元；居民人均可支配收入14 278元，比上年增加422元，增长3%。

七、农垦科研、农产品认证情况

2020年年末，垦区共有农垦科研单位7个，比上年增加1个。农垦科研单位共有职工207人，其中，科技人员125人，本科及以上学历人员77人；全年科研经费总额801.75万元，比上年增加338.52，增长73.1%，其中，政府拨款621.75万元，企业自筹130万元；试验地面积46.89公顷。

截至2020年年末，四川垦区取得2个茶叶绿色食品认证，认证的绿色食品产量40吨；取得3个茶叶有机食品认证，认证的有机食品产量50吨；取得1个药材农产品地理标志认证，认证的地理标志产品种植面积23.3公顷，地理标志产品产量9吨；绿色食品原料标准化生产基地面积166.7公顷。

贵州农垦2020年经济发展统计公报

贵州省农业农村厅园区农垦管理处

2020年，贵州农垦系统继续深化垦区集团化、农场企业化改革，强化推动创新驱动，深耕农垦品牌拓展，构建现代农业经营体系，做实主导产业基础，激活农垦内生活力、市场竞争力和影响力，保持了经济增长的良好势头，人均收入水平稳步提高，农场竞争力逐步提升，垦区经济和社会发展和谐稳定。

一、综合

贵州垦区全年实现生产总值5.37亿元，比上年增长33.9%（表1）。其中，第一产业增加值2.07亿元，第二产业增加值1.67亿元，第三产业增加值1.62亿元；第一、二、三产业增加值占农垦生产总值的比重分别为38.6%∶31.2%∶30.2%；分别增长52.2%、3.1%、57.3%。人均可支配收入持续增长，达12 108元，比上年增长4.4%；实现盈利1.31亿元，比上年增长95.5%。

表1　2020年贵州垦区产业增加值情况

生产总值	2020年（亿元）	比上年增长（%）
全年实现生产总值	5.37	33.7
其中：一产	2.07	52.2
二产	1.67	3.1
三产	1.62	57.3

二、农业

全年完成农林牧渔总产值8.61亿元（现价），比上年增长53.5%。其中，农业产值1.61亿元，下降1.9%；牧业产值6.67亿元，增长76.4%；林业渔业等0.16亿元，增长22.5%；其他辅助性活动产值0.16亿元，增长254.8%（图1）。

全年粮油作物播种面积277.72公顷，比上年增长10.5%，其中，粮食作物116.32公顷，比上年下降16.5%。蔬菜瓜类121.06公顷，比上年增长65.8%；茶叶1 377.79公顷，与去年持平；水果739.44公顷，比上年增长14.5%。主要农产品产量见表2。

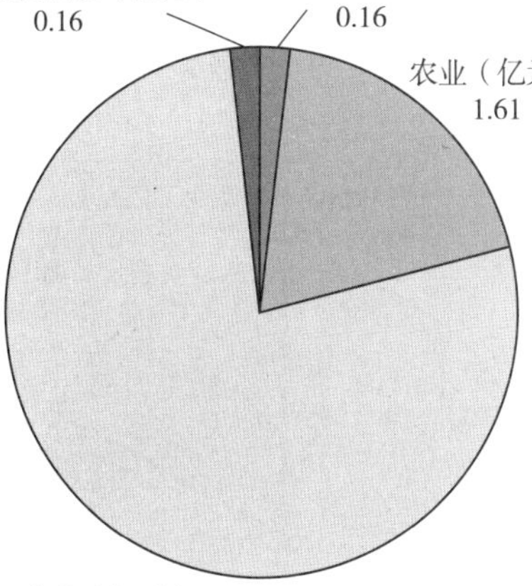

图1　2020年贵州垦区农业产值分布情况

表2　2020年主要农产品产量

产品名称	产量（吨）	比上年增长（%）
粮食作物	651.65	−10.4
蔬菜、瓜类	1 982	901.0
茶叶	2 542.56	48.3
水果	13 563.47	−23.5

大牲畜年末存栏总数5 145头，比上年下降45.2%。其中，牛存栏5 145头，下降45.1%。猪存栏19 647头，增长2 230.6%；羊存栏600只，下降36.2%；家禽50 140只，增长1 388.7%。全年畜产品总产量37 277.32吨，主要畜产品产量见表3。

水产品以淡水鱼类为主，全年产量1 255吨，比上年增加679.5%；养殖面积86.67公顷，增长687.9%。

表 3　2020 年主要畜产品产量

产品名称	产量（吨）	比上年增长（%）
肉类	3 497.32	2 099.6
牛奶	31 950	−16.9
禽蛋	1 830	3 861.0

三、工业

全年完成工业总产值 13.48 亿元（现价），比上年增长 17.4%。其中，农副食品加工业 2.36 亿元，增长 54.2%；食品制造业 11.09 亿元，增长 11.7%；酒、饮料和精制茶制造业 0.03 亿元，增长 138.3%（图 2）。乳制品全年产量 11.99 万吨，增长 11.4%；配合饲料产量 5.64 万吨，增长 19.9%。

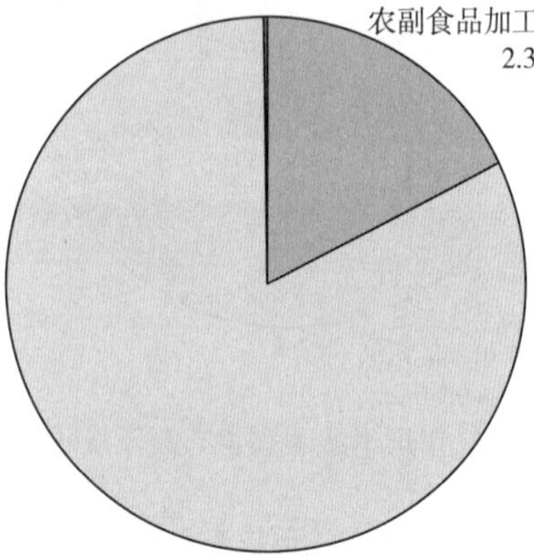

图 2　2020 年贵州垦区工业产值分布情况

四、固定资产投资

全年固定资产投资总额 4 294.01 万元，比去年下降 39%。其中，第一产业投资 2 556.55 万元，第二产业投资 942.91 万元，第三产业投资 794.55 万元。资金来源以其他资金为主，共计 2 869.01 万元，企业自筹及国家预算资金 1 425 万元。2020 年贵州垦区固定资产投资规模见表 4。

表 4　2020 年贵州垦区固定资产投资规模

产业	计量单位	2020 年
全年固定资产投资	万元	4 294.01
其中：一产	万元	2 556.55
二产	万元	942.91
三产	万元	794.55

五、人口就业民生

2020 年全垦区年末总人口 25 963 人，比上年末减少 659 人。

年末从业人员 6 532 人，比上年增长 1.6%。其中，第一产业 4 743 人，第二产业 627 人，第三产业 1 162 人（表 5）。

表 5　2020 年贵州垦区从业人员情况

人口	数量（人）
全垦区年末从业人员	6 532
其中：一产	4 743
二产	627
三产	1 162

年末职工 4 106 人，其中，在岗职工 2 998 人。全年职工工资总额 21 850.84 万元，增长 19.8%。垦区居民人均可支配收入 12 108 元，增长 4.4%。

云南农垦2020年经济发展统计公报

云南省农垦局

2020年，在云南省委、省政府的坚强领导下，在农业农村部、农业农村厅的关心支持下，云南垦区各级、各单位坚持以习近平新时代中国特色社会主义思想为指导，深入学习贯彻党的十九大和十九届二中、三中、四中、五中全会精神，认真对标习近平总书记关于农垦改革发展重要指示精神和考察云南重要讲话精神，坚决落实党中央、国务院决策部署和云南省委、省政府工作要求，稳步推进垦区集团化、农场企业化改革和各项重点工作任务，在做好科学统筹疫情防控的同时，抓生产、促发展、保民生，圆满完成了年度各项工作任务。垦区经济保持增长，社会和谐稳定。

一、垦区经济总量持续增长，产业结构调整持续推进

垦区生产总值持续增长。第一、第二、第三产业同比均有不同程度增长。产业结构调整成效进一步显现。2020年，云南农垦实现生产总值80.20亿元，增长3.5%。其中，第一产业增加值39.04亿元，增长4.0%；第二产业增加值7.36亿元，增长8.6%；第三产业增加值33.80亿元，增长2.0%。

产业结构由上年的48.5∶8.7∶42.8调整为48.7∶9.2∶42.1。垦区人均生产总值21 126元，增长2.2%。非公及管区生产总值42.73亿元，比上年增长9.4%，占垦区生产总值比重为53.3%（比上年提高2.8个百分点）。

全年共完成工农业总产值93.79亿元，其中，工业总产值27.07亿元，农业总产值66.72亿元。增速分别为3.9%、7.4%、2.5%（表1）。

表1　云南垦区2020年度主要经济指标

指标名称	计量单位	2020年度	2019年度	增减量	增长（%）
垦区生产总值	万元	802 021	774 640	27 381	3.53
第一产业	万元	390 411	375 312	15 099	4.02
第二产业	万元	73 583	67 776	5 807	8.57
其中：工业	万元	67 602	62 320	5 282	8.48
第三产业	万元	338 027	331 552	6 475	1.95
垦区人均生产总值	元	21 126	20 666	460	2.23
第一产业比重		48.7	48.5	0.2	0.41
第二产业比重		9.2	8.7	0.5	5.75
第三产业比重		42.1	42.8	−0.7	−1.64
工农业总产值（现价）	万元	937 918	902 683	35 235	3.90
工业总产值	万元	270 743	252 012	18 731	7.43
农业总产值	万元	667 175	650 671	16 504	2.54
其中：橡胶综合产值	万元	345 552	377 184	−31 632	−8.39
橡胶产值占农业总产值比重		51.8	57.9	−6.1	−10.54

注：工农业总产值按现价计算。

二、农业整体上保持增长，多数农产品种植规模、产量不同程度增长，但橡胶因灾减产

2020年年初以来，云南省内高温少雨，旱情发展迅速，气象干旱严重，导致橡胶新叶物候进程缓慢，割胶推迟、产量下降。茶叶新芽萌发减少、产量下降。由于降水不足，香蕉、西瓜等水果产量品质下降。其他水果和咖啡落花现象突出，严重影响产量。在旱灾及白粉病叠加影响下，橡胶产量同比减少，但农业产业结构调整稳步推进，效益提升、职工增收。2020年，垦区实现第一产业增加值39.03亿元，增长4.0%。农林牧渔各业中除橡胶及橡胶初加工行业外，其他农业行业均不同程度增长。2020年农业总产值66.71亿元，增长2.5%。其中，农业（种植业）产值22.00亿元，增长13.4%；林业产值13.93亿元，增长1.9%，其中，橡胶（种植）产值12.34亿元，下降1.8%；牧业产值5.59亿元，增长13.9%；渔业产值2.09亿元，增长22.1%，农林牧渔专业及辅助活动产值23.10亿元，下降9.0%，其中，橡胶初加工产值22.21亿元，下降11.7%（表2）。

表2　云南垦区2020年农业产值情况

指标名称	2020年度（万元）	2019年度（万元）	增减量（万元）	增长（%）
农林牧渔业总产值	667 175.00	650 665.44	16 509.56	2.54
种植业（农业）产值	220 142.00	194 087.29	26 054.71	13.42
其中：粮食产值	19 196.18	16 357.37	2 838.81	17.35
油料产值	63.16	58.88	4.28	7.27
糖料（甘蔗）产值	18 989.36	17 555.43	1 433.93	8.17
烤烟产值	1 007.13	602.85	404.28	67.06
药材产值	131.25	101.83	29.42	28.89
蔬菜、瓜果	41 874.95	25 841.12	16 033.83	62.05
其他短期作物产值	1 623.21	4 265.14	−2 641.93	−61.94
茶叶产值	19 098.99	18 994.11	104.88	0.55
水果产值	107 749.78	99 047.28	8 702.50	8.79
热带亚热带作物产值	10 340.94	11 215.28	−874.34	−7.80
林业产值	139 333.22	136 752.39	2 580.83	1.89
其中：橡胶产值	123 448.80	125 686.79	−2 237.99	−1.78
牧业产值	55 866.19	49 042.90	6 823.29	13.91
其中：肉类产值	48 371.16	42 751.61	5 619.55	13.14
渔业产值	20 856.00	17 080.30	3 775.08	22.11
农林牧渔专业及辅助活动	230 978.00	253 702.56	−22 724.26	−8.96
其中：橡胶初加工	222 102.83	251 497.19	−29 394.36	−11.69

面对天然橡胶因灾减产及价格长期低迷的严峻形势，垦区各级、各单位在稳定传统优势产业的基础上，大力推进橡胶产业提质增效，积极调整、优化农业产业结构，调整产品和品种结构，特色热作农业产业持续发展，特色农业产业发展质量提升，蔬菜瓜果、热带水果、畜牧业、渔业等特色产业呈现良好的发展态势，保障职工收入的增加，产业结构调整效益持续显现。

1. 橡胶种植面积、投产面积不同程度下降，因旱灾及白粉病的影响产量下降

截至2020年年末，垦区橡胶面积137 018公顷（205万亩，含农垦非公经济及农垦控制的境外胶园面积40万亩），下降1.8%。其中公有橡胶110 020公顷（165万亩），下降1.9%。橡胶平均开割面积99 181公顷（148万亩），下降0.5%。

生产橡胶11.45万吨，比上年减少1.09万吨，下降8.7%，其中，公有橡胶产量8.63万吨，下降9.3%。全垦区橡胶平均亩产77公斤，平均株产3.74公斤，分别下降8.2%、4.4%。

全年收购加工橡胶19.61万吨，下降16.7%（表3）。橡胶生产成本依旧居高不下，垦区橡胶平均生产成本约为1.4万～1.5万元/吨，远高于年

均销售价格。

自2013年以来，橡胶销售价格呈逐年下跌态势，从2013年的18 300元/吨跌至2020年的10 770元/吨。

表3 云南垦区2020年度橡胶生产情况

指标名称	计量单位	2020年度	2019年度	增减量	增长（%）
年末橡胶面积	公顷	137 017.59	139 524.30	−2 506.71	−1.80
其中：公有橡胶	公顷	110 020.05	112 151.11	−2 131.06	−1.90
年末橡胶株数	万株	4 985.79	5 072.34	−86.55	−1.71
其中：公有橡胶	万株	3 872.76	3 938.59	−65.83	−1.67
平均开割面积	公顷	99 181.28	99 641.43	−460.15	−0.46
平均开割株数	万株	3 059.36	3 210.93	−151.57	−4.72
橡胶总产量	吨	114 548.54	125 398.96	−10 850.42	−8.65
其中：公有橡胶	吨	86 282.75	95 148.88	−8 866.13	−9.32
橡胶平均亩产	公斤	77.00	83.90	−6.90	−8.22
橡胶平均株产	公斤	3.74	3.91	−0.17	−4.35
收购加工橡胶	吨	196 118.68	235 557.48	−39 438.80	−16.74

2. 茶叶种植面积增长，产量下降、产值基本持平

茶叶种植面积4 576公顷（6.86万亩），增长1.9%。但因受旱灾影响，干毛茶产量8 852吨，下降8.0%，产值1.91亿元，增长0.4%（表4）。

表4 云南农垦2020年度非胶农业生产情况

指标名称	计量单位	2020年度	2019年度	增减量	增长（%）
粮食播种面积	公顷	8 931	8 584	347	4.0
粮食总产量	吨	54 799	51 911	2 888	5.6
粮食产值	万元	19 196	16 357	2 839	17.4
甘蔗种植面积	公顷	4 291	4 354	−63	−1.4
甘蔗产量	吨	455 165	395 202	59 963	15.2
甘蔗产值	万元	18 989	17 555	1 434	8.2
蔬菜瓜果种植面积	公顷	3 594	3 326	268	8.1
蔬菜瓜果产量	吨	87 217	81 266	5 951	7.3
蔬菜、瓜果产值	万元	41 875	26 066	15 809	60.6
茶叶种植面积	公顷	4 576	4 491	85	1.9
茶叶产量	吨	8 852	9 621	−769	−8.0
茶叶产值	万元	19 099	19 020	79	0.4
水果种植面积	公顷	16 701	15 981	720	4.5
水果总产量	吨	268 153	258 363	9 790	3.8
水果产值	万元	107 750	99 722	8 028	8.1
咖啡种植面积	公顷	697	841	−144	−17.1
咖啡产量	吨	1 208	1 481	−273	−18.4
咖啡产值	万元	1 325	1 557	−232	−14.9

（续）

指标名称	计量单位	2020年度	2019年度	增减量	增长（%）
澳洲坚果种植面积	公顷	3 609	3 343	266	8.0
澳洲坚果产量	吨	1 241	1 567	−326	−20.8
澳洲坚果产值	万元	3 676	4 809	−1 133	−23.6
石斛种植面积	公顷	94	85	9	10.6
石斛产量	吨	567	504	63	12.5
石斛产值	万元	5 024	4 613	411	8.9
热带亚热带作物产值	万元	10 341	10 859	−518	−4.8
肉类总产量	吨	10 327	10 563	−236	−2.2
其中：猪肉	吨	5 225	6 084	−859	−14.1
禽蛋产量	吨	5 799	5 837	−38	−0.7
牧业产值	万元	55 866	49 043	6 823	13.9
水产品产量	吨	13 646	12 132	1 514	12.5
渔业产值	万元	20 855	17 080	3 775	22.1

3. 水果种植面积、产量、产值不同程度增长

水果种植面积16 701公顷（25.05万亩），同比增加720公顷（1.08万亩），增长4.5%；产量26.82万吨，增长3.8%；产值10.78亿元，增长8.1%。

4. 甘蔗种植面积下降，产量、产值不同程度增长

2019/2020榨季种植甘蔗4 290公顷（6.44万亩），下降1.5%；产量45.52万吨，增长15.2%；产值1.90亿元，增长8.2%。

5. 蔬菜瓜果种植面积、产量、产值不同程度增长

蔬菜瓜果种植面积3 594公顷（5.39万亩），增长8.1%；产量8.72万吨，增长7.3%；产值4.18亿元，增长60.6%。

6. 粮食种植面积、产量、产值不同程度增长

粮食种植面积8 931公顷（13.40万亩），增长4.04%；产量5.48万吨，增长5.6%；产值1.92亿元，增长17.4%。

7. 畜牧业产量下降，但价格上涨拉动产值增长

肉类总产量为1.03万吨，下降2.2%，其中，猪肉产量0.52万吨，下降14.1%，产量下降的主要原因是受非洲猪瘟疫情影响；产值5.59亿元，增长13.9%。

8. 渔业产量、产值不同程度增长

全年生产水产品1.36万吨，增长12.5%，实现产值2.09亿元，增长22.1%。

农业产业结构调整效果逐步显现，2020年，垦区承包岗位人员（含职工和非职工）岗位年收入1.36万元，增长7.0%。

三、第二产业持续保持增长

全年实现第二产业增加值7.36亿元，增加0.58亿元，增长8.6%。

垦区全部工业企业（含国有、非公及管区）在食糖、酒精、锯材及人造板材、精制茶、咖啡粉、钢模板、汽车配件等工业品产量不同幅度增长的拉动下，实现工业总产值27.07亿元，增加1.87亿元，增长7.4%；工业增加值6.76亿元，增加0.58亿元，增长8.5%；

垦区全部工业企业全年实现工业销售产值24.95亿元，增长8.2%，产销衔接情况好于上年，工业产销率为92.2%，比上年提升0.69个百分点。垦区各类工业企业总体盈利能力好于上年，全年实现营业收入33.74亿元，增长18.9%；实现利润1.19亿元，增长145%。

云南农垦2020年主要工业产品产量及产值见表5。

表 5　云南农垦 2020 年主要工业产品产量

指标名称	计量单位	2020 年度	2019 年度	增减量	增长（%）
食糖产量	吨	176 765	161 223	15 542	9.6
食糖产值	万元	83 672	73 116	10 556	14.4
酒精产量	吨	6 150	4 739	1 411	29.8
酒精产值	万元	2 211	2 090	121	5.8
发电量产量	万度	29 032	29 902	−870	−2.9
发电产值	万元	12 512	13 421	−909	−6.8
各种胶鞋产量	万双	79	90	−11	−12.2
各种胶鞋产值	万元	243	254	−11	−4.3
锯材及人造板材产量	立方	131 791	82 125	49 666	60.5
锯材及人造板材产值	万元	16 994	10 032	6 962	69.4
精制茶产量	吨	9 387	9 363	24	0.3
精制茶产值	万元	12 447	23 472	−11 025	−47.0
土豆片产量	吨	1 834	1 598	236	14.8
土豆片产值	万元	5 861	4 616	1 245	27.0
咖啡粉产量	吨	836	657	179	27.2
咖啡粉产值	万元	11 566	11 728	−162	−1.4
水泥产量	吨	526 997	541 093	−14 096	−2.6
水泥产值	万元	18 579	21 475	−2 896	−13.5
钢模板产量	吨	13 995	13 527	468	3.5
钢模板产值	万元	8 537	10 964	−2 427	−22.1
汽车配件产量	套	6 823	4 256	2 567	60.3
汽车配件产值	万元	3 377	2 107	1 270	60.3
热作机械产量	台	105	161	−56	−34.8
热作机械产值	万元	4 721	3 290	1 431	43.5

全年完成建筑业增加值 0.59 亿元，增长 9.6%。

四、第三产业继续保持增长，但增速下降

2020 年垦区第三产业实现增加值 33.80 亿元，增加 0.65 亿元，增长 1.95%，增速比上年下降 9.5 个百分点。垦区各类第三产业企业实现营业收入 359.26 亿元，增长 24.5%；但盈利能力下降，实现利润 7.32 亿元，下降 10.2%，主要原因是疫情防控所致。

1. 交通运输业收入、利润、上缴税金不同幅度增长

交通运输业实现营业收入 4.31 亿元，增长 7.2%；实现利润 1.05 亿元，增长 8.9%；上缴税金 1 161 万元，增长 16.8%。

2. 批发零售贸易业收入、上缴税金增加，利润下降

批发零售贸易业实现营业收入 281.18 亿元，增长 21.2%；实现利润 1.92 亿元，下降 33.8%；上缴税金 8 127 万元，增长 8.7%。

3. 住宿和餐饮业收入、利润、上缴税金不同幅度增长

住宿和餐饮业营业收入 7.8 亿元，增长 19.4%；实现利润 1.55 亿元，增长 7.9%；上缴税金 2 571 万元，增长 3.9%。

4. 服务业收入增加，利润、上缴税金下降

服务业实现营业收入 7.0 亿元，增长 23.9%；实现利润 1.71 亿元，下降 4.9%；上缴税金 2 242 万元，下降 3.4%。

五、固定资产投资下降，但国有经济投资保持增长

全垦区固定资产投资总额为13.59亿元，减少1.29亿元，下降8.7%。其中，第一产业投资3.36亿元，增加0.46亿元，增长15.7%，其中，橡胶投资1.37亿元，增加0.37亿元，增长36.9%；第二产业投资3.70亿元，减少1.88亿元，下降33.6%；第三产业投资6.53亿元，增加0.13亿元，增长2.1%。

全垦区国有经济投资额为10.00亿元，增加1.83亿元，增长22.5%，其中，第一、二、三产业投资额分别为2.48亿元、3.42亿元、4.09亿元，增幅分别为29.9%、－22.8%、125.5%。非公及管区经济固定资产投资3.60亿元，减少3.13亿元，下降46.5%。

六、垦区各类从业人员年均收入不同幅度增长

2020年，从业人员年均劳动报酬2.08万元，增长9.2%；在岗职工（按月领取劳动报酬的职工）年均工资7.12万元，增长8.7%；承包岗位职工（农业一线职工）年均工资1.76万元，增长10.8%；承包岗位非职工（农业一线承包人）年均劳动报酬1.20万元，增长11.4%。

七、非公经济及管区经济保持增长

垦区非公及管区经济实现生产总值42.73亿元，增长9.45%。非公及管区经济总量占垦区经济总量比重为53.3%，比上年增长2.85个百分点。一、二、三产业均保持增长，一、二、三产业增加值分别为16.73亿元、2.48亿元、23.53亿元，分别增长18.6%、17.4%、2.9%。

非公及管区经济实现产值（营业收入）79.35亿元，增长5.5%。劳动报酬总额为16.56亿元，增长10.7%；实现利润15.51亿元，增长14.0%；上缴税金1.52亿元，增长9.6%。

八、自然灾害严重，受灾面积增加，但直接经济损失少于上年。

2020年，垦区各种农作物受灾面积77 053公顷（116万亩），增加4 714公顷（7.1万亩），增长6.5%。其中，橡胶受灾面积69 862公顷（105万亩），因灾减产1.49万吨；茶叶受灾面积1 581公顷（2.4万亩），因灾减产234吨；水果受灾面积1 665公顷（2.5万亩），因灾减产水果1.87万吨；甘蔗受灾面积2 826公顷（4.2万亩），因灾减产5 124吨。因灾造成直接经济损失2.92亿元，下降10.9%。

陕西农垦2020年经济发展统计公报

陕西省农垦集团有限责任公司

2020年是“十三五”收官之年，也是新中国历史上极不平凡的一年。在农业农村部农垦局的正确领导下，面对克服新冠肺炎疫情的严峻考验和保持经济稳增长的发展压力，陕西农垦坚持以习近平新时代中国特色社会主义思想为指导，深入学习贯彻党的十九届历次会议和习近平来陕讲话精神，紧扣“践行新理念、承载新使命、实现新突破，努力为全省特色现代农业建设贡献陕垦力量”的总体思路，坚持稳中求进工作总基调，坚持聚焦主业、推动改革发展，发挥农垦担当、履行服务职能，经济效益稳步提升，较好地完成了全年各项目标任务。保持社会民生和谐稳定的良好发展局面。

2020年，全省农垦实现国民生产总值66 653.07万元（现价，下同），同比增加17.19%。其中，第一产业增加值31 231.17万元，同比增加20.6%；第二产业增加值18 768万元，同比增加41.49%；第三产业增加值16 653.90万元，同比减少6.01%。

全省实现农业总产值67 595.82万元，工业总产值23 498.73万元。

一、农业

农业生产总体良好。2020年，农业生产克服雪灾、风灾、低温霜冻、洪涝等自然灾害，获得较好收成。全省农垦共收获稻谷496吨；小麦36 114.03吨，玉米63 735.99吨，其他谷物30吨；大豆1 739.63吨；油料合计618.10吨；蔬菜瓜果类合计51 431.66吨。

一是粮食生产再获丰收，形成新规模。8.3万亩优质小麦喜获丰收，实现总产7 148.75万斤，平均亩产880.27斤，较上年增加75.67斤，增幅9.4%，可向社会提供优质小麦原粮近4万吨。秋季成功流转近5万亩土地，使粮食播种面积达12.63万亩，良种率达90%以上。全年累计完成粮食（小麦、玉米）收储贸易93.65万吨，其中，华阴农场玉米贸易量38万吨，实现收入7.5亿元，利润930万元。

二是畜牧产业扩规提质，实现新突破。集团参股的中垦乳业拓展养殖规模，投资建设的定边牧场第一批964头进口牛于12月21日正式进场；中垦乳业华山牧场产销量再创新高，全年产量6.25万吨，销量6.17万吨，同比产销量均超出上年1万多吨。大荔农场引进石羊集团，发展标准化畜牧养殖产业，新建现代化6 000头父母代种猪场1座，该项目的落地，对推进农场现代化、标准化生猪养殖产业的发展具有积极作用。朝邑农场向特色种养领域拓展，藏香猪存栏规模达100余头，林下散养土鸡3 000余只，成功探索稻蟹生态养殖模式，形成新的经济增长点。

三是种业经营稳步提升，取得新成效。大华种业经营取得历史较好水平，实现营业收入9 567.8万元，利润141.9万元；4个自主知识产权新品种（旱地小麦新品种华垦麦818，大豆新品种陕垦豆6号，甜糯玉米新品种先耕白糯101，先耕甜玉301）通过省审；陕垦豆4号高产创建田亩产突破258.6公斤，创陕西省夏播大豆高产新纪录。

四是果蔬发展不断优化，呈现新格局。华阴农场合阳葡萄园扩展251亩，累计面积1 200亩，实现销售收入600万元，利润201万元；甜柿子新栽157亩，累计面积2 353亩，今年产出75万斤，实现收入107万元；大棚樱桃经济效益持续向好，205亩获得收入510万元，实现净利润187万元。沙苑农场扩展种植各类蔬菜500余亩，实践种植广东菜心700亩，在确保安益鲜公司供应配送的同时，实现了“北菜南运”。朝邑农场500亩冬枣示范园区内建成设施大棚110座，其中，220亩挂果60万斤，实现收入422.7万元，利润48.7万元；栽植水蜜桃、黄桃、毛蟠等新品种桃树500亩，引进种植草莓、吊篮西瓜、樱桃等果蔬品种，目前，草莓已经实现上市销售。大荔农场在引进种植各类新品种果蔬的基础上，引进种植50棚羊肚菌，不断丰富省级现代园区的种植品种。

五是科技创新全面开启，迈上新征程。围绕科技兴垦，集团启动了“科技创新·示范引领”三年行动，将全面推动各单位聚力科技创新应用，引进新品种、新技术、新设施，加快提升现代畜牧和特色果蔬等主导产业的科技实力，形成综合示范优势，推动区域经济协同发展。

一年来，陕西农垦坚持开放谋共赢，多方面合作、持续作为、取得成效。一是实现央企合作，扩大了土地经营面积。通过主动参与、积极争取，华阴农场、沙苑农场、朝邑农场累计获得近5万亩土地的经营权，实现了粮食规模新突破。二是弥补产业短板，产销一体化项目合作落地。沙苑农场与大荔县政府垦地合作迈出实质步伐，在建的“产销一体化”项目，以万吨冷库为主体，涵盖农商服务中心、院士工作站、农科公园、智能温室等，形成三产融合园区，将为集团延伸、完善市场化服务后端提供支撑。三是融入区域经济，建设区域现代智慧农机示范区。朝邑农场发挥现代农机装备优势，融入大荔县“1+”战略，推动打造区域现代智慧农机示范区。

二、工业

农垦是一个特殊的社会经济系统，具有企业性、社会性、区域性等多重特征。应准确把握农垦的这些行业特征和内在规律，在农垦局的宏观指导和有关配套政策的支持下，借鉴兄弟垦区的成功经验，积极稳妥地推进工业体制改革。

2020年，全省共实现工业总产值23 498.73万元。

2020年，主要工业产品原煤的产量为750 000吨。

三、商贸服务业

2020年，商业年末经营单位共有30个，商品销售总额1 152.20万元。住宿餐饮业年末经营单位共有18个，营业收入562.30万元。服务业经营单位共有21个，营业收入9 814.35万元。

四、固定资产投资

全省农垦固定资产投资7 225万元，其中，第一产业5 739万元，占投资总额的79.44%；第二产业1 483万元，占投资总额的20.52%；第三产业3万元，占投资总额的0.04%。

按投资来源划分，国家预算内资金2 449万元，自筹资金4 776万元。当年新增固定资产5 888万元。

五、劳动工资、人口

2020年年末，农垦社会从业人员共有6 434人，其中，第一产业5，627人，第二产业334人，第三产业473人，分别占总数的87.45%、5.19%、7.36%。

农垦从业人员中，属于国有经济从业人员的共有3 933人，劳动报酬14 103.42万元。其中，在岗职工3 547人，劳动报酬13 519.42万元。陕西农垦全年居民人均可支配收入12 748元。

六、科研、文教、卫生

近两年来，陕西农垦所办的部分中小学校移交地方政府，现有技工学校1所。

七、经济运行中面临的主要矛盾和问题

过去一年来的工作，为陕西农垦加速集团化、企业化进程，建设现代一流农业企业做出了有益探索，积累了一些经验。回顾起来，有4个方面的感受和体会：

一是在产业发展上把握了方向。深刻认识到产业发展的重点在特色、关键在融合、实力在科技、生命在增效，围绕引进新品种、学习新技术、探索新业态，实践形成了发挥品种优势，依托科技创新，推进一、二、三产业融合发展，做实综合效益的产业发展路径。

二是在工作推动上创新了方法。面对疫情，陕西农垦组织开展的产业优化升级“百日行动”活动取得了丰硕成果；围绕高质量发展目标开展的“六抓五创四改”工作，调动了要素资源活力；应对防风险，陕西农垦开展的“九项治理”活动，提升了集团治理能力。此外，3次组织开展了大范围、高质量发展观摩座谈会，对推动全年工作发挥了积极作用。

三是在高质量发展上激发了活力。陕西农垦综合运用改革的手段、创新的路径、考核的方法、党建的支撑，有效激发了集团上上下下、各级经营主体、三支队伍干事创业的激情和活力。

四是在经营的宗旨上保障了民生。陕西农垦坚持以职工为中心，眼睛向下、面向基层，始终注重

统筹、协同经济社会民生领域，让更多的发展成果惠及广大职工，保持职工综合收入稳序、同步提升。

八、主要政策诉求与建议

当前，世界正经历“百年未有之大变局”。全球面临疫情严峻考验，国际贸易受到冲击，世界经济持续低迷，农业发展的大环境日趋复杂。同时，新一轮科技革命和产业变革持续深化、蓬勃发展，科技化、智能化、网络化、设施化等新技术、新业态、新模式持续推进，给农业发展带来深远持久的影响。再加上陕西省国有资产监督管理委员会压实推进改革和整合重组，这些新形势、新变化，都给陕西农垦推动工作提出了新挑战、新要求。

面对新阶段复杂严峻的发展形势，要正确认识、积极应对内部存在的问题挑战。一是各单位之间、产业之间发展不平衡、不充分、不协调的问题依然存在；二是一、二、三产业拓展延伸与融合发展不够，产业整体实力不强，产业链条不完善，特别是市场、经济持续增长动能不足；三是参、控股公司的运作不规范，投资收益差问题较为严重；四是职工收入利益格局不尽合理。这些问题制约了集团高质量发展的进程，需要得到正视，在今后的工作中被有针对性地加以解决。

面对新阶段复杂、严峻的发展形势，要坚定信心，善于把握和抓住发展机遇。我国正处于实现中华民族伟大复兴的关键时期，经济稳中向好、长期向好的趋势没有变。处在这一发展大环境下，要主动作为，谋势而动，充分认识到“一带一路”建设、新时代推进西部大开发形成新格局、黄河流域生态保护和高质量发展、国内国际双循环等重大国家战略为发展农业带来的持续有利的重大机遇，从而更加坚定战略目标、保持发展方向，以饱满的工作激情和负责的工作态度，投身到集团特色现代农业建设中。

2021 年工作的指导思想是：以习近平新时代中国特色社会主义思想为指导，全面贯彻党的十九大及十九届二中、三中、四中、五中全会精神，充分认识新发展阶段、新发展理念、新发展格局，准确把握农业发展工作面临的新形势、新机遇、新挑战，紧扣陕西省国有资产监督管理委员会决策部署和陕西省农业农村厅工作要求，坚持稳中求进工作总基调，以陕西省农垦改革文件精神为遵循，以深化供给侧结构性改革为主线，以改革创新为根本动力，以提升职工福祉为根本目的，发挥示范区功能、落实稳增长目标、扬长避短扩优势、紧扣关键补短板、强化举措促创新、盯住源头控风险、惠及民生重和谐，努力为“十四五”战略规划落地实施开好局、起好步。

新起点启迪新征程，新目标寓意新希望。“十四五”规划已经全面开局，陕西农垦已经踏上了新时代高质量发展的快车道，摆在面前的是机遇，是挑战，是压力，必须知难而进、迎难而上，不负新时代赋予的使命担当。陕西农垦将在陕西省委、省政府、省国有资产监督管理委员会、农业农村部农垦局和陕西省农业农村厅的坚强领导下，团结集团各级干部职工，奋发有为，敢抓善为，以一抓到底的韧劲，推动各项年度工作部署高质量落实、高质量完成，为全面开启陕垦“十四五”发展新篇章努力奋斗！

甘肃农垦2020年经济发展统计公报

甘肃省农垦集团有限责任公司

2020年，面对宏观环境的复杂变化和新冠肺炎疫情的严重冲击，甘肃农垦认真贯彻落实党中央、国务院和甘肃省委、省政府部署安排，科学统筹疫情防控和经济社会发展，抓“六保”，促“六稳”，按照“二季度补欠账，三季度赶进度，四季度全面完成任务”的工作总基调，全力拓存创增，推动高质量发展，集团整体经济运行稳步、持续向好。

一、综合情况

（一）国内生产总值

2020年，甘肃农垦实现国内生产总值18.66亿元（按当年价格计算），同比增长1.3%。其中，第一产业9.59亿元，同比增长5.73%；第二产业6.16亿元，同比下降17.32%；第三产业2.91亿元，同比增长52.35%，一、二、三产业占生产总值合计比例分别为51%、33%、16%（图1）。人均国内生产总值2.49万元，同比增长2.9%。总体来看，第一产业主业优势进一步巩固，二、三产业得到较快发展，但农业产业链的延伸还不够，农产品加工转化能力尚待提升。

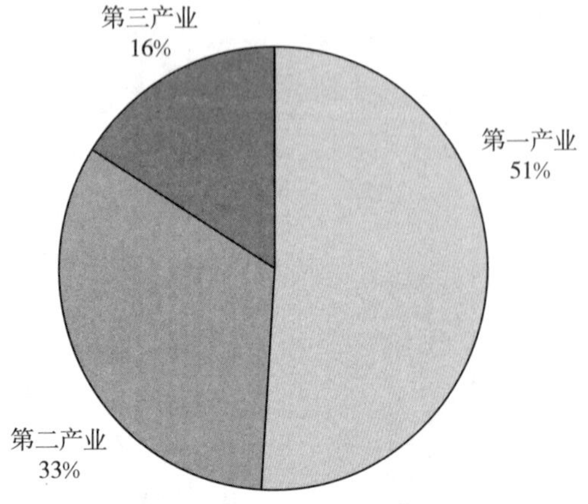

图1　2020年生产总值占比

2017—2020年，国内生产总值年均增长8.04%（图2）。其中增长最快的是第二产业，其次是第三产业，反映出在此期间，第二产业和第三产业的发展较好，在产业结构中的比重持续加大，对国内生产总值的贡献逐步增加，产业结构的调整优化比较明显。

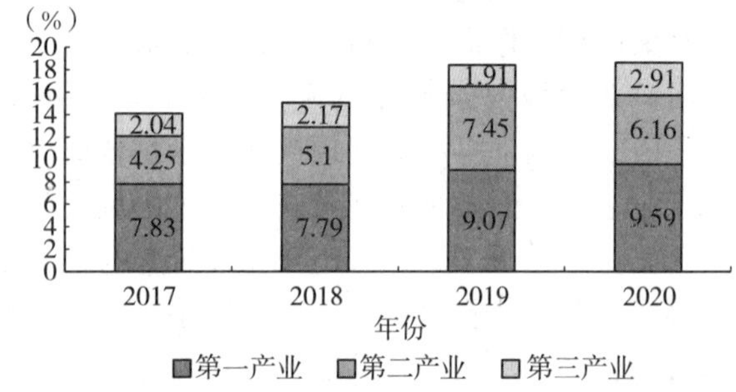

图2　2017—2020年生产总值占比变化

（二）土地面积

截至2020年年末，集团实有土地面积456 966公顷。其中，耕地面积70 594公顷（其中，高标准农田面积31 717公顷），占实有土地面积的15%；牧草地面积226 441公顷，占实有土地面积的49%；林地面积48 440公顷，占实有土地面积的10%；水面面积4 786公顷，占实有土地面积的1%；园地面积2 829公顷。拥有国家级、省级现代化农业园区2个，占地面积8 894公顷（图3）。

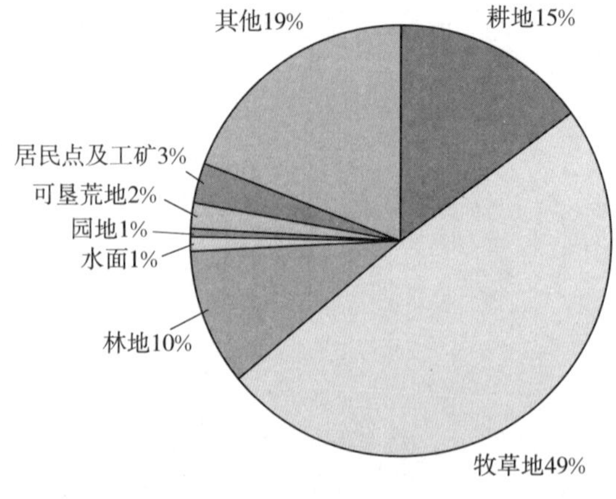

图3　土地面积构成

（三）人口情况

垦区年末总人口 7.09 万人，其中，农场人口 5.5 万人。期末从业人数 20 853 人，其中，第一产业 16 127 人，占比 77%；第二产业 3 592 人，占比 17%；第三产业 1 134 人，占比 5%（图 4）。

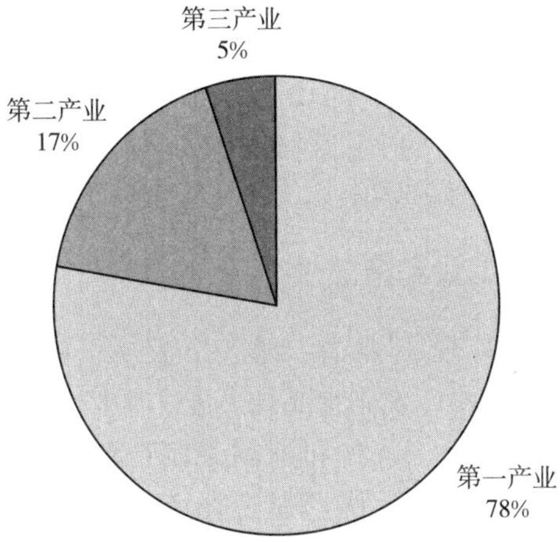

图 4 2020 年从业人员构成

期末职工人数 16 415 人，其中，在岗职工人数 10 519 人，同比下降 9%，在岗职工工资总额 57 838元，同比增长 3.7%。人均可支配收入 21 816 元，同比增长 18.99%。

二、农林牧渔业情况

（一）农林牧渔业总产值

全年实现农林牧渔业总产值 34.76 亿元，同比增长 25.7%。其中，农业总产值 26 亿元，同比增长 16.6%；牧业总产值 7.66 亿元，同比增长 92.46%；林业总产值 0.05 亿元，同比下降 9%；农林牧渔服务业产值 1.03 亿元（图 5）。农林牧渔业商品产值 28.27 亿元。

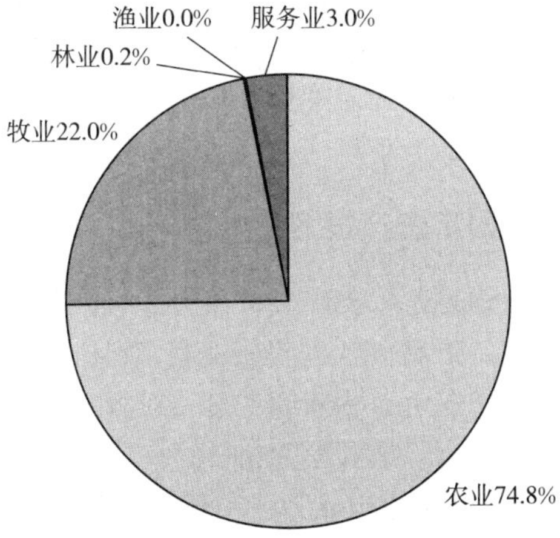

图 5 2020 年农林牧渔业总产值

（二）种植业

全年农作物总播种面积 71 903 公顷，同比增长 9.1%。其中，粮食作物 24 157 公顷，同比增加 732 公顷，增长 3%，占总播面积的 33.6%（谷物 16 954 公顷，同比减少 606 公顷，下降 3.5%；豆类 298 公顷，同比减少 22 公顷，下降 6.9%；薯类 6 906公顷，同比增加 1 360 公顷，增长 24.5%）；油料 3 418 公顷，同比增加 224 公顷，增长 7.0%；棉花 3 432 公顷，同比减少 636 公顷，下降 15.6%；药材类 5 711 公顷，同比增加 857 公顷，增长 17.6%；蔬菜瓜果 7 760 公顷，同比减少 1 300 公顷，下降 14.3%；其他作物 26 861 公顷（其中，啤酒花 669 公顷，青饲料 18 682 公顷）（表 1）。总体来看，种植结构调整方向符合疫情期间国家保障粮、油、奶、肉等刚需物资供给稳定的基本趋势。

表 1 主要作物种植面积

指标名称	面积（公顷）	同比增长（%）
小麦	3 371	−12.3
玉米	12 941	−2
薯类	6 906	24.5
油料	3 418	7.0
棉花	3 432	−15.6
蔬菜	6 843	14.0
啤酒花	669	—

全年粮食总产量 260 610 吨，与 2019 年基本持平。其中，小麦产量 18 893 吨，玉米产量 159 246 吨，薯类产量 77 585 吨。油料产量 11 181 吨，同比增长 22.6%。棉花（皮棉）产量 4 727 吨，同比下降 9%；（表 2）

表 2 主要农产品产量

指标名称	产量（吨）	同比增长（%）
小麦	18 893	−14
玉米	159 246	−1.3
薯类	77 585	5.3
油料	11 181	22.2
棉花	4 727	−9
蔬菜	452 154	−13.3
啤酒花	1 936	−4.8

（三）林果业

2020 年年末实有水果面积 2 816 公顷。其中，苹果438公顷，同比减少11公顷，下降2.4%；梨1 028公顷，同比减少256公顷，下降19.9%；红枣159公顷，同比增加3公顷，增长1.9%（表3）。

表3　主要园艺作物面积

指标名称	面积（公顷）	同比增长（%）
苹果	438	−2.4
梨	1 028	−19.9
葡萄	1 060	—
红枣	159	1.9

实际收获面积2 749公顷，总产量3.44万吨。其中，苹果1.18万吨，同比减少0.43万吨，下降26.7%；梨1.74万吨，同比减少1.89万吨，下降52%；红枣0.08万吨，同比增加0.03万吨，增长61.4%（表4）。

表4　主要园艺作物产量

指标名称	产量（吨）	同比增长（%）
苹果	11 804	−26.7
梨	17 362	−52
葡萄	4 000	41.8
红枣	752	61.4

（四）畜牧业

年末大牲畜存栏总头数3.55万头，同比增加1.9万头，增长116%。年末牛存栏3.52万头，其中，肉牛1.84万头，奶牛1.68万头；猪存栏1.04万头，同比增加0.24万头，增长30.2%；羊存栏16.78万只（其中，山羊1.39万只，绵羊15.39万只），同比增加2.49万只，增长17.4%。

全年肉类总产量1.01万吨，出售肉用牛1.37万头，肉羊14.63万只，生猪1.63万头；牛奶产量6.24万吨（表5）。

表5　牲畜存栏数和主要畜产品产量

指标名称	计量单位	产量与年末数	比上年增长（%）
大牲畜头数	万头	3.55	116
牛存栏	万头	3.52	116
羊存栏	万只	16.78	17.4
猪存栏	万头	1.04	30.2
肉类总产量	万吨	1.01	164
牛奶	万吨	6.24	18.1

（五）农业机械化、生产投入

年末农业机械总动力33.2万千瓦，同比下降6%。大中型农用拖拉机0.45万台，农用小型及手扶拖拉机0.46万台，联合收获机0.02万台。当年实际机耕面积6.5万公顷，机播面积6.3万公顷，机收面积6万公顷，综合机械化率86.79%。农用化肥施用总量3.4万吨，同比下降10.2%；地膜使用量0.27万吨，同比下降4%。有效灌溉面积7.37万公顷，其中，节水灌溉面积5.62万公顷，节水灌溉占比76.26%。

三、工业和建筑业

全年实现工业总产值17亿元，同比增长3.65%。其中，农副食品加工业7.4亿元，同比增长56.2%；酒、饮料和精制茶制造业1.01亿元，同比下降26.9%；医药制造业4.3亿元，同比下降23.9%；非金属矿物制品业1.52亿元，同比增长15.3%；电力、热力生产和供应业0.61亿元，同比下降1.8%。全年实现工业增加值5.46亿元。主要工业产品产量见表6。

表6　主要工业产品产量

指标名称	计量单位	产量	比上年增长（%）
发电量	万度	24 281	−16.5
水泥及熟料	万吨	32.96	7
饮料、酒	千升	22 378	−14.3
塑料制品	吨	6 498	27.7
农用氮、磷、钾化学肥料	吨	4 597	−27.9

建筑业稳步推进，垦区建筑企业2户，期末从业人员数573人，全年工资总额6 204万元，全年施工房屋建筑面积9.04万米^2，房屋竣工面积8.8万米^2，实现建筑业总产值10 516万元，增加值合计6 962万元。

四、固定资产投资

全年完成投资总额6.89亿元，其中，第一产业投资额3.58亿元，占投资总额52%；第二产业投资额2.26亿元，占投资总额33%；第三产业投资额1.05亿元，占投资总额15%（图6）。

投资资金来源构成为国家预算资金0.54亿元，国内贷款1.08亿元，自筹资金5.05亿元，其他资金 0.26 亿元（图 7）。当年新增固定资产 2.42 亿元。

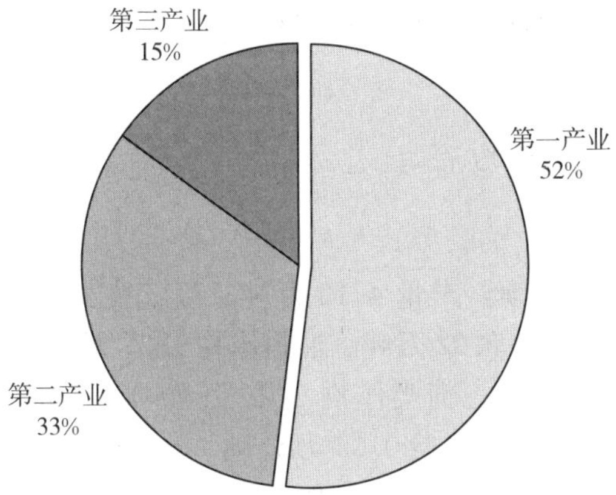

图 6　当年投资结构

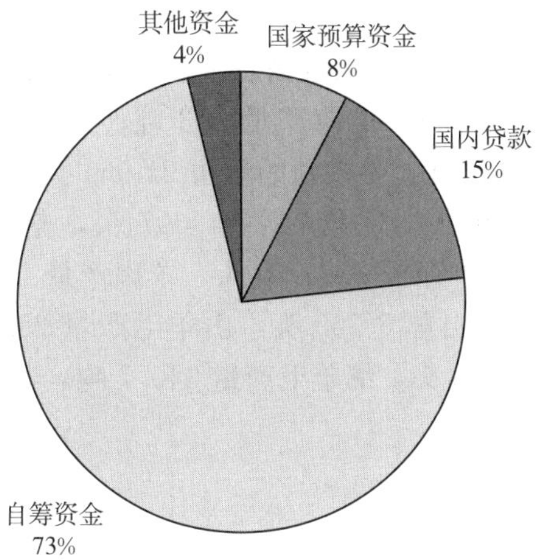

图 7　资金来源构成

五、运输业、批发零售贸易业、服务业及进出口情况

全年共完成货运量 10.2 万吨，客运量 1.07 万人，实现营业收入 1 099 万元。

年末垦区范围内批发零售贸易业、住宿餐饮业、服务业营业单位总数 220 个，拥有固定资产原值 2.02 亿元，营业用房总面积 7.69 万米^2，从业人员 795 人，全年完成商品销售额或营业收入 16.4 亿元。

全年出口供货商品总金额 1.45 亿元，比上年增加 0.93 亿元，增长 179%。其中，出口农产品 0.9 亿元，医药工业品 0.5 亿元，食品工业品 0.07 亿元。

六、绿色食品、有机食品生产、农产品地理标志情况

年末全垦区种植业绿色食品、有机食品生产、农产品地理标志认证数达 61 个。绿色食品认证数 50 个，其中，农林产品 43 个，产量 18.9 万吨；加工品 7 个，产量 1.81 万吨。有机食品认证数 9 个，其中，农林产品 8 个，产量 0.41 万吨；畜禽类产品 1 个，产量 0.04 万吨。农产品地理标志认证数 2 个，其中，农作物 1 个，认证面积 669 公顷，产量 1.26 万吨；水果 1 个，认证面积 556 公顷，产量 0.94 万吨。

青海农垦2020年经济发展统计公报

青海省农业农村厅农垦局

2020年，青海农垦认真贯彻习近平新时代中国特色社会主义思想和党的十九大及十九届历次全会精神，按照中央和农业农村部决策部署，在青海省委、省政府正确领导和支持下，持续推进改革发展，全力推进贫困农场脱贫攻坚工作，保证与全国脱贫工作同步，实现全面脱贫。着力构建现代农牧业体系，着力保障和改善民生，全年经济和各项社会事业保持平稳健康发展。

一、综合

2020年，青海垦区有国有农牧场（企业）21家，垦区全年实现生产总值5.35亿元。其中，第一产业增加值4.91亿元，第二产业增加值0.13亿元，第三产业增加值0.31亿元。一、二、三产业增加值占生产总值比重分别为91.8%、2.4%、5.8%。

2020年，垦区年末总人口45 019人，农场人口34 728人。从业人员19 691人，其中，第一产业15 238人，第二产业87人，第三产业4 366人。垦区居民人均可支配收入15 405元，比上年增加2 297元，增长17.5%。2020年，职工期末人数7 233人，职工工资总额22 326.19万元，职工人均工资收入30 867元，比上年增长13.4%。

全省农垦国有土地总面积为833.98万亩，其中，农用地面积674.75万亩，耕地面积47.64万亩，建设用地面积4.20万亩，未利用地面积155.83万亩。已累计完成权籍调查面积817.14万亩，权籍调查率98.0%，已完成确权发证面积807.65万亩，确权发证率96.65%。

二、农业

2020年，全年农作物播种面积3.45万公顷，粮食作物1.43万公顷，粮食产量5.05万吨，其中，小麦0.12万公顷，产量0.64万吨；其他谷物1.28万公顷，产量4.12万吨；豆、薯类0.03万公顷，产量0.22万吨。油料作物1.37万公顷，产量1.61万吨；糖类作物0.02万公顷，产量0.26万吨；蔬菜、瓜类0.03万公顷，产量1.86万吨；药材类0.28万公顷；其他作物0.32万公顷。

三、畜牧业

2020年年末，大牲畜总头数46 553头，其中，肉牛22 311头，牛肉产量513吨；奶牛206头，牛奶产量20吨；能繁殖的母畜21 964头，当年生仔畜6 859头。生猪存栏4 007头，猪肉产量237.8吨。羊存栏232 986头，羊肉产量1 302.07吨，其中，山羊5 360头，山羊毛产量28.72吨；绵羊227 626头，绵羊毛产量340.7吨，羊绒产量8吨。

四、林业

全年造林面积2 443公顷，其中，经济林916公顷；防护林1 527公顷。成林抚育面积965公顷。

五、固定资产投资

全年完成固定资产投资总额11 050.27万元，比上年增长20.65%。投资构成为：第一产业投资10 580.27万元，增长56.7%，占总投资额的95.75%；第三产业投资470万元，下降80.5%，占总投资额的4.25%。

六、农垦科研情况

年末垦区科研单位从业人员976人，其中，科技人员83人。用于科研的经费348.64万元，其中，政府拨款220万元，企业自筹128.64万元。

宁夏农垦2020年经济发展统计公报

宁夏农垦集团有限公司

2020年是深入贯彻落实习近平新时代中国特色社会主义思想的重要一年。面对新冠肺炎疫情和自然灾害影响，宁夏农垦在农业农村部农垦局、宁夏党委、政府的总体工作部署下，坚持以党的十九大精神和习近平总书记视察宁夏重要讲话精神为指引，坚持稳中求进工作总基调，坚持新发展理念，以供给侧结构性改革为主线，加快高质量发展，统筹抓好稳增长、促改革、调结构、惠民生、防风险各项工作，坚定信心、砥砺前行，为打造全国一流大型国有现代农业集团奠定坚实基础。

一、综合

2020年，宁夏农垦经济实力进一步增强。全年实现农垦生产总值（现价，下同）27.69亿元，比上年增长3.8%。其中，第一产业增加值16.4亿元，增长13%；第二产业增加值6.34亿元，下降6.2%；第三产业增加值4.95亿元，下降8.2%。一、二、三产业增加值构成比例为59∶23∶18（2019年比例为54∶25∶21）。

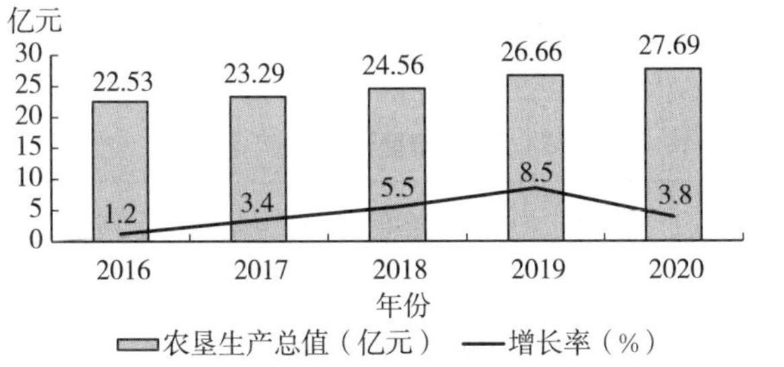

图1　2016—2020年农垦生产总值及增长速度

2020年，垦区家庭人均纯收入24 880元，比上年增加1 348元，增长5.7%，是全区农村居民人均纯收入13 889元的1.8倍，是全区城镇居民人均可支配收入35 720元的69.7%。垦区职均收入41 086元，比上年增加1 764元，增长4.5%。

2020年，垦区总户数42 048户，总人口122 739人，其中，达到小城镇规模的农场14个。年末单位从业人员人数10 222人，其中，职工人数9 056人。离退休职工21 939人。年末单位从业人员工资总额50 825万元，职工人均工资收入48 913元，比上年增长4.3%。

二、农业

2020年，宁夏农垦优化调整农业结构，在保障粮食安全的情况下，加快粮改饲步伐，通过扩大苜蓿和青贮玉米等饲草的种植面积，全力保障养殖产业饲草供给需求，全年实现农林牧渔业总产值39.15亿元（现价，下同），比上年增长17.3%，其中，种植业18.97亿元，增长14.3%；林业0.20亿元，下降63.6%；牧业18亿元，增长25.6%；渔业0.92亿元，增长5.7%；服务业1.05亿元，增长1%。

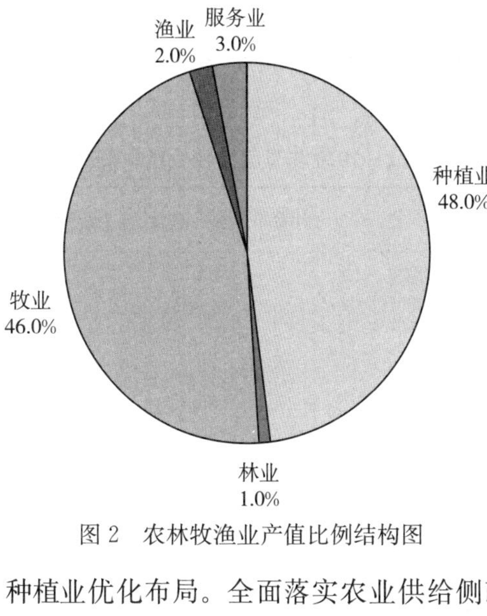

图2　农林牧渔业产值比例结构图

种植业优化布局。全面落实农业供给侧改革，调整优化作物结构，初步确立了优质粮食、优质牧草、现代种业、特色经果林、绿色瓜菜5个特色种植业格局。2020年农作物总播种面积64.6万亩，比上年减少1.2万亩，下降1.8%。全年粮食播种面积47.5万亩，比上年减少0.4万亩，下降0.8%。其中，夏粮播种面积1.3万亩，下降13.3%；秋粮播种面积46万亩，下降0.6%。春小麦播种面积1.3万亩，下降13.3%；水稻播种面积15.1万亩，下降7.9%；玉米播种面积30.9万亩，增长3.3%。

全年粮食总产量38.16万吨，增幅2.4%，占自治区粮食总产量380.49万吨的10%（表1）。其中，夏粮产量0.61万吨，下降9.8%；秋粮产量37.55万吨，增幅2.6%。

表1 2020年垦区种植业基本情况表

产品	产量（吨）	比上年增长（%）
粮食产量	381 552	2.4
其中：小麦	6 056	−9.8
水稻	95 846	−5.9
玉米	279 200	5.9
油料	295	−81.8
蔬菜	68 977	−1.6
水果	31 151	45.1
其中：葡萄	21 863	−35.6

畜牧业扩规增效。垦区坚持种养结合、草畜配套一体化发展。全年实现畜牧业总产值18亿元，比上年增长14%，年末奶牛存栏7.6万头，增长28.5%，占总存栏数的80.7%；国有奶产量31.7万吨，增长14.4%，盈利1.6亿元（表2）。中流砥柱作用充分发挥，有力促进垦区畜牧业的发展。

表2 2020年垦区畜牧业基本情况

产品或存栏	计量单位	产量	比上年增长（%）
年末大牲畜存栏	头	94 583	29.5
年末牛存栏	头	94 583	29.5
其中：奶牛	头	76 337	28.5
年末羊存栏	只	85 625	8
其中：山羊	只	20 651	−9.1
绵羊	只	64 974	14.9
猪年末存栏	头	19 925	−16.1
其中：能繁母猪	头	2 165	−18.4
当年牲畜出栏			
其中：牛出栏	头	32 430	50.3
羊只出栏	只	60 276	14.4
生猪出栏	头	23 550	−46.9
家禽出栏	百只	13 939	−33.7
肉类总产量	吨	10 231	−12.1

（续）

产品或存栏	计量单位	产量	比上年增长（%）
其中：猪肉产量	吨	1 535	−46.2
牛肉产量	吨	5 549	−5.7
羊肉产量	吨	1 154	39.4
禽肉产量	吨	1 991	−42.3
牛奶产量	吨	317 127	14.4
禽蛋产量	吨	1 824	24.6

水产养殖业保持稳定。年末养殖面积6.6万亩，与上年持平，全年水产品产量8 927吨，增长9.5%。

全年植树造林面积3 015亩，其中，非林业用地造林面积3 015亩。当年零星植树3.86万株。

2020年，垦区不断完善农机标准体系建设，农作物综合机械化水平达97%。年末农业机械总动力32.16万千瓦，减少2.6%；拥有大中型拖拉机2 622台，小型拖拉机1 469台，播种机458台，排灌动力机械1 446台，联合收割机479台，农用运输车1 732台。

三、工业和建筑业

农垦工业稳步发展。年末垦区工业企业个数46个，其中，国有及年销售收入2 000万元以上的工业企业4个。全年实现工业增加值5.07亿元，下降7.5%，占第二产业增加值的80%，其中，宁夏西夏嘉酿啤酒有限公司实现工业增加值3.85亿元，增长5.5%，占工业增加值60.6%。2020年垦区工业产品产量见表3。

表3 2020年垦区工业产品产量

产　品	计量单位	产量	比上年增长（%）
鲜肉	吨	1 201	−5.7
乳制品	吨	35 025	2.5
其中：酸奶	吨	1 725	71
饮料酒	千升	209 578	−2.4
其中：啤酒	千升	199 605	−5.3
白酒	千升	689	18.4
葡萄酒	千升	3 152	−0.8
其中：西夏王	千升	1 237	−28.7
混配合饲料	吨	65 357	38.7
大米	吨	8 667	−6.9

2020年年末，建筑企业17个，从业人员1 692人，全年实现建筑业增加值1.27亿元，比上年下降1%，占第二产业增加值的20%。当年房屋建筑施工面积25万米^2。

四、固定资产投资

2020年完成固定资产投资总额10.2亿元，比上年增长23%（图3）。其中，国有投资10.1亿元，增长27.9%，主要是项目建设投资。在当年固定资产投资中，基本建设完成投资9.4亿元，增长13.8%，占总投资额的87%；更新改造完成投资1.4亿元，增长162.8%，占总投资的13%。

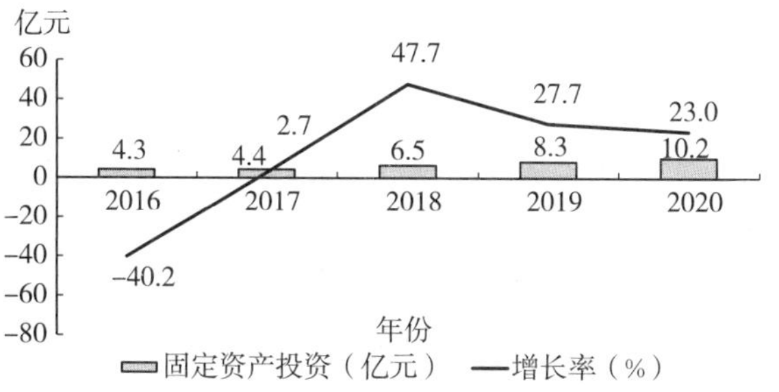

图3 2015—2019年全社会固定资产投资及增长速度

奶业公司完成配套粪污处理设施工程、白土岗奶牛场养殖场扩建项目等项目，共计2.43亿元；宁夏平吉堡示范园区至G110道路、污水处理厂、蓄水池等，共计1.16亿元；沙湖完成湖区水质内循环净化工程、建设贵宾码头景观区等项目，共计0.5亿元；农垦建设实业完成金地花园B区、C区，以及兴夏苑北区项目建设，共计1.5亿元。

五、交通运输业、批零贸易业、住宿和餐饮业、旅游业、房地产业及出口商品

2020年，全年拥有载货汽车341辆，载客汽车507辆，实现货运量154万吨，客运量317万人；实现营业收入9 691万元。

年末批零贸易业、住宿和餐饮业营业单位总数1 604个，从业人员4 449人，拥有固定资产原值30 761万元，营业用房面积9.7万米^2，实现社会消费品零售额39 479万元，比上年下降4.1%，其中，批发零售贸易业29 808万元，下降1.4%；住宿餐饮业9 671万元，下降11.3%。

宁夏农垦沙湖景区全年接待游客52万人次，实现旅游收入10 114万元，缴纳税金655万元。2020年，新冠肺炎疫情对整个旅游市场造成巨大冲击，对旅游行业的影响最为严重，导致2020年度整体收入与上年同期收入相对下降37%。

垦区国有房地产开发企业全年销售房屋、储藏间、车位销售共计758套，8.86万米^2，与上年相比增加469套，面积增加4.98万米^2。实现营业收入8.7亿元，同比增长56%；

2020年，垦区出口商品主要是供港蔬菜，年末商品出口总金额9 873万元，出口蔬菜23 553吨。

六、绿色、有机食品、无公害农产品

2020年年末，垦区绿色、有机、无公害农产品认证数35个，带动4 818户农户，其中，蔬菜2个，带动农户435人，绿色A级种植面积60公顷，产量5 720吨；水果3个，带动农户158人；西夏啤酒7个；西夏王葡萄酒9个，带动农户3 615人；灵农猪肉1个，带动农户245人，产量1 201吨；沙湖水产品6个。

七、科研

年末农垦科研单位1个；科研职工7人，其中，科研人员6人。

八、非国有经济

2020年，垦区非国有经济实现生产总值10.03亿元，比上年增长23.1%，占垦区经济总量的30.6%。其中，第一产业增加值6.26亿元；第二产业增加值1.06亿元；第三产业增加值2.71亿元。各产业在非国有经济中的构成比例为47∶19∶34。年末非国有经济单位个数7 823个，从业人员22 165人，从业人员总收入46 035万元，实现利润9 222万元。

新疆生产建设兵团2020年经济发展统计公报

新疆生产建设兵团统计局
国家统计局兵团调查总队

2020年是极不平凡的一年。面对复杂的国内外环境，特别是受突如其来的新冠肺炎疫情严重冲击，兵团上下坚持以习近平新时代中国特色社会主义思想为指导，坚决贯彻落实党的十九大和十九届二中、三中、四中、五中全会精神，坚决贯彻落实中央经济工作会议和第三次中央新疆工作座谈会精神，全面贯彻新时代党的治疆方略，牢牢扭住新疆工作总目标，聚焦兵团职责使命，坚决贯彻落实党中央关于兵团深化改革决策部署，坚持稳中求进工作总基调，深入贯彻新发展理念，统筹疫情防控和经济社会发展，扎实做好"六稳"工作，全面落实"六保"任务，经济运行逐季向好、好于预期。

一、综合

全年兵团生产总值2 905.14亿元，比上年增长4.5%（图1）。其中，第一产业增加值673.77亿元，增长6.4%；第二产业增加值1 026.60亿元，增长7.5%；第三产业增加值1 204.77亿元，增长0.5%。第一产业增加值占生产总值的比重为23.2%，第二产业增加值占生产总值的比重为35.3%，第三产业增加值占生产总值的比重为41.5%（图2）。

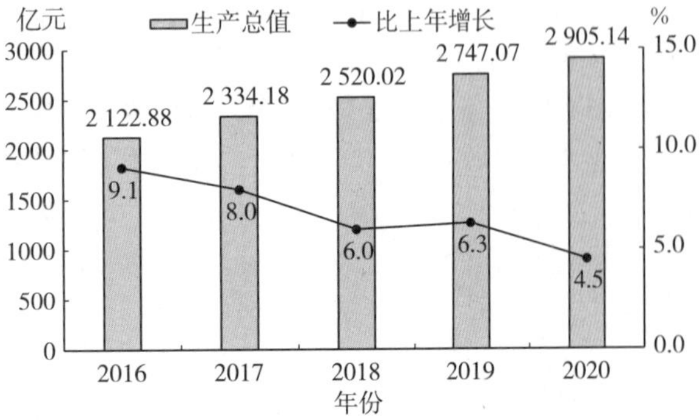

图1　2016—2020年兵团生产总值及其增长速度

全年兵团城镇新增就业8.36万人（图3）。城镇登记失业率为2.65%。全年兵团完成各类职业技能培训17.3万人（次）。引进外国专家项目6项，引进专家11人（次）。

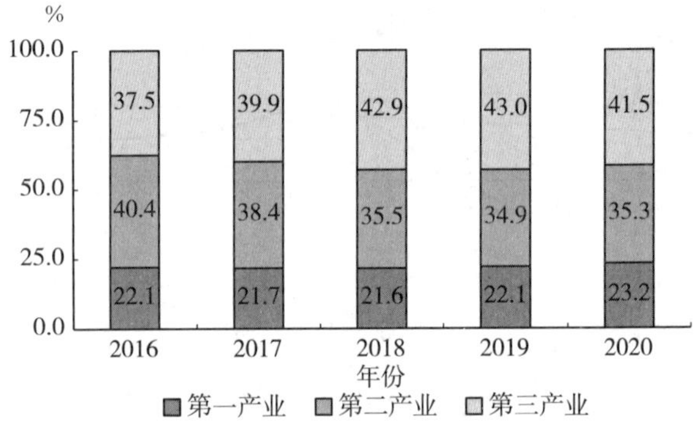

图2　2016—2020年三次产业增加值占生产总值比重

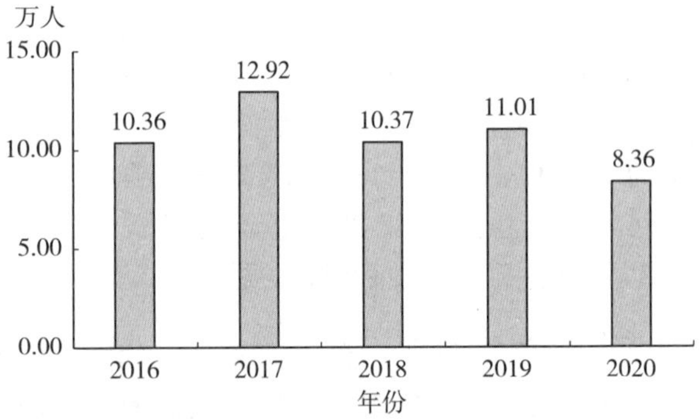

图3　2016—2020年城镇新增就业人数

全年新疆居民消费价格比上年增长1.5%，其中，食品烟酒价格增长4.5%，居住价格增长2.1%（表1）。新疆农业生产资料价格增长6.2%。

表1　2020年新疆居民消费价格比上年涨跌幅度

指　　标	比上年涨跌幅度（%）
居民消费价格	1.5
其中：城市	1.3
农村	2.0
其中：食品烟酒	4.5
衣着	−0.6

（续）

指　　标	比上年涨跌幅度（%）
居住	2.1
生活用品及服务	−0.5
交通和通信	−3.2
教育文化和娱乐	0.6
医疗保健	0.4
其他用品和服务	2.6

全年兵团工业生产者出厂价格比上年增长0.1%。工业生产者购进价格下降1.3%。兵团农产品生产者价格增长4.1%。

全年兵团新增玛滩镇、塔门镇、梨花镇、昌安镇、塔南镇、新开岭镇、河畔镇、高桥镇、天湖镇、开泽镇、米兰镇、金山镇、南屯镇、永安镇、海安镇、唐驿镇、金胡杨镇、金梁镇、金屯镇和迎宾街道办事处、天骄街道办事处、龙疆街道办事处、军垦街道办事处，共计19个建制镇、4个街道办事处。年末兵团管理的自治区直辖县级市10个、建制镇56个、街道办事处19个。

供给侧结构性改革继续深化。年末兵团规模以上工业企业资产负债率为63.4%，比上年年末下降1.1个百分点。全年兵团教育、水利环境和公共设施管理业固定资产投资（不含农户）分别比上年增长95.8%和57.2%。"放管服"改革持续深化，微观主体活力不断增强。全年兵团新登记市场主体34 906户，日均登记96户，年末兵团市场主体总数达179 730户，比上年年末增长19.3%。

兵团全力防范、化解政府债务风险，截至年末，累计发行588.7亿元政府债券，对兵团深化改革前的历史存量政府债务进行置换。全年发行政府新增债券152亿元。

脱贫攻坚战取得全面胜利，消除了绝对贫困。全年兵团贫困人口人均纯收入12 556元，比2019年增加2 606元，增长26.2%。全面消除6 000元以下的脱贫不稳定户和边缘易致贫户。贫困人口基本医疗保险、大病保险参保率达100%。全面实现"两不愁三保障"。

节能降耗成效明显。全年兵团规模以上工业综合能源消费量比上年下降1.5%，降幅比上年收窄2.7个百分点。规模以上工业电力生产中，水电、风电、太阳能等清洁能源产量所占比重为10.3%，比上年提高0.7个百分点。

新动能保持较快发展。全年规模以上工业中，战略性新兴产业增加值比上年增长24.1%。高技术制造业增加值增长51.9%。装备制造业增加值增长29.1%。全年限额以上商品零售中，通过公共网络实现的商品销售额1.62亿元，比上年增长33.7%。

兵团南疆师市发展取得新成效。全年南疆师市生产总值比上年增长4.9%。规模以上工业增加值比上年增长8.1%。固定资产投资比上年增长28.5%，其中，基础设施投资增长35.0%，民生投资增长40.0%，卫生和社会工作投资增长1.2倍。社会消费品零售总额比上年下降16.7%。

二、农业

全年农作物播种面积1 415.27千公顷（2 122.91万亩），比上年增长2.2%。其中，粮食面积259.9千公顷（389.84万亩），增长12.7%；棉花面积865.31千公顷（1 297.97万亩），下降0.4%；油料面积59.77千公顷（89.66万亩），下降13.0%；甜菜面积16.41千公顷（24.62万亩），下降8.4%；蔬菜面积（含菜用瓜）65.72千公顷（98.58万亩），增长8.7%；园林水果面积190.92千公顷（286.38万亩），下降3.1%。

农作物精量半精量播种面积1 222.24千公顷（1 833.36万亩），比上年增长2.27%。其中，棉花精量播种面积860.89千公顷（1 291.34万亩），增长2.1%。

全年粮食产量241.44万吨，比上年增长4.8%；棉花产量213.41万吨，增长5.2%（棉花产量占全国的36.1%，占自治区的41.4%）；油料产量23.87万吨，下降8.9%；甜菜产量146.89万吨，下降1.0%；蔬菜产量481.3万吨，增长15.4%，其中，工业用番茄201.03万吨，增长30.2%（图4）。

年末猪牛羊存栏648.47万头（只），比上年增长2.0%。其中，牛52.58万头，增长0.2%；猪229.63万头，增长29.5%；羊366.26万只，下降9.8%。年内猪牛羊出栏928.6万头（只），比上年下降1.8%。全年猪牛羊禽肉类总产量48.87万吨，比上年增长1.6%。禽蛋产量15.06万吨，比上年增长5.9%。牛奶产量73.82万吨，比上年下降4.8%。

全年水果产量464.95万吨，比上年增长9.3%。其中，红枣208.06万吨，增长3.9%；葡

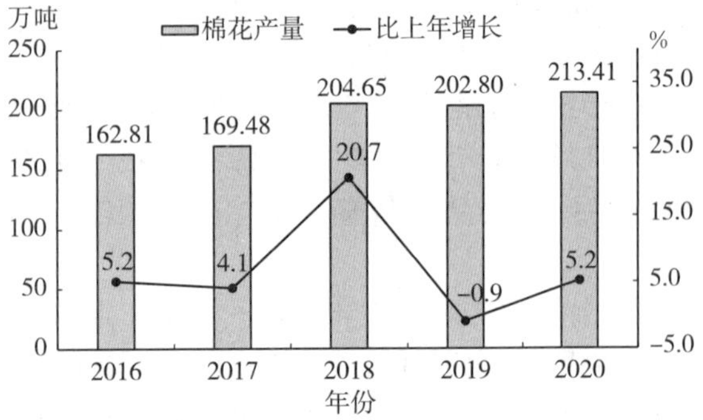

图 4　2016—2020 年棉花产量及其增长速度

萄 85.76 万吨，增长 1.5%；香梨 64.79 万吨，增长 33.9%；苹果 78.53 万吨，增长 14.3%。全年核桃产量 5.20 万吨，比上年增长 9.7%。

全年水产品产量 6.11 万吨，比上年增长 13.4%。

种植业耕种收综合机械化率 95.2%。采棉机 2 760台，机采棉面积 786.67 千公顷（1 180 万亩），棉花机采率 90.9%。

全年畜禽粪污综合利用率 86.36%，规模养殖场粪污处理设施装备配套率 98.51%，大型规模养殖场粪污处理设施装备配套率 100%。

年末国家级兵团级农业产业化重点龙头企业 107 家。其中，国家级 18 家，兵团级 89 家。销售收入（交易额）超 50 亿元的有 6 家，超 30 亿元有 9 家，超 10 亿元有 20 家。已创建 2 个国家级现代农业产业园、5 个全国农业产业强镇、1 个优势特色产业集群，累计创建 50 个全国“一村一品”示范村镇。

三、工业和建筑业

全年工业增加值 705.04 亿元，比上年增长 7.5%（图 5）。规模以上工业增加值增长 7.7%。在规模以上工业企业中，分经济类型看，国有控股企业增加值增长 6.1%，股份制企业增长 5.6%，外商及港澳台商投资企业增长 75.5%，私营企业增长 6.6%。分门类看，采矿业下降 2.1%，制造业增长 6.9%，电力、热力、燃气及水生产和供应业增长 11.6%。分轻重工业看，轻工业增长 4.8%，重工业增长 8.9%。

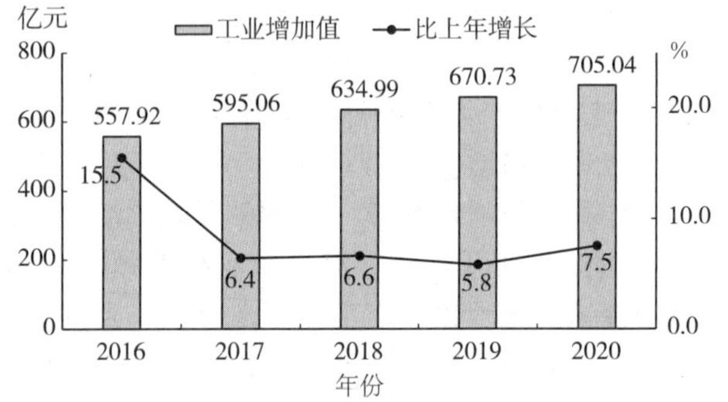

图 5　2016—2020 年全部工业增加值及其增长速度

全年规模以上工业中，煤炭开采和洗选业增加值比上年下降 6.6%，农副食品加工业增长 7.0%，食品制造业增长 13.6%，酒饮料和精制茶制造业下降 15.6%，纺织业增长 12.8%，石油、煤炭及其他燃料加工业增长 15.6%，化学原料及化学制品制造业增长 2.6%，非金属矿物制品业增长 13.1%，黑色金属冶炼和压延加工业增长 8.4%，有色金属冶炼及压延加工业下降 0.2%，电力、热力生产和供应业增长 12.6%。六大高耗能行业增加值比上年增长 8.5%，占规模以上工业增加值的比重为 63.6%。2020 年主要工业产品产量及其增长速度见表 2。

表 2　2020 年主要工业产品产量及其增长速度

产品名称	计量单位	绝对数	比上年增长（%）
原煤	万吨	740.11	−6.0
发电量	亿千瓦·时	914.80	7.2
其中：火电	亿千瓦·时	813.21	7.1
水电	亿千瓦·时	16.01	4.7
风电	亿千瓦·时	44.68	11.7
太阳能	亿千瓦·时	40.90	9.1
精制食用植物油	万吨	41.69	−11.8
乳制品	万吨	27.52	0.3
罐头	万吨	42.64	14.7
饮料酒	万千升	11.43	−35.4

（续）

产品名称	计量单位	绝对数	比上年增长（%）
软饮料	万吨	25.99	−11.3
纱	万吨	68.39	6.7
布	亿米	1.72	6.0
机制纸及纸板	万吨	11.99	−8.2
农用氮、磷、钾化学肥料（折纯）	万吨	37.68	−16.5
初级形态的塑料	万吨	147.35	4.6
塑料制品	万吨	69.14	−7.8
硅酸盐水泥熟料	万吨	820.32	−10.4
水泥	万吨	1 046.37	−9.4
钢材	万吨	194.13	11.6
原铝（电解铝）	万吨	265.52	−1.4

年末兵团规模以上工业发电装机容量 2 169 万千瓦，比上年年末增长 8.9%。其中，火电装机容量 1 689 万千瓦，比上年年末增长 11.0%；水电装机容量 43 万千瓦，增长 12.6%；并网风电装机容量 173 万千瓦，与上年持平。

全年规模以上工业企业产品销售率 94.1%；完成工业品出口交货值 25.38 亿元，比上年下降 19.4%。

全年规模以上工业企业利润 136.43 亿元，比上年增长 56.9%。分经济类型看，国有控股企业利润 6.03 亿元，由亏转盈；股份制企业 122.11 亿元，增长 47.4%，外商及港澳台商投资企业 14.39 亿元，增长 4.7 倍；私营企业 10.30 亿元，增长 33.3%。分门类看，采矿业利润亏损 1.48 亿元，比上年增亏 0.89 亿元；制造业 115.04 亿元，比上年增长 39.4%；电力、热力、燃气及水生产和供应业 22.87 亿元，增长 3.6 倍。全年规模以上工业企业每百元营业收入中的成本为 84.87 元，比上年减少 1.80 元；营业收入利润率为 6.40%，提高 2.29 个百分点。

年末兵团共有各类开发区 22 个，其中，国家级经济技术开发区 3 个，国家级高新技术产业开发区 1 个，国家级经济开发区兵团分区 2 个，兵团级工业园区 15 个，准东产业园区 1 个。

全年全社会建筑业增加值 321.91 亿元，比上年增长 7.5%（图 6）。资质内建筑业企业中，各类建筑施工单位签订合同额 1 889.57 亿元，比上年增长 16.1%。

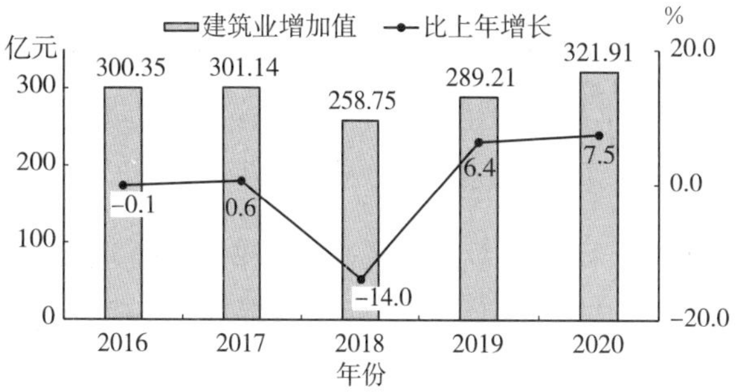

图 6　2016—2020 年全社会建筑业增加值及其增长速度

四、服务业

全年批发和零售业增加值 225.19 亿元，比上年下降 1.9%；交通运输、仓储和邮政业增加值 87.51 亿元，下降 14.5%；住宿和餐饮业增加值 49.36 亿元，下降 17.5%；金融业增加值 147.03 亿元，增长 7.5%；房地产业增加值 80.43 亿元，增长 1.4%；其他服务业增加值 573.16 亿元，增长 5.5%。全年规模以上服务业企业营业收入比上年增长 2.0%，营业利润比上年下降 29.9%。2016—2020 年服务业增加值及其增长速度见图 7。

年末兵团公路通达里程 37 900 公里。其中，一级 613.7 公里，二级 5 088.8 公里，三级 6 112.2 公里，四级 14 195.5 公里，等外级 11 889.8 公里。全年新改建二级以上公路 1 044.2 公里，新改建通营、连公路 801.5 公里。

年末兵团辖区内经营性道路客运车辆 1 021 辆，经营性道路货运车辆 21 382 辆。

年末新疆通用航空有限责任公司执管飞机 42

架。全年总飞行时间4 153小时，起落4 602架次。其中，用于农林牧业飞行1 962小时，作业处理土地面积43.3千公顷（65万亩）；工业飞行472小时；公务飞行566小时；短途运输1 152小时。

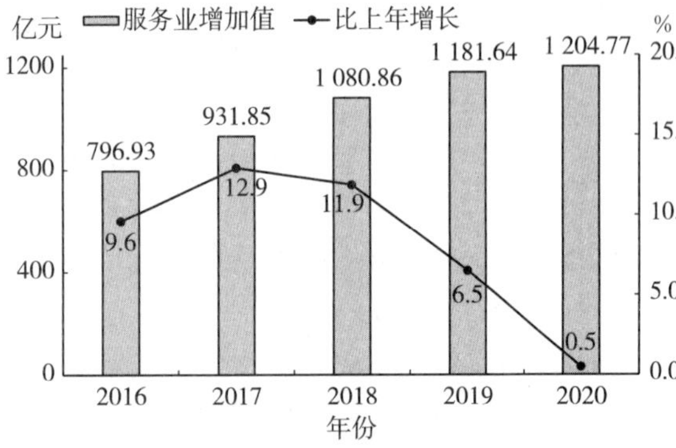

图7　2016—2020年服务业增加值及其增长速度

年末兵团城市固定宽带家庭普及率109.3%。师市光网及4G网络覆盖率100%，连队覆盖率99%。已建成5G基站1 003座。

五、国内贸易

全年社会消费品零售总额699.33亿元，比上年下降10.7%（图8）。按经营地统计，城镇消费品零售额612.85亿元，比上年下降12.0%；乡村（连队）零售额86.48亿元，下降0.8%。按消费类型统计，商品零售额561.35亿元，比上年下降10.2%；餐饮收入额137.98亿元，下降12.8%。

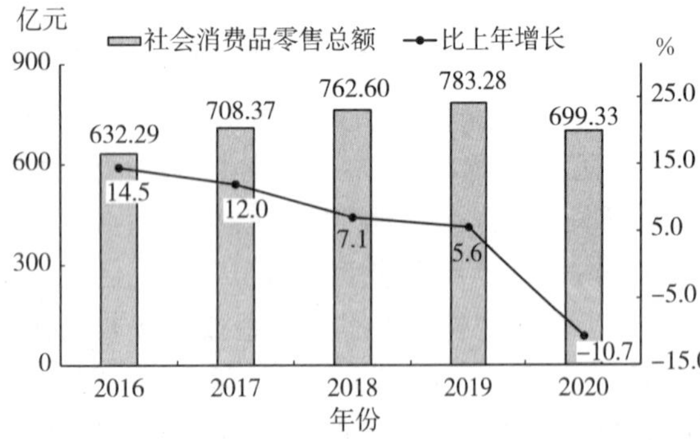

图8　2016—2020年社会消费品零售总额及其增长速度

在限额以上单位（企业）商品零售额中，粮油食品零售额比上年下降6.8%，饮料类下降21.6%，烟酒类增长3.1%，服装、鞋帽、针纺织品类下降23.3%，化妆品类增长6.8%，金银珠宝类下降34.5%，日用品类下降7.6%，家用电器和音像器材类下降29.4%，中西药品类下降6.1%，文化办公用品类下降19.1%，家具类增长1.2%，建筑及装潢材料类下降1.2%，汽车类增长3.8%，石油及制品类下降11.4%。

六、固定资产投资

全年固定资产投资（不含农户）比上年增长22.4%，其中，民间投资增长23.6%。分产业看，第一产业投资比上年增长87.1%；第二产业投资增长11.4%；第三产业投资增长26.2%，三次产业投资占固定资产投资（不含农户）比重见图9。分区域看，南疆师市投资增长28.5%，北疆师市投资增长20.1%。分领域看，基础设施投资增长36.7%，民生投资增长25.6%，六大高耗能行业投资增长2.0%。

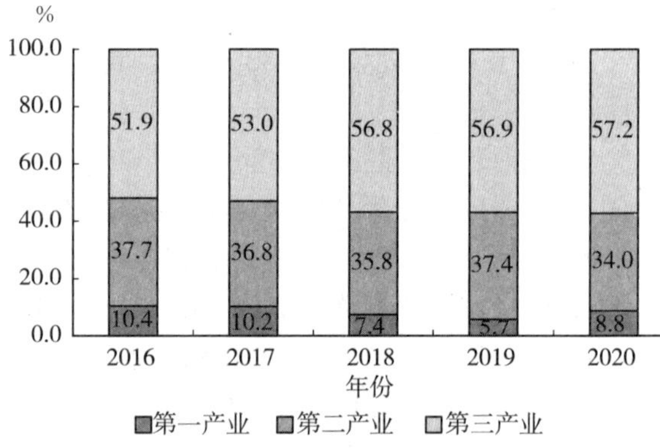

图9　2016—2020年三次产业投资占固定资产投资（不含农户）比重

全年工业投资比上年增长11.3%。其中，制造业投资比上年下降5.1%；电力、热力、燃气及水的生产和供应业投资增长55.8%。全年交通运输、仓储和邮政业投资增长13.1%（表3）。

表3　2020年各行业固定资产投资（不含农户）增长速度

行　业	比上年增长（%）	行　业	比上年增长（%）
总计	22.4	金融业	60.0
农、林、牧、渔业	87.1	房地产业	11.2
采矿业	19.4	租赁和商务服务业	33.7
制造业	−5.1	科学研究和技术服务	30.6

（续）

行　业	比上年增长（%）	行　业	比上年增长（%）
电力、热力、燃气及水生产和供应业	55.8	水利、环境和公共设施管理业	57.2
建筑业	278.0	居民服务、修理和其他服务业	−0.2
批发和零售业	−5.1	教育	95.8
交通运输、仓储和邮政业	13.1	卫生和社会工作	59.6
住宿和餐饮业	9.9	文化、体育和娱乐业	81.8
信息传输、软件和信息技术服务业	−52.1	公共管理、社会保障和社会组织	−16.6

全年房地产开发投资149.24亿元，比上年增长3.0%。商品房销售面积336.54万米^2，比上年下降4.5%。其中住宅300.98万米^2，比上年增长4.9%。年末商品房待售面积357.68万米^2，比上年增长59.7%。商品房销售额175.21亿元，下降2.5%。

全年实施棚户区改造5 532户。实施农户危房改造5 000户，其中实施城镇老旧小区改造53个。

固定资产投资资金来源（计划投资5 000万元以上项目）总额833.4亿元，比上年增长35.9%。其中，本年资金816.58亿元，比上年增长38.6%。本年资金来源中，国家预算内资金278.15亿元，比上年增长145.3%；国内贷款50.57亿元，增长32.7%；自筹资金409.58亿元，增长5.2%；其他资金36.7亿元，增长32.6%。

全年新增固定资产290.57亿元，比上年下降29.4%。

全年实施招商引资项目2 096个，形成实物量786.2亿元。其中，新建项目1 543个，形成实物量458.3亿元；工业项目942个，形成实物量431.1亿元；团场实施招商引资项目1 127个，形成实物量294.6亿元；实施招商引资重大项目（南疆师市5亿元以上、北疆师市10亿元以上）89个，形成实物量228.1亿元。

兵团与13个援疆省份进行产业合作，全年开工287个援疆项目，计划总投资32.4亿元，其中，援疆资金25.3亿元，累计完成投资26.8亿元，到位援疆资金25.3亿元。南疆4个师援疆项目完成投资15.8亿元，到位援疆资金13.9亿元；北疆9个师（不含十一师）完成投资11.0亿元，到位援疆资金11.4亿元。

七、财政金融

全年兵团公共财政预算收入预计完成1 357.45亿元，比上年增长2.1%。其中，一般公共预算收入153.28亿元，比上年增长7.1%。全年兵团实际完成地方税收收入91.64亿元，增长0.9%。全年兵团一般公共预算支出1 166.80亿元，增长0.7%。

年末兵团辖区社会融资规模达3 667.25亿元，同比增长9.05%，高于上年同期6.21个百分点；各项存款余额3 820.76亿元，比年初增加555.03亿元，增长17%，高于上年同期5.7个百分点，高于自治区10.56个百分点。其中，个人存款余额比年初增加489.67亿元，同比多增385亿元；单位存款比年初增加64.94亿元（不含财政性存款和其他存款），同比少增22.58亿元。兵团辖区各项贷款余额3 082.84亿元，比年初增加404.30亿元，增长15.09%，高于上年同期10.79个百分点，高于自治区3.49个百分点。其中，个人贷款余额比年初增加67.19亿元，同比少增32.51亿元；单位贷款余额比年初增加299.28亿元（不含票据融资），同比多增290.64亿元。民营企业贷款余额1 093.95亿元，比年初增长26.24%；国有及国有控股企业贷款余额1 276.9亿元，增长5.09%；小微企业贷款余额548.01亿元，增长13.02%。兵团农户小额贷款投放共计181.31亿元，其中，兵团职工身份地投放贷款84.38亿元。

兵团存贷比为80.69%，不良贷款余额35.64亿元，比年初增加5.58亿元，不良率1.16%。

年末中国农业银行兵团分行各项本外币存款余额1 487.46亿元，比年初增长5.68%。其中，个人存款余额799.81亿元，比年初增长16.12%；单位存款余额681.89亿元，比年初下降4.43%；同业存款余额5.76亿元，比年初增长10.58%。年末本外币各项贷款余额725.77亿元，比年初增长12.02%。其中，个人贷款余额152.46亿元，比年初增长19.86%；单位贷款余额467.3亿元，比年初增长 9.49%；贸易融资 58.16 亿元，比年初增长 11.65%；贴现及转贴现净值 47.85 亿元，增长 14.36%。

八、居民收入消费和社会保障

全年兵团居民人均可支配收入 34 435 元，比上年增长 3.1%，扣除价格因素，实际增长 1.6%（图 10）。按常住地分，城镇居民人均可支配收入 40 931 元，比上年增长 0.5%，扣除价格因素，实际下降 0.8%；连队居民人均可支配收入 24 516 元，比上年增长 11.5%，扣除价格因素，实际增长 9.3%。

图 10　2016—2020 年兵团居民人均可支配收入及增长速度

全年兵团居民人均消费支出 19 875 元，比上年下降 7.5%。按常住地分，城镇居民人均消费支出 20 867 元，比上年下降 14.1%；连队居民人均消费支出 18 359 元，增长 7.3%。居民家庭恩格尔系数为 32.0%，比全国水平高 1.8 个百分点，其中，城镇为 32.2%，连队为 31.7%。2020 年兵团居民人均消费性支出及构成见图 11。

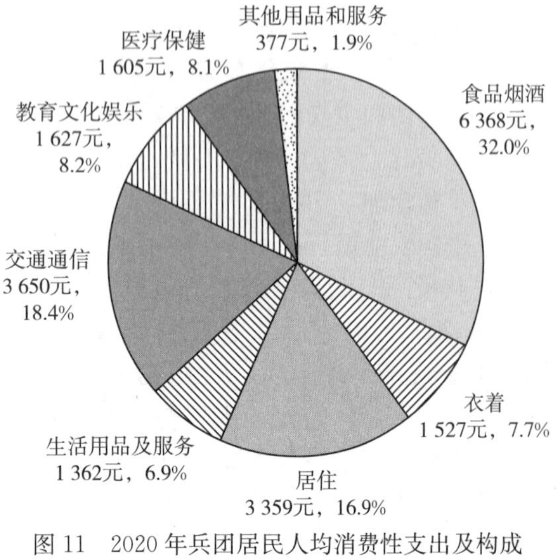

图 11　2020 年兵团居民人均消费性支出及构成

年末兵团参加基本养老保险人数为 199.96 万人，比上年增加 4.34 万人，其中，参加城镇职工基本养老保险人数为 180.55 万人，增加 3.61 万人；参加城乡居民基本养老保险人数为 19.41 万人，增加 0.73 万人。城乡居民基本养老保险基础养老金标准月人均提高至 145 元，机关事业单位和企业退休人员养老金待遇月人均提高 192 元。参加基本医疗保险人数为 258.13 万人，比上年增加 3.1 万人，增长 1.22%。其中，参加职工基本医疗保险人数 145.92 万人，比上年增加 2.88 万人，增长 2.01%；参加城乡居民基本医疗保险人数 112.21 万人，比上年增加 0.22 万人，增长 0.2%。参加生育保险人数 72.39 万人，比上年增加 1.67 万人，增长 2.36%。发放医疗救助资金 4 389.32 万元。贫困人员基本医疗保险、大病保险参保率已达 100%，贫困参保居民基本医疗保险政策范围内住院费用基金支付比例达 79%，贫困人员政策范围内个人自付住院费用医疗救助比例达到 70%以上。为抗击新冠肺炎疫情，累计向收治新冠肺炎患者的定点医院预付 5 187 万元，结算新冠肺炎患者医疗费 193.81 万元，医保基金支付比例达 73.60%。参加失业保险人数为 70.17 万人，比上年增加 1.22 万人。年末领取失业保险金人数为 1.31 万人。参加工伤保险人数为 83.76 万人，比上年减少 1.66 万人。全年兵团发放低保资金 2.67 亿元，月均 4.27 万人享受最低生活保障；发放临时救助资金 1.28 亿元，22.34 万人（次）得到临时救助；发放特困人员救助供养资金 1 856 万元，月均 1 343 名特困人员得到救助供养；全年发放 80 周岁以上老年人高龄津贴 6 451.9 万元，为 9 万名 80 周岁以上老年人发放生活补贴；全年发放困难残疾人生活补贴和重度残疾人护理补贴 4 812.76 万元，惠及全兵团困难残疾人和重度残疾人共计 3.07 万人。

全年为 9 512 家企业减免养老、失业、工伤 3 项社会保险费 13.97 亿元，为 85 家企业缓缴社会保险费 6 112 万元，为 5 474 户企业发放稳岗返还 1.69 亿元，为 1 012 户企业拨付社会保险补贴 1.66 亿元。为 5.45 万名灵活就业人员拨付社会保险补贴 3.32 亿元，为 728 名高校毕业生、贫困劳动力发放一次性创业补贴、房租补贴 1 090.78 万元。

全年吸纳 7 626 名内地高校毕业生到兵团就

业，帮扶 2 454 名返回兵团的离校未就业毕业生就业。吸纳 3.9 万名内地新引进劳动力实现就业。帮助 0.79 万名就业困难人员实现就业。帮扶 4 722 名贫困劳动力转移就业。

全年受理劳动人事争议案件 3 591 件，仲裁结案率 97.03%，调解成功率 66.11%。受理劳动保障监察机构立案 307 起，结案 307 起，结案率 100%，为 1.3 万名劳动者追发工资 1.75 亿元。受理行政复议案件 24 件，纠错率 37.5%；出庭应诉 11 起案件，胜诉率 91%。

九、科学技术和教育

年末兵团共有师市以上部门所属研究与技术开发机构 17 个。全年兵团争取各类国家科技计划项目批准立项 190 项，国拨经费到位资金 1.36 亿元；兵团本级科技计划项目 324 项，兵团本级财政科技拨款 1.9 亿元。

年末共有国家级高新技术产业开发区 1 个，国家火炬特色产业基地 1 个，高新技术企业 88 家，科技型中小企业 71 家，工程技术研究中心 31 家，产业技术创新战略联盟 9 家，科技中介服务机构 26 家。建设兵团级众创空间 45 家（14 家通过国家备案）、30 家星创天地（30 家通过国家备案）；科技企业孵化器 10 家（5 家国家级）。

全年新增自治区认定企业技术中心 7 家。截至年底，累计认定国家地方联合工程研究中心（实验室）22 个，国家级企业技术中心 7 家，自治区级企业技术中心 64 家，兵团工程研究中心（实验室）15 家。

全年专利申请量 2 670 件，比上年增长 31.2%；专利授权量 1 570 件，其中，发明专利 146 件，增长 17.74%。

年末共有检验检测机构 127 家。已建成国家农业综合标准化示范区 68 个，国家级服务业标准化示范区 4 个，新批准国家级农业标准化示范区 3 个。累计有中国驰名商标 12 件，获批“全国质量强市示范城市”1 家。

年末兵团有各级各类学校 635 所。在校学生 54.95 万人，教职工 4.94 万人，专任教师 3.82 万人。

高等教育院校 11 所，在校生 9.1 万人，教职工 0.56 万人，专任教师 0.42 万人，其中，研究生指导教师 0.16 万人。中等职业技术学校 22 所（高校附设中职班 5 个），其中，中等技术学校 19 所，中等师范学校 2 所，成人中等专业学校 1 所。在校生 2.98 万人，教职工 0.15 万人，专任教师 0.11 万人。普通高中 46 所，其中，完全中学 13 所，高级中学 18 所，十二年一贯制学校 15 所。在校生 5.76 万人，教职工 0.53 万人，专任教师 0.45 万人，学历达标率 99.51%。兵团有义务段学校 236 所（完全小学 41 所，初级中学 9 所，九年一贯制学校 186 个，十二年一贯制学校义务部 15 个），在校生 28.47 万人，教职工 2.73 万人，专任教师 2.33 万人，学历达标率 100%。幼儿园 319 所，在园幼儿 8.64 万人，教职工 0.97 万人，专任教师 0.51 万人。特殊教育学校 1 所，在校生 93 人，教职工 39 人，专任教师 33 人（表 4）。2016—2020 年普通高等学校、中等职业学校及普通高中招生人数见图 12。

表 4　2020 年各类学校基本情况

指　标	学校数（所）	在校生数（人）		教职工数（人）		毕业生数（人）
			新招生（人）		专任教师（人）	
合计	635	549 633	158 377	49 483	38 303	114 749
普通高等学校	9	71 325	25 352	5 275	3 936	13 531
成人高等学校	2	19 715	6 666	483	388	6 694
中等职业学校	22	29 870	11 610	1 333	938	9 794
普通高中	46	57 472	18 627	5 337	4 539	20 541
初中	195	97 745	32 485	12 110	10 154	31 636
普通小学	41	187 010	33 782	15 186	13 184	29 074
幼儿园	319	86 403	29 832	9 720	5 131	33 653
特殊教育	1	93	23	39	33	24

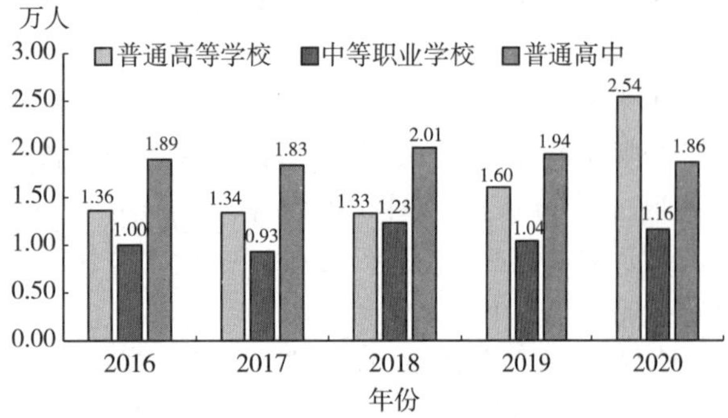

图12　2016—2020年普通高等学校、中等职业学校及普通高中招生人数

九年义务教育巩固率99.02%；小学学龄儿童净入学率100%；初中学龄人口毛入学率112.15%；少数民族中小学及幼儿园国家通用语言文字教学覆盖率100%。

十、文化旅游、卫生健康和体育

年末兵团共有专业文艺团体9个，其中，兵团直属4个，师市5个，从业人员567人。共有各级博物馆、纪念馆81座，图书馆52座，美术馆3座。已建成1个兵团文化中心，14个师市综合文化活动中心，190个团场综合文化活动中心和1 230个连队综合文化活动室。年末广播节目综合人口覆盖率为98.8%，电视节目综合人口覆盖率为99.7%，有线电视入户率达70.0%。全年兵团规模以上文化及相关产业企业营业收入25.19亿元，按可比口径计算，比上年下降38.8%。

年末兵团共有旅游企业450家，其中，旅行社162家，旅游集团公司6家，星级旅游饭店64家（四星级12家、三星级37家、在乌17家）；A级旅游景区61个（其中，5A级1个，4A级17个）；星级农家乐157个。国家全域旅游示范区2个，国家生态旅游示范区1个，全国红色旅游经典景区（点）7个，全国乡村旅游重点村23个。注册导游6 712人，旅游直接就业人员6万人，间接就业人员24.5万人。

全年旅游接待总人次2 279.50万人次，比上年下降32.7%。实现旅游总收入81.79亿元，比上年下降60.5%。接待游客人数和旅游收入分别占自治区的14.6%和8.1%。

年末兵团共有各类卫生机构1 109个（含营利性卫生机构），其中，医院207家，门诊部11个，社区卫生服务中心23个，社区卫生服务站68个，诊所、卫生所、医务室734个，疾病预防控制中心（防疫站）47个。各类卫生技术人员27 533人，其中，执业医师和执业助理医师10 067人，注册护士12 585人（图13）。医疗卫生机构床位24 418张。甲、乙类传染病报告发病率159.34/10万。

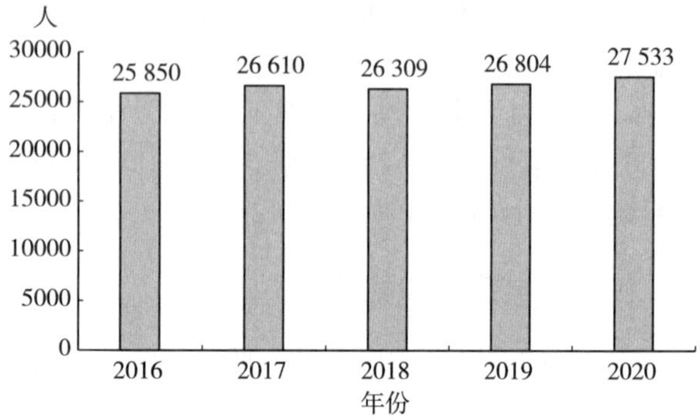

图13　2016—2020年年末卫生技术人员数

全年兵团疫情防控工作取得重要阶段性成果。截至2020年12月7日，兵团辖区累计报告确诊病例25例、无症状感染者1例，无境外输入性确诊病例，特别是在应对喀什疫情过程中做到了零发病、零感染。

年末兵团共有养老机构和养老设施255个，总床位数17 688张。其中，已运营的养老机构109家，已运营的社区老年人日间照料中心39家，已运营的养老机构收养老人7 700人。

全年新增体育场地261个，新增体育场地面积30.15万米^2。年末共有体育场地6 793个，体育场地面积742.61万米^2，人均体育场地面积2.29米^2。

十一、资源、环境和应急管理

全年兵团批准新增建设用地7.2千公顷（10.8万亩），比上年增长85.64%；供应土地6.55千公顷（9.83万亩），比上年增长29.04%；土地出让合同价款45.16亿元，比上年增长10.28%。

全年完成造林面积16.57千公顷（24.86万亩），比上年增长6.9%。其中，人工造林8.35千公顷（12.53万亩），封沙育林8.22千公顷（12.33万亩）。完成村庄（连队）绿化0.67千公顷（1.0万亩）。新增沙化土地治理55.87千公顷（83.8万亩）。

现有兵团级（省级）湿地自然保护区4个，总面积1 003.45平方公里，分别是三师图木舒克市叶尔羌河中下游湿地自然保护区、六师五家渠市青格达湖湿地自然保护区、七师胡杨河市奎屯河流域湿地自然保护区和八师石河子市玛纳斯河流域中上游湿地自然保护区。全年 6 条河流 11 个断面、11 座湖库 30 个点位及 10 个城市集中式饮用水水源地水质总体保持稳定。

全年规模以上工业企业综合能源消费量 3 216.99万吨标准煤，比上年下降 1.5%。煤炭消费量 5 272.05 万吨，比上年下降 3.2%，电力消费量 760.61 亿千瓦小时，比上年增长 1.5%。煤炭消费量占能源消费总量的 66.3%，比上年下降 3.5 个百分点。六大高耗能行业能源消费量占规模以上工业能源消费总量的 94.6%，上升 2.6 个百分点。

全年兵团二氧化硫、氮氧化物、化学需氧量、氨氮排放量比 2015 年分别下降 18.0%、15.1%、2.9%、5.7%，重点工程比 2015 年分别减排 1.9 万吨、1.4 万吨、1.6 万吨、0.2 万吨，均按期完成了国家下达兵团的“十三五”主要污染物减排约束性指标。

纳入全国 337 个城市考核的六师五家渠市全年空气平均优良天数比例 73.8%，比上年提高 3.7 个百分点，细颗粒物（PM2.5）平均浓度 63 微克/米^3，与上年持平；八师石河子市空气平均优良天数比例 77.2%，比上年提高 7.9 个百分点，细颗粒物（PM2.5）平均浓度 56 微克/米^3，比上年下降 9.7%。

年末兵团城市安全饮水普及率、燃气普及率、污水集中处理率、生活垃圾无害化处理率、集中供热普及率全部达到 95%以上，兵团 90%以上连队建立生活垃圾收运处置体系。

全年各类自然灾害造成 197.40 千公顷（296.1 万亩）农作物受灾，其中，绝收面积 3.6 千公顷（5.4 万亩）。因灾倒塌房屋 3 543 间，其中，严重损坏民房 70 户 223 间，一般损坏民房 1 039 户 2 482间。直接经济损失 7.83 亿元，其中，农业直接经济损失 4.13 亿元。全年全疆共发生 3.0 级以上地震 208 次，其中，3 级地震 163 次，4 级地震 35 次，5 级地震 8 次，6 级地震 2 次。最大地震分别是“1·19 伽师 6.4 级地震”“6·26 于田 6.4 级地震”，其中，“1·19 伽师 6.4 级地震”造成三师图木舒克市伽师总场直接经济损失 2.23 亿元。

全年兵团共计发生各类生产安全事故 48 起，死亡 44 人，受伤 33 人。其中，工矿商贸行业领域共发生安全事故 12 起，死亡 16 人，受伤 1 人。未发生较大生产安全事故。发生一般生产安全事故 12 起，死亡 16 人（其中，煤矿发生生产安全事故 1 起，死亡 2 人）。

注释：

(1) 本公报中数据均为初步统计数。部分数据因四舍五入的原因，存在总计与分项合计不等的情况。

(2) 2020 年开展第七次全国人口普查，相关数据拟于 2021 年 4 月份发布，公报中不再单独发布人口和就业人员相关数据。

(3) 生产总值、三次产业及相关行业增加值绝对数按现价计算，增长速度按不变价格计算。

(4) 工业战略性新兴产业包括节能环保产业、新一代信息技术产业、生物产业、高端装备制造产业、新能源产业、新材料产业、新能源汽车产业七大产业中的工业相关行业。2020 年工业战略性新兴产业增加值增速按可比口径计算。

(5) 高技术制造业包括医药制造业，航空、航天器及设备制造业，电子及通信设备制造业，计算机及办公设备制造业，医疗仪器设备及仪器仪表制造业，信息化学品制造业。

(6) 装备制造业包括金属制品业，通用设备制造业，专用设备制造业，汽车制造业，铁路、船舶、航空航天和其他运输设备制造业，电气机械和器材制造业，计算机、通信和其他电子设备制造业，仪器仪表制造业。

(7) 六大高耗能行业包括石油加工、炼焦和核燃料加工业，化学原料和化学制品制造业，非金属矿物制品业，黑色金属冶炼和压延加工业，有色金属冶炼和压延加工业，电力、热力生产和供应业。

(8) 规模以上服务业统计范围为年营业收入 2 000 万元及以上的交通运输、仓储和邮政业，信息传输、软件和信息技术服务业，水利、环境和公共设施管理业，卫生行业法人单位；年营业收入 1 000 万元及以上的房地产业（不含房地产开发经营），租赁和商务服务业，科学研究和技术服务业，教育行业法人单位；以及年营业收入 500 万元及以上的居民服务、修理和其他服务业，文化、体育和娱乐业，社会工作行业法人单位。

(9) 高技术产业投资包括医药制造、航空航天器及设备制造等六大类高技术制造业投资和信息服务、电子商务服务等九大类高技术服务业投资。

(10) 工业技术改造投资是指工业企业利用新技术、新工艺、新设备、新材料对现有设施、工艺条件及生产服务等进行改造提升，实现内涵式发展的投资活动。

(11) 网上零售额是指通过公共网络交易平台（主要从事实物商品交易的网上平台，包括自建网站和第三方平台）实现的商品和服务零售额。

(12) 基础设施投资是指建造或购置为社会生产和生活提供基础性、大众性服务的工程和设施的支出。公报中的基础设施投资包括电力、热力、燃气及水生产和供应业，交通运输、邮政业，电信、广播电视和卫星传输服务业，互联网和相关服务业，水利、环境和公共设施管理业投资。

(13) 民间固定资产投资是指具有集体、私营、个人性质的内资企事业单位以及由其控股（包括绝对控股和相对控股）的企业单位建造或购置固定资产的投资。

(14) 房地产业投资除房地产开发投资外，还包括建设单位自建房屋以及物业管理、中介服务和其他房地产投资。

(15) 火电发电量包括燃煤发电量，燃油发电量，燃气发电量，余热、余压、余气发电量，垃圾焚烧发电量，生物质发电量。

(16) 软件和信息技术服务业包括软件开发，集成电路设计，信息系统集成和物联网技术服务，运行维护服务，信息处理和存储支持服务，信息技术咨询服务，数字内容服务和其他信息技术服务等行业。

(17) 根据第四次全国经济普查、统计执法检查、统计调查方法改革和制度规定，对2019年固定资产投资数据进行修订，2020年增速按可比口径计算。

(18) 临时救助是指国家对遭遇突发事件、意外伤害、重大疾病或其他特殊原因导致基本生活陷入困境，其他社会救助制度暂时无法覆盖或救助之后基本生活暂时仍有严重困难的家庭或个人给予的应急性、过渡性的救助。

(19) 中等职业教育包括普通中专、成人中专、职业高中和技工学校。

(20) 本公报中，南疆师市为第一、二、三、十四师，北疆师市为第四、五、六、七、八、九、十、十一、十二、十三师及兵团直属单位。

资料来源：

本公报中对口援疆数据来自兵团发展和改革委员会；教育数据来自兵团教育局；外国专家、科技、专利数据来自兵团科学技术局；电信数据来自兵团工业和信息化局；设市建镇、低保补助、优抚、收养数据来自兵团民政局；财政数据来自兵团财政局；城镇新增就业、登记失业率、基本养老保险、失业保险、工伤保险、劳动保障监察数据来自兵团人力资源和社会保障局；国有建设用地、供应地、土地出让数据来自兵团自然资源局；主要污染物排放、空气质量数据来自兵团生态环境局；棚户区住房改造、农户危房改造、城镇水气热普及、污水处理率、生活垃圾无害化处理率数据来自兵团住房和城乡建设局；公路通达里程、飞机、飞行时间数据来自兵团交通运输局；水利设施、灌溉面积、供水量、水土流失数据来自兵团水利局；农作物精量播种面积、测土配方施肥面积、机械化、良种推广、龙头企业、“三品一标”、农业示范区数据来自兵团农业农村局；利用外资、对外承包工程、劳务合作、招商引资和园区建设数据来自兵团商务局；文化、广播、电视、出版、体育和旅游数据来自兵团文化体育广电和旅游局；卫生数据来自兵团卫生健康委员会；检验检测、标准化数据来自兵团市场监督管理局；灾害、地震、安全生产数据来自兵团应急管理局；基本医疗保险、生育保险和医疗救助数据来自兵团医疗保障局；脱贫攻坚数据来自兵团扶贫开发办公室；金融信贷数据来自兵团地方金融监督管理局；造林数据来自兵团林业和草原局；中国农业银行存、贷款数据来自农行兵团分行；新疆价格数据来自国家统计局新疆调查总队；其他数据均来自兵团统计局和国家统计局兵团调查总队。

新疆地方国有农场2020年经济发展统计公报

新疆维吾尔自治区农垦经济发展中心

一、概况

2020年年末，被纳入新疆地方国有农场统计范围的农场数量为48个，比上年多10个，其中，塔城地区集团化改革增加3个，巴音郭楞蒙古自治州集团化改革增加4个（巴音郭楞蒙古自治州3个，库尔勒市1个），农场企业化新成立3个企业。全区地方国有农场完成国民生产总值306 298.70万元，其中，第一产业增加值224 834.37万元，第二产业增加值12 880.03万元，第三产业增加值68 584.3万元，国民经济中三次产业比例为73∶4∶23，人均纯收入12 806.37元。

二、农业

2020年，新疆地方国有农场充分发挥农业企业特有优势，继续保持社会经济全面发展的好势头。完成农林牧渔业总产值739 978.96万元。其中，农业产值达565 340.74万元，林业产值84 632.23万元，牧业产值达66 919.79万元，渔业产值4 457.30万元，农林牧渔服务业产值18 628.9万元；农林牧渔业商品总产值176 254.03万元。

1. 种植业

全年农作物播种面积136 457.75公顷，比上年增加25 927.86公顷，增长23.46%，其中，粮食播种面积34 788.6公顷，比上年增加8 876.17公顷，增长34.25%；棉花播种面积79 758.21公顷，较去年增加13 270.52公顷，增长19.96%；糖料播种面积1 057.14公顷，较去年减少111.71公顷，下降9.56%；油料播种面积313.26公顷，较去年减少445.64公顷，下降58.72%；瓜菜种植面积6 172.31公顷，较去年增加1 831.83公顷，增长42.20%；其他作物播种面积为12 667.9公顷，较去年增加2 872.19公顷，增长29.32%。主要产品产量见表1。

表1　2020年新疆地方国有农场主要农作物产量

名称	2020年（吨）	比上年增长（%）
粮食	394 938.01	37.45
棉花	153 293.31	20.47
油料	1 134.29	−32.31
甜菜	56 448.88	−21.04
瓜菜	294 027.28	39.63

2. 畜牧业及水产业

2020年新疆地方国有农场畜牧业稳步发展，主要牲畜和畜禽产品产量见表2。

表2　2020年新疆地方国有农场主要牲畜和畜禽产品产量

名称	计量单位	2020年	比上年增长（%）
大牲畜	万头	7.04	58.36
猪	万头	10.89	18.21
羊	万只	49.24	55.31
家禽饲养量	万只	114.26	32.08
肉类总产量	吨	21 222.78	34.12
牛奶产量	吨	9 862.53	60.3
禽蛋产量	吨	9 510.3	−4.27

2020年新疆地方国有农场水产品养殖面积为2 975.09公顷，比上年增加0.37%；水产品产量为3 430吨。

3. 水果及林业

2020年新疆地方国有农场水果生产保持平稳发展，总面积32 025.99公顷，较去年减少284.67公顷，总产404 984.71吨，较去年下降8.11%，其主要产品见表3。

表3　2020年新疆地方国有农场主要水果产量

名称	2020年（吨）	比上年增长（%）
苹果	208 886.16	−23.23
梨	104 380.33	73.09

（续）

名称	2020年（吨）	比上年增长（%）
葡萄	43 070.27	−24.51
桃	6 499.7	−41.90
红枣	33 585.92	−8.49
其他水果	8 510.33	154.29

2020年，新疆地方国有农场当年新造林2 131.14公顷，其中，用材林4.33公顷，经济林1 203.44公顷，防护林922.07公顷。当年零星植树52.34万株，育苗面积59.66公顷，其中，当年新育面积17.73公顷。

2020年，新疆地方国有农场生产条件持续改善，农业机械总动力为765 234.86千瓦，其中，柴油发动机动力623 666.86千瓦、汽油发动机动力46 499千瓦、电动机动力80 657千瓦、其他动力14 412千瓦。有大中型农用拖拉机9 391台、小型及手扶拖拉机12 181台、排灌机械排灌动力机械5 914台、联合收获机272台；农用飞机67架。农场用电量21 780.94万千瓦小时，农用化肥施用总量（按折纯量计算）94 159.08吨，农药施用量2 751.51吨，地膜使用量4 346.49吨。

农产品质量：已认证无公害水果734.68公顷，10 500吨；认证绿色水果3 333.3公顷，30 085吨；有机食品认证个数4个，17 083吨。

农作物种业基本情况：种子播种面积701.33公顷、产量1 750吨；原种播种面积214.33公顷，生产量386吨；良种播种面积487公顷，生产量1 364吨。

三、工业和建筑业

2020年，新疆地方国有农场完成工业产值147 681.3万元，按行业划分，农副食品加工业103 727.3万元，占70.24%；食品制造业110万元，占0.07%；酒、饮料和精制茶制造业150万元，占0.10%；纺织业39 950万元，占27.05%；木材加工和木、竹、藤、棕、草制品业1 080万元，占0.73%；橡胶和塑料制品业920万元，占0.62%；其他制造业893万元，占0.61%；电力热力生产和供应业710万元，占0.48%。其主要工业产品见表4。

表4　2020年新疆地方国有农场主要工业产品产量

名称	计量单位	2020年	比上年增加（%）
饲料	吨	10	
白酒（折65度，商品量）	千升	75	−16.67
精制食用植物油	吨	1 000	
塑料制品	吨	4 825	3.27
纱	吨	11 300	
家具	件	1 000	
塑料制品	吨	4 825	
砖	块	1 500 000	−25
自来水生产量	立方	364 000	

年末建筑业单位7个，年末从业人员289人，拥有固定资产原值1 023.59万元，机械设备总数为22台，全年施工房屋建筑面积9 995米^2。

四、固定资产完成情况及新增生产能力

2020年，完成固定资产投资124 535.96万元，其中，第一产业110 514.76万元，占88.74%，第二产业8 936.46万元，占7.18%，第三产业5 084.74万元，占4.08%；当年新增固定资产13 011.44元，其中，国有9 179.48万元。

五、人口、土地

2020年，新疆地方国有农场年末总人口236 198人，年末土地总面积1 033 680.31公顷，其中，耕地面积161 227.63公顷，牧草地面积553 171.37公顷，林地面积78 121.29公顷，水面面积3 264.43公顷，果园面积36 022.14公顷，可垦荒地面积37 296.42公顷，宜林地面积6 906.84公顷，居民点及工矿用地面积10 054.6公顷，其他面积147 615.59公顷。

新疆地方国有牧场2020年经济发展统计公报

新疆维吾尔自治区畜牧兽医局

2020年，新疆地方国有牧场在农业农村部农垦局的大力支持和自治区畜牧兽医局的指导下，认真学习贯彻习近平总书记关于“三农”工作的重要论述和指示批示精神，认真学习党的十九大和十九届二中、三中、四中、五中全会精神，认真学习贯彻第三次中央新疆工作座谈会和自治区党委九届十次、十一次全会精神，贯彻国家、自治区关于促进畜牧业高质量发展的部署要求，统筹常态化疫情防控和经济社会发展，强化政策落实，大力推进畜牧业五大振兴行动，狠抓畜产品稳产保供，实现全区畜牧业生产平稳健康发展，牧场职工收入稳定增长，生活条件不断改善，牧场各项事业呈现健康的发展局面。

一、综合情况

2020年，全区地方国有牧场《农垦综合统计调查表》录入企业数96户（自治区区属管理的国有牧场3个，县属管理的牧场93个），较上年度减少5户，主要是划转至自治区农业农村厅管理。

土地总面积995.24万公顷，比上年减少89.21公顷，下降5.2%。其中，耕地面积20.95万公顷，草场面积751.22万公顷，林地面积11.89万公顷，水域面积0.98万公顷，园地面积0.397万公顷，可垦荒地面积27.05万公顷，居民点及工矿用地面积2.63万公顷，其他面积179.95万公顷。2020年年末，总人口35.15万人，年末从业人员15.51万人，年末在职职工4.92万人。2020年居民人均可支配收入15 179元，人均住房面积25.76米^2。

全年实现生产总值40.00亿元，比上年下降22%，其中，第一产业生产总值29.48亿元，比上年下降30%；第二产业生产总值4.27亿元，比上年增长6%；第三产业生产总值6.25亿元，比上年增长29%。各项数据及比值上升，主要原因一是统计的地方牧场较上年的101个减少了5个，二是牧场的生产总值统计口径将土地承包的净收入计算为劳动者报酬减少。

二、农牧业生产情况

2020年，全年实现农林牧渔业总产值79.45亿元，农业产值42.57亿元，畜牧业产值34.6亿元，林业总产值0.36亿元，渔业总产值0.03亿元，农林牧渔业服务产值1.88亿元。

国有牧场农作物总播种面积为20.32万公顷，较上年增加0.45万公顷，增长2%，其中，粮食播种面积9.07万公顷，增加0.13万公顷，增长1%；油料面积1.73万公顷，减少0.64万公顷，下降27%；棉花面积5.08万公顷，增加0.34万公顷，增长7%；糖料作物面积0.24万公顷，减少0.002万公顷，下降1%；药材类面积0.08万公顷；蔬菜瓜类面积0.59万公顷，增加0.03万公顷；其他作物面积3.43万公顷，增加0.65万公顷，增长23%。

主要农产品产量：2020年，粮食总产量104.554万吨，较上年增加18.5万吨，其中，小麦12.72万吨，减少3.68万吨，下降22%；玉米83.46万吨，增加19.87万吨，增长31.2%；油料总产量4.53万吨，减少2.31万吨，下降34%；棉花总产量25.99万吨，增加4.5万吨，增长21%。

牲畜存栏：2020年年末，国有牧场牲畜存栏317.83万头（只），较上年减少7.426万头（只），下降2%，其中，牛48.74万头，增加9.58万头，增长24%；羊246.83万只，减少5.4万只，下降2%；猪存栏3.75万头，增加0.54万头，增长17%。

畜产品产量：2020年，国有牧场肉类总产量5.79万吨，较上年减少1.4万吨，下降19.8%，其中，牛肉2.35万吨，下降2.7%；羊肉2.36万吨，下降11%。牛奶总产量16.91万吨，较上年增加0.35万吨，增长2.1%。绵羊毛总产量3 357吨，较上年减少411吨，下降10.9%。

农牧业生产机械化、生产投入与技术推广情况：2020年年末，国有牧场农业机械总动力81.55万千瓦，比上年减少11.9%。农业机械拥有量达26 646台，其中，大中型农用拖拉机7 191台，小型拖拉机18 503台，排灌动力机械486台。当年机械化耕种面积20.04万公顷，占农作物总播种面积的比重达98.6%（含复播），机械收获面积17.3万公顷，占农作物总播种面积的85.32%。农田肥料施用量11.99万吨。

三、固定资产投资情况

2020年，国有牧场固定资产投资总额128 660.5万元，较上年增长33.62%。投资总额中用于第一产业的投资66 780.14万元，占投资总额的51.9%；第二产业投资为43 646.03万元，占投资总额的33.92%；第三产业为18 234.33万元，占投资总额的14.18%。预算资金总额91 119.91万元，其中，国家预算内资金36 964.67万元，自筹资金32 797.76万元，其他资金9 695.49万元。

四、人口、职工、收入情况

2020年年末，全疆地方国有牧场总人口35.15万人，从业人员15.825万人。其中，第一产业从业人员13.72万人，占总从业人员86.70%；第二产业从业人员0.665万人，占总从业人员4.2%；第三产业从业人员1.44万人，占总从业人员9.10%。期末职工人数4.92万人，职工报酬16.99亿元；期末在岗职工人数2.84万人，在岗职工劳动报酬9.2亿元，职工生活水平稳步提高。职工人年均收入达3.45万元。全区国有牧场实现居民人均可支配收入1.52万元，较上年增长23.3%，年末实有住房面积905.67万米^2，人均住房面积达25.76米^2。

五、其他情况

（一）2020年，生产总值超过1亿元的牧场有11个。实现生产总值（现价）合计36.38亿元，占垦区生产总值的90.33%。其中，农业增加值9.59亿元，工业增加值2.8亿元。利润总额2.26亿元。其中，新疆呼图壁种牛场有限公司的生产总值（现价）连续5年排全区牧场第一位。

（二）全区被纳入边境农场范围的国有牧场有47个（其中，9个牧场属于与外国接壤的边境农场，38个国有牧场为地处边境县域内的边境农场）。土地面积502.02万公顷，占土地总面积的50.46%。资产总额19.82万元，占全区国有牧场资产总额的9.3%；2020年年末人口20.745万人，占总人口的59%，职工人数4.6万人，职工人数占总人数的93.88%；职工年均收入3.88万元。

中国热带农业科学院2020年经济发展统计公报

中国热带农业科学院

2020年，中国热带农业科学院全院干部职工众志成城、共克时艰，全面落实党中央、国务院、农业农村部决策部署，在交出疫情防控优异答卷的同时，不断加快推进国家热带农业科学中心建设。科技创新取得新突破，为热区农业农村发展提供了重要支撑，助力脱贫取得新时效，为国家打赢脱贫攻坚战做出了重要贡献，院所治理取得新进展，为加快推进院所治理体系和治理能力现代化奠定了坚实基础，支撑能力得到提升，为院所长远发展夯实了物质基础，全面从严治党取得新成果，为热带农业科技事业发展提供了坚强保障，高质量完成了各项目标任务。

一、综合及主要指标

农业农村部核定中国热带农业科学院编制总数5 500人，其中，财政拨款补贴人员编制4 300人，经费自理人员编制1 200人。2020年，常住总人口12 190人，年内平均人口12 176人。年末从业人员3 597人，其中，在岗职工2 471人，其他职工1 126人。全年职工劳动报酬46 538.5万元，比2019年增长10%。

全年实现第三产业生产总值752 37.34万元，比上年增加16 836.15万元，上升28.8%，年末实有住房面积50.98万米^2，人均住房使用面积41.87米^2。

土地总面积4 573.83公顷，其中，耕地面积374.44公顷，林地面积1 939.71公顷，水面面积59.77公顷，茶果桑园323.04公顷，可垦荒地面积79.01公顷，宜林地面积469.34公顷，居民点及工矿用地面积370.18顷，其他面积952.19公顷。耕地面积中，水田114.67公顷，高标准农田面积37.87公顷。

二、科学研究

科学研究和综合技术服务业生产总值75 143.47万元，比上年增加16 900.14万元，增长29.01%，其中，劳动者报酬53 220.52万元，增加5 621.79万元，增长11.81%，固定资产折旧为21 366.78万元，10 324.46万元，增长原因是通用设备资产年限调整，新增资产较多；批发和零售业93.87万元，下降35.51%，下降原因是商品种类较少。

三、农林牧渔业

全年农林牧渔业总产值3 730.51万元，增长1.49%，其中，种植业产值1 254.34万元，林业产值1 049.48万元，下降23%；牧业产值1 279.79万元，减少3.00%；渔业产值67.74万元。农作物播种面积107.31公顷，其中，粮食播种面积48.37公顷，产量316.70吨；水果产量面积118.08公顷，产量1 109.00吨，主要是香蕉、荔枝、芒果、火龙果、百香果等热带水果；水产品总产量112.90吨，养殖面积32.63公顷。

油料年末播种面积6.16公顷，总产量16.52万吨，主要作物为花生；糖料作物年末播种面积4.33公顷，总产量316.50万吨，主要作物为甘蔗。

造林面积55.28公顷，其中，经济林53.95公顷；幼林抚育面积410.22公顷，成林抚育面积1 287.99公顷。

肉类总产量269.20吨，比2019年减少27.28吨，下降9.2%。其中，猪肉产量136.47吨，牛肉产量22.42吨，羊肉产量6.71吨，禽肉产量102.93吨。

四、科技

2020年科研经费为46 931.31万元，减少6 111.48万元，下降11.52%，其中，政府拨款39 162.52万元，减少6.97%；企业自筹942.84万元，增加411.03万元。

获批2项国家重点研发计划项目，分别是“热带特色作物产业链一体化示范”项目和“热带作物增产节本增效栽培技术集成与示范”项目，总经费4 682万元。

获批6个省部级科技创新平台，包括高性能天然橡胶材料工程、热带农业生物资源与利用、特色热带作物适宜性加工与品质控制3个海南省重点实验室和1个海南省西部动物疫病检测实验室；国家农业绿色发展长期固定观测湛江试验站、国家农业绿色发展长期固定观测儋州试验站2个长期固定观测试验站。

依托中国热带农业科学院建设的海南儋州热带农业生态系统国家野外科学观测研究站入选国家野外科学观测研究站择优建设名单，成为热带农业领域首个国家级野外站。

五、固定资产投资

全年固定资产投资额33 698.10万元，当年新增固定资产22 518.73万元。

广州农垦2020年经济发展统计公报

广州越秀风行食品集团有限公司

2020年，在越秀集团的坚强领导下，越秀风行食品紧紧围绕“整合优化聚合力，谋篇布局促发展”的工作思路，在全体员工的共同努力下，奋力克服外部环境和新冠肺炎疫情等的不利影响，对内重组整合、强能力，对外抢抓发展机遇、谋布局，核心业务规模不断壮大，产业布局持续完善，年度事业计划、各项任务扎实推进，较好地完成了全年各项目标、任务，为企业实现跨越式发展奠定坚实基础。“十三五”期间，风行食品集团多方面优化发展，成效显著，完成与越秀集团的整合，形成“4＋F”的产业格局，对内整合畜牧总、对外开展并购等产业资源，实现资产、营收等的规模扩张。

一、重大变动情况说明

1. 股权变更

根据国务院国有资产监督管理委员会文件批复，广州风行发展集团有限公司100％国有股权已无偿划转至广州越秀集团股份有限公司，风行发展集团整体并入越秀集团。

2. 报表合并（统计）范围变更

根据国务院国有资产监督管理委员会及越秀集团文件批复，广州市畜牧总公司及广州越秀发展集团有限公司100％国有股权已无偿划转至广州风行发展集团有限公司，越秀发展集团和畜牧总公司整体并入风行发展集团，被纳入风行集团报表合并（统计）范围。因战略规划和业务发展需要，2020年新增的广州越秀风行农牧有限公司和贵州风行农牧科技有限公司，被纳入风行集团报表合并（统计）范围。

3. 企业名称变更

广州越秀风行食品集团于1997年6月由广州市国营农工商联合总公司、广州市农场管理局（“两块牌子，一套班子”）成建制改建成立。2009年10月15日，经广州市人民政府批准，由“广州市农工商集团有限公司”更名为“广州风行发展集团有限公司”；2020年4月更名为“广州越秀风行食品集团有限公司”（以下简称“越秀风行食品集团”）。

二、主要经济指标情况

2020年，越秀风行食品集团被纳入统计报表编制范围的企业共75户，总部及二级企业11户，三级及以上企业64户，分布在加工业、畜牧养殖业、现代服务业、批发零售业等。年末从业人数2 823人，年末职工人数2 723人，人均年收入100 604元。土地总面积129.83公顷。

2020年实现国内生产总值62 540万元，其中，第一产业主要为畜牧养殖业，全年实现生产总值5 267万元，同比增加1 052万元，增长24.96％，主要是2020年度新增家禽养殖及生猪养殖业务；第二产业主要为集团乳制品加工和饲料厂业务，全年实现生产总值19 122万元，同比减少2 020万元，下降9.55％，主要原因是集团乳制品销售业务上半年受疫情影响较大，综合全年来看销售业绩不理想，净利润及职工绩效工资同比有较大幅度下滑；第三产业主要是商贸流通及物业资产运营业务，全年实现生产总值38 151万元，同比减少70 611万元，异动主因是上年实现了政府地块收储所致的资产处置收益92 258万元，剔除该非经因素，同比增加21 647万元，增长131.16％，因本年新增合并越秀发展集团，其业务经营范围主要为第三产业。农业总产值实现22 383.57万元，为牧业产值，同比增加9 621.09万元，增长75.38％，主要是2020年扩展生猪养殖业务以及与上年同期相比，合并范围内新增畜牧总公司。全年预计固定资产投资50 731万元，同比增加47 457万元，增长1 449.51％，主要是2020年集团全面布局生猪全产业链，在广州、贵州等地新建养殖场、育肥场、饲料厂等，投资项目在数量和规模上较上年均大幅增长。

三、畜牧业生产经营情况

集团畜牧养殖业主要是奶牛饲养、生猪养殖和家禽业务，现有规模化奶牛养殖场 2 个、生猪养殖场 3 个、养鸡场 2 个。年末大牲畜存栏数 7 787 头，均为奶牛，同比增加 2 236 头；2020 年新增生猪养殖业务，年末猪存栏数为 5 539 头，其中，能够繁殖的母猪 5 539 头；因合并畜牧总公司，年末家禽存栏数为 254 739 只。2020 年出栏肉猪 841 头，禽蛋产量 3 634 吨，牛奶产量 23 402 吨，同比增加 292 吨，略有增加。

四、工业生产情况

集团工业生产经营主要为乳制品加工和饲料加工业务，被纳入统计范围的工业企业 4 户，农副食品加工业 1 户，食品制造业 3 户，其中，广州当地 3 户，并购张家口企业 1 户。乳业产业发展近年来一直保持着稳步上升趋势，坚持“新鲜”战略引领，推进“做强商超、做大加盟”的渠道发展策略，60 家直营店和一级网点实现温度远程在线监控，已开拓 3 个商场系统，新增终端网点 1 000 个，总量达 1.7 万个，全面打通全省物流干线，配送网络覆盖县级经销。风行乳业上半年受疫情影响，销售缺口较大，下半年随着内外部状况逐步好转，销售情况已稳定回升。

2020 年实现工业总产值 101 014 万元，同比增长 14 639 万元，增幅 16.95%，主要是新增合并广州市畜牧总公司，其子公司穗屏企业有限公司饲料厂为工业企业；农副食品加工业工业总产值为 24 789万元，食品制造业工业总产值为 76 225 万元；当年乳制品产量 81 277 吨，同比减少 10 991 吨，降幅 11.91%，上半年受疫情影响较大，销售业务下滑；当年饲料产量 85 124 吨。

五、第三产业生产经营情况

集团第三产业主要是商贸流通及物业资产运营业务，商贸流通业务主体公司主要为风行生鲜及风行商贸，风行生鲜着力打造生鲜食品供应链体系，在产品采购、销售渠道、物流配送以及品质管控等环节持续发力，不断提升网络效应，“农产品流通+供应链”双轮驱动支撑业务体系架构发展的局面已初步形成；风行商贸着力于外部发展与内部整合相结合，一方面调整大宗农产品贸易业务结构，深入产地建库收储，延伸养殖供应链条，大力推动玉米、豆粕业务发展，另一方面优化内部管理架构，各项费用得到有效控制，实现营收、利润等主要经营指标超计划完成。疫情期间，第三产业主体业务发挥“稳定器”作用，全年实现生产总值 38 151 万元，同比下降 70 611 万元，异动主因是上年实现了政府地块收储所致的资产处置收益 92 258 万元，剔除该非经因素，同比增长 21 647 万元，增幅 131.16%，因 2020 年新增合并越秀发展集团，其业务经营范围为第三产业。

六、固定资产投资情况

2020 年，集团根据固定资产投资预算，严格把控固定资产投资支出，继续推进重点项目建设及建设方案的优化调整。全年完成固定资产投资总额 50 731 万元，同比增长 1 449.51%，主要构成是根据集团战略规划的总体思路，投资重点项目，包括固定资产购置和基建建设，其中，第一产业完成投资 36 844 万元，主要是养殖场建设投入，其中，贵州农牧投资 31 602 万元，风行牧业投资 2 887 万元，电白种猪场投资 1 559 万元；第二产业完成投资 6 799 万元，主要是风行乳制品公司基地项目建设投入 4 871 万元，风行乳业投入 1 084 万元及长城乳业投入 647 万元；第三产业完成投资 7 088 万元。当年新增固定资产 19 585 万元，主要是工业及牧业项目的投入。

南京农垦2020年经济发展统计公报

南京农垦产业（集团）有限公司

2020年，南京农垦认真贯彻落实中央一号文件精神及中央农村工作会议的工作部署，在南京市委、市政府的正确领导下，在农垦局的大力支持下，紧紧围绕农垦改革发展与稳定这一工作重心，一手抓疫情防控，一手抓生产经营，坚持稳中求进工作总基调，扎实推进青龙山健康小镇项目、商贸业务发展、公共品牌建设等重点工作，努力夺取“双胜利”，垦区总体呈现良好发展态势，经济发展取得较大突破。

一、综合

全年实现生产增加值7 353.69万元，比上年增长45%。其中，第一产业增加值332.34万元，比上年下降1%；第二产业增加值927.50万元，比上年下降16%；第三产业增加值6 093.85万元，比上年增长70%。第一、第二、第三产业增加值占垦区生产总值的比重分别为5∶13∶82。居民人均可支配收入持续增长，达5.65万元，比上年增长1%。

二、第一产业

全年土地总面积402公顷，其中，林地面积306公顷，占土地总面积的76%；茶、果、桑园面积38公顷，占土地总面积的9.40%；居民点用地面积48公顷，占土地总面积的12%，其他面积10公顷，占土地总面积的2.60%。

垦区下辖1家国有市属林场——南京市青龙山林场。全年实现农林牧渔业总产值1 172.16万元，比上年下降12.80%。其中，种植业产值223.16万元，比上年增长69%；牧业产值942万元，比上年下降21%；渔业产值7万元，与上年持平。

1. 种植业

全年通过深入推进对标找差工作，更新了设备，提高了技术，生产雨花茶4.5吨，实现年销售收入223.16万元，比上年增长69%。在2020年度南京市雨花茶质量评比大赛中，“宝石花”牌雨花茶荣获“金奖”。

2. 畜牧业

全年禽肉年产量135吨，比上年增长53%，禽蛋产量620吨，比上年下降37%。

3. 渔业

全年渔业产量7万元，水产品年产量6吨，因青龙山林场鱼塘分布零散且淤积多年，已不再适宜养殖鱼类，但存塘鱼仍然存在，产值与去年基本持平。

三、第二产业

南京农垦所涉工业大多为林场范围内的属地企业，包括通用设备制造业和农副食品加工业。全年工业总产值9 080万元，比上年下降5%。

四、第三产业

全年实现第三产业产值39 848.34万元，比上年增长52%，其中：

批发零售业年末单位36个，比上年减少3个，从业人员76人，销售额2 080万元，比上年减少14%。

餐饮业年末单位24个，比上年减少2个，从业人员43人，营业收入910万元，比上年下降17%。

服务业年末单位78个，比上年减少5个，从业人员343人，营业收入36 858.34万元，比上年增长63%。2020年，南京农垦继续以物业管理、房产租赁、大宗农产品投资和进出口贸易代理业务为主，多项业务的同步开展促进了2020年度服务业营收大幅提升。

五、固定资产投资完成情况

2020年，南京农垦完成固定资产投资285.76万元，其中，第一产业投资41.67万元，占总投资额14.58%，第三产业投资244.09万元，占总投资额85.42%。主要包括小茶园沟渠及道路项目建设、青龙山林场造林项目和购置田间耕作机等。

六、人口、职工和劳动报酬

2020年，垦区年末总人口2 337人，其中，农场人口2 173人。年末从业人员613人，人均劳动报酬为5.65万元/年，比上年同期增长1%，其中，第一产业84人，占总从业人员的14%；第二产业125人，占总从业人员的20%；第三产业404人，占总从业人员的66%，职工收入保持平稳。

二

主要经济与社会指标

综合情况

1-1 主要年份全国农垦经济主要指标

指标名称	计量单位	2005年	2010年	2015年	2019年	2020年	2020年比2019年增长 绝对数	(%)
一、基本情况								
农垦独立核算企业	个	6 197	5 261	5 880	5 493	5 743	250	4.6
#农牧企业（农场）	个	1 923	1 807	1 785	1 843	1 831	-12	-0.7
工业企业	个	1 809	1 290	1 237	1 199	1 127	-72	-6.0
建筑企业	个	443	537	378	223	188	-35	-15.7
运输企业	个	270	290	205	640	452	-188	-29.4
批零贸易餐饮企业	个	1 752	1 337	2 275	1 588	2 145	557	35.1
农垦年末总人口	万人	1 259.53	1 332.31	1 445.95	1 438.53	1 404.26	-34.27	-2.4
职工期末人数	万人	/	/	/	/	247.05		
耕地面积	千公顷	5 038.13	5 989.27	6 325.42	6 480.78	6 516.61	35.83	0.6
当年造林面积	千公顷	126.18	88.25	68.50	108.12	105.90	-2.22	-2.1
农垦生产总值（现价）	亿元	1 358.65	3 382.67	6 902.48	7 894.82	8 279.79	384.97	
第一产业增加值	亿元	560.43	1 171.30	1 768.13	1 832.63	1 982.30	149.67	
第二产业增加值	亿元	417.18	1 341.69	3 132.69	3 293.99	3 288.94	-5.05	
第三产业增加值	亿元	381.04	869.68	2 001.65	2 768.20	3 008.55	240.35	
各产业占生产总值比重								
第一产业	%	41.2	34.6	25.6	23.2	24.0	0.8	
第二产业	%	30.7	39.7	45.4	41.7	39.7	-2.0	
第三产业	%	28.1	25.7	29.0	35.1	36.3	1.2	
人均生产总值	元/人	10 851	25 669	48 648	56 366	59 867	3 501	
工农业总产值（现价）	亿元	2 472.34	6 535.24	12 528.98	13 480.90	13 948.61	467.71	
农林牧渔业总产值	亿元	1 118.51	2 342.34	3 449.67	3 862.03	4 230.27	368.24	
占工农业总产值	%	45.2	35.8	27.5	32.8	30.3	-2.5	
工业总产值	亿元	1 353.83	4 192.90	9 079.31	9 618.87	9 718.34	99.47	
占工农业总产值	%	54.8	64.2	72.5	67.2	69.7	2.5	
工资总额	亿元	277.30	546.06	878.82	991.89	1 191.61	202.63	
职工平均工资	元/人	8 255	16 510	30 553	46 192	48 123	1 931	
人均可支配收入	元/(人·年)	4 195	8 232	14 629	21 213	21 908	695	
固定资产投资	亿元	449.54	1 811.22	4 593.17	2 578.96	3 493.67	914.71	35.5
固定资产投资按来源合计	亿元	448.29	1 808.79	4 327.40	2 740.2	3 035.75	295.55	10.8
#国家预算内资金	亿元	47.50	169.01	480.03	426.42	543.33	116.91	27.4
利用外资	亿元	20.18	56.89	53.89	42.64	33.17	-9.47	-22.2
自筹资金	亿元	282.84	1 074.21	3 091.72	1 815.38	1 910.94	95.56	5.3

注：职工期末人数为新增指标，与去年指标不具有可比性。

1－1续表1

指 标 名 称	计量单位	2005年	2010年	2015年	2019年	2020年	2020年比2019年增长 绝对数	（%）
二、主要农作物播种面积								
农作物播种面积	千公顷	5 145.25	6 310.42	6 898.25	6 789.12	6 850.75	61.63	0.91
粮食作物播种面积	千公顷	3 375.83	4 557.64	4 996.98	4 794.79	4 807.81	13.02	0.27
总产量	万吨	1 858.99	2 953.29	3 665.10	3 441.07	3 562.74	121.67	3.54
公顷产量	千克	5 507	6 480	7 335	7 177	7 410	233.00	3.25
棉花播种面积	千公顷	649.37	665.37	834.19	1 006.60	1 016.24	9.64	0.96
总产量	万吨	124.69	143.93	175.04	244.75	261.84	17.09	6.98
公顷产量	千克	1 920	2 163	2 098	2 431	2 577	146.00	6.01
油料合计播种面积	千公顷	371.20	375.36	352.24	309.69	306.84	－2.85	－0.92
总产量	万吨	66.94	80.34	80.81	75.68	73.54	－2.14	－2.83
公顷产量	千克	1 803	2 140	2 294	2 444	2 397	－47.00	－1.92
糖料合计播种面积	千公顷	100.51	103.89	84.31	97.26	94.99	－2.27	－2.33
总产量	万吨	667.52	766.86	718.26	746.50	712.51	－33.99	－4.55
公顷产量	千克	66 416	73 815	85 194	76 753	75 005	－1 748	－2.27
水果总产量	万吨	178.79	323.40	649.21	784.24	816.97	32.73	4.17
茶叶总产量	万吨	4.64	4.63	5.01	5.31	4.65	－0.66	－12.43
三、畜牧、水产情况								
年末牲畜存栏头数	万头	2 622.04	2 752.10	3 001.45	2 173.34	2 274.44	101.10	4.65
大牲畜年末头数	万头	305.03	319.22	281.98	299.01	309.80	10.79	3.61
牛	万头	270.69	292.01	249.80	271.39	262.91	－8.48	－3.12
＃奶牛	万头	101.63	143.15	146.44	126.02	136.21	10.19	8.09
猪	万头	722.82	1 134.18	1 227.28	728.35	881.69	153.34	21.05
羊	万只	1 591.57	1 298.74	1 492.20	1 118.50	1 082.95	－35.55	－3.18
肉类总产量	万吨	145.76	256.43	254.58	200.57	193.00	－7.57	－3.77
牛奶产量	万吨	245.49	366.09	369.08	418.24	435.22	16.98	4.06
羊毛产量	万吨	2.92	2.72	3.28	3.18	3.09	－0.09	－2.83
禽蛋产量	万吨	22.38	39.71	48.25	48.06	48.81	0.75	1.56
蜂蜜产量	吨	6 504	8 481	12 953	14 139	15 363	1 224.00	8.66
水产品总产量	万吨	79.48	115.17	152.47	161.44	173.47	12.03	7.5

1－1续表2

指标名称	计量单位	2005年	2010年	2015年	2019年	2020年	2020年比2019年增长	
							绝对数	(%)
四、主要农业机械、电、化肥用量								
农业机械总动力	万千瓦	1 463.07	2 126.49	2 838.32	3 119.17	3 208.60	89.43	2.87
大中型农用拖拉机	万台	8.00	14.60	19.72	22.77	23.13	0.36	1.58
小型及手扶拖拉机	万台	26.98	32.97	30.85	29.08	28.16	－0.92	－3.16
排灌动力机械	万台	19.19	24.84	27.99	39.18	29.64	－9.54	－24.35
联合收获机	万台	2.03	3.92	5.69	6.49	6.78	0.29	4.47
农业生产用电量	亿千瓦·时	—	—	—	—	114.11	—	—
农用化肥施用总量（按折纯量计算）	万吨	159.60	227.81	269.87	252.31	242.79	－9.52	－3.77
五、主要工业产品产量								
原煤	万吨	576.48	2 901.05	2 505.01	2 352.57	2 321.81	－30.76	－1.31
混配合饲料	万吨	213.63	483.13	916.22	760.11	739.88	－20.23	－2.66
食用植物油	万吨	82.06	193.08	463.32	276.95	313.17	36.22	13.08
成品糖	万吨	115.02	205.79	293.36	280.93	355.19	74.26	26.43
乳制品	万吨	15.37	283.99	380.17	352.91	435.50	82.59	23.4
饮料酒（混合量）	万千升	141.16	144.42	160.49	148.40	198.79	50.39	33.96
纱	万吨	26.43	51.16	73.48	90.80	115.03	24.23	26.69
布	亿米	4.88	6.48	5.78	3.65	2.65	－1	－27.4
机制纸及纸板	万吨	100.44	61.72	56.98	111.56	78.18	－33.38	－29.92
农用氮、磷、钾化学肥料总计(折纯量)	万吨	23.60	35.67	90.21	55.35	49.10	－6.25	－11.29
水泥	万吨	1 046.00	2 245.07	2 158.38	1 512.64	1 580.73	68.09	4.5
砖	亿块	60.79	94.02	179.88	30.04	43.33	13.29	44.24
发电量	亿千瓦·时	59.04	156.63	738.31	895.72	964.58	68.86	7.69
六、外贸出口供货商品金额	（人民币）亿元	254.22	541.50	822.61	473.41	161.54	—	—
工业品	（人民币）亿元	215.96	468.25	754.72	411.45	129.32	—	—
批发零售贸易业、餐饮业销售总额		764.25	2 490.73	7 120.48	4 595.47	6 603.31	—	—
服务业营业收入	亿元	68.38	127.18	317.56	469.67	866.79	—	—

注1：农业生产用电量为农垦综合统计调查制度（2020版）新增指标，与往年指标不具有可比性。

注2：2020年外贸出口商品总金额不含新疆生产建设兵团，与2019年数据不具有可比性。

注3：2020年批发零售贸易业、餐饮业销售额含新疆生产建设兵团，与2019年数据不具有可比性。

注4：部分垦区调整服务业营业收入统计口径，2020年数据与2019年数据不具有可比性。

1－2 主要年份全国农垦主要经济指标占全国比重

计量单位：%

指标名称	2013年	2014年	2015年	2016年	2017年	2018年	2019年	2020年
农垦年末总人口	1.04	1.04	1.05	1.04	1.05	1.03	1.03	1.00
生产总值	1.04	1.01	1.02	0.99	0.96	0.91	0.80	0.81
固定资产投资	0.89	0.89	0.82	0.79	0.86	0.62	0.46	0.66
农作物播种面积总计	4.05	4.17	4.15	4.16	4.13	4.13	4.08	4.09
粮食作物播种面积	4.32	4.37	4.41	4.42	4.36	4.12	4.13	4.12
粮食作物总产量	5.68	5.83	5.90	5.65	5.69	5.55	5.18	5.32
棉花播种面积	17.70	21.45	21.95	21.66	24.66	30.50	30.14	32.07
总产量	27.92	34.32	31.20	35.15	37.99	46.69	41.55	44.30
油料合计播种面积	2.53	2.59	2.50	2.56	2.37	2.38	2.35	2.34
总产量	2.28	2.35	2.28	2.26	2.05	2.32	2.12	2.05
糖料播种面积	5.59	4.41	4.84	5.11	5.38	5.74	6.00	6.05
总产量	6.15	5.27	5.73	5.97	6.17	6.31	6.12	5.93
大牲畜年末头数	2.49	2.30	2.31	2.45	3.08	2.91	3.03	3.02
肉类总产量	3.35	3.00	2.95	2.94	3.06	2.59	3.13	2.49
牛奶产量	11.39	10.07	9.83	10.52	10.86	12.68	13.06	12.65
羊毛产量	6.86	6.90	7.03	7.04	7.47	8.29	8.68	8.64
禽蛋产量	1.66	1.61	1.61	1.63	1.77	1.45	1.45	1.41
蜂蜜产量	2.55	2.14	2.73	2.95	2.69	3.51	3.21	3.36
农业机械总动力	2.57	2.52	2.54	3.05	3.06	3.06	3.04	3.04
大中型农用拖拉机（台）	3.36	3.39	3.25	3.35	3.31	5.42	5.12	5.21
小型及手扶拖拉机（台）	1.93	1.86	1.81	1.60	1.84	2.05	1.63	1.58
原煤	0.93	0.70	0.67	0.47	0.57	0.63	0.61	0.59
纱	2.12	1.90	2.08	2.29	2.45	3.96	3.14	4.39
布	0.71	0.54	0.65	0.64	0.74	0.79	0.63	0.57
发电量	0.91	1.10	1.27	1.29	1.34	1.36	1.19	1.28

1-3 农垦国有企业个数

计量单位：个

地区	农垦国有企业个数					
	合计	农场	工业企业	建筑企业	运输企业	商业企业
总计	**5 743**	**1 831**	**1 127**	**188**	**452**	**2 145**
北京	401	13	85	2	4	297
天津	87	8	27	1		51
河北	80	32	14	2	2	30
山西	33	25	2			6
内蒙古	158	100	13	1	2	42
辽宁	315	104	3	6		202
吉林	102	88	1			13
黑龙江	456	113	141	3	31	168
上海	512	21	119	9	40	323
江苏	49	17	16	5		11
浙江	93	91	1			1
安徽	61	20	13	6		22
福建	173	110	42	1	9	11
江西	296	156	80	9	5	46
山东	13	10	1			2
河南	107	90	5	1		11
湖北	298	65	71	16	4	142
湖南	81	62	16	1	2	
广东	245	47	64	7	6	121
广西	218	47	55	16	2	98
海南	463	26	34	14	317	72
重庆	32	18	8			6
四川	90	87	1		1	1
贵州	41	37	3			1
云南	295	43	32	5	24	191
陕西	17	12	1	1		3
甘肃	61	22	17	2	1	19
青海	22	21				1
宁夏	47	14	11	2	1	19
新疆(兵团)	665	179	236	77		173
新疆(农业)	55	48	4	1		2
新疆(畜牧)	107	96	7		1	3
热科院	1	1				
广州	64	7	4			53
南京	5	1				4

1－4 工农业总产值情况

（按现价计算） 计量单位：万元

地区	工农业总产值	农业		工业	
		总产值	比重（%）	总产值	比重（%）
总计	**139 486 106**	**42 302 729**	**30.3**	**97 183 377**	**69.7**
北京	5 760 458	861 971	15.0	4 898 487	85.0
天津	616 569	184 054	29.9	432 515	70.1
河北	9 757 935	1 425 160	14.6	8 332 775	85.4
山西	65 057	33 209	51.0	31 848	49.0
内蒙古	1 813 923	1 393 898	76.8	420 025	23.2
辽宁	4 504 614	1 791 924	39.8	2 712 690	60.2
吉林	391 468	335 038	85.6	56 430	14.4
黑龙江	11 248 191	7 265 846	64.6	3 982 345	35.4
上海	4 457 970	960 971	21.6	3 496 999	78.4
江苏	3 835 949	650 202	17.0	3 185 747	83.0
浙江	464 736	58 551	12.6	406 185	87.4
安徽	642 590	260 937	40.6	381 653	59.4
福建	615 112	247 012	40.2	368 100	59.8
江西	8 102 031	692 711	98.9	7 409 320	91.5
山东	16 861	16 709	99.1	152	0.9
河南	435 959	146 633	33.6	289 326	66.4
湖北	30 199 850	2 441 201	8.1	27 758 649	91.9
湖南	7 285 275	1 731 999	23.8	5 553 276	76.2
广东	3 327 644	1 127 334	33.9	2 200 310	66.1
广西	2 735 855	802 749	29.3	1 933 106	70.7
海南	1 915 932	1 552 171	81.0	363 761	19.0
重庆	1 175 235	149 369	12.7	1 025 866	87.3
四川	28 940	23 498	81.2	5 442	18.8
贵州	220 866	86 071	39.0	134 795	61.0
云南	937 918	667 175	71.1	270 743	28.9
陕西	91 095	67 596	74.2	23 499	25.8
甘肃	517 966	347 614	67.1	170 352	32.9
青海	85 481	83 240	97.4	2 241	2.6
宁夏	505 521	391 506	77.4	114 015	22.6
新疆(兵团)	35 761 241	14 944 641	41.8	20 816 600	58.2
新疆(农业)	887 660	739 979	83.4	147 681	16.6
新疆(畜牧)	942 826	794 475	84.3	148 351	15.7
热科院	3 731	3 731	100.0		
广州	123 398	22 384	18.1	101 014	81.9
南京	10 252	1 172	11.4	9 080	88.6

1－5　各垦区粮、油产量的位次及比重

地　　区	粮食总产量（吨）	排序	占全国农垦比重（%）	油料总产量（吨）	排序	占全国农垦比重（%）
总　　计	**35 627 423**			**735 432**		
北　　京	1 727	30	…	254	23	…
天　　津	19 283	26	0.1			
河　　北	643 985	11	1.8	3 519	15	0.5
山　　西	38 861	25	0.1	49	28	…
内 蒙 古	2 277 268	3	6.4	180 144	2	24.5
辽　　宁	1 300 668	4	3.7	18 537	7	2.5
吉　　林	691 543	10	1.9	7 149	11	1.0
黑 龙 江	21 340 028	1	60.0	1 434	19	0.2
上　　海	221 737	17	0.6	5 165	12	0.7
江　　苏	1 240 707	5	3.5	126	24	…
浙　　江	6 488	28	…	121	25	…
安　　徽	326 282	14	0.9	1 671	17	0.2
福　　建	39 600	24	0.1	2 714	16	0.4
江　　西	698 964	8	2.0	29 624	6	4.0
山　　东	47 206	23	0.1	78	27	…
河　　南	266 957	15	0.7	16 771	8	2.3
湖　　北	865 082	7	2.4	94 204	3	12.8
湖　　南	693 122	9	1.9	49 614	4	6.7
广　　东	77 453	20	0.2	5 126	13	0.7
广　　西	14 311	27	…	1 630	18	0.2
海　　南	90 194	19	0.3	3 944	14	0.5
重　　庆	540	32	…			
四　　川	3 429	29	…	41	29	…
贵　　州	652	31	…	24	30	…
云　　南	54 799	21	0.2	95	26	…
陕　　西	118 698	18	0.3	618	21	0.1
甘　　肃	260 610	16	0.7	11 181	10	1.5
青　　海	50 476	22	0.1	16 083	9	2.2
宁　　夏	381 552	13	1.1	295	22	…
新疆（兵团）	2 414 400	2	6.8	238 704	1	32.5
新疆（农业）	394 938	12	1.0	1 134	20	0.2
新疆（畜牧）	1 045 548	6	2.9	45 366	5	6.2
热 科 院	317	33	…	17	31	…
广　　州						
南　　京						

注："…"为数值不足0.1。下同。

1-6 各垦区糖料、水果产量的位次及比重

地区	糖料总产量（吨）	排序	占全国农垦比重（%）	水果总产量（吨）	排序	占全国农垦比重（%）
总计	**7 125 078**			**8 169 697**		
北京				592	30	…
天津				1 360	27	…
河北	24 384	10	0.3	35 096	14	0.4
山西				2 600	26	…
内蒙古	795 189	4	11.2	6 427	24	0.1
辽宁	20 294	11	0.3	118 644	9	1.5
吉林				15 731	19	0.2
黑龙江	1 170	17	…	16 283	18	0.2
上海				510	31	…
江苏				3 127	25	…
浙江				12 698	22	0.2
安徽	90	19	…	41 555	13	0.5
福建	2 683	15	…	137 281	8	1.7
江西	9 494	12	0.1	89 030	11	1.1
山东				1 282	28	…
河南				30 932	17	0.4
湖北	4 330	13	0.1	149 161	7	1.8
湖南	3 894	14	0.1	89 379	10	1.1
广东	1 752 676	2	24.6	880 164	2	10.8
广西	2 201 786	1	30.9	350 435	5	4.3
海南	130 147	7	1.8	719 531	3	8.8
重庆						
四川				14 995	20	0.2
贵州	75	20	…	13 563	21	0.2
云南	455 165	5	6.4	268 153	6	3.3
陕西				8 381	23	0.1
甘肃	35 412	9	0.5	34 371	15	0.4
青海	2 560	16	…	125	32	…
宁夏				31 151	16	0.4
新疆（兵团）	1 468 861	3	20.6	4 649 451	1	56.9
新疆（农业）	56 449	8	0.8	404 985	4	5.0
新疆（畜牧）	160 103	6	2.2	41 594	12	0.5
热科院	317	18	…	1 109	29	…
广州						
南京						

1-7 各垦区肉类、牛奶产量的位次及比重

地　区	肉类总产量（吨）	排序	占全国农垦比重（%）	牛奶总产量（吨）	排序	占全国农垦比重（%）
总　计	**1 929 969**			**4 352 170**		
北　京	106 531	5	5.5	534 791	3	12.3
天　津	4 641	26	0.2	227 448	8	5.2
河　北	62 025	11	3.2	652 233	2	15.0
山　西	2 811	28	0.1	31 922	15	0.7
内蒙古	75 651	9	3.9	302 513	7	6.9
辽　宁	152 998	3	7.9	28 013	18	0.6
吉　林	11 327	20	0.6	9 059	22	0.2
黑龙江	226 683	2	11.7	392 509	5	9.0
上　海	59 361	12	3.1	444 363	4	10.2
江　苏	40 397	15	2.1	28 027	17	0.6
浙　江	11 275	21	0.6			
安　徽	13 833	19	0.7	1 730	27	…
福　建	21 950	17	1.1	2 747	25	0.1
江　西	58 877	13	3.1	1 074	28	
山　东	310	33	…			
河　南	8 976	25	0.5	13 965	20	0.3
湖　北	95 936	6	5.0	36 586	13	0.8
湖　南	109 614	4	5.7	1 828	26	…
广　东	76 291	8	4.0	70 116	11	1.6
广　西	77 551	7	4.0	5 345	23	0.1
海　南	69 635	10	3.6	60	30	…
重　庆	24 496	16	1.3	180 506	9	4.1
四　川	1 658	30	0.1	4 106	24	0.1
贵　州	3 497	27	0.2	31 950	14	0.7
云　南	10 327	22	0.5	216	29	…
陕　西	666	32	…	30 932	16	0.7
甘　肃	10 128	24	0.5	62 408	12	1.4
青　海	2 079	29	0.1	20	31	…
宁　夏	10 231	23	0.5	317 127	6	7.3
新疆（兵团）	499 762	1	25.9	738 235	1	17.0
新疆（农业）	21 223	18	1.1	9 863	21	0.2
新疆（畜牧）	57 982	14	3.0	169 076	10	3.9
热科院	269	34	…			
广　州	841	31	…	23 402	19	0.5
南　京	135	35	…			

1-8 出口商品总金额

计量单位：万元

地区	总金额				其中：工业品金额		
	2020年	2019年	增长（%）	排序	2020年	2019年	增长（%）
总计	**1 615 391**	**4 734 081**	—		**1 293 197**	**4 114 453**	—
北京	31 703	34 264	−7.5	10	11 956	10 980	8.9
天津	3 347	16 104	−79.2	17	3 347	16 104	−79.2
河北	259 344	251 040	3.3	3	257 993	247 841	4.1
山西							
内蒙古							
辽宁	50 157	65 710	−23.7	7	29 930	37 432	−20.0
吉林							
黑龙江	52 270	58 523	−10.7	6	3 345	3 531	−5.3
上海	63 278	76 875	−17.7	4	37 373	47 549	−21.4
江苏	22 132	20 986	5.5	11	19 863	19 356	2.6
浙江	105	67 662	−99.8	19		67 525	−100.0
安徽							
福建	1 130	3 261	−0.7	18	827	2 939	−71.9
江西	56 883	54 593	4.2	5	56 883	54 593	4.2
山东							
河南	36		100.0	20	36		100.0
湖北	466 127	421 915	10.5	2	375 875	327 312	14.8
湖南	34 715	5 253	560.9	9	29 459		100.0
广东	493 396	666 384	−26.0	1	445 064	616 568	−27.8
广西	38 292	97 850	−60.9	8	11 636	88 610	−86.9
海南	7 020	14 040	−50.0	15			
重庆	3 945	5 480	−28.0	16	3 945	5 480	−28.0
四川							
贵州							
云南	7 115	11 836	−39.9	14			
陕西							
甘肃	14 522	5 207	178.9	12	5 664	600	844.0
青海							
宁夏	9 873	7 952	24.2	13			
新疆（兵团）		2 844 989	−100.0			2 568 033	−100.0
新疆（农业）							
新疆（畜牧）		4 160	−100.0				
热科院							
广州							
南京							

注：2020年外贸出口商品总金额不包含新疆建设兵团，与2019年数据不具有可比性。

1－9 农垦生产总值

计量单位：万元

指 标 名 称	增加值合计按当年价格计算	非国有	劳动者报酬	固定资产折旧
合计	**82 797 935.53**	**13 348 339.92**	**53 954 503.92**	**6 820 692.25**
第一产业	19 822 956.62	2 864 546.41	14 607 657.17	1 372 205.53
第二产业	32 889 451.40	5 999 602.62	18 580 365.54	3 052 764.96
工业	26 544 303.17	5 349 838.41	13 686 195.90	2 801 564.12
建筑业	6 345 148.23	649 764.21	4 894 169.64	251 200.84
第三产业	30 085 527.51	4 484 190.89	20 766 481.21	2 395 721.76
农、林、牧、渔专业及辅助性活动	1 359 107.51	447 237.94	918 955.49	137 746.59
开采专业及辅助性活动	100 348.00	91 525.00	31 519.00	31 614.00
金属制品、机械和设备修理业	172 884.81	164 878.04	70 127.05	41 838.92
批发和零售业	6 767 448.42	1 536 315.28	4 238 267.78	392 568.77
交通运输、仓储和邮政业	2 675 608.35	445 136.32	1 675 008.41	365 443.84
住宿和餐饮业	1 532 718.60	469 912.31	1 050 851.47	147 712.01
信息传输、软件和信息技术服务业	333 805.60	31 750.20	44 015.36	79 896.53
金融业	2 339 160.09	79 663.40	1 809 224.96	47 314.41
房地产业	3 214 625.91	417 915.01	1 507 997.07	296 462.86
租赁和商务服务业	1 005 848.46	120 945.55	435 395.63	161 117.46
科学研究和技术服务业	554 875.27	19 627.43	296 324.25	84 511.36
水利、环境和公共设施管理业	362 399.09	14 638.00	174 113.80	115 643.49
居民服务、修理和其他服务业	2 612 534.52	397 391.63	2 101 456.55	119 978.91
教育	775 628.65	54 018.09	633 998.26	108 317.44
卫生和社会工作	668 043.39	41 851.07	520 944.29	73 237.63
文化、体育和娱乐业	153 576.08	61 229.20	57 872.98	54 880.72
公共管理、社会保障和社会组织	5 456 864.76	90 156.42	5 200 358.86	137 436.82
国际组织	50.00		50.00	

1-9续表

指 标 名 称	生产税净额	补贴	营业盈余
合计	**5 201 308.43**	**1 016 896.08**	**16 821 430.93**
第一产业	−619 013.18	944 167.88	4 462 107.10
第二产业	3 215 410.49	45 148.90	8 040 910.41
工业	2 748 875.11	31 478.92	7 307 668.04
建筑业	466 535.38	13 669.98	733 242.37
第三产业	2 604 911.12	27 579.30	4 318 413.42
农、林、牧、渔专业及辅助性活动	39 122.89	6 047.39	263 282.54
开采专业及辅助性活动	16 600.00		20 615.00
金属制品、机械和设备修理业	22 435.03		38 483.81
批发和零售业	1 050 621.93	812.01	1 085 989.94
交通运输、仓储和邮政业	189 157.43	2 826.02	445 998.67
住宿和餐饮业	136 559.66	41.36	197 595.46
信息传输、软件和信息技术服务业	62 023.98	16.00	147 869.73
金融业	88 766.53	1 500.00	393 854.19
房地产业	653 396.02	−23.40	756 769.96
租赁和商务服务业	140 798.22	1 581.61	268 537.15
科学研究和技术服务业	67 168.87	510.13	106 870.79
水利、环境和公共设施管理业	5 917.27	193.04	66 724.53
居民服务、修理和其他服务业	75 070.58	136.00	316 028.48
教育	7 430.34	11 960.48	25 882.61
卫生和社会工作	5 366.73	973.60	68 494.74
文化、体育和娱乐业	20 482.18	279.60	20 340.20
公共管理、社会保障和社会组织	23 993.46	725.46	95 075.62
国际组织			

说明：本表各行业请和前面各表中的有关行业的人、单位、价值等对应，是人和单位创造价值，注意表间合理性关系。注意本表内平衡关系。

1-10 各垦区增加值合计按当年价格计算

计量单位：万元

地区	合计	第一产业	第二产业	工业	建筑业	第三产业
全国农垦	**82 797 935.53**	**19 822 956.62**	**32 889 451.40**	**26 544 303.17**	**6 345 148.23**	**30 085 527.51**
北京	1 385 355.28	300 298.72	424 096.11	420 835.31	3 260.80	660 960.45
天津	380 129.80	39 813.60	55 563.40	53 230.50	2 332.90	284 752.80
河北	5 424 190.45	750 562.02	2 887 200.39	2 536 145.39	351 055.00	1 786 428.04
山西	64 227.93	15 269.95	26 133.74	26 133.74		22 824.24
内蒙古	1 221 229.34	817 648.33	249 188.82	246 562.82	2 626.00	154 392.19
辽宁	3 157 458.79	934 233.26	1 068 694.74	904 926.10	163 768.64	1 154 530.79
吉林	295 951.44	258 704.78	11 187.47	10 498.60	688.87	26 059.19
黑龙江	4 937 791.20	3 569 383.00	452 112.40	399 618.40	52 494.00	916 295.80
上海	2 454 220.00	250 330.80	846 759.70	819 494.40	27 265.30	1 357 129.50
江苏	2 083 607.00	252 623.00	1 290 236.00	1 218 236.00	72 000.00	540 748.00
浙江	78 485.68	30 581.64	42 565.24	41 243.24	1 322.00	5 338.80
安徽	302 640.82	139 368.97	54 390.01	44 779.97	9 610.04	108 881.84
福建	394 600.75	157 223.96	141 398.27	128 706.27	12 692.00	95 978.52
江西	2 807 676.32	363 861.48	1 604 727.89	1 459 618.69	145 109.20	839 086.95
山东	16 630.68	11 362.32	123.18	108.18	15.00	5 145.18
河南	105 171.56	54 265.66	29 705.24	28 100.80	1 604.44	21 200.66
湖北	17 813 766.00	1 186 336.00	10 095 631.00	8 334 228.00	1 761 403.00	6 531 799.00
湖南	3 156 039.72	570 800.02	1 351 541.50	1 186 331.00	165 210.50	1 233 698.20
广东	1 803 921.14	630 884.31	615 208.12	531 561.12	83 647.00	557 828.71
广西	1 825 159.00	501 954.00	788 726.00	653 439.00	135 287.00	534 479.00
海南	1 504 175.00	933 026.00	138 111.00	45 144.00	92 967.00	433 038.00
重庆	223 513.00	23 941.00	138 247.00	138 247.00		61 325.00
四川	19 858.83	16 166.59	938.42	938.42		2 753.82
贵州	53 653.80	20 721.66	16 704.04	16 704.04		16 228.10
云南	802 021.00	390 412.00	73 581.00	67 601.00	5 980.00	338 028.00
陕西	66 653.07	31 231.17	18 768.00	14 075.00	4 693.00	16 653.90
甘肃	186 628.74	95 938.21	61 574.25	54 612.15	6 962.10	29 116.28
青海	53 499.03	49 120.30	1 261.73	1 261.73		3 117.00
宁夏	276 852.80	163 956.50	63 417.00	50 723.00	12 694.00	49 479.30
新疆(兵团)	29 051 364.00	6 737 672.00	10 266 033.00	7 050 357.00	3 215 676.00	12 047 659.00
新疆(农业)	306 298.70	224 834.37	12 880.03	11 646.98	1 233.05	68 584.30
新疆(畜牧)	400 033.63	294 831.66	42 697.21	29 145.82	13 551.39	62 504.76
热科院	75 237.34					75 237.34
广州	62 540.00	5 267.00	19 122.00	19 122.00		38 151.00
南京	7 353.69	332.34	927.50	927.50		6 093.85

1-10续表1

地　　区	第三产业					
	农、林、牧、渔专业及辅助性活动	开采专业及辅助性活动	金属制品、机械和设备修理业	批发和零售业	交通运输、仓储和邮政业	住宿和餐饮业
全国农垦	**1 359 107.51**	**100 348.00**	**172 884.81**	**6 767 448.42**	**2 675 608.35**	**1 532 718.60**
北　　京	6 918.58			239 254.05	58 731.49	3 442.98
天　　津				70 027.40	27 572.90	
河　　北	93 358.00	3 439.00	37 601.00	535 715.00	271 967.00	118 495.20
山　　西	2 123.41			14 976.06	404.93	1 740.82
内 蒙 古	14 574.74		2 521.00	40 439.81	21 514.08	18 600.39
辽　　宁	200 302.35	85 603.00	79 306.00	275 876.39	138 955.76	148 607.52
吉　　林	8 352.80			11 536.22	1 798.18	2 570.67
黑 龙 江	267 214.30			68 404.80	33 111.60	4 122.70
上　　海				833 862.30	122 648.90	8 054.00
江　　苏				172 524.00	47 643.00	34 080.00
浙　　江	76.10	60.00		413.25	14.00	361.00
安　　徽	9 849.00		409.99	19 445.83	6 816.27	11 795.32
福　　建	7 116.08		1 138.00	45 029.34	13 311.56	8 778.11
江　　西	6 870.00		50.00	209 025.46	64 085.02	76 850.47
山　　东	3 155.00			1 282.43		84.16
河　　南	2 897.05			14 405.59	293.00	775.00
湖　　北	55 262.00			1 140 877.00	743 127.00	272 237.00
湖　　南	155 546.60	7 742.00	51 646.00	229 026.00	68 501.20	115 836.00
广　　东	1 565.32			135 101.48	49 656.55	57 299.79
广　　西	6 459.00			230 341.00	32 685.00	39 365.00
海　　南				86 257.00	31 324.00	34 115.00
重　　庆				908.00	6 870.00	3 700.00
四　　川	2 213.58	33.00		55.00	83.00	
贵　　州	14 480.74			1 371.00		
云　　南	46 649.00			71 301.00	39 209.00	61 221.00
陕　　西	1 059.18			1 604.40		909.30
甘　　肃	4 507.76			−2 733.77	371.60	1 277.81
青　　海	1 220.00					75.00
宁　　夏				9 973.50	7 889.60	4 975.80
新疆(兵团)	417 432.00	3 446.00		2 251 874.00	875 076.00	493 614.00
新疆(农业)	7 099.96	25.00	164.57	47 949.70	3 349.80	4 199.32
新疆(畜牧)	22 804.96		48.25	7 564.31	8 523.91	5 307.24
热 科 院				93.87		
广　　州				3 216.00		
南　　京				451.00	74.00	228.00

1-10续表2

地区	第三产业					
	信息传输、软件和信息技术服务业	金融业	房地产业	租赁和商务服务业	科学研究和技术服务业	水利、环境和公共设施管理业
全国农垦	**333 805.60**	**2 339 160.09**	**3 214 625.91**	**1 005 848.46**	**554 875.27**	**362 399.09**
北京		19 187.37	113 959.87	182 289.83	7 329.83	
天津		18 069.50	134 809.60	2 348.60	1 083.20	
河北	39 393.00	97 699.00	111 653.00	55 151.00	14 266.00	43 066.00
山西	9.50			1 111.65		
内蒙古	1 628.30	8 212.94	7 501.00	2 552.68	3 328.00	1 030.00
辽宁	5 912.10	7 764.00	75 966.17	47 237.80	1 274.10	5 388.39
吉林						
黑龙江	13 936.20	31 377.40	12 630.80	58 960.90	22 916.20	85 093.00
上海	10.50	28 906.10	231 480.30	65 191.20	2 818.90	1 728.70
江苏	247.00	1 007.00	98 136.00	5 175.00	2 253.00	105.00
浙江				3 496.37		
安徽		3 503.00	36 763.74	122.86	390.43	
福建	136.00	299.40		2 030.78	979.00	75.00
江西	14 684.00	36 702.00	107 741.00	74 849.00	1 792.00	5 218.00
山东			607.59			
河南		260.29	208.43	178.00		49.00
湖北	239 346.00	530 156.00	1 087 524.00	358 453.00	379 479.00	203 748.00
湖南	10 118.00	47 918.00	134 715.00	37 285.00	13 884.50	7 262.50
广东	6 585.00	3 716.09	32 612.70	19 626.49	1 643.34	232.00
广西			132 710.00	23 230.00	2 787.00	
海南	1 706.00	21 066.00	38 790.00	7 375.00	9 450.00	7 690.00
重庆		12 986.00	27 953.00	8 273.00	635.00	
四川				262.24		
贵州				376.36		
云南					12 452.00	203.00
陕西			5 210.80	4 210.00		
甘肃			2 249.70	1 340.92	366.00	1 315.42
青海				1 822.00		
宁夏	73.00		10 159.70	226.20	604.30	
新疆(兵团)		1 470 330.00	804 310.00			
新疆(农业)	10.00		950.00	2 051.73		184.28
新疆(畜牧)	11.00		5 983.51	752.00		10.80
热科院					75 143.47	
广州				34 935.00		
南京				4 933.85		

1－10续表3

地　区	第三产业					
	居民服务、修理和其他服务业	教育	卫生和社会工作	文化、体育和娱乐业	公共管理、社会保障和社会组织	国际组织
全国农垦	**2 612 534.52**	**775 628.65**	**668 043.39**	**153 576.08**	**5 456 864.76**	**50.00**
北　京	27 032.05	1 614.40		1 200.00		
天　津	23 196.70	7 644.90				
河　北	93 635.00	73 096.01	43 339.99	12 242.00	142 311.84	
山　西	1 901.87	50.00	506.00			
内蒙古	9 445.25	5 383.00	2 720.00	473.00	14 468.00	
辽　宁	26 162.14	13 998.93	21 013.54	3 929.05	17 233.55	
吉　林	1 200.99	173.45	99.80		327.08	
黑龙江	5 265.80	55 393.80	208 438.80	2 609.00	46 820.50	
上　海	13 738.00	29 003.20	18 740.40	947.00		
江　苏	146 622.00	1 445.00	21 722.00	426.00	9 363.00	
浙　江	364.90	96.61	73.20		383.37	
安　徽	8 887.35	174.00	2 279.34	155.00	8 289.71	
福　建	8 501.20	5 555.10	391.00	101.20	2 536.75	
江　西	107 253.50	64 567.00	8 880.10	9 869.00	50 600.40	50.00
山　东			16.00			
河　南	1 564.62	35.00	173.23		361.45	
湖　北	355 033.00	448 665.00	205 797.00	55 774.00	456 321.00	
湖　南	108 313.30	32 114.00	36 962.00	22 218.10	154 610.00	
广　东	70 401.71	29 337.49	91 273.99	26.00	58 750.76	
广　西	65 973.00			929.00		
海　南	125 928.00	3 927.00	3 155.00	4 436.00	57 819.00	
重　庆						
四　川	50.00			57.00		
贵　州						
云　南	32 806.00		1 647.00	37 732.00	34 808.00	
陕　西	3 270.22		110.00		280.00	
甘　肃	19 994.11			426.73		
青　海						
宁　夏	12 881.60				2 695.60	
新疆(兵团)	1 340 409.00				4 391 168.00	
新疆(农业)	1 480.54	527.60	565.80	26.00		
新疆(畜牧)	815.67	2 827.16	139.20		7 716.75	
热科院						
广　州						
南　京	407.00					

1－11　各垦区非国有增加值合计按当年价格计算

计量单位：万元

地　区	合计	第一产业	第二产业	工业	建筑业	第三产业
全国农垦	**13 348 339.92**	**2 864 546.41**	**5 999 602.62**	**5 349 838.41**	**649 764.21**	**4 484 190.89**
北　京	42 014.66		3 792.00	3 792.00		38 222.66
天　津						
河　北	3 017 153.13	251 904.13	1 889 151.00	1 730 316.00	158 835.00	876 098.00
山　西	50 460.49	4 556.82	25 696.00	25 696.00		20 207.67
内蒙古	507 204.60	342 098.80	87 525.91	86 585.91	940.00	77 579.89
辽　宁	1 937 184.42	569 583.82	514 520.61	476 200.61	38 320.00	853 079.99
吉　林	88 521.00	68 828.29	8 593.47	8 070.60	522.87	11 099.24
黑龙江	433 080.50	433 080.50				
上　海						
江　苏	734 518.00	120 773.00	289 555.00	224 348.00	65 207.00	324 190.00
浙　江	9 205.56	4 458.50	3 660.30	3 660.30		1 086.76
安　徽	99 146.73	32 836.23	40 395.12	36 958.15	3 436.97	25 915.38
福　建	245 706.11	99 592.54	92 716.52	82 528.92	10 187.60	53 397.05
江　西	1 481 153.25	80 422.89	1 065 550.26	1 038 900.56	26 649.70	335 180.10
山　东	518.00	452.00				66.00
河　南	26 510.10	23 824.80	1 549.00	1 549.00		1 136.30
湖　北						
湖　南	2 045 890.40	230 129.40	915 826.00	774 404.00	141 422.00	899 935.00
广　东	865 389.28	189 601.56	402 260.31	335 909.19	66 351.12	273 527.41
广　西	1 098 971.00	157 132.00	525 401.00	400 993.00	124 408.00	416 438.00
海　南						
重　庆	58 412.00	4 750.00	53 662.00	53 662.00		
四　川	1 702.05	732.05	410.00	410.00		560.00
贵　州	5 265.80	4 985.80				280.00
云　南	427 336.00	167 261.00	24 818.00	19 578.00	5 240.00	235 257.00
陕　西	768.00					768.00
甘　肃	14 793.56	3 166.86	10 984.28	10 984.28		642.42
青　海	1 031.62	1 031.62				
宁　夏	16 807.20		16 807.20	16 807.20		
新疆（兵团）						
新疆（农业）	58 617.50	40 460.85	9 792.15	8 927.00	865.15	8 364.50
新疆（畜牧）	78 632.71	32 624.20	16 008.99	8 630.19	7 378.80	29 999.52
热科院						
广　州						
南　京	2 346.25	258.75	927.50	927.50		1 160.00

1-11 续表 1

地区	第三产业					
	农、林、牧、渔专业及辅助性活动	开采专业及辅助性活动	金属制品、机械和设备修理业	批发和零售业	交通运输、仓储和邮政业	住宿和餐饮业
全国农垦	**447 237.94**	**91 525.00**	**164 878.04**	**1 536 315.28**	**445 136.32**	**469 912.31**
北京				33 311.55		
天津						
河北	53 949.00	3 438.00	37 601.00	410 503.00	69 199.00	63 713.00
山西	820.00			14 535.76	337.46	1 704.06
内蒙古	11 019.35		2 391.00	15 975.80	12 083.28	7 020.91
辽宁	192 117.75	81 495.00	72 682.00	165 727.62	93 057.27	83 506.95
吉林	4 674.80			2 322.17	1 226.70	1 655.27
黑龙江						
上海						
江苏				137 340.00	47 611.00	
浙江				396.05	14.00	306.00
安徽	529.00			11 135.38	3 685.34	5 496.49
福建	2 383.00		558.00	22 960.83	6 608.88	6 508.23
江西	2 308.00			150 459.30	47 356.00	37 360.90
山东				50.00		
河南	70.00			32.00		
湖北						
湖南	143 138.00	6 592.00	51 646.00	200 160.00	57 255.00	106 256.00
广东	1 316.05			99 713.70	40 250.75	54 663.46
广西	4 926.00			209 352.00	32 005.00	39 094.00
海南						
重庆						
四川	560.00					
贵州						
云南	25 682.00			54 784.00	26 441.00	57 656.00
陕西	768.00					
甘肃	70.70			197.82	269.00	79.90
青海						
宁夏						
新疆(兵团)						
新疆(农业)	2 725.00			1 741.50	1 619.00	929.00
新疆(畜牧)	181.29		0.04	5 165.80	6 043.64	3 734.14
热科院						
广州						
南京				451.00	74.00	228.00

1－11 续表 2

地　　区	第三产业					
	信息传输、软件和信息技术服务业	金融业	房地产业	租赁和商务服务业	科学研究和技术服务业	水利、环境和公共设施管理业
全国农垦	**31 750.20**	**79 663.40**	**417 915.01**	**120 945.55**	**19 627.43**	**14 638.00**
北　　京			9 135.50	－1 969.71		
天　　津						
河　　北	8 421.00	24 079.00	69 426.00	18 654.00	5 247.00	6 732.00
山　　西	0.50			600.00		
内 蒙 古	947.30	2 612.00	3 933.00	1 380.00	1 183.00	870.00
辽　　宁	5 075.40	5 285.00	68 844.00	45 480.00	999.00	2 383.00
吉　　林						
黑 龙 江						
上　　海						
江　　苏	247.00		1 905.00			
浙　　江						
安　　徽					128.43	
福　　建	105.00	299.40		151.36	424.00	75.00
江　　西	350.00	36 605.00	33 893.00		11.00	478.00
山　　东						
河　　南			131.00	10.00		49.00
湖　　北						
湖　　南	10 019.00	10 723.00	112 301.00	32 006.00	10 893.00	3 860.00
广　　东	6 585.00	60.00	8 240.00	3 757.90	184.00	
广　　西			104 123.00	19 513.00	558.00	
海　　南						
重　　庆						
四　　川						
贵　　州				280.00		
云　　南						191.00
陕　　西						
甘　　肃						
青　　海						
宁　　夏						
新疆(兵团)						
新疆(农业)				1 083.00		
新疆(畜牧)			5 983.51			
热 科 院						
广　　州						
南　　京						

1－11 续表 3

地　区	第三产业					
	居民服务、修理和其他服务业	教育	卫生和社会工作	文化、体育和娱乐业	公共管理、社会保障和社会组织	国际组织
全国农垦	**397 391.63**	**54 018.09**	**41 851.07**	**61 229.20**	**90 156.42**	
北　京	－2 254.68					
天　津						
河　北	35 548.00	21 862.00	13 321.00	9 132.00	25 273.00	
山　西	1 664.89	50.00	495.00			
内蒙古	4 545.25	2 884.00	1 810.00	113.00	8 812.00	
辽　宁	18 409.00	4 180.00	7 254.00	3 765.00	2 819.00	
吉　林	726.85	173.45			320.00	
黑龙江						
上　海						
江　苏	137 087.00					
浙　江	200.90	96.61	73.20			
安　徽	3 410.42		1 491.32	39.00		
福　建	5 164.80	5 551.10	280.00	79.20	2 248.25	
江　西	23 968.50	655.00	131.00	213.00	1 391.40	
山　东			16.00			
河　南	802.30		42.00			
湖　北						
湖　南	76 269.00	15 932.00	12 111.00	9 202.00	41 572.00	
广　东	53 075.73	617.38	3 424.55	26.00	1 612.89	
广　西	5 938.00			929.00		
海　南						
重　庆						
四　川						
贵　州						
云　南	31 370.00		1 402.00	37 731.00		
陕　西						
甘　肃	25.00					
青　海						
宁　夏						
新疆(兵团)						
新疆(农业)	267.00					
新疆(畜牧)	766.67	2 016.55			6 107.88	
热科院						
广　州						
南　京	407.00					

1-12 各垦区劳动者报酬合计按当年价格计算

计量单位：万元

地区	合计	第一产业	第二产业	工业	建筑业	第三产业
全国农垦	**53 954 503.92**	**14 607 657.17**	**18 580 365.54**	**13 686 195.90**	**4 894 169.64**	**20 766 481.21**
北京	581 161.14	119 515.99	229 359.94	228 220.94	1 139.00	232 285.21
天津	152 236.80	26 473.40	42 886.80	41 329.20	1 557.60	82 876.60
河北	2 263 912.13	390 687.93	1 016 230.66	883 547.26	132 683.40	856 993.54
山西	36 520.05	11 777.36	11 698.84	11 698.84		13 043.85
内蒙古	598 475.07	488 839.81	34 458.67	33 712.87	745.80	75 176.59
辽宁	1 613 453.17	557 011.42	397 047.80	339 964.19	57 083.61	659 393.95
吉林	247 110.52	225 711.66	4 093.17	3 557.60	535.57	17 305.69
黑龙江	2 601 131.50	1 812 848.30	166 228.90	148 877.00	17 351.90	622 054.30
上海	1 114 506.00	131 507.70	366 246.70	359 404.30	6 842.40	616 751.60
江苏	672 169.00	140 485.00	278 443.00	246 491.00	31 952.00	253 241.00
浙江	49 461.87	11 847.36	34 840.50	33 518.50	1 322.00	2 774.01
安徽	176 486.04	102 009.47	29 139.78	23 554.16	5 585.62	45 336.79
福建	202 328.03	90 418.75	59 104.10	50 259.60	8 844.50	52 805.18
江西	1 575 481.48	273 082.32	775 893.10	703 136.20	72 756.90	526 506.06
山东	8 075.92	7 619.71	106.75	91.75	15.00	349.46
河南	56 817.28	31 832.20	12 365.20	11 816.56	548.64	12 619.88
湖北	7 395 080.00	851 736.00	3 623 642.00	2 505 362.00	1 118 280.00	2 919 702.00
湖南	1 481 244.71	398 273.01	509 479.00	429 169.00	80 310.00	573 492.70
广东	787 057.76	309 864.22	196 154.53	156 484.38	39 670.15	281 039.01
广西	620 554.00	170 664.00	268 167.00	222 169.00	45 998.00	181 723.00
海南	1 189 888.00	821 762.00	62 146.00	28 706.00	33 440.00	305 980.00
重庆	114 602.00	15 106.00	77 095.00	77 095.00		22 401.00
四川	14 239.18	11 474.28	439.45	439.45		2 325.45
贵州	23 828.44	9 768.86	6 108.27	6 108.27		7 951.31
云南	475 920.00	298 349.00	33 955.00	31 288.00	2 667.00	143 616.00
陕西	32 437.99	23 802.65	3 005.00	1 180.00	1 825.00	5 630.34
甘肃	90 729.73	51 563.41	20 085.26	15 301.26	4 784.00	19 081.06
青海	35 502.58	32 263.59	943.99	943.99		2 295.00
宁夏	139 652.00	100 899.00	13 530.00	9 143.00	4 387.00	25 223.00
新疆(兵团)	29 051 364.00	6 737 672.00	10 266 033.00	7 050 357.00	3 215 676.00	12 047 659.00
新疆(农业)	177 445.51	113 270.70	7 690.03	6 530.98	1 159.05	56 484.78
新疆(畜牧)	284 152.68	233 797.67	17 406.10	10 396.60	7 009.50	32 948.91
热科院	53 314.39					53 314.39
广州	34 842.00	5 392.00	15 642.00	15 642.00		13 808.00
南京	3 322.95	330.40	700.00	700.00		2 292.55

注：新疆生产建设兵团采用国家统计局地区生产总值统一核算方式，未区分劳动者报酬、固定资产折旧、生产税净额、补贴及营业盈余。本年鉴将新疆生产建设兵团的生产总值统一列入劳动者报酬。

1-12 续表 1

地　区	第三产业					
	农、林、牧、渔专业及辅助性活动	开采专业及辅助性活动	金属制品、机械和设备修理业	批发和零售业	交通运输、仓储和邮政业	住宿和餐饮业
全国农垦	**918 955.49**	**31 519.00**	**70 127.05**	**4 238 267.78**	**1 675 008.41**	**1 050 851.47**
北　京	4 915.78			75 292.60	33 139.82	4 822.95
天　津				39 207.80	5 766.40	320.10
河　北	37 425.74	805.00	8 622.00	235 756.06	146 239.96	67 450.12
山　西	1 602.96			7 368.85	304.22	1 239.07
内 蒙 古	10 233.72		382.00	20 221.19	5 188.75	9 060.08
辽　宁	132 663.28	24 562.00	23 359.00	181 841.92	75 849.70	104 080.95
吉　林	5 020.80			8 394.32	983.48	1 600.44
黑 龙 江	116 520.50			73 749.00	15 839.90	3 964.10
上　海				355 719.50	72 111.40	14 998.00
江　苏				94 602.00	26 343.00	17 213.00
浙　江	200.70	27.00		380.69	10.00	198.50
安　徽	1 777.00		313.98	13 571.55	4 501.77	7 424.27
福　建	5 148.00		252.00	18 502.60	8 281.70	5 210.20
江　西	4 934.00		50.00	107 161.66	32 126.40	47 961.50
山　东				167.20		58.40
河　南	856.85			7 961.72	220.00	502.00
湖　北	22 350.00			348 507.00	258 766.00	130 724.00
湖　南	111 261.60	2 640.00	37 000.00	79 595.00	27 466.00	43 774.00
广　东	1 062.96			64 168.70	22 692.35	24 247.80
广　西	2 196.00			78 316.00	11 113.00	13 384.00
海　南				81 890.00	23 957.00	26 285.00
重　庆				230.00	3 320.00	2 650.00
四　川	1 976.72	14.00		40.00	83.00	
贵　州	7 037.31			914.00		
云　南	20 507.00			31 418.00	13 055.00	20 714.00
陕　西	978.00			632.50		536.50
甘　肃	3 419.64			2 539.77	168.68	934.10
青　海	1 220.00					39.00
宁　夏				6 842.40	4 171.20	3 134.60
新疆(兵团)	417 432.00	3 446.00		2 251 874.00	875 076.00	493 614.00
新疆(农业)	3 043.24	25.00	10.00	45 064.70	2 576.80	1 409.32
新疆(畜牧)	5 171.69		138.07	4 014.18	5 612.88	3 203.47
热 科 院				93.87		
广　州				2 019.00		
南　京				210.00	44.00	98.00

1-12续表2

地区	第三产业					
	信息传输、软件和信息技术服务业	金融业	房地产业	租赁和商务服务业	科学研究和技术服务业	水利、环境和公共设施管理业
全国农垦	**44 015.36**	**1 809 224.96**	**1 507 997.07**	**435 395.63**	**296 324.25**	**174 113.80**
北京		3 662.12	43 136.76	30 811.61	6 944.40	
天津		854.90	6 498.30	4 120.50	1 970.20	
河北	4 604.96	27 114.30	27 966.76	35 045.12	9 253.24	13 173.36
山西	2.00			694.71		
内蒙古	83.90	380.10	304.00	91.00	2 501.00	479.00
辽宁	3 268.10	2 229.00	12 808.68	34 589.00	807.00	2 319.80
吉林						
黑龙江	10 642.40	24 291.50	3 613.30	39 207.30	14 723.70	52 139.40
上海		2 075.70	79 601.70	50 799.30	2 889.60	1 906.00
江苏	232.00	319.00	5 763.00	3 390.00	1 776.00	84.00
浙江				1 261.62		
安徽		627.00	4 781.31	115.27	306.93	
福建	100.00	185.60		817.33	907.00	65.00
江西	7 187.00	20 885.00	47 801.00	52 557.00	894.00	3 841.00
山东			107.86			
河南		161.12	161.50	177.00		49.00
湖北	12 165.00	222 171.00	359 113.00	125 561.00	174 705.00	95 878.00
湖南	2 550.00	27 456.00	37 998.00	15 504.00	4 827.00	2 585.00
广东	2 093.00	1 959.62	7 820.01	7 981.59	2 232.76	231.00
广西			45 121.00	7 898.00	948.00	
海南	1 016.00	2 073.00	5 967.00	2 762.00	6 748.00	485.00
重庆		2 450.00	11 178.00	1 938.00	635.00	
四川				138.73		
贵州						
云南					9 441.00	111.00
陕西			343.29	2 197.00		
甘肃			112.00	414.50	347.00	637.16
青海				1 036.00		
宁夏	51.00		29.00	161.00	246.90	
新疆(兵团)		1 470 330.00	804 310.00			
新疆(农业)	10.00		200.00	1 904.50		119.28
新疆(畜牧)	10.00		3 261.60	752.00		10.80
热科院					53 220.52	
广州				11 789.00		
南京				1 681.55		

1-12续表3

地区	第三产业					
	居民服务、修理和其他服务业	教育	卫生和社会工作	文化、体育和娱乐业	公共管理、社会保障和社会组织	国际组织
全国农垦	**2 101 456.55**	**633 998.26**	**520 944.29**	**57 872.98**	**5 200 358.86**	**50.00**
北京	26 014.67	2 508.50		1 036.00		
天津	16 493.50	7 644.90				
河北	32 748.60	64 149.04	27 918.78	7 553.30	111 167.20	
山西	1 318.04	30.00	484.00			
内蒙古	5 694.85	2 269.00	2 188.00	97.00	16 003.00	
辽宁	15 923.00	10 938.00	17 559.80	2 806.00	13 788.72	
吉林	729.12	167.45	83.00		327.08	
黑龙江	4 565.10	48 095.20	181 857.90	2 016.50	30 828.50	
上海	7 526.10	11 883.10	14 607.90	2 633.30		
江苏	80 246.00	1 266.00	17 348.00	337.00	4 322.00	
浙江	207.60	87.80	44.30		355.80	
安徽	6 536.25	174.00	1 815.45	94.00	3 298.01	
福建	5 949.80	5 408.80	306.00	76.80	1 594.35	
江西	96 858.00	57 083.00	7 883.10	4 828.00	34 405.40	50.00
山东			16.00			
河南	1 526.64	31.00	148.80		824.25	
湖北	207 145.00	373 588.00	173 832.00	24 113.00	391 084.00	
湖南	43 538.00	17 796.00	10 784.00	8 363.10	100 355.00	
广东	36 254.22	24 723.72	60 377.26	17.00	25 177.02	
广西	22 431.00			316.00		
海南	114 654.00	3 312.00	2 226.00	2 272.00	32 333.00	
重庆						
四川	46.00			27.00		
贵州						
云南	12 676.00		794.00	1 053.00	33 847.00	
陕西	693.05		80.00		170.00	
甘肃	10 280.23			227.98		
青海						
宁夏	8 680.30				1 906.60	
新疆(兵团)	1 340 409.00				4 391 168.00	
新疆(农业)	1 232.54	432.60	450.80	6.00		
新疆(畜牧)	820.94	2 410.15	139.20		7 403.93	
热科院						
广州						
南京	259.00					

1-13 各垦区固定资产折旧合计按当年价格计算

计量单位：万元

地区	合计	第一产业	第二产业	工业	建筑业	第三产业
全国农垦	**6 820 692.25**	**1 372 205.53**	**3 052 764.96**	**2 801 564.12**	**251 200.84**	**2 395 721.76**
北京	193 693.78	48 907.59	75 574.47	75 235.47	339.00	69 211.72
天津	50 477.40	15 372.40	11 543.20	11 521.10	22.10	23 561.80
河北	965 971.67	49 785.04	593 158.51	512 989.85	80 168.66	323 028.12
山西	6 801.37	745.33	4 266.69	4 266.69		1 789.35
内蒙古	267 734.69	130 720.26	96 960.79	96 269.79	691.00	40 053.64
辽宁	587 968.37	139 524.00	263 226.34	235 996.70	27 229.64	185 218.03
吉林	14 323.31	7 814.38	2 496.50	2 366.00	130.50	4 012.43
黑龙江	760 493.60	436 670.60	80 569.00	79 774.90	794.10	243 254.00
上海	396 669.90	66 341.70	195 983.90	195 809.00	174.90	134 344.30
江苏	225 685.00	28 337.00	128 498.00	118 180.00	10 318.00	68 850.00
浙江	9 798.39	2 513.80	6 247.50	6 247.50		1 037.09
安徽	28 484.01	16 045.12	6 384.17	6 160.50	223.67	6 054.72
福建	61 276.64	7 537.06	43 947.29	43 516.79	430.50	9 792.29
江西	318 949.61	23 697.70	218 394.55	189 045.25	29 349.30	76 857.36
山东	4 884.28	1 643.26	65.19	65.19		3 175.83
河南	7 832.55	2 325.55	4 007.30	3 971.36	35.94	1 499.70
湖北	1 737 073.00	61 891.00	917 454.00	857 973.00	59 481.00	757 728.00
湖南	371 155.99	36 550.49	167 566.00	157 466.00	10 100.00	167 039.50
广东	201 794.32	93 243.58	61 267.06	53 000.59	8 266.47	47 283.68
广西	109 509.00	30 117.00	47 323.00	39 206.00	8 117.00	32 069.00
海南	114 306.00	35 649.00	24 076.00	13 391.00	10 685.00	54 581.00
重庆	37 490.00	6 830.00	27 350.00	27 350.00		3 310.00
四川	3 972.90	3 591.70	217.05	217.05		164.15
贵州	14 898.65	4 556.45	4 944.00	4 944.00		5 398.20
云南	128 205.00	28 304.00	12 584.00	12 254.00	330.00	87 317.00
陕西	21 615.35	4 895.49	11 756.00	8 901.00	2 855.00	4 963.86
甘肃	32 246.59	18 154.73	12 645.67	12 514.67	131.00	1 446.19
青海	10 340.05	9 862.65	102.40	102.40		375.00
宁夏	51 353.30	19 400.00	24 060.00	23 661.00	399.00	7 893.30
新疆(兵团)						
新疆(农业)	24 501.66	19 820.53	713.00	713.00		3 968.13
新疆(畜牧)	31 534.03	19 398.12	7 311.38	6 382.32	929.06	4 824.53
热科院	21 366.78					21 366.78
广州	5 267.00	1 943.00	1 977.00	1 977.00		1 347.00
南京	3 018.06	17.00	95.00	95.00		2 906.06

注：新疆生产建设兵团采用国家统计局地区生产总值统一核算方式，未区分劳动者报酬、固定资产折旧、生产税净额、补贴及营业盈余。本年鉴将新疆生产建设兵团的生产总值统一列入劳动者报酬。

1－13续表1

地　区	第三产业					
	农、林、牧、渔专业及辅助性活动	开采专业及辅助性活动	金属制品、机械和设备修理业	批发和零售业	交通运输、仓储和邮政业	住宿和餐饮业
全国农垦	**137 746.59**	**31 614.00**	**41 838.92**	**392 568.77**	**365 443.84**	**147 712.01**
北　京	1 559.51			22 661.73	16 537.48	1 785.70
天　津				13 527.50	4 724.30	114.10
河　北	8 492.05	397.00	4 693.00	88 804.47	28 039.28	18 756.55
山　西	309.84			1 080.06	17.36	81.35
内蒙古	1 800.22		1 035.00	9 014.86	6 863.83	3 046.83
辽　宁	14 589.71	30 610.00	34 083.00	37 044.58	24 171.19	17 698.95
吉　林	3 035.00			433.33	173.80	279.70
黑龙江	77 124.40			38 547.80	23 346.90	3 301.30
上　海				31 244.20	47 270.90	2 413.80
江　苏				15 911.00	9 201.00	5 174.00
浙　江	453.40	20.00		19.82		24.20
安　徽	741.00		59.01	728.71	715.59	1 925.04
福　建	447.00		85.00	4 154.51	1 711.28	1 196.60
江　西	510.00			23 888.20	6 294.96	7 150.10
山　东	3 155.00			0.17		0.37
河　南	36.88			1 189.85	40.00	46.00
湖　北	4 471.00			45 469.00	161 892.00	35 044.00
湖　南	6 052.00	582.00	1 670.00	18 162.00	9 817.00	13 182.00
广　东	157.21			6 610.84	8 883.26	4 704.95
广　西	388.00			13 820.00	1 961.00	2 362.00
海　南				5 158.00	2 967.00	4 510.00
重　庆				230.00	1 850.00	510.00
四　川	119.91	5.00				
贵　州	5 352.20			28.00		
云　南	6 135.00			11 056.00	6 743.00	21 720.00
陕　西	50.42			1 010.70		207.00
甘　肃	176.75			250.93	3.00	393.61
青　海						36.00
宁　夏				624.40	1 357.00	910.00
新疆（兵团）						
新疆（农业）	1 402.14		154.57	965.38	87.00	169.40
新疆（畜牧）	1 187.95		59.34	802.73	760.71	934.46
热科院						
广　州				60.00		
南　京				70.00	15.00	34.00

1－13续表2

地区	第三产业					
	信息传输、软件和信息技术服务业	金融业	房地产业	租赁和商务服务业	科学研究和技术服务业	水利、环境和公共设施管理业
全国农垦	**79 896.53**	**47 314.41**	**296 462.86**	**161 117.46**	**84 511.36**	**115 643.49**
北　　京		182.62	8 823.15	11 526.63	1 146.69	
天　　津		742.50	1 458.70	131.00	175.80	
河　　北	11 074.48	8 413.17	66 852.30	8 108.15	1 060.70	22 750.54
山　　西	6.00			67.30		
内 蒙 古	443.10	1 796.90	1 321.00	266.00	827.00	551.00
辽　　宁	492.00	2 178.00	7 789.23	6 061.90	237.10	1 619.82
吉　　林						
黑 龙 江	4 365.70	4 022.10	775.90	13 654.60	2 769.50	28 957.60
上　　海		93.50	13 604.60	18 266.70	404.20	2 531.50
江　　苏	15.00	39.00	1 129.00	2 387.00	371.00	20.00
浙　　江				493.36		
安　　徽		250.00	719.02	3.95	63.50	
福　　建	13.25	24.35		320.95	24.00	6.00
江　　西	1 679.00	640.00	19 240.00	1 726.00	236.00	1 023.00
山　　东			20.29			
河　　南		8.68	0.02	9.00		
湖　　北	60 377.00	25 418.00	71 542.00	82 386.00	50 708.00	56 142.00
湖　　南	993.00	3 857.00	61 123.00	4 707.00	1 519.50	1 756.00
广　　东	330.00	−383.41	1 255.05	1 345.96	200.19	1.00
广　　西			7 963.00	1 394.00	167.00	
海　　南	95.00	32.00	32 026.00	1 165.00	29.00	9.00
重　　庆				720.00		
四　　川				8.24		
贵　　州				18.00		
云　　南					2 829.00	51.00
陕　　西			4.60	1 432.00		
甘　　肃			9.20	356.52	19.00	180.03
青　　海				339.00		
宁　　夏	12.00		81.00		357.40	
新疆(兵团)						
新疆(农业)			680.00	204.14		45.00
新疆(畜牧)	1.00		45.80			
热 科 院					21 366.78	
广　　州				1 287.00		
南　　京				2 732.06		

1-13 续表 3

地区	第三产业					
	居民服务、修理和其他服务业	教育	卫生和社会工作	文化、体育和娱乐业	公共管理、社会保障和社会组织	国际组织
全国农垦	**119 978.91**	**108 317.44**	**73 237.63**	**54 880.72**	**137 436.82**	
北　　京	4 047.81	893.40		47.00		
天　　津	2 687.90					
河　　北	20 894.04	6 244.82	7 439.36	2 965.47	18 042.74	
山　　西	205.44	10.00	12.00			
内 蒙 古	1 419.90	3 114.00	475.00	63.00	8 016.00	
辽　　宁	3 862.50	1 944.93	851.24	114.05	1 869.83	
吉　　林	76.00	6.00	8.60			
黑 龙 江	651.50	7 330.40	26 486.80	529.00	11 390.50	
上　　海	607.10	15 197.00	2 413.90	296.90		
江　　苏	27 442.00	155.00	3 019.00	83.00	3 904.00	
浙　　江	10.60	4.71	1.00		10.00	
安　　徽	342.52		185.68	46.00	274.70	
福　　建	1 051.50	130.65	21.00	6.30	599.90	
江　　西	3 101.10	4 013.00	570.00	1 769.00	5 017.00	
山　　东						
河　　南	19.69	2.00	19.43		128.15	
湖　　北	26 702.00	60 245.00	16 571.00	9 579.00	51 182.00	
湖　　南	7 346.00	4 096.00	3 331.00	2 426.00	26 420.00	
广　　东	5 600.94	4 185.52	10 677.62	2.00	3 712.55	
广　　西	3 958.00			56.00		
海　　南	2 183.00	233.00	565.00	1 083.00	4 526.00	
重　　庆						
四　　川	1.00			30.00		
贵　　州						
云　　南	1 565.00		525.00	35 732.00	961.00	
陕　　西	2 259.14					
甘　　肃	24.15			33.00		
青　　海						
宁　　夏	3 466.50				1 085.00	
新疆(兵团)						
新疆(农业)	80.50	95.00	65.00	20.00		
新疆(畜牧)	318.08	417.01			297.45	
热 科 院						
广　　州						
南　　京	55.00					

1-14 各垦区生产税净额合计按当年价格计算

计量单位：万元

地区	合计	第一产业	第二产业	工业	建筑业	第三产业
全国农垦	**5 201 308.43**	**−619 013.18**	**3 215 410.49**	**2 748 875.11**	**466 535.38**	**2 604 911.12**
北京	169 647.88	2 923.49	61 770.71	60 905.71	865.00	104 953.68
天津	62 631.60	612.90	7 913.20	7 778.30	134.90	54 105.50
河北	657 903.01	15 650.62	502 169.69	468 153.58	34 016.11	140 082.70
山西	8 151.94	1 345.58	4 738.91	4 738.91		2 067.45
内蒙古	46 589.83	7 374.17	32 915.74	32 707.74	208.00	6 299.92
辽宁	213 300.30	21 403.55	109 232.05	98 059.09	11 172.96	82 664.70
吉林	2 868.87	2 066.64	458.00	458.00		344.23
黑龙江	−627 096.20	−792 955.10	136 284.50	111 491.60	24 792.90	29 574.40
上海	656 229.70	6 615.70	112 178.40	104 242.00	7 936.40	537 435.60
江苏	339 306.00	741.00	300 630.00	293 857.00	6 773.00	37 935.00
浙江	2 132.28	936.80	721.20	721.20		474.28
安徽	32 975.85	2 354.30	8 753.99	5 259.97	3 494.02	21 867.56
福建	23 293.64	1 837.05	14 042.89	12 258.89	1 784.00	7 413.70
江西	319 757.56	13 810.66	259 809.30	239 450.80	20 358.50	46 137.60
山东	597.02	104.93	24.24	24.24		467.85
河南	8 464.08	2 650.49	4 672.53	4 503.43	169.10	1 141.06
湖北	2 454 953.00	6 747.00	1 211 794.00	918 751.00	293 043.00	1 236 412.00
湖南	392 271.09	34 251.59	217 020.50	199 261.00	17 759.50	140 999.00
广东	129 113.83	1 361.50	83 044.59	73 996.40	9 048.19	44 707.74
广西	127 762.00	35 137.00	55 211.00	45 741.00	9 470.00	37 414.00
海南	54 808.00	3 588.00	22 862.00	5 537.00	17 325.00	28 358.00
重庆	23 345.00		21 650.00	21 650.00		1 695.00
四川	444.47	321.35	69.00	69.00		54.12
贵州	1 804.45	530.43	496.13	496.13		777.89
云南	32 631.00	1 290.00	9 833.00	9 378.00	455.00	21 508.00
陕西	6 503.66	227.00	2 158.00	2 158.00		4 118.66
甘肃	10 898.60	209.53	8 518.84	6 811.84	1 707.00	2 170.23
青海	716.29	138.95	215.34	215.34		362.00
宁夏	25 964.00	988.00	19 975.00	15 447.00	4 528.00	5 001.00
新疆（兵团）						
新疆（农业）	5 335.00	4 450.80	511.00	511.00		373.20
新疆（畜牧）	10 562.90	4 157.39	3 479.74	1 984.94	1 494.80	2 925.77
热科院	556.17					556.17
广州	6 140.00	113.00	1 945.00	1 945.00		4 082.00
南京	745.61	2.50	312.00	312.00		431.11

注：新疆生产建设兵团采用国家统计局地区生产总值统一核算方式，未区分劳动者报酬、固定资产折旧、生产税净额、补贴及营业盈余。本年鉴将新疆生产建设兵团的生产总值统一列入劳动者报酬。

1-14 续表 1

地 区	第三产业					
	农、林、牧、渔专业及辅助性活动	开采专业及辅助性活动	金属制品、机械和设备修理业	批发和零售业	交通运输、仓储和邮政业	住宿和餐饮业
全国农垦	**39 122.89**	**16 600.00**	**22 435.03**	**1 050 621.93**	**189 157.43**	**136 559.66**
北 京	1 149.04			56 234.21	5 357.33	672.50
天 津				13 363.20	799.00	16.10
河 北	16 644.24	1 176.00	12 655.00	50 535.54	21 412.07	11 181.10
山 西	194.00			1 544.28	12.00	64.02
内 蒙 古	141.00		70.00	1 398.00	1 544.50	565.08
辽 宁	533.98	13 789.00	8 394.00	13 170.55	7 115.39	6 871.78
吉 林				173.11	17.80	149.40
黑 龙 江	−80.20			18 268.80	405.20	191.90
上 海				422 246.20	5 141.90	876.70
江 苏				5 824.00	2 590.00	1 782.00
浙 江	3.00			1.88		
安 徽	1 620.00		2.00	1 201.17	439.75	979.87
福 建	43.00		83.00	5 289.30	729.10	545.20
江 西	1 117.00			16 757.20	3 600.10	5 496.20
山 东				18.58		1.14
河 南	35.93			306.07	10.00	30.00
湖 北	4 612.00			357 049.00	120 612.00	66 818.00
湖 南	7 099.00	1 635.00	1 220.00	36 943.00	6 996.20	25 739.00
广 东	96.80			12 540.29	4 681.58	5 967.49
广 西	452.00			16 124.00	2 288.00	2 756.00
海 南				9 216.00	2 438.00	2 400.00
重 庆				175.00	1 010.00	235.00
四 川	16.00			5.00		
贵 州	388.89			353.00		
云 南	4 984.00			9 607.00	1 530.00	2 644.00
陕 西	0.76					
甘 肃	7.75			1 000.29	35.76	85.80
青 海						
宁 夏				561.40	294.60	262.10
新疆(兵团)						
新疆(农业)	47.70			4.00	50.00	153.00
新疆(畜牧)	17.00		11.03	98.86	43.15	48.28
热 科 院						
广 州				518.00		
南 京				95.00	4.00	28.00

1－14 续表 2

地区	第三产业					
	信息传输、软件和信息技术服务业	金融业	房地产业	租赁和商务服务业	科学研究和技术服务业	水利、环境和公共设施管理业
全国农垦	**62 023.98**	**88 766.53**	**653 396.02**	**140 798.22**	**67 168.87**	**5 917.27**
北京		1 653.74	10 707.85	23 210.02	466.97	
天津		3 538.50	33 466.70	485.60	33.20	
河北	3 175.93	7 961.87	4 328.43	3 444.25	569.47	1 581.61
山西	1.00			57.89		
内蒙古	34.60	765.74	1 006.00	193.00		
辽宁	96.00	1 050.00	29 404.07	493.70	2.00	401.06
吉林						
黑龙江	128.10	3 758.10	5 132.00	1 601.90	530.40	168.10
上海	0.10	2 610.10	97 543.90	8 107.90	255.50	
江苏		8.00	14 979.00	60.00	8.00	
浙江				469.40		
安徽		289.00	15 945.54			
福建	11.25	13.00		142.00	9.00	2.00
江西	1 108.00	763.00	7 289.00	1 980.00	30.00	
山东			448.13			
河南		56.89		6.00		
湖北	55 211.00	56 662.00	385 767.00	84 780.00	60 374.00	2 539.00
湖南	1 250.00	4 637.00	12 322.00	6 287.00	2 411.00	1 179.50
广东	790.00	150.59	12 743.79	1 813.41	6.16	
广西			9 290.00	1 626.00	195.00	
海南	218.00	4 849.00	3 779.00	679.00	1 410.00	38.00
重庆				275.00		
四川				33.12		
贵州				36.00		
云南					312.00	8.00
陕西			3 274.50	576.00		
甘肃			679.00	231.92		
青海				362.00		
宁夏			2 594.00			
新疆(兵团)						
新疆(农业)			20.00	1.00		
新疆(畜牧)			2 676.11			
热科院					556.17	
广州				3 564.00		
南京				282.11		

1－14续表3

地　区	第三产业					
	居民服务、修理和其他服务业	教育	卫生和社会工作	文化、体育和娱乐业	公共管理、社会保障和社会组织	国际组织
全国农垦	**75 070.58**	**7 430.34**	**5 366.73**	**20 482.18**	**23 993.46**	
北　京	5 297.02	123.00		82.00		
天　津	2 403.20					
河　北	2 803.17	1 358.89	289.35	344.78	621.00	
山　西	194.26					
内蒙古	372.00		5.00	40.00	165.00	
辽　宁	662.17	158.00	498.00	9.00	16.00	
吉　林	3.42		0.50			
黑龙江		−37.00	−544.80	5.00	46.90	
上　海	518.30	93.10		41.90		
江　苏	12 522.00	2.00	24.00	1.00	135.00	
浙　江						
安　徽	245.23		2.00		1 143.00	
福　建	491.50	14.65	8.00	6.50	26.20	
江　西	2 083.10	57.00	18.00	1 755.00	4 084.00	
山　东						
河　南	2.00				694.17	
湖　北	19 937.00	2 857.00	1 636.00	13 887.00	3 671.00	
湖　南	11 541.30	2 467.00	3 197.00	3 750.00	12 325.00	
广　东	5 325.06	276.70	88.68	1.00	226.19	
广　西	4 618.00			65.00		
海　南	2 375.00	60.00	65.00	213.00	618.00	
重　庆						
四　川						
贵　州						
云　南	2 066.00		80.00	277.00		
陕　西	81.40				186.00	
甘　肃	125.71			4.00		
青　海						
宁　夏	1 252.90				36.00	
新疆(兵团)						
新疆(农业)	97.50					
新疆(畜牧)	31.34					
热科院						
广　州						
南　京	22.00					

1-15 各垦区补贴合计按当年价格计算

计量单位：万元

地 区	合计					
		第一产业	第二产业			第三产业
				工业	建筑业	
全国农垦	**1 016 896.08**	**944 167.88**	**45 148.90**	**31 478.92**	**13 669.98**	**27 579.30**
北 京	−919.58	−3 491.95	255.26	255.26		2 317.11
天 津						
河 北	42 876.90	9 117.90	33 759.00	20 719.00	13 040.00	
山 西	366.81	142.23				224.58
内 蒙 古	6 281.80	6 281.80				
辽 宁	19 091.42	17 352.82	1 079.00	1 045.00	34.00	659.60
吉 林	3 307.53	2 987.53				320.00
黑 龙 江	801 831.20	794 737.90	3 448.80	3 439.40	9.40	3 644.50
上 海	11 885.50					11 885.50
江 苏						
浙 江	1 295.70	392.00	132.70	132.70		771.00
安 徽	1 529.62	1 529.62				
福 建	151.79	51.78				100.01
江 西	1 361.00	882.00	334.00	310.00	24.00	145.00
山 东	58.00	58.00				
河 南	79 770.35	79 755.35				15.00
湖 北						
湖 南	2 545.20	1 638.00	681.00	322.00	359.00	226.20
广 东	3 729.80	1 104.25	250.42	250.42		2 375.13
广 西						
海 南						
重 庆	4 000.00	1 200.00	2 800.00	2 800.00		
四 川	1 360.46	1 170.46				190.00
贵 州	1 285.00	531.12	743.14	743.14		10.74
云 南						
陕 西	940.00	711.00				229.00
甘 肃	1 692.31	1 138.94	542.00	542.00		11.37
青 海						
宁 夏						
新疆(兵团)						
新疆(农业)	15 880.30	14 587.32	618.00	618.00		674.98
新疆(畜牧)	14 406.97	11 611.81	255.58	52.00	203.58	2 539.58
热 科 院						
广 州	2 168.00	678.00	250.00	250.00		1 240.00
南 京						

注：新疆生产建设兵团采用国家统计局地区生产总值统一核算方式，未区分劳动者报酬、固定资产折旧、生产税净额、补贴及营业盈余。本年鉴将新疆生产建设兵团的生产总值统一列入劳动者报酬。

1－15 续表 1

地　　区	第三产业					
	农、林、牧、渔专业及辅助性活动	开采专业及辅助性活动	金属制品、机械和设备修理业	批发和零售业	交通运输、仓储和邮政业	住宿和餐饮业
全国农垦	**6 047.39**			**812.01**	**2 826.02**	**41.36**
北　　京				256.99	2 015.22	2.90
天　　津						
河　　北						
山　　西				9.00		
内 蒙 古						
辽　　宁	19.60			62.00	560.00	
吉　　林						
黑 龙 江	2 188.40			191.40	179.20	2.90
上　　海						
江　　苏						
浙　　江	738.00					
安　　徽						
福　　建				50.00	2.00	22.11
江　　西				19.00		
山　　东						
河　　南	15.00					
湖　　北						
湖　　南	3.00			67.00	56.00	
广　　东				87.59		
广　　西						
海　　南						
重　　庆						
四　　川	190.00					
贵　　州	10.74					
云　　南						
陕　　西						
甘　　肃				10.17		
青　　海						
宁　　夏						
新疆（兵团）						
新疆（农业）	606.98					
新疆（畜牧）	2 275.67			29.86	13.60	13.45
热 科 院						
广　　州				29.00		
南　　京						

1-15 续表 2

地　区	第三产业					
	信息传输、软件和信息技术服务业	金融业	房地产业	租赁和商务服务业	科学研究和技术服务业	水利、环境和公共设施管理业
全国农垦	**16.00**	**1 500.00**	**−23.40**	**1 581.61**	**510.13**	**193.04**
北　京			4.00	38.00		
天　津						
河　北						
山　西				143.58		
内蒙古						
辽　宁						
吉　林						
黑龙江	15.00		−27.40	70.00		133.00
上　海						
江　苏						
浙　江				33.00		
安　徽						
福　建	1.00					
江　西						
山　东						
河　南						
湖　北						
湖　南						
广　东		1 500.00		13.83	510.13	
广　西						
海　南						
重　庆						
四　川						
贵　州						
云　南						
陕　西				3.00		
甘　肃				1.20		
青　海						
宁　夏						
新疆(兵团)						
新疆(农业)				68.00		
新疆(畜牧)						60.04
热科院						
广　州				1 211.00		
南　京						

1－15 续表 3

地　　区	第三产业					
	居民服务、修理和其他服务业	教育	卫生和社会工作	文化、体育和娱乐业	公共管理、社会保障和社会组织	国际组织
全国农垦	**136.00**	**11 960.48**	**973.60**	**279.60**	**725.46**	
北　　京						
天　　津						
河　　北						
山　　西	72.00					
内 蒙 古						
辽　　宁	18.00					
吉　　林					320.00	
黑 龙 江		141.90	750.10			
上　　海		11 786.10		99.40		
江　　苏						
浙　　江						
安　　徽						
福　　建	6.00	18.90				
江　　西				125.00	1.00	
山　　东						
河　　南						
湖　　北						
湖　　南				55.20	45.00	
广　　东		13.58	124.00		126.00	
广　　西						
海　　南						
重　　庆						
四　　川						
贵　　州						
云　　南						
陕　　西	40.00				186.00	
甘　　肃						
青　　海						
宁　　夏						
新疆(兵团)						
新疆(农业)						
新疆(畜牧)			99.50		47.46	
热 科 院						
广　　州						
南　　京						

1-16 各垦区营业盈余合计按当年价格计算

计量单位：万元

地区	合计					
		第一产业	第二产业			第三产业
				工业	建筑业	
全国农垦	**16 821 430.93**	**4 462 107.10**	**8 040 910.41**	**7 307 668.04**	**733 242.37**	**4 318 413.42**
北京	440 852.48	128 951.65	57 390.99	56 473.19	917.80	254 509.84
天津	114 784.00	−2 645.10	−6 779.80	−7 398.10	618.30	124 208.90
河北	1 536 403.64	294 438.43	775 641.53	671 454.70	104 186.83	466 323.68
山西	12 754.57	1 401.68	5 429.30	5 429.30		5 923.59
内蒙古	308 429.75	190 714.09	84 853.62	83 872.42	981.20	32 862.04
辽宁	742 736.95	216 294.29	299 188.55	230 906.12	68 282.43	227 254.11
吉林	31 648.74	23 112.10	4 139.80	4 117.00	22.80	4 396.84
黑龙江	2 203 262.30	2 112 819.20	69 030.00	59 474.90	9 555.10	21 413.10
上海	286 814.40	45 865.70	172 350.70	160 039.10	12 311.60	68 598.00
江苏	846 447.00	83 060.00	582 665.00	559 708.00	22 957.00	180 722.00
浙江	17 093.14	15 283.68	756.04	756.04		1 053.42
安徽	64 694.92	18 960.08	10 112.07	9 805.34	306.73	35 622.77
福建	107 702.44	57 431.10	24 303.99	22 670.99	1 633.00	25 967.35
江西	593 487.67	53 270.80	350 630.94	327 986.44	22 644.50	189 585.93
山东	3 073.46	1 994.42	−73.00	−73.00		1 152.04
河南	32 057.65	17 457.42	8 660.21	7 809.45	850.76	5 940.02
湖北	6 226 660.00	265 962.00	4 342 741.00	4 052 142.00	290 599.00	1 617 957.00
湖南	911 367.93	101 724.93	457 476.00	400 435.00	57 041.00	352 167.00
广东	685 955.23	226 415.01	274 741.94	248 079.75	26 662.19	184 798.28
广西	967 334.00	266 036.00	418 025.00	346 323.00	71 702.00	283 273.00
海南	145 173.00	72 027.00	29 027.00	−2 490.00	31 517.00	44 119.00
重庆	48 076.00	2 005.00	12 152.00	12 152.00		33 919.00
四川	1 202.28	779.26	212.92	212.92		210.10
贵州	13 122.26	5 865.92	5 155.64	5 155.64		2 100.70
云南	165 265.00	62 469.00	17 209.00	14 681.00	2 528.00	85 587.00
陕西	6 096.07	2 306.03	1 849.00	1 836.00	13.00	1 941.04
甘肃	52 753.82	26 010.54	20 324.48	19 984.38	340.10	6 418.80
青海	6 940.11	6 855.11				85.00
宁夏	59 883.50	42 669.50	5 852.00	2 472.00	3 380.00	11 362.00
新疆（兵团）						
新疆（农业）	99 016.53	87 292.34	3 966.00	3 892.00	74.00	7 758.19
新疆（畜牧）	73 784.02	37 478.48	14 499.99	10 381.96	4 118.03	21 805.55
热科院						
广州	16 291.00	−2 181.00	−442.00	−442.00		18 914.00
南京	267.07	−17.56	−179.50	−179.50		464.13

注：新疆生产建设兵团采用国家统计局地区生产总值统一核算方式，未区分劳动者报酬、固定资产折旧、生产税净额、补贴及营业盈余。本年鉴将新疆生产建设兵团的生产总值统一列入劳动者报酬。

1-16续表1

地区	第三产业					
	农、林、牧、渔专业及辅助性活动	开采专业及辅助性活动	金属制品、机械和设备修理业	批发和零售业	交通运输、仓储和邮政业	住宿和餐饮业
全国农垦	**263 282.54**	**20 615.00**	**38 483.81**	**1 085 989.94**	**445 998.67**	**197 595.46**
北京	−705.75			85 065.51	3 696.86	−3 838.17
天津				3 928.90	16 283.20	−450.30
河北	30 795.97	1 061.00	11 631.00	160 618.93	76 275.69	21 107.43
山西	16.61			4 982.87	71.35	356.38
内蒙古	2 399.80		1 034.00	9 805.76	7 917.00	5 928.40
辽宁	52 515.38	16 642.00	13 470.00	43 819.34	31 819.48	19 955.84
吉林	297.00			2 535.46	623.10	541.13
黑龙江	73 649.60			−62 160.80	−6 480.40	−3 334.60
上海				24 652.40	−1 875.30	−10 234.50
江苏				56 187.00	9 509.00	9 911.00
浙江	−581.00	13.00		10.86	4.00	138.30
安徽	5 711.00		35.00	3 944.40	1 159.16	1 466.14
福建	1 478.08		718.00	17 082.93	2 589.48	1 826.11
江西	309.00			61 218.40	22 063.56	16 242.67
山东				1 096.48		24.25
河南	1 967.39			4 947.95	23.00	197.00
湖北	23 829.00			389 852.00	201 857.00	39 651.00
湖南	31 134.00	2 885.00	11 756.00	94 326.00	24 222.00	33 141.00
广东	248.35			51 781.65	13 399.36	22 379.55
广西	3 423.00			122 081.00	17 323.00	20 863.00
海南				−10 007.00	1 962.00	920.00
重庆				273.00	690.00	305.00
四川	100.95	14.00		10.00		
贵州	1 702.34			76.00		
云南	15 023.00			19 220.00	17 881.00	16 143.00
陕西	30.00			−38.80		165.80
甘肃	903.62			−6 524.76	164.16	−135.70
青海						
宁夏				1 945.30	2 066.80	669.10
新疆(兵团)						
新疆(农业)	2 606.88			1 915.62	636.00	2 467.60
新疆(畜牧)	16 428.32		−160.19	2 648.54	2 107.17	1 121.03
热科院						
广州				619.00		
南京				76.00	11.00	68.00

1－16续表2

地　　区	第三产业					
	信息传输、软件和信息技术服务业	金融业	房地产业	租赁和商务服务业	科学研究和技术服务业	水利、环境和公共设施管理业
全国农垦	**147 869.73**	**393 854.19**	**756 769.96**	**268 537.15**	**106 870.79**	**66 724.53**
北　　京		13 688.89	51 292.11	116 741.57	−1 228.23	
天　　津		12 933.60	93 385.90	−2 388.50	−1 096.00	
河　　北	20 537.63	54 209.66	12 505.51	8 553.48	3 382.59	5 560.49
山　　西	0.50			291.75		
内 蒙 古	1 066.70	5 270.20	4 870.00	2 002.68		
辽　　宁	2 056.00	2 307.00	25 964.19	6 093.20	228.00	1 047.71
吉　　林						
黑 龙 江	−1 200.00	−694.30	3 109.60	4 497.10	4 892.60	3 827.90
上　　海	10.40	24 126.80	40 730.10	−11 982.70	−730.40	−2 708.80
江　　苏		641.00	76 265.00	−662.00	98.00	1.00
浙　　江				1 271.99		
安　　徽		2 337.00	15 317.87	3.64	20.00	
福　　建	11.50	76.45		750.50	39.00	2.00
江　　西	4 710.00	14 414.00	33 411.00	18 586.00	632.00	354.00
山　　东			31.31			
河　　南		33.60	46.91	−14.00		
湖　　北	111 593.00	225 905.00	271 102.00	65 726.00	93 692.00	49 189.00
湖　　南	5 325.00	11 968.00	23 272.00	10 787.00	5 127.00	1 742.00
广　　东	3 372.00	1 989.29	10 793.85	8 485.53	−795.77	
广　　西			70 336.00	12 312.00	1 477.00	
海　　南	377.00	14 112.00	−2 982.00	2 769.00	1 263.00	7 158.00
重　　庆		10 536.00	16 775.00	5 340.00		
四　　川				82.15		
贵　　州				322.36		
云　　南					−130.00	33.00
陕　　西			1 588.41	5.00		
甘　　肃			1 449.50	337.98		498.23
青　　海				85.00		
宁　　夏	10.00		7 455.70	65.20		
新疆(兵团)						
新疆(农业)			50.00	−57.91		20.00
新疆(畜牧)						
热 科 院						
广　　州				18 295.00		
南　　京				238.13		

1－16 续表 3

地　区	第三产业					
	居民服务、修理和其他服务业	教育	卫生和社会工作	文化、体育和娱乐业	公共管理、社会保障和社会组织	国际组织
全国农垦	**316 028.48**	**25 882.61**	**68 494.74**	**20 340.20**	**95 075.62**	
北　京	－8 327.45	－1 910.50		35.00		
天　津	1 612.10					
河　北	37 189.19	1 343.26	7 692.50	1 378.45	12 480.90	
山　西	184.13	10.00	10.00			
内蒙古	1 958.50		52.00	273.00	－9 716.00	
辽　宁	5 714.47	958.00	2 104.50	1 000.00	1 559.00	
吉　林	392.45		7.70			
黑龙江	49.20	5.20	638.90	58.50	4 554.60	
上　海	5 086.50	1 830.00	1 718.60	－2 025.10		
江　苏	26 412.00	22.00	1 331.00	5.00	1 002.00	
浙　江	146.70	4.10	27.90		17.57	
安　徽	1 763.35		276.21	15.00	3 574.00	
福　建	1 008.40	1.00	56.00	11.60	316.30	
江　西	5 211.30	3 414.00	409.00	1 517.00	7 094.00	
山　东						
河　南	16.29	2.00	5.00		－1 285.12	
湖　北	101 249.00	11 975.00	13 758.00	8 195.00	10 384.00	
湖　南	45 888.00	7 755.00	19 650.00	7 679.00	15 510.00	
广　东	23 221.49	151.55	20 130.43	6.00	29 635.00	
广　西	34 966.00			492.00		
海　南	6 716.00	322.00	299.00	868.00	20 342.00	
重　庆						
四　川	3.00					
贵　州						
云　南	16 499.00		248.00	670.00		
陕　西	236.63		30.00		－76.00	
甘　肃	9 564.02			161.75		
青　海						
宁　夏	－518.10				－332.00	
新疆(兵团)						
新疆(农业)	70.00		50.00			
新疆(畜牧)	－354.69				15.37	
热科院						
广　州						
南　京	71.00					

农业部分

2-1 农场基本情况

地区	农场个数（个）	农垦人口情况		
		农垦年末总人口（人）	农场人口（人）	农垦年平均人口（人）
全国农垦	**1 831**	**14 042 550**	**11 274 288**	**13 830 151**
北京	13	75 689	12 597	71 586
天津	8	12 641	2 535	13 790
河北	32	422 761	356 658	416 138
山西	25	27 543	26 912	27 656
内蒙古	100	463 679	420 399	460 175
辽宁	104	857 633	745 376	866 549
吉林	88	172 854	169 542	165 228
黑龙江	113	1 482 108	1 276 750	1 552 358
上海	21	103 849	9 259	103 293
江苏	17	181 648	155 080	184 149
浙江	91	42 001	34 037	38 036
安徽	20	119 010	104 325	118 925
福建	110	191 249	146 146	164 819
江西	156	1 417 401	1 211 189	1 380 841
山东	10	8 750	8 512	8 787
河南	90	71 157	67 368	68 162
湖北	65	1 515 925	1 331 585	1 509 834
湖南	62	738 566	569 029	694 351
广东	47	391 035	336 734	390 705
广西	47	305 080	232 308	298 930
海南	26	832 102	670 365	801 107
重庆	18	21 369	3 548	21 378
四川	87	8 548	8 142	5 274
贵州	37	25 963	20 826	20 777
云南	43	379 643	359 227	377 242
陕西	12	27 242	26 419	27 624
甘肃	22	70 900	55 024	71 826
青海	21	45 019	34 728	16 983
宁夏	14	122 739	112 275	123 745
新疆（兵团）	179	3 303 444	2 205 711	3 275 943
新疆（农业）	48	236 198	214 197	219 706
新疆（畜牧）	96	351 554	335 566	317 167
热科院	1	12 190	9 746	12 176
广州	7	2 723		2 558
南京	1	2 337	2 173	2 333

2－1续表1

地区	从业人员情况			
	从业人员年末人数（人）	第一产业（人）	第二产业（人）	第三产业（人）
全国农垦	**5 725 028**	**2 955 551**	**1 310 186**	**1 459 291**
北京	46 721	13 978	14 682	18 061
天津	12 641	2 535	3 822	6 284
河北	254 429	85 718	73 263	95 448
山西	14 217	5 783	3 395	5 039
内蒙古	178 478	152 839	6 429	19 210
辽宁	416 241	248 942	62 088	105 211
吉林	63 582	58 890	1 363	3 329
黑龙江	520 823	419 373	16 975	84 475
上海	112 603	11 373	41 100	60 130
江苏	79 242	17 748	30 615	30 879
浙江	8 228	2 201	5 373	654
安徽	52 899	30 049	10 170	12 680
福建	68 658	38 801	15 314	14 543
江西	385 803	209 342	124 383	52 078
山东	2 156	1 947	97	112
河南	37 896	30 082	4 289	3 525
湖北	980 195	333 160	360 249	286 786
湖南	267 116	125 061	65 911	76 144
广东	123 525	56 263	31 775	35 487
广西	116 841	50 027	38 819	27 995
海南	324 119	209 892	13 575	100 652
重庆	12 510	1 367	9 470	1 673
四川	3 896	3 313	72	511
贵州	6 532	4 743	627	1 162
云南	163 351	120 574	6 115	36 662
陕西	6 434	5 627	334	473
甘肃	20 853	16 127	3 592	1 134
青海	19 691	15 238	87	4 366
宁夏	54 285	42 204	3 583	8 498
新疆(兵团)	1 114 137	424 567	349 968	339 602
新疆(农业)	91 597	79 826	4 265	7 506
新疆(畜牧)	158 296	137 252	6 655	14 389
热科院	3 597			3 597
广州	2 823	625	1 606	592
南京	613	84	125	404

2－1续表2

地　　区	职工及工资总额			
	职工期末人数（人）	在岗职工人数（人）	职工工资总额（万元）	在岗职工工资总额（万元）
全国农垦	**2 470 524**	**1 977 484**	**11 916 110.07**	**10 305 694.40**
北　京	51 585	49 893	471 099.16	462 910.81
天　津	12 641	12 641	112 848.00	112 848.00
河　北	62 519	57 354	223 707.26	204 798.94
山　西	3 406	2 592	8 822.96	6 296.08
内蒙古	111 458	48 101	459 498.49	234 508.55
辽　宁	202 492	138 472	448 816.76	303 541.92
吉　林	38 093	23 845	77 045.58	49 253.15
黑龙江	262 093	262 093	1 008 272.65	1 008 272.65
上　海	79 704	78 210	1 030 195.00	1 026 583.00
江　苏	40 694	40 619	321 956.00	321 421.00
浙　江	2 337	1 295	14 061.26	11 498.88
安　徽	28 835	16 070	127 448.88	83 645.27
福　建	30 113	13 984	92 115.24	37 560.13
江　西	221 761	192 881	468 381.07	386 849.11
山　东	2 205	1 910	6 100.57	5 778.57
河　南	28 656	19 452	51 308.21	31 140.23
湖　北	381 199	326 221	1 245 082.00	1 087 077.00
湖　南	93 164	79 288	194 785.13	173 131.95
广　东	57 113	33 249	342 085.92	242 715.74
广　西	21 335	19 711	134 011.00	132 532.00
海　南	46 819	40 850	229 598.00	208 396.00
重　庆	6 763	6 763	64 283.00	64 233.00
四　川	3 421	2 146	16 388.47	13 818.78
贵　州	4 106	2 998	21 850.84	18 936.36
云　南	115 788	36 324	241 028.00	132 837.00
陕　西	3 933	3 547	14 103.42	13 519.42
甘　肃	16 415	10 519	69 816.93	57 837.69
青　海	7 233	5 693	22 326.19	21 375.34
宁　夏	10 391	10 358	50 825.00	50 702.00
新疆（兵团）	429 689	383 234	4 034 080.00	3 595 064.00
新疆（农业）	38 809	23 442	69 878.42	41 723.61
新疆（畜牧）	49 203	28 434	169 925.14	92 112.00
热科院	3 597	2 471	46 538.50	46 538.50
广　州	2 723	2 692	25 734.00	24 697.00
南　京	231	132	2 093.02	1 540.72

2－1续表3

地区	收入及住房情况		小城镇情况		
	居民人均可支配收入（元）	年末实有住房面积（米²）	小城镇个数（个）	小城镇人口（人）	小城镇占地面积（米²）
全国农垦	**21 908**	**413 278 351**	**621**	**4 998 551**	**71 979 335 375**
北京	65 056	286 193			
天津	81 833	505 000			
河北	21 055	16 373 925	50	262 338	27 233 765
山西	13 361	555 772	3	11 038	2 184 230
内蒙古	17 140	17 426 911	20	80 572	65 452 800
辽宁	17 328	35 969 271	39	363 749	172 722 094
吉林	19 972	3 840 837	3	9 805	21 000 000
黑龙江	27 877	46 960 141	113	1 159 779	376 580 000
上海	113 427	535 171			
江苏	35 273	9 450 000	27	134 237	28 640 000
浙江	35 239	2 265 798	1	3 190	80 000
安徽	38 988	5 536 203	10	51 037	10 456 000
福建	18 105	8 046 996	13	62 117	128 549 650
江西	17 558	41 530 192	87	566 142	147 510 002
山东	26 951	288 230			
河南	22 000	2 545 755	1	4 602	180 000
湖北	26 723	57 820 000	54	444 178	114 877 410
湖南	16 235	56 345 186	18	284 995	98 968 360
广东	27 603	14 082 786	40	142 315	60 284 200
广西	26 422	12 313 719	32	200 282	20 669 052
海南	17 644	18 972 514			
重庆	16 738	700 000			
四川	14 278	405 472			3 224
贵州	12 108	970 312	3	6 285	1 168 740
云南	23 340	10 028 412	14	71 787	31 360 700
陕西	12 748	2 067 357	7	101 574	53 010 360
甘肃	21 816	2 549 485	2	6 199	1 460 000
青海	15 405	865 155			
宁夏	24 880	5 270 000	14	47 446	8 790 000
新疆(兵团)	34 435		56	913 362	70 600 000 000
新疆(农业)	12 806	29 028 308	9	46 012	7 284 710
新疆(畜牧)	15 179	9 056 763	5	25 510	870 078
热科院	139 423	509 850			
广州	100 604	53 438			
南京	56 500	123 200			

2－2　土地利用面积和耕地变动情况

计量单位：公顷

地　　区	土地总面积	耕地面积			
			水田	高标准农田面积	永久基本农田
全国农垦	**32 657 066**	**6 516 611**	**2 055 572**	**2 420 632**	**3 358 208**
北　　京	7 588	1 410			77
天　　津	6 670	2 739		1 045	
河　　北	347 088	98 236	25 294	32 180	14 076
山　　西	22 681	6 405			406
内 蒙 古	3 378 218	748 202	7 757	128 553	473 262
辽　　宁	496 312	161 369	93 835	21 037	15 704
吉　　林	270 368	108 780	31 432	8 945	13 364
黑 龙 江	5 537 117	2 972 109	1 584 455	1 831 333	2 538 800
上　　海	66 767	38 101	28 533	9 568	
江　　苏	119 734	64 053	50 418	46 683	46 683
浙　　江	15 654	3 416	1 849	314	316
安　　徽	62 295	29 291	14 878	17 065	914
福　　建	81 061	7 079	4 009	898	45
江　　西	689 550	79 462	60 809	16 268	11 765
山　　东	9 715	5 669	555	1 611	
河　　南	34 447	21 874	1 499	8 706	3 703
湖　　北	370 496	143 851	64 603	88 773	83 941
湖　　南	166 163	77 860	37 571	27 641	24
广　　东	223 000	46 460	3 852	24 575	17 275
广　　西	131 259	34 660	1 202	15 384	10 684
海　　南	661 756	34 266	10 897		
重　　庆	2 643	306		54	
四　　川	560 453	1 040	51	74	41
贵　　州	10 503	1 023	127	35	
云　　南	230 576	13 539	4 415	1 417	
陕　　西	19 747	11 179	167	2 700	810
甘　　肃	456 966	70 594	622	31 717	17 119
青　　海	555 988	31 762	1 398	1 814	338
宁　　夏	114 612	43 231	8 640	8 860	
新疆（兵团）	7 016 437	1 287 496	7 524		
新疆（农业）	1 033 680	161 228	2 110	47 206	11 059
新疆（畜牧）	9 952 416	209 546	6 957	46 139	97 802
热 科 院	4 574	374	115	38	
广　　州	130				
南　　京	402				

2－2续表1

地　　区	牧草地面积	林地面积	水面面积	可养殖水面	园地面积	可垦荒地面积
全国农垦	**13 371 181**	**3 716 158**	**670 677**	**202 151**	**446 837**	**498 497**
北　　京	269	1 353	41	26	442	
天　　津		373	1 130	647	516	
河　　北	84 803	74 544	30 568	19 577	3 512	1 990
山　　西	4 339	8 071	10	3	230	337
内 蒙 古	2 227 789	218 883	42 853	5 135	1 422	14 326
辽　　宁	8 950	73 332	45 049	28 804	11 092	1 791
吉　　林	68 059	47 113	3 929	311	1 397	1 467
黑 龙 江	335 917	906 304	250 015	25 172	3 434	135 319
上　　海		8 635	7 862	3 818	225	
江　　苏		19 866	13 012	4 001	200	
浙　　江	10	3 983	1 542	159	4 033	183
安　　徽	203	12 014	4 927	935	3 418	1 233
福　　建	207	40 498	2 767	1 418	14 483	1 019
江　　西	3 560	480 891	30 142	15 683	15 605	6 975
山　　东		974	422		347	
河　　南	60	4 032	1 258	327	1 260	294
湖　　北	502	44 735	75 108	58 373	9 526	3 966
湖　　南	1 507	30 369	27 081	16 531	7 120	956
广　　东	80	34 212	6 142	4 021	84 239	2 062
广　　西	803	30 004	1 940	1 261	13 997	2 751
海　　南		138 819	3 013	3 013	44 239	
重　　庆		27	997	997	227	
四　　川	274 859	166 475	17	14	1 330	15
贵　　州	1 339	2 191	266	89	2 520	782
云　　南		130 199	3 436	1 308	21 518	253
陕　　西	1 282	2 701	126	12	930	10
甘　　肃	226 441	48 440	4 786	480	2 829	9 224
青　　海	324 493	73 324	38			646
宁　　夏	21 429	6 269	8 742	4 386	5 648	5 051
新疆（兵团）	1 718 938	908 303	90 276		150 741	
新疆（农业）	553 171	78 121	3 264	3 146	36 022	37 296
新疆（畜牧）	7 512 166	118 851	9 857	2 467	3 974	270 473
热 科 院	6	1 940	60	35	323	79
广　　州		5				
南　　京		306			38	

2－2续表2

地　区	宜林地面积	居民点及工矿用地面积	其他面积	现代化农业园区情况	
				现代化农业园区个数（个）	现代化农业园区占地面积（公顷）
全国农垦	**85 546**	**733 908**	**6 617 650**	**91**	**309 393**
北　京		1 116	2 957	3	195
天　津		467	1 446		
河　北	356	26 550	26 529	5	23 066
山　西	309	1 156	1 824		
内蒙古	7 998	43 672	73 071		
辽　宁	4 827	45 780	144 122	9	31
吉　林	468	14 768	24 387	7	15 020
黑龙江	15 783	226 340	691 896	2	162 753
上　海			11 944		
江　苏		6 292	16 311		
浙　江	10	463	2 013		
安　徽	557	5 301	5 349		
福　建	5 174	3 252	6 582	1	45
江　西	10 423	29 595	32 898	22	9 890
山　东		463	1 839		
河　南	176	2 862	2 630	1	847
湖　北	3 899	49 318	39 591	3	2 529
湖　南	849	9 178	11 244	4	480
广　东	2 998	10 919	35 888	4	45 061
广　西	8 246	7 205	31 653	20	8 722
海　南		17 656	423 763		
重　庆		170	916		
四　川	12	271	116 435	3	40
贵　州	236	406	1 741	1	20
云　南	44	11 591	49 996		
陕　西	504	1 267	1 749	2	176
甘　肃	304	5 173	89 175	2	8 894
青　海	6 611	1 691	117 422	1	31 557
宁　夏	6 584	2 936	14 722		
新疆（兵团）		171 284	2 689 399		
新疆（农业）	6 907	10 055	147 616		
新疆（畜牧）	1 801	26 290	1 799 458	1	66
热科院	469	370	952		
广　州			125		
南　京		48	10		

2-2续表3

地区	土地变动情况			
	年初实有耕地面积	当年增加的耕地面积	当年被政府收回的土地	当年减少的耕地面积
全国农垦	**6 489 021**	**56 076**	**4 986**	**28 486**
北京	1 410		3	
天津	2 956	500		718
河北	98 985	1 888		2 637
山西	6 434	122		150
内蒙古	741 032	13 061	638	5 890
辽宁	160 717	2 141	52	1 489
吉林	110 239	408	32	1 867
黑龙江	2 965 537	7 049	69	478
上海	38 140			39
江苏	64 343			290
浙江	3 554		18	138
安徽	29 620	255	584	584
福建	8 141	9	197	1 071
江西	80 022			560
山东	5 583	108		23
河南	21 500	431	30	56
湖北	142 340	2 111	42	600
湖南	78 265	397	157	802
广东	38 206	8 322	186	67
广西	33 832	2 972	845	2 144
海南	34 279	73		86
重庆	306			
四川	1 001	39		
贵州	1 023		13	
云南	12 079	1 490		30
陕西	11 095	84		
甘肃	68 895	1 737		39
青海	32 511			749
宁夏	41 313	2 182	56	264
新疆(兵团)	1 283 832	4 619		955
新疆(农业)	161 378	2 339	677	2 489
新疆(畜牧)	210 079	3 729	1 386	4 263
热科院	374	8		7
广州				
南京				

2-3 农作物播种面积情况

计量单位：公顷

地区	农作物播种面积总计	粮食作物	#夏收作物	谷物合计		
					稻谷	#早稻
全国农垦	**6 850 748.93**	**4 807 805.25**	**254 200.65**	**3 748 064.85**	**2 095 495.74**	**72 376.78**
北京	1 707.43	320.88	48.00	306.45	92.44	
天津	2 334.40	2 025.60	76.10	2 009.70	1 884.30	
河北	89 352.40	72 528.13	6 386.08	62 579.80	27 767.39	
山西	6 366.87	4 979.10	322.00	4 747.51		
内蒙古	675 202.01	481 145.96		329 968.70	6 020.86	306.00
辽宁	161 233.43	143 433.03	6 446.13	140 651.51	94 684.98	
吉林	107 222.32	102 405.60		92 196.25	31 239.47	
黑龙江	2 910 635.17	2 893 407.17		2 066 049.82	1 530 140.18	
上海	47 972.00	28 378.47	6 155.87	28 287.20	22 021.67	
江苏	149 152.00	143 591.00	71 722.00	143 483.00	71 739.00	
浙江	3 242.32	967.81	69.27	797.48	398.56	65.73
安徽	50 169.76	47 318.54	18 737.49	39 885.83	17 650.12	33.33
福建	13 312.51	6 918.59	1 836.47	5 040.87	4 476.03	1 451.66
江西	139 200.93	108 925.96	5 680.00	103 371.06	101 542.84	37 693.40
山东	7 839.65	7 533.46	1 385.07	7 273.46	528.00	
河南	39 802.65	34 323.85	14 050.11	31 378.02	865.30	
湖北	237 797.00	134 852.00	46 634.00	128 021.00	58 553.00	1 194.00
湖南	162 439.56	90 872.61	4 339.99	86 722.20	71 737.58	21 345.67
广东	45 122.84	7 842.81	2 547.36	5 004.78	4 103.79	2 017.19
广西	30 873.32	1 557.53		1 343.53	479.20	269.87
海南	30 405.38	16 111.73	7 670.00	13 196.33	12 472.53	6 486.00
重庆	177.00	177.00		177.00	157.00	
四川	1 666.17	328.38	11.00	118.56	29.95	0.26
贵州	277.72	116.32	21.32	116.32	73.32	
云南	17 165.00	8 931.00	1 072.00	8 126.00	3 215.00	1 377.00
陕西	15 583.81	13 219.67		12 009.88	133.33	
甘肃	71 902.62	24 157.23	1 148.69	16 953.86		
青海	34 525.26	14 317.66		14 012.16		
宁夏	43 067.00	31 643.00	889.00	31 603.00	10 087.00	
新疆(兵团)	1 415 276.00	259 897.00	49 773.00	249 963.00	18 207.00	
新疆(农业)	136 457.75	34 788.60	3 122.47	34 528.10	944.83	
新疆(畜牧)	203 159.34	90 741.19	4 057.23	88 101.76	4 218.13	109.33
热科院	107.31	48.37		40.71	32.94	27.34
广州						
南京						

2－3 续表 1

地区	谷物合计					
	小麦	＃春小麦	玉米	谷子	高粱	其他谷物
全国农垦	**449 840.43**	**207 215.43**	**1 107 422.30**	**6 860.32**	**18 721.32**	**69 724.74**
北京	94.96		118.52	0.53		
天津	76.10		16.00		33.30	
河北	8 972.53	1 757.60	19 348.54	56.67	1 851.34	4 583.33
山西	323.33		4 259.96	23.66	36.67	103.89
内蒙古	112 579.67	112 579.67	164 278.50	2 207.25	2 044.18	42 838.24
辽宁			42 222.56	2 791.60	685.57	266.80
吉林			58 528.06	460.00	1 830.72	138.00
黑龙江	3 680.71		523 560.14	294.28	8 364.31	10.20
上海	5 743.40	5 743.40	80.80			441.33
江苏	67 035.00		16.00		6.00	4 687.00
浙江	233.26	66.05	115.66			50.00
安徽	20 333.07		978.98		923.66	
福建			523.84			41.00
江西	481.91		1 120.42			225.89
山东	3 674.33		2 835.13	6.00	230.00	
河南	18 801.74	2 083.35	11 451.98	27.00	232.00	
湖北	44 276.00		24 936.00		256.00	
湖南	4 754.16		7 642.26	800.00	642.90	1 145.30
广东			877.99			23.00
广西			834.33			30.00
海南			723.80			
重庆			20.00			
四川	12.74	9.33	45.87		1.33	28.67
贵州			40.00		3.00	
云南			4 911.00			
陕西	5 613.94		6 240.61	12.00		10.00
甘肃	3 371.02	3 191.03	12 941.01	41.33	47.34	553.16
青海	1 177.00	838.33				12 835.16
宁夏	889.00	413.00	20 625.00			2.00
新疆(兵团)	112 693.00	62 360.00	116 756.00	140.00	1 520.00	647.00
新疆(农业)	8 637.35	2 963.85	24 940.92		5.00	
新疆(畜牧)	26 386.21	15 209.82	56 424.65		8.00	1 064.77
热科院			7.77			
广州						
南京						

2-3续表2

地　区	豆类合计			薯类	油料合计	
		大豆	杂豆			花生
全国农垦	**997 374.05**	**973 462.59**	**22 844.65**	**62 366.35**	**306 839.63**	**29 870.39**
北　京	10.03	9.90	0.13	4.40	171.00	0.20
天　津				15.90		
河　北	101.00	84.00	17.00	9 847.33	2 590.36	117.60
山　西	120.56	20.00	66.85	111.03	30.80	
内蒙古	135 756.46	133 721.14	2 026.39	15 420.80	121 012.36	826.30
辽　宁	2 423.06	2 048.66	354.20	358.46	6 086.86	5 620.73
吉　林	10 209.35	9 263.35	919.00		3 262.00	2 692.00
黑龙江	815 153.66	801 941.54	13 212.12	12 203.69	808.00	211.00
上　海	91.27	91.27			1 615.00	
江　苏	108.00	108.00			58.00	
浙　江	160.21	102.14	48.07	10.12	50.97	
安　徽	7 271.90	7 269.57	2.33	160.81	539.29	238.66
福　建	757.62	609.69	147.40	1 120.10	1 040.31	893.81
江　西	3 145.05	2 444.10	699.95	2 409.85	12 950.15	3 437.06
山　东	260.00	260.00			22.33	22.33
河　南	2 876.63	2 876.63		69.20	4 252.25	3 854.08
湖　北	6 035.00	5 320.00	128.00	796.00	24 056.00	6 550.00
湖　南	2 698.79	2 169.54	430.81	1 451.62	29 704.18	559.65
广　东	208.83	150.03	58.80	2 629.20	1 840.49	1 800.49
广　西	105.27	89.27	16.00	108.73	532.60	525.27
海　南	418.40	158.60	259.80	2 497.00	1 364.53	1 364.53
重　庆						
四　川	11.08	11.08		198.74	28.20	3.33
贵　州					15.00	1.00
云　南	172.00		172.00	633.00	38.00	25.00
陕　西	557.13	557.13		652.66	139.00	60.00
甘　肃	297.87		297.87	6 905.50	3 418.15	
青　海	280.00			25.50	13 658.76	
宁　夏	40.00	40.00			83.00	
新疆(兵团)	6 027.00	2 100.00	3 927.00	3 907.00	59 771.00	1 019.00
新疆(农业)	42.26	35.76	6.50	218.24	313.26	28.33
新疆(畜牧)	2 035.62	1 981.19	54.43	603.81	17 381.62	13.86
热科院				7.66	6.16	6.16
广　州						
南　京						

2-3续表3

地区	油料合计				棉花	
	油菜籽	芝麻	胡麻子	向日葵		长绒棉
全国农垦	**176 568.21**	**3 641.50**	**471.06**	**92 314.80**	**1 016 243.07**	**23 493.30**
北京				170.80		
天津						
河北	1 841.36		349.73	280.67	824.40	
山西	1.67			29.13		
内蒙古	93 624.90			26 501.16		
辽宁				465.53		
吉林				570.00		
黑龙江	15.00			32.00		
上海	1 615.00					
江苏	58.00					
浙江	50.97				16.00	
安徽	279.30	21.33			42.53	
福建	110.50	31.00				
江西	8 771.79	696.30			1 006.35	221.52
山东					20.33	7.33
河南	398.17				57.70	
湖北	15 075.00	2 411.00			5 469.00	
湖南	28 699.83	438.00		1.70	9 415.00	
广东		40.00				
广西		2.00				
海南						
重庆						
四川	23.54					
贵州	9.00					
云南	13.00					
陕西	0.13	0.74		78.13		
甘肃	733.00		33.33	2 551.82	3 432.16	172.33
青海	13 657.76					
宁夏				83.00		
新疆(兵团)	8 274.00	1.00	88.00	48 038.00	865 315.00	2 702.00
新疆(农业)	6.05	0.13		271.64	79 758.21	3 200.00
新疆(畜牧)	3 310.24			13 241.22	50 886.39	17 190.12
热科院						
广州						
南京						

2-3续表4

地区	麻类合计				
		黄红麻	苎麻	大麻（线麻）	亚麻
全国农垦	**7 923.20**	**47.00**	**139.00**	**1 688.67**	**2 563.86**
北京					
天津					
河北					
山西					
内蒙古					
辽宁					
吉林					
黑龙江	2 258.00			1 682.00	562.00
上海					
江苏					
浙江					
安徽					
福建					
江西					
山东					
河南					
湖北	35.00		35.00		
湖南	151.00	47.00	104.00		
广东	3 438.34				
广西					
海南					
重庆					
四川					
贵州					
云南					
陕西					
甘肃	133.00				133.00
青海					
宁夏					
新疆(兵团)	1 155.00				1 116.00
新疆(农业)				6.67	
新疆(畜牧)	752.86				752.86
热科院					
广州					
南京					

2-3续表5

地区	糖料合计	甘蔗	甜菜	烟叶合计	烤烟叶	药材类合计
全国农垦	**94 994.90**	**52 478.16**	**42 462.74**	**1 261.88**	**1 210.88**	**48 242.17**
北京						14.80
天津						
河北	532.00		532.00			457.37
山西						
内蒙古	21 017.16		21 017.16	26.30	26.30	17 168.93
辽宁	404.93		404.93	70.87	70.87	339.03
吉林						441.00
黑龙江	94.00		94.00	69.00	45.00	1 537.00
上海						92.27
江苏						
浙江						8.07
安徽	4.67		4.67			558.33
福建	103.20	103.20		276.37	274.37	131.00
江西	295.55	294.55		100.00	100.00	985.66
山东						
河南						39.00
湖北	48.00	48.00		25.00		709.00
湖南	63.90	63.90		538.00	538.00	926.25
广东	23 987.59	23 987.59				270.17
广西	21 724.53	21 724.53				174.13
海南	1 960.06	1 960.06				
重庆						
四川				20.00	20.00	28.33
贵州	1.00	1.00		24.34	24.34	
云南	4 291.00	4 291.00		112.00	112.00	28.00
陕西						84.00
甘肃	430.19		430.19			5 711.19
青海	212.50		212.50			2 848.00
宁夏						722.00
新疆(兵团)	16 412.00		16 412.00			12 481.00
新疆(农业)	1 057.14		1 057.14			1 690.33
新疆(畜牧)	2 351.15		2 298.15			797.31
热科院	4.33	4.33				
广州						
南京						

2-3续表6

地　区	蔬菜、瓜类			其他作物		
		蔬菜	瓜类		啤酒花	青饲料
全国农垦	**284 420.67**	**214 998.52**	**65 748.82**	**283 018.16**	**1 860.64**	**101 663.79**
北　京	358.24	354.24	4.00	842.51		830.17
天　津	9.80	6.30	3.50	299.00		299.00
河　北	5 298.47	3 470.74	1 039.20	7 121.67		7 405.67
山　西	802.97	648.94	125.73	554.00		382.60
内蒙古	6 007.71	2 919.60	2 847.91	28 823.59		13 359.54
辽　宁	10 603.71	9 460.68	569.33	295.00		295.00
吉　林	189.00	9.00	160.00	924.72		74.00
黑龙江	3 554.00	1 132.00	2 351.00	8 908.00		5 308.00
上　海	5 431.27	4 432.27	999.00	12 454.99		2 218.93
江　苏	5 054.00	1 969.00	3 085.00	449.00		418.00
浙　江	1 600.57	923.47	661.60	598.90		
安　徽	1 005.85	673.65	292.50	700.55		
福　建	4 501.06	3 795.13	563.93	341.98	2.00	147.83
江　西	11 905.02	9 378.82	2 252.20	3 032.24	89.70	1 290.23
山　东	263.53	113.80	144.73			
河　南	1 129.85	720.34	311.93			
湖　北	62 984.00	49 451.00	13 533.00	9 619.00		6 319.00
湖　南	26 890.82	22 930.31	3 664.83	3 877.80		737.00
广　东	7 324.05	6 491.60	832.45	419.39		75.76
广　西	5 722.00	2 784.00	2 937.47	1 162.53		65.00
海　南	10 064.26	9 971.40	92.86	904.80		
重　庆						
四　川	88.04	57.59	17.31	1 173.22		1 174.72
贵　州	121.06	117.06	4.00			
云　南	3 594.00	2 029.00	1 565.00	171.00		89.00
陕　西	1 885.64	1 488.19	397.45	255.50		186.50
甘　肃	7 759.96	6 843.35	901.26	26 860.74	669.00	18 681.79
青　海	321.00	316.00	5.00	3 167.34		2 113.34
宁　夏	1 763.00	1 403.00	360.00	8 856.00		5 286.00
新疆(兵团)	86 077.00	65 723.00	20 354.00	114 168.00	786.00	14 853.00
新疆(农业)	6 172.31	4 290.02	880.74	12 677.90	55.00	4 917.73
新疆(畜牧)	5 913.03	1 070.27	4 791.19	34 335.79	258.94	15 129.83
热科院	25.45	24.75	0.70	23.00		6.15
广　州						
南　京						

2－4 农作物产量情况

计量单位：吨

地区	粮食作物		谷物合计				
		夏收作物		稻谷	#早稻	小麦	#春小麦
全国农垦	**35 627 422.91**	**1 747 775.45**	**32 418 889.76**	**18 572 795.90**	**461 957.94**	**2 505 323.37**	**871 582.87**
北京	1 726.85	143.00	1 698.25	645.11		352.64	
天津	19 283.00	264.00	18 962.00	18 257.00		264.00	
河北	643 985.28	38 119.39	405 231.68	222 918.89		49 592.21	7 293.00
山西	38 861.43	2 242.00	37 580.43			2 246.50	
内蒙古	2 277 267.53		1 883 070.00	47 497.00	1 861.00	305 048.63	305 048.63
辽宁	1 300 667.65	40 989.00	1 288 051.03	902 583.23			
吉林	691 543.13		675 521.31	258 771.55			
黑龙江	21 340 027.66		19 175 252.72	13 864 713.52		15 771.64	
上海	221 736.53	46 625.53	221 523.53	174 296.00		44 208.53	44 208.53
江苏	1 240 707.00	590 347.00	1 240 570.00	648 032.00		555 355.00	
浙江	6 487.91	425.89	5 917.25	3 656.49	501.50	1 456.29	302.06
安徽	326 282.12	138 600.03	310 717.39	156 187.51	92.60	144 850.98	
福建	39 600.34	10 340.00	32 961.68	30 588.08	16 900.38		
江西	698 964.31	41 556.00	675 503.06	667 183.68	256 086.59	1 424.90	
山东	47 205.70	8 715.00	46 783.20	4 752.00		22 087.20	
河南	266 956.59	113 813.73	258 173.87	6 729.29		147 609.89	16 625.38
湖北	865 082.00	194 894.00	839 806.00	500 287.00	7 564.00	186 171.00	
湖南	693 121.64	25 106.35	672 135.74	605 691.08	111 942.40	17 513.02	
广东	77 453.22	17 352.20	33 369.63	26 186.57	11 687.70		
广西	14 311.00		13 599.00	2 373.00	1 216.00		
海南	90 194.00	45 864.00	77 697.00	75 257.00	41 045.00		
重庆	540.00		540.00	320.00			
四川	3 428.54	44.30	783.35	133.68	1.50	54.19	42.30
贵州	651.56	115.66	651.56	329.56			
云南	54 799.00	3 286.00	50 424.00	25 304.00	12 392.00		
陕西	118 697.55		100 484.02	496.00		36 114.03	
甘肃	260 610.31	6 383.08	181 461.61			18 892.97	17 902.97
青海	50 476.19		48 236.29			6 358.54	4 486.24
宁夏	381 552.00	6 056.00	381 112.00	95 846.00		6 056.00	3 078.00
新疆(兵团)	2 414 400.00	374 200.00	2 343 600.00	181 500.00		765 700.00	387 400.00
新疆(农业)	394 938.01	18 804.32	383 771.08	7 159.45		50 913.48	16 746.92
新疆(畜牧)	1 045 548.16	23 488.97	1 013 483.29	44 903.40	494.40	127 281.73	68 448.84
热科院	316.70		217.79	197.81	172.87		
广州							
南京							

2-4 续表 1

地区	谷物合计				豆类合计		
	玉米	谷子	高粱	其他谷物		大豆	杂豆
全国农垦	**11 012 008.18**	**23 579.95**	**109 695.71**	**195 486.65**	**2 466 688.56**	**2 406 657.99**	**56 097.88**
北京	698.50	2.00			10.60	10.40	0.20
天津	67.00		374.00				
河北	117 186.35	234.00	7 542.23	7 758.00	251.60	211.60	40.00
山西	34 738.41	108.50	230.00	257.02	302.00	92.00	163.00
内蒙古	1 424 968.13	8 644.84	10 555.41	86 355.99	253 330.40	250 041.26	2 347.86
辽宁	369 607.80	10 948.00	4 152.00	760.00	5 884.72	5 419.72	425.00
吉林	407 298.16	1 276.00	7 871.60	304.00	16 021.82	14 754.82	1 244.00
黑龙江	5 235 387.94	1 574.61	57 784.61	20.40	2 092 102.40	2 063 298.63	28 803.77
上海	537.00			2 482.00	213.00	213.00	
江苏	46.00		16.00	37 121.00	137.00	137.00	
浙江	574.47			230.00	497.42	334.13	123.29
安徽	6 052.65		3 626.25		14 576.31	14 570.81	5.50
福建	2 251.60			122.00	1 976.60	1 655.00	321.60
江西	6 121.28			773.20	7 827.24	6 236.97	1 589.27
山东	19 429.00	15.00	500.00		422.50	422.50	
河南	102 384.69	81.00	1 369.00		7 770.62	7 770.62	
湖北	152 108.00		1 240.00		21 041.00	19 540.00	313.00
湖南	46 825.94		134.25	1 971.45	5 991.22	4 859.64	1 081.28
广东	7 094.06			89.00	616.48	361.28	255.20
广西	10 976.00			250.00	483.00	345.00	138.00
海南	2 440.00				1 091.00	460.00	631.00
重庆	220.00						
四川	478.68		4.50	112.30	21.01	20.90	
贵州	310.00		12.00				
云南	25 120.00				1 093.00		1 093.00
陕西	63 735.99	108.00		30.00	1 739.63	1 739.63	
甘肃	159 245.77	88.00	440.26	2 794.61	1 563.94		1 563.94
青海				41 877.75	1 602.00		
宁夏	279 200.00			10.00	440.00	440.00	
新疆(兵团)	1 376 600.00	500.00	13 800.00	5 500.00	23 700.00	7 900.00	15 800.00
新疆(农业)	325 676.15		22.00		152.93	142.20	10.73
新疆(畜牧)	834 608.63		21.60	6 667.93	5 829.12	5 680.88	148.24
热科院	19.98						
广州							
南京							

2-4 续表 2

地　　区	薯类	油料合计	花生	油菜籽	芝麻	胡麻子	向日葵
全国农垦	**741 844.59**	**735 431.85**	**127 598.53**	**264 663.65**	**6 767.58**	**678.80**	**319 560.53**
北　京	18.00	254.40	1.50				252.90
天　津	321.00						
河　北	238 502.00	3 519.19	577.10	2 009.59		237.80	689.70
山　西	979.00	48.50		1.50			47.00
内蒙古	140 867.13	180 144.26	2 721.25	94 824.20			78 705.81
辽　宁	6 731.90	18 537.20	16 857.70				1 678.00
吉　林		7 149.25	5 610.25				1 539.00
黑龙江	72 672.54	1 434.00	721.00	12.00			17.00
上　海		5 164.70		5 164.70			
江　苏		126.00		126.00			
浙　江	73.24	121.07		121.07			
安　徽	988.42	1 670.58	641.40	1 004.58	24.60		
福　建	4 662.06	2 713.50	2 494.00	160.00	52.00		
江　西	15 634.01	29 623.83	12 024.44	16 276.33	1 235.96		
山　东		77.63	77.63				
河　南	1 012.10	16 770.57	15 799.55	970.62			
湖　北	4 235.00	94 204.00	52 375.00	37 523.00	4 233.00		
湖　南	14 994.68	49 614.28	1 217.85	47 276.03	1 116.80		2.60
广　东	43 467.11	5 126.05	5 029.05		97.00		
广　西	229.00	1 630.00	1 588.00		3.00		
海　南	11 406.00	3 944.00	3 944.00				
重　庆							
四　川	2 624.18	41.33	7.00	31.24			
贵　州		24.00	2.00	11.00			
云　南	3 282.00	95.00	63.00	32.00			
陕　西	16 473.90	618.10	309.20	0.20	1.20		307.50
甘　肃	77 584.76	11 181.38		2 695.00		30.00	8 156.38
青　海	637.90	16 083.46		16 083.46			
宁　夏		295.00					295.00
新疆(兵团)	47 100.00	238 704.00	5 332.00	31 240.00	4.00	411.00	191 335.00
新疆(农业)	11 014.00	1 134.29	149.19	12.43	0.02		968.94
新疆(畜牧)	26 235.75	45 365.76	39.90	9 088.70			35 565.70
热科院	98.91	16.52	16.52				
广　州							
南　京							

2-4 续表 3

地区	棉花		麻类合计				
		长绒棉		黄红麻	苎麻	大麻（线麻）	亚麻
全国农垦	**2 618 385.67**	**94 799.30**	**31 995.83**	**106.00**	**276.50**	**10 284.00**	**16 964.88**
北京							
天津							
河北	1 999.00						
山西							
内蒙古							
辽宁							
吉林							
黑龙江			14 121.00			10 274.00	3 847.00
上海							
江苏							
浙江	20.00						
安徽	94.43						
福建							
江西	2 687.36	943.81					
山东	45.50	16.50					
河南	112.00						
湖北	7 212.00		29.00		29.00		
湖南	54 221.45		353.50	106.00	247.50		
广东			4 078.45				
广西							
海南							
重庆							
四川							
贵州							
云南							
陕西							
甘肃	4 727.45	298.80	200.00				200.00
青海							
宁夏							
新疆(兵团)	2 134 104.00	5 607.00	11 110.00				10 814.00
新疆(农业)	153 293.31	4 600.00				10.00	
新疆(畜牧)	259 869.17	83 333.19	2 103.88				2 103.88
热科院							
广州							
南京							

2-4续表4

地　区	糖料合计	甘蔗	甜菜	烟叶合计	烤烟叶
全国农垦	**7 125 077.53**	**4 560 265.77**	**2 561 351.76**	**3 128.60**	**3 061.10**
北　京					
天　津					
河　北	24 384.00		24 384.00		
山　西					
内蒙古	795 188.73		795 188.73	88.80	88.80
辽　宁	20 294.00		20 294.00	267.00	267.00
吉　林					
黑龙江	1 170.00		1 170.00	134.00	98.00
上　海					
江　苏					
浙　江					
安　徽	89.50		89.50		
福　建	2 682.75	2 682.75		577.10	574.60
江　西	9 493.52	9 493.52		151.82	151.82
山　东					
河　南					
湖　北	4 330.00	4 330.00		29.00	
湖　南	3 893.60	3 893.60		1 304.58	1 304.58
广　东	1 752 676.40	1 752 376.40			
广　西	2 201 786.00	2 201 786.00			
海　南	130 147.00	130 147.00			
重　庆					
四　川				120.00	120.00
贵　州	75.00	75.00		115.30	115.30
云　南	455 165.00	455 165.00		341.00	341.00
陕　西					
甘　肃	35 412.22		35 412.22		
青　海	2 560.00		2 560.00		
宁　夏					
新疆(兵团)	1 468 861.00		1 468 861.00		
新疆(农业)	56 448.88		56 448.88		
新疆(畜牧)	160 103.43		156 943.43		
热科院	316.50	316.50			
广　州					
南　京					

2-4续表5

地区	蔬菜、瓜类			其他作物
		蔬菜	瓜类	啤酒花
全国农垦	**12 870 968.56**	**10 235 448.21**	**2 516 662.80**	**348 104.58**
北京	10 847.00	10 793.00	54.00	
天津	616.00	457.00	159.00	
河北	314 739.51	199 447.31	37 018.70	
山西	13 979.89	12 127.89	1 820.00	
内蒙古	193 740.76	107 756.36	71 817.40	
辽宁	455 350.30	425 565.17	20 835.83	
吉林	8 158.50	235.00	7 873.50	
黑龙江	110 291.00	61 764.00	47 720.00	
上海	220 916.26	167 223.00	53 693.26	
江苏	270 292.00	46 310.00	223 982.00	
浙江	47 513.30	24 957.60	22 222.70	
安徽	35 278.44	24 711.18	9 934.26	
福建	81 487.51	63 141.38	16 434.13	2.00
江西	235 171.44	195 869.03	38 733.80	2 507.00
山东	11 485.30	5 927.30	5 458.00	
河南	23 408.98	11 615.29	9 358.69	
湖北	2 076 379.00	1 731 048.00	345 331.00	
湖南	979 360.70	860 837.00	117 293.70	
广东	181 014.39	165 127.78	15 886.61	
广西	221 210.00	145 717.00	75 493.00	
海南	225 230.00	221 644.00	3 586.00	
重庆				
四川	1 977.77	1 545.65	325.05	
贵州	1 982.00	1 969.00	13.00	
云南	87 217.00	38 813.00	48 404.00	
陕西	51 431.66	39 963.26	11 463.40	
甘肃	486 275.39	462 154.03	24 109.18	1 936.00
青海	18 610.00	18 528.00	82.00	
宁夏	84 706.00	68 977.00	15 729.00	
新疆(兵团)	5 982 111.00	4 812 996.00	1 169 115.00	4 212.00
新疆(农业)	294 027.28	229 540.46	56 664.57	339 060.00
新疆(畜牧)	145 936.02	78 470.38	66 045.00	387.58
热科院	224.16	217.14	7.02	
广州				
南京				

2－5 农作物公顷产量

计量单位：千克/公顷

地区	粮食作物		谷物合计				
		夏收作物		稻谷	#早稻	小麦	#春小麦
全国农垦	**7 410**	**6 876**	**8 650**	**8 863**	**6 383**	**5 569**	**4 206**
北京	5 382	2 979	5 542	6 979		3 714	
天津	9 520	3 469	9 435	9 689		3 469	
河北	8 879	5 969	6 475	8 028		5 527	4 149
山西	7 805	6 963	7 916			6 948	
内蒙古	4 733		5 707	7 889	6 082	2 710	2 710
辽宁	9 068	6 359	9 158	9 532			
吉林	6 753		7 327	8 283			
黑龙江	7 375		9 281	9 061		4 285	
上海	7 814	7 574	7 831	7 915		7 697	7 697
江苏	8 641	8 231	8 646	9 033		8 285	
浙江	6 704	6 148	7 420	9 174	7 630	6 243	4 573
安徽	6 895	7 397	7 790	8 849	2 778	7 124	
福建	5 724	5 630	6 539	6 834	11 642		
江西	6 417	7 316	6 535	6 570	6 794	2 957	
山东	6 266	6 292	6 432	9 000		6 011	
河南	7 778	8 101	8 228	7 777		7 851	7 980
湖北	6 415	4 179	6 560	8 544	6 335	4 205	
湖南	7 627	5 785	7 750	8 443	5 244	3 684	
广东	9 876	6 812	6 668	6 381	5 794		
广西	9 188		10 122	4 952	4 506		
海南	5 598	5 980	5 888	6 034	6 328		
重庆	3 051		3 051	2 038			
四川	10 441	4 027	6 607	4 463	5 769	4 254	4 534
贵州	5 601	5 425	5 601	4 495			
云南	6 136	3 065	6 205	7 871	8 999		
陕西	8 979		8 367	3 720		6 433	
甘肃	10 788	5 557	10 703			5 605	5 610
青海	3 525		3 442			5 402	5 351
宁夏	12 058	6 812	12 059	9 502		6 812	7 453
新疆（兵团）	9 290	7 518	9 376	9 969		6 795	6 212
新疆（农业）	11 353	6 022	11 115	7 578		5 895	5 650
新疆（畜牧）	11 522	5 789	11 504	10 645	4 522	4 824	4 500
热科院	6 547		5 350	6 005	6 323		
广州							
南京							

2－5续表1

地区	谷物合计				豆类合计		
	玉米	谷子	高粱	其他谷物		大豆	杂豆
全国农垦	**9 944**	**3 437**	**5 859**	**2 804**	**2 473**	**2 472**	**2 456**
北京	5 894	3 774			1 057	1 051	1 538
天津	4 188		11 231				
河北	6 057	4 129	4 074	1 693	2 491	2 519	2 353
山西	8 155	4 586	6 272	2 474	2 505	4 600	2 438
内蒙古	8 674	3 917	5 164	2 016	1 866	1 870	1 159
辽宁	8 754	3 922	6 056	2 849	2 429	2 646	1 200
吉林	6 959	2 774	4 300	2 203	1 569	1 593	1 354
黑龙江	10 000	5 351	6 908	2 000	2 567	2 573	2 180
上海	6 646			5 624	2 334	2 334	
江苏	2 875		2 667	7 920	1 269	1 269	
浙江	4 967			4 600	3 105	3 271	2 565
安徽	6 183		3 926		2 004	2 004	2 361
福建	4 298			2 976	2 609	2 714	2 182
江西	5 463			3 423	2 489	2 552	2 271
山东	6 853	2 500	2 174		1 625	1 625	
河南	8 940	3 000	5 901		2 701	2 701	
湖北	6 100		4 844		3 486	3 673	2 445
湖南	6 127		209	1 721	2 220	2 240	2 510
广东	8 080			3 870	2 952	2 408	4 340
广西	13 155			8 333	4 588	3 865	8 625
海南	3 371				2 608	2 900	2 429
重庆	11 000						
四川	10 436		3 383	3 917	1 896	1 886	
贵州	7 750		4 000				
云南	5 115				6 355		6 355
陕西	10 213	9 000		3 000	3 122	3 122	
甘肃	12 306	2 129	9 300	5 052	5 250		5 250
青海				3 263	5 721		
宁夏	13 537			5 000	11 000	11 000	
新疆（兵团）	11 790	3 571	9 079	8 501	3 932	3 762	4 023
新疆（农业）	13 058		4 400		3 619	3 977	1 651
新疆（畜牧）	14 792		2 700	6 262	2 864	2 867	2 724
热科院	2 571						
广州							
南京							

2-5续表2

地　区	薯类	油料合计					
			花生	油菜籽	芝麻	胡麻子	向日葵
全国农垦	**11 895**	**2 397**	**4 272**	**1 499**	**1 858**	**1 441**	**3 462**
北　京	4 091	1 488	7 500				1 481
天　津	20 189						
河　北	24 220	1 359	4 907	1 091		680	2 457
山　西	8 817	1 575		898			1 613
内蒙古	9 135	1 489	3 293	1 013			2 970
辽　宁	18 780	3 045	2 999				3 604
吉　林		2 192	2 084				2 700
黑龙江	5 955	1 775	3 417	800			531
上　海		3 198		3 198			
江　苏		2 172		2 172			
浙　江	7 237	2 375		2 375			
安　徽	6 147	3 098	2 688	3 597	1 153		
福　建	4 162	2 608	2 790	1 448	1 677		
江　西	6 488	2 288	3 498	1 856	1 775		
山　东		3 476	3 476				
河　南	14 626	3 944	4 099	2 438			
湖　北	5 320	3 916	7 996	2 489	1 756		
湖　南	10 330	1 670	2 176	1 647	2 550		1 529
广　东	16 532	2 785	2 793		2 425		
广　西	2 106	3 060	3 023		1 500		
海　南	4 568	2 890	2 890				
重　庆							
四　川	13 204	1 466	2 102	1 327			
贵　州		1 600	2 000	1 222			
云　南	5 185	2 500	2 520	2 462			
陕　西	25 241	4 447	5 153	1 538	1 622		3 936
甘　肃	11 235	3 271		3 677		900	3 196
青　海	25 016	1 178		1 178			
宁　夏		3 554					3 554
新疆(兵团)	12 055	3 994	5 233	3 776	4 000	4 670	3 983
新疆(农业)	50 467	3 621	5 266	2 055	154		3 567
新疆(畜牧)	43 450	2 610	2 879	2 746			2 686
热科院	12 913	2 682	2 682				
广　州							
南　京							

2-5续表3

地　区	棉花		麻类合计				
		长绒棉		黄红麻	苎麻	大麻（线麻）	亚麻
全国农垦	**2 577**	**4 035**	**4 038**	**2 255**	**1 989**	**6 090**	**6 617**
北　　京							
天　　津							
河　　北	2 425						
山　　西							
内 蒙 古							
辽　　宁							
吉　　林							
黑 龙 江			6 254			6 108	6 845
上　　海							
江　　苏							
浙　　江	1 250						
安　　徽	2 220						
福　　建							
江　　西	2 670	4 261					
山　　东	2 238	2 251					
河　　南	1 941						
湖　　北	1 319		829		829		
湖　　南	5 759		2 341	2 255	2 380		
广　　东			1 186				
广　　西							
海　　南							
重　　庆							
四　　川							
贵　　州							
云　　南							
陕　　西							
甘　　肃	1 377	1 734	1 504				1 504
青　　海							
宁　　夏							
新疆（兵团）	2 466	2 075	9 619				9 690
新疆（农业）	1 922	1 438				1 499	
新疆（畜牧）	5 107	4 848	2 795				2 795
热 科 院							
广　　州							
南　　京							

2－5 续表 4

地　　区	糖料合计	甘蔗	甜菜	烟叶合计	烤烟叶
全国农垦	**75 005**	**86 898**	**60 320**	**2 479**	**2 528**
北　　京					
天　　津					
河　　北	45 835		45 835		
山　　西					
内 蒙 古	37 835		37 835	3 376	3 376
辽　　宁	50 117		50 117	3 767	3 767
吉　　林					
黑 龙 江	12 447		12 447	1 942	2 178
上　　海					
江　　苏					
浙　　江					
安　　徽	19 165		19 165		
福　　建	25 996	25 996		2 088	2 094
江　　西	32 122	32 231		1 518	1 518
山　　东					
河　　南					
湖　　北	90 208	90 208		1 160	
湖　　南	60 933	60 933		2 425	2 425
广　　东	73 066	73 053			
广　　西	101 350	101 350			
海　　南	66 400	66 400			
重　　庆					
四　　川				6 000	6 000
贵　　州	75 000	75 000		4 737	4 737
云　　南	106 074	106 074		3 045	3 045
陕　　西					
甘　　肃	82 318		82 318		
青　　海	12 047		12 047		
宁　　夏					
新疆(兵团)	89 499		89 499		
新疆(农业)	53 398		53 398		
新疆(畜牧)	68 096		68 291		
热 科 院	73 095	73 095			
广　　州					
南　　京					

2－5 续表 5

地　　区	蔬菜、瓜类			
		蔬菜	瓜类	啤酒花
全国农垦	**45 253**	**47 607**	**38 277**	**187 089**
北　　京	30 279	30 468	13 500	
天　　津	62 857	72 540	45 429	
河　　北	59 402	57 465	35 622	
山　　西	17 410	18 689	14 475	
内 蒙 古	32 249	36 908	25 218	
辽　　宁	42 943	44 983	36 597	
吉　　林	43 167	26 111	49 209	
黑 龙 江	31 033	54 562	20 298	
上　　海	40 675	37 729	53 747	
江　　苏	53 481	23 520	72 604	
浙　　江	29 685	27 026	33 589	
安　　徽	35 073	36 683	33 963	
福　　建	18 104	16 637	29 142	1 000
江　　西	19 754	20 884	17 198	27 949
山　　东	43 583	52 085	37 712	
河　　南	20 719	16 125	30 003	
湖　　北	32 967	35 005	25 518	
湖　　南	36 420	37 541	32 005	
广　　东	24 715	25 437	19 084	
广　　西	38 660	52 341	25 700	
海　　南	22 379	22 228	38 617	
重　　庆				
四　　川	22 464	26 839	18 778	
贵　　州	16 372	16 820	3 250	
云　　南	24 267	19 129	30 929	
陕　　西	27 275	26 854	28 842	
甘　　肃	62 665	67 533	26 751	2 894
青　　海	57 975	58 633	16 400	
宁　　夏	48 047	49 164	43 692	
新疆（兵团）	69 497	73 232	57 439	5 359
新疆（农业）	47 637	53 506	64 337	6 164 727
新疆（畜牧）	24 680	73 318	13 785	1 497
热 科 院	8 808	8 773	10 029	
广　　州				
南　　京				

2-6 茶、果和桑年末实有面积

计量单位：公顷

地区	茶叶	水果					
			香蕉	苹果	柑、橘、橙、柚	梨	桃
全国农垦	**29 786**	**403 294**	**20 211**	**46 942**	**28 976**	**37 045**	**15 752**
北京		181		93		11	18
天津		241		37		62	10
河北		1 616		149		460	468
山西		159		48		25	56
内蒙古		1 435		198		119	5
辽宁		8 753		5 052		1 415	921
吉林		2 690		537		1 803	3
黑龙江		782		149		111	
上海	103	74				41	9
江苏		179			2	106	5
浙江	1 219	597			337	15	30
安徽	2 049	1 456			5	687	424
福建	6 777	12 071	1 487		2 969	75	215
江西	8 088	8 840			6 171	988	635
山东		109		3			87
河南	2	1 391		209	30	360	586
湖北	815	9 615		31	1 831	674	4 908
湖南	1 123	6 520			5 229	109	255
广东	694	35 238	6 900		1 039		
广西	612	11 802	2 439		5 604		6
海南	1 492	44 795	3 234		2 129		
重庆							
四川	821	1 024		1	808	20	3
贵州	1 378	739		1	384	9	9
云南	4 576	16 701	6 120		2 434		
陕西		927		1		29	91
甘肃		2 816		438		1 028	
青海		3					
宁夏		5 235		939		265	55
新疆（兵团）		190 917		22 385		20 537	5 704
新疆（农业）		32 026		15 759		8 051	351
新疆（畜牧）		4 245		914		47	897
热科院		118	32		3		
广州							
南京	38						

2－6 续表 1

地 区	水果						
	葡萄	菠萝	红枣	柿子	荔枝	龙眼	芒果
全国农垦	**48 804**	**16 189**	**98 797**	**380**	**16 847**	**9 600**	**23 445**
北　京	1						
天　津	127						
河　北	169		353				
山　西	17		1	7			
内蒙古	252		8	3			
辽　宁	282		6				
吉　林	31						
黑龙江	145						
上　海	17						
江　苏	19			3			
浙　江	48						
安　徽	35			22			
福　建	42	85		53	1 466	2 640	254
江　西	295			1			
山　东	19						
河　南	89		1				
湖　北	1 416		18	125			
湖　南	450		3	3			
广　东	5	11 881			7 015	3 351	118
广　西	71	23			1 038	891	996
海　南		2 724			7 093	2 510	20 049
重　庆							
四　川	102				15	26	4
贵　州	332						
云　南	1 726	1 470			214	179	2 016
陕　西	91			162			
甘　肃	1 060		158				
青　海							
宁　夏	3 534		300				
新疆(兵团)	34 762		94 740				
新疆(农业)	2 410		2 968				
新疆(畜牧)	1 255		240				
热科院	2	5			7	3	8
广　州							
南　京							

2-6 续表 2

地区	水果						桑园
	杨桃	火龙果	番石榴	红毛丹	西番莲	其他	
全国农垦	**372**	**2 234**	**857**	**611**	**245**	**35 987**	**774**
北京						58	
天津						6	
河北						18	
山西						4	
内蒙古						850	
辽宁						1 077	
吉林						316	22
黑龙江						377	
上海						7	
江苏						44	47
浙江		3				164	22
安徽						283	
福建	46	37	15		243	2 445	31
江西	1	26	1			722	56
山东							
河南						116	
湖北						612	
湖南		1				469	2
广东	209	1 302	758			2 659	435
广西		201				534	
海南	115	478	82	611		5 770	
重庆							
四川						45	154
贵州						5	
云南		179				2 363	
陕西						553	
甘肃						131	
青海						3	
宁夏						142	
新疆(兵团)						12 789	
新疆(农业)		2				2 485	
新疆(畜牧)						891	
热科院		5	1		2	50	5
广州							
南京							

2-7 茶、果和桑收获面积

计量单位：公顷

地区	茶叶	水果					
			香蕉	苹果	柑、橘、橙、柚	梨	桃
全国农垦	**25 907**	**350 749**	**17 639**	**36 597**	**24 661**	**32 208**	**13 521**
北京		153		80		7	18
天津		231		37		62	
河北		1 480		140		370	460
山西		156		48		22	56
内蒙古		967		178		82	3
辽宁		7 599		4 135		1 351	837
吉林		2 629		481		1 798	3
黑龙江		782		149		111	
上海	103	74				41	9
江苏		179			2	106	5
浙江	1 133	500			282	13	25
安徽	1 932	1 404			5	686	408
福建	6 017	11 700	1 441		2 860	66	189
江西	6 992	8 083			5 659	967	622
山东		101		3			85
河南	2	1 346		196	30	360	586
湖北	815	8 853		31	1 680	649	4 518
湖南	1 076	6 419			5 191	94	225
广东	564	27 497	6 082		607		
广西	560	10 325	2 239		4 727		5
海南	599	38 374	3 234		1 356		
重庆							
四川	714	954			781	20	3
贵州	1 028	706		1	351	9	9
云南	4 372	11 708	4 623		1 129		
陕西		805		1		29	91
甘肃		2 749		438		1 028	
青海		3					
宁夏		5 204		939		265	55
新疆(兵团)		171 124		17 144		17 574	4 453
新疆(农业)		25 507		11 854		6 449	273
新疆(畜牧)		3 074		743		47	580
热科院		64	21		1		
广州							
南京							

2-7续表1

地　　区	水果						
	葡萄	菠萝	红枣	柿子	荔枝	龙眼	芒果
全国农垦	**46 422**	**11 113**	**95 494**	**224**	**15 250**	**8 725**	**21 260**
北　　京	1						
天　　津	127						
河　　北	165		342				
山　　西	17		1	7			
内 蒙 古	160		8	3			
辽　　宁	255		6				
吉　　林	31						
黑 龙 江	145						
上　　海	17						
江　　苏	19			3			
浙　　江	48						
安　　徽	35			22			
福　　建	42	85		50	1 460	2 511	248
江　　西	278			1			
山　　东	13						
河　　南	76						
湖　　北	1 321		18	63			
湖　　南	450		3	3			
广　　东		7 468			6 234	2 804	116
广　　西	71	23			919	807	928
海　　南		2 189			6 424	2 406	18 452
重　　庆							
四　　川	68				13	24	3
贵　　州	332						
云　　南	1 721	1 345			198	173	1 505
陕　　西	58			72			
甘　　肃	1 060		158				
青　　海							
宁　　夏	3 534		300				
新疆(兵团)	32 816		91 616				
新疆(农业)	2 405		2 802				
新疆(畜牧)	1 155		240				
热 科 院	2	2			2	1	8
广　　州							
南　　京							

2－7续表2

地　　区	水果						桑园
	杨桃	火龙果	番石榴	红毛丹	西番莲	其他	
全国农垦	**332**	**1 979**	**777**	**503**	**243**	**23 802**	**758**
北　　京						47	
天　　津						6	
河　　北						2	
山　　西						4	
内 蒙 古						533	
辽　　宁						1 015	
吉　　林						316	22
黑 龙 江						377	
上　　海						7	
江　　苏						44	47
浙　　江		3				128	22
安　　徽						248	
福　　建	46	37	15		243	2 409	30
江　　西	1	25				529	56
山　　东							
河　　南						98	
湖　　北						573	
湖　　南		1				451	2
广　　东	189	1 160	691			2 145	429
广　　西		152				454	
海　　南	95	418	70	503		3 226	
重　　庆							
四　　川						41	144
贵　　州						5	
云　　南		175				839	
陕　　西						553	
甘　　肃						65	
青　　海						3	
宁　　夏						111	
新疆(兵团)						7 521	
新疆(农业)		2				1 722	
新疆(畜牧)						308	
热 科 院		5	1			22	5
广　　州							
南　　京							

2－8 茶、果和桑产量

计量单位：吨

地区	茶叶	水果					
			香蕉	苹果	柑、橘、橙、柚	梨	桃
全国农垦	**46 547**	**8 169 697**	**669 466**	**1 119 916**	**504 305**	**861 758**	**283 299**
北京		592		474	1	41	37
天津		1 360		242		207	
河北		35 096		4 975		3 158	20 388
山西		2 600		131		194	1 650
内蒙古		6 427		1 199		1 567	6
辽宁		118 644		78 000		13 996	13 014
吉林		15 731		1 615		12 242	100
黑龙江		16 283		2 785		1 908	
上海	58	510				369	34
江苏		3 127			45	2 008	20
浙江	3 308	12 698			9 320	185	439
安徽	13 789	41 555			200	23 595	9 133
福建	6 581	137 281	7 996		42 685	514	783
江西	4 243	89 030			68 955	6 736	4 899
山东		1 282		90			950
河南	1	30 932		5 595	300	10 249	13 076
湖北	514	149 161		159	30 018	11 366	70 510
湖南	4 328	89 379			70 020	2 382	2 254
广东	532	880 164	308 522		9 947		
广西	544	350 435	113 335		202 747		163
海南	413	719 531	109 701		22 177		
重庆							
四川	839	14 995		6	11 844	441	100
贵州	2 543	13 563		2	6 156	195	255
云南	8 852	268 153	129 235		29 889		
陕西		8 381		38		101	1 710
甘肃		34 371		11 805		17 362	
青海		125					
宁夏		31 151		7 301		351	86
新疆（兵团）		4 649 451		785 268		647 933	128 648
新疆（农业）		404 985		208 886		104 380	6 500
新疆（畜牧）		41 594		11 345		278	8 544
热科院		1 109	677		1		
广州							
南京	5						

2－8 续表 1

地　区	水果						
	葡萄	菠萝	红枣	柿子	荔枝	龙眼	芒果
全国农垦	**1 049 428**	**534 924**	**2 121 303**	**2 365**	**132 966**	**49 719**	**354 286**
北　京	1						
天　津	723						
河　北	5 108		1 426				
山　西	383		7	210			
内蒙古	1 600		48	2			
辽　宁	3 101		420				
吉　林	86						
黑龙江	3 549						
上　海	97						
江　苏	390			38			
浙　江	879						
安　徽	835			56			
福　建	388	1 322		480	2 716	5 776	383
江　西	3 775			3			
山　东	242						
河　南	1 181						
湖　北	30 558		28	1 166			
湖　南	2 141	1	8	40			
广　东		423 393			49 819	13 092	708
广　西	1 412	117			4 148	3 054	12 939
海　南		75 740			75 607	24 790	321 430
重　庆							
四　川	2 116				65	81	30
贵　州	6 881						
云　南	39 389	34 261			581	2 911	18 696
陕　西	411			371			
甘　肃	4 000		752				
青　海							
宁　夏	21 863		1 485				
新疆(兵团)	857 575		2 080 588				
新疆(农业)	43 070		33 586				
新疆(畜牧)	17 654		2 955				
热科院	20	90			30	15	100
广　州							
南　京							

2-8续表2

地区	水果						桑园
	杨桃	火龙果	番石榴	红毛丹	西番莲	其他	
全国农垦	**4 162**	**63 008**	**20 672**	**3 199**	**45 416**	**349 505**	**18 827**
北京						37	
天津						188	
河北						41	
山西						26	
内蒙古						2 004	
辽宁						10 113	
吉林						1 688	8
黑龙江						8 041	
上海						10	
江苏						626	115
浙江		93				1 781	250
安徽						7 736	
福建	794	1 411	115		45 416	26 502	153
江西	4	220				4 438	1 097
山东							
河南						530	
湖北						5 356	
湖南		15				12 519	24
广东	2 221	40 964	18 842			12 656	14 753
广西		4 426				8 094	
海南	1 125	11 132	1 695	3 199		72 935	
重庆							
四川						312	2 397
贵州						74	
云南		4 656				8 535	
陕西						5 751	
甘肃						453	
青海						125	
宁夏						65	
新疆(兵团)						149 439	
新疆(农业)		52				8 510	
新疆(畜牧)						818	
热科院	18	39	20			99	31
广州							
南京							

2-9 林业生产情况

地区	营林情况（公顷）					
	当年造林面积	用材林	经济林	防护林	薪炭林	特种用材林
全国农垦	**105 896**	**10 591**	**23 968**	**70 478**	**234**	**625**
北京	297			158		139
天津						
河北	2 622	172	1 123	1 327		
山西	41		41			
内蒙古	1 417	304	666	448		
辽宁	3 101	699	619	1 784		
吉林	231	44	12	176		
黑龙江	1 053	552		501		
上海	6 770	1 071	249	5 450		
江苏	222	196	21	5		
浙江	235			35		200
安徽	475	237	107	131		
福建	1 677	539	702	420		16
江西	4 970	2 572	1 706	444	2	246
山东						
河南	923	21	54	848		
湖北	4 008	2 355	1 247	406		
湖南	3 617	1 292	485	1 840		
广东	890	131	452	60	232	16
广西	44	18	26			
海南	59	22	36	1		
重庆						
四川	129			129		
贵州	534	67	245	222		
云南	117	54	63			
陕西	407		407			
甘肃	83			83		
青海	2 443		916	1 527		
宁夏	201		135	66		
新疆(兵团)	11 527	15	1 481	10 024		7
新疆(农业)	2 131	4	1 203	922		1
新疆(畜牧)	55 616	226	11 919	43 471		
热科院	55		54	1		
广州						
南京						

2－9续表1

地区	营林情况（公顷）						
	年末森林面积	当年零星植树（株）	年末实有育苗面积	当年新育面积	幼林抚育面积	成林抚育面积	森林覆盖率（%）
全国农垦	**768 319**	**27 447 691**	**17 918**	**2 204**	**55 076**	**128 069**	**2**
北京					148	529	2
天津							6
河北	3 908	8 580	85		815	1 107	1
山西		3 200	543		2	7	69
内蒙古	12 154	159 531	829	23	6 497	3 711	
辽宁	19 036	232 082	514	93	1 461	785	4
吉林	45 648	37 450			72	41	17
黑龙江		18 116	2 939	861	5 528	15 338	17
上海		335	746		611	1 138	15
江苏		15 300	1 410	159	1 297	1 132	17
浙江	29	10 066	33		4	146	
安徽		23 437	102	5	1 436	8 454	31
福建	1 521	8 000 910	809	13	1 117	4 056	2
江西	456 326	16 934	526	136	11 950	13 883	66
山东	10					81	
河南	6	43 998	427	215	55	438	
湖北		42 100	2 205	292	5 329	11 397	16
湖南	13 018	852 279	755	79	3 976	1 504	8
广东	89 261	2 767	3	3	8 458	39 587	40
广西	30 004	18	346		1 749	5 586	23
海南					807	1 696	21
重庆						155	12
四川	3 340	403	4		21	45	1
贵州	3	154 500			37	478	
云南		100	3	3	186	543	57
陕西		12 000			181	588	15
甘肃	16 376	19 399	200	94	1 228	2 894	4
青海						965	20
宁夏		386	223	20	518	3 355	
新疆（兵团）		17 777 300	4 640	171			19
新疆（农业）	39 098	5 235	60	18	994	4 893	4
新疆（畜牧）	38 581	11 264	518	20	190	1 944	
热科院					410	1 288	50
广州							
南京						306	76

2-10 牧业生产情况（饲养情况）

计量单位：头

地区	年末数合计			
	大牲畜总头数	牛		
			肉牛	奶牛
全国农垦	**3 098 024**	**2 629 134**	**1 267 030**	**1 362 104**
北京	96 583	96 583	8 409	88 174
天津	37 023	37 023		37 023
河北	182 457	177 394	29 209	148 185
山西	12 400	12 035	1 420	10 615
内蒙古	506 822	403 523	232 270	171 253
辽宁	68 516	55 873	46 291	9 582
吉林	35 538	32 207	24 717	7 490
黑龙江	201 873	183 900	82 391	101 509
上海	80 885	80 885		80 885
江苏	9 982	9 982	166	9 816
浙江				
安徽	2 532	1 877	1 648	229
福建	5 709	5 780	3 879	1 901
江西	40 396	29 204	28 201	1 003
山东	3 470			
河南	14 444	5 475	432	5 043
湖北	31 853	38 369	31 266	7 103
湖南	50 454	46 022	45 180	842
广东	44 157	44 157	9 970	34 187
广西	5 130	5 130	2 772	2 358
海南	41 102	41 102	41 051	51
重庆	31 967	31 967		31 967
四川	53 361	41 640	15 458	26 182
贵州	5 145	5 145	30	5 115
云南	7 254	7 125	6 139	986
陕西	7 492	7 492	1 132	6 360
甘肃	35 516	35 166	18 363	16 803
青海	46 553	22 517	22 311	206
宁夏	94 583	94 583	18 246	76 337
新疆（兵团）	594 000	525 800	269 800	256 000
新疆（农业）	70 381	55 703	34 631	21 072
新疆（畜牧）	672 384	487 413	291 373	196 040
热科院	275	275	275	
广州	7 787	7 787		7 787
南京				

2-10续表1

地区	年末数合计					
	猪	羊（只）	山羊	#绒山羊	绵羊	家禽（只）
全国农垦	**8 816 920**	**10 829 461**	**1 518 239**	**321 195**	**9 311 222**	**98 820 597**
北京	236 123	700			700	6 449 655
天津	8 941	104 725			104 725	1 020 970
河北	255 498	63 085	2 652	692	60 433	3 145 360
山西	9 409	14 959	2 350		12 609	123 363
内蒙古	134 807	2 730 296	223 288	100 879	2 507 008	1 039 677
辽宁	484 983	129 671	43 547	10 065	86 124	10 401 100
吉林	30 090	188 788	64 372	35 647	124 416	682 096
黑龙江	606 319	193 682	27 304	10 465	166 378	7 695 005
上海	569 584					637 040
江苏	70 933	15 429	15 429			3 434 900
浙江	170 145	1 271	50		1 221	131 198
安徽	27 630	9 571	9 221	190	350	1 530 117
福建	139 977	16 562	9 436	82	7 126	2 314 621
江西	378 474	19 051	18 417	760	634	2 963 937
山东	3 470					
河南	87 543	6 311	4 846		1 465	360 499
湖北	697 671	59 335	59 335			8 170 000
湖南	574 667	30 460	30 460			4 113 926
广东	558 684	7 594	7 594			4 646 292
广西	729 475					2 371 446
海南	359 375	88 954	88 954			17 100 000
重庆	111 326					1 209 200
四川	5 524	14 109	7 839		6 270	51 368
贵州	19 647	600	80		520	50 140
云南	57 652	5 416	5 416			2 111 079
陕西	4 902	18 337	15 119	1 811	3 218	38 807
甘肃	10 406	167 796	13 919		153 877	185 140
青海	4 007	232 986	5 360	3 396	227 626	
宁夏	19 925	85 625	20 651	3 815	64 974	506 700
新疆(兵团)	2 296 300	3 662 600	372 700		3 289 900	14 175 000
新疆(农业)	108 866	492 389	80 879	7 401	411 510	1 142 676
新疆(畜牧)	37 578	2 468 317	388 179	145 992	2 080 138	734 045
热科院	1 450	842	842			30 501
广州	5 539					254 739
南京						

2－10续表 2

地区	能繁殖的母畜			
	大牲畜总头数	#牛	肉牛	奶牛
全国农垦	**1 160 185**	**1 308 851**	**659 363**	**649 488**
北京	62 932	62 932		62 932
天津	30 666	30 666		30 666
河北	22 902	62 866	16 242	46 624
山西	1 011	6 461	257	6 204
内蒙古	297 484	215 330	140 091	75 239
辽宁	21 822	16 629	13 478	3 151
吉林	16 920	19 864	14 672	5 192
黑龙江	104 022	93 511	39 154	54 357
上海				
江苏				
浙江				
安徽	394	349	120	229
福建	172	625	624	1
江西	13 626	12 824	12 431	393
山东	318			
河南	732	1 113	86	1 027
湖北	16 204	26 196	20 690	5 506
湖南	124	8 259	8 241	18
广东	21 479	21 413	1 798	19 615
广西	2 361	2 361	1 245	1 116
海南	15 730	15 730	15 720	10
重庆	12 227	12 227		12 227
四川	19 941	18 695	5 829	12 866
贵州	3 610	3 610		3 610
云南	2 324	2 317	1 712	605
陕西	416	816	365	451
甘肃	11 076	10 896	3 820	7 076
青海	21 964	9 964	9 964	
宁夏	38 937	38 937	3 184	35 753
新疆(兵团)		289 406	169 929	119 477
新疆(农业)	28 023	25 690	14 598	11 092
新疆(畜牧)	388 132	294 374	164 959	129 415
热科院		154	154	
广州	4 636	4 636		4 636
南京				

2-10续表3

地区	能繁殖的母畜		当年生仔畜			
	猪	羊（只）	大牲畜总头数	#牛	肉牛	奶牛
全国农垦	**1 150 019**	**3 622 784**	**646 478**	**740 911**	**367 374**	**373 537**
北京	24 258		44 833	44 833		44 833
天津	6 868		6 357	6 357		6 357
河北	31 011	24 041	6 819	28 810	5 353	23 457
山西	1 098	3 930	811	3 559	182	3 377
内蒙古	22 499	1 215 769	174 302	125 400	78 730	46 670
辽宁	68 350	44 693	10 041	6 533	5 032	1 501
吉林	4 737	40 264	8 996	10 178	7 417	2 761
黑龙江	75 110	87 853	43 070	41 252	17 897	23 355
上海	74 602					
江苏	10 107					
浙江	16 679					
安徽	3 588	3 912	103	132	119	13
福建	16 081	184	62	334	334	
江西	43 333	4 048	10 377	6 681	6 427	254
山东	318					
河南	9 523	35	150	609	38	571
湖北	77 414	24 008	7 961	7 961	7 429	532
湖南	80 774	6 651	68	4 383	4 379	4
广东	85 600	304	6 901	6 901	1 026	5 875
广西	78 497		917	917	456	461
海南	56 548	35 553	9 196	9 196	9 192	4
重庆	9 897		12 410	12 410		12 410
四川	753	6 051	12 007	8 473	3 340	5 133
贵州	5 001		1 545	1 545		1 545
云南	6 237	2 438	1 122	1 120	705	415
陕西	687	2 850	303	315	252	63
甘肃	1 321	82 126	7 240	7 158	1 062	6 096
青海	314	87 993	6 859	859	837	22
宁夏	2 165		21 078	21 078	1 898	19 180
新疆(兵团)	304 600			156 995	93 232	63 763
新疆(农业)	18 049	224 480	18 004	18 220	11 421	6 799
新疆(畜牧)	8 187	1 725 106	231 795	205 409	110 474	94 935
热科院	274	495		142	142	
广州	5 539		3 151	3 151		3 151
南京						

2－10续表4

地　区	规模化养殖场			
	大牲畜总头数	#牛	肉牛	奶牛
全国农垦	**1 073**	**1 038**	**629**	**409**
北　京	31	31	2	29
天　津	17	17		17
河　北	5	24	2	22
山　西	13	13		13
内蒙古	54	43	13	30
辽　宁	9	5	2	3
吉　林	18	2		2
黑龙江	93	93	32	61
上　海	27	27		27
江　苏	22	22		22
浙　江				
安　徽				
福　建	5	3	3	
江　西	12	11	8	3
山　东				
河　南	4	1		1
湖　北	9	14	11	3
湖　南	5	2	1	1
广　东	5	5		5
广　西	3	3	2	1
海　南	1	1	1	
重　庆	8	8		8
四　川	3	2		2
贵　州	6	5		5
云　南		7	7	
陕　西		1		1
甘　肃	3	3	1	2
青　海	1	1	1	
宁　夏	21	21		21
新疆(兵团)	610	601	503	98
新疆(农业)	34	20	16	4
新疆(畜牧)	52	50	24	26
热科院				
广　州	2	2		2
南　京				

2－10续表5

地　区	规模化养殖场					
	猪	羊	山羊	#绒山羊	绵羊	家禽
全国农垦	**1 153**	**399**	**106**	**14**	**293**	**635**
北　京	11	1			1	54
天　津	6	8			8	1
河　北	6	3	1		2	9
山　西		5	1		4	4
内蒙古	7	16	1		15	
辽　宁	34	11	5	1	6	30
吉　林						
黑龙江	83	1			1	64
上　海	50					5
江　苏						
浙　江	2	1			1	
安　徽						3
福　建	46					4
江　西	50	6	3	2	3	26
山　东						
河　南	7					1
湖　北	137	17	17			69
湖　南	81	4	4			4
广　东	91					28
广　西	70					7
海　南	12					
重　庆	14					12
四　川	2	7	6		1	2
贵　州	4					2
云　南	11					26
陕　西	4					
甘　肃	1					
青　海	1					
宁　夏	8	2			2	
新疆(兵团)	401	225	47	10	178	278
新疆(农业)	4	20	4		16	3
新疆(畜牧)	7	72	17	1	55	1
热科院						
广　州	3					2
南　京						

2－10续表 6

地　区	规模化养殖量			
	大牲畜总头数	#牛		
			肉牛	奶牛
全国农垦	**1 119 174**	**1 085 966**	**377 822**	**708 144**
北　京	93 693	93 693	8 409	85 284
天　津	37 023	37 023		37 023
河　北	9 525	77 605	714	76 891
山　西	9 720	9 720		9 720
内蒙古	61 472	43 911	20 253	23 658
辽　宁	4 397	3 583	1 485	2 098
吉　林	4 860	450		450
黑龙江	90 632	90 632	13 404	77 228
上　海	80 885	80 885		80 885
江　苏	6 100	6 100		6 100
浙　江				
安　徽				
福　建	420	1 420	1 420	
江　西	13 255	12 570	11 969	601
山　东				
河　南	1 600	357		357
湖　北	7 722	11 538	4 435	7 103
湖　南	8 968	953	203	750
广　东	9 828	6 369		6 369
广　西	4 925	4 925	4 082	843
海　南	378	378	378	
重　庆	28 985	28 985		28 985
四　川	2 400	1 219		1 219
贵　州	5 305	5 155		5 155
云　南		1 703	1 703	
陕　西		493		493
甘　肃	20 340	20 340	3 633	16 707
青　海	396	396	396	
宁　夏	80 796	80 796		80 796
新疆（兵团）	412 000	372 520	247 592	124 928
新疆（农业）	21 085	8 614	7 040	1 574
新疆（畜牧）	96 861	78 030	50 706	27 324
热科院				
广　州	5 603	5 603		5 603
南　京				

2-10续表7

地区	规模化养殖量					
	猪	羊	山羊	#绒山羊	绵羊	家禽
全国农垦	**8 707 892**	**3 121 915**	**354 901**	**27 350**	**2 767 014**	**110 121 872**
北京	229 703	700			700	6 530 124
天津	23 546	104 725			104 725	1 020 970
河北	56 010	2 200	621		1 579	1 932 000
山西		7 992	550		7 442	95 991
内蒙古	35 660	30 094	1 000		29 094	
辽宁	198 621	18 100	9 500	500	8 600	2 251 962
吉林						
黑龙江	284 477	1 267			1 267	61 866 400
上海	1 311 957					1 292 311
江苏						
浙江	39 087	1 221			1 221	
安徽						450 000
福建	99 517					271 500
江西	254 890	3 572	1 602	1 000	1 970	1 775 329
山东						
河南	113 250					50 000
湖北	544 158	9 966	9 966			1 910 000
湖南	88 725	2 239	2 239			85 420
广东	402 826					4 025 100
广西	1 450 021					4 983 042
海南	187 890					
重庆	98 244					1 209 200
四川	2 200	5 036	3 586		1 450	50 000
贵州	20 000					60 000
云南	6 964					1 022 351
陕西	2 100					
甘肃	14 963					
青海	3 000					
宁夏	4 196	11 660			11 660	
新疆(兵团)	2 723 317	2 723 317	262 351	21 350	2 460 966	18 754 172
新疆(农业)	19 320	26 328	5 286		21 042	146 000
新疆(畜牧)	33 250	173 498	58 200	4 500	115 298	20 000
热科院						
广州	460 000					320 000
南京						

2－10续表8

地　区	带动农户个数			
	大牲畜总头数	#牛	肉牛	奶牛
全国农垦	**62 536**	**61 007**	**14 748**	**46 259**
北　京	102	102	41	61
天　津				
河　北		1 163	163	1 000
山　西	187	187		187
内蒙古	704	632	457	175
辽　宁	363	21	6	15
吉　林	131	37	18	19
黑龙江	1 154	1 154	264	890
上　海				
江　苏	81	81		81
浙　江				
安　徽				
福　建	638	287	287	
江　西	287	92	80	12
山　东				
河　南				
湖　北				
湖　南	297	30	30	
广　东	4 000	4 000		4 000
广　西	58	58	53	5
海　南				
重　庆	11 500	11 500		11 500
四　川		14	14	
贵　州	601	525		525
云　南		10	10	
陕　西	5			
甘　肃	149	148	148	
青　海	58	58	58	
宁　夏				
新疆(兵团)	40 136	39 353	12 368	26 985
新疆(农业)	953	774	372	402
新疆(畜牧)	1 132	471	379	92
热科院				
广　州		310		310
南　京				

2-10续表9

地区	带动农户个数					
	猪	羊	山羊	#绒山羊	绵羊	家禽
全国农垦	**55 938**	**90 260**	**10 815**	**1 650**	**79 445**	**41 664**
北京						20 914
天津						
河北	4	1	1			
山西		64	1		63	9
内蒙古	29	36			36	
辽宁	48	7	2	1	5	22
吉林	12	39	3		36	1 095
黑龙江	892	51			51	1 143
上海						
江苏						
浙江	2 535					
安徽						45
福建	134	22	22			883
江西	277	94	66	32	28	235
山东						
河南	1 895					
湖北						
湖南	9 468	167	167			12 343
广东	380					216
广西	220					43
海南						
重庆	4 880					
四川	30	112	112			
贵州	32					23
云南	27					51
陕西	16					2
甘肃	35	861	23		838	812
青海		156			156	
宁夏						
新疆(兵团)	34 687	86 188	9 654	1 568	76 534	1 369
新疆(农业)	302	1 330	259	20	1 071	2 459
新疆(畜牧)	35	1 132	505	29	627	
热科院						
广州						
南京						

2-11 牧业生产情况（畜产品）

地 区	肉类总产量（吨）	当年出栏肉猪（头）	猪肉产量（吨）	当年出售的肉用牛（头）	牛肉产量（吨）
全国农垦	**1 929 969**	**11 417 252**	**924 852**	**1 074 694**	**178 967**
北 京	106 531	284 919	26 744	3 828	1 713
天 津	4 641	10 250	741	6 807	1 429
河 北	62 025	508 046	36 937	33 263	5 168
山 西	2 811	4 730	500	2 099	673
内 蒙 古	75 651	132 692	13 959	110 715	18 427
辽 宁	152 998	643 382	50 742	23 931	4 401
吉 林	11 327	42 601	3 956	5 945	1 645
黑 龙 江	226 683	889 034	66 882	77 895	13 541
上 海	59 361	732 951	54 971	11 587	3 257
江 苏	40 397	75 640	6 991	399	117
浙 江	11 275	142 143	11 027		
安 徽	13 833	39 317	3 757	2 173	326
福 建	21 950	175 382	15 189	3 317	662
江 西	58 877	508 901	45 863	20 627	3 781
山 东	310	4 090	310		
河 南	8 976	110 720	8 214	830	153
湖 北	95 936	768 111	61 449	24 387	4 877
湖 南	109 614	822 064	72 749	19 266	4 052
广 东	76 291	525 442	45 512	3 934	749
广 西	77 551	677 618	60 312	3 252	813
海 南	69 635	479 085	44 157	6 270	1 732
重 庆	24 496	192 416	24 496		
四 川	1 658	4 684	511	6 341	869
贵 州	3 497	19 555	2 274	151	45
云 南	10 327	64 911	5 225	5 823	743
陕 西	666	4 215	419	300	59
甘 肃	10 128	16 307	956	13 686	6 635
青 海	2 079	2 620	238	7 825	513
宁 夏	10 231	23 550	1 535	32 430	5 549
新疆（兵团）	499 762	3 380 800	246 731	454 700	69 578
新疆（农业）	21 223	100 382	8 919	27 492	3 933
新疆（畜牧）	57 982	28 196	2 450	165 201	23 505
热 科 院	269	1 657	136	220	22
广 州	841	841			
南 京	135				

2－11 续表 1

地　　区	当年出售的肉用羊（只）	羊肉产量（吨）	兔肉产量（吨）	禽肉产量（吨）	牛奶产量（吨）
全国农垦	**10 239 023**	**186 261**	**6 041**	**527 928**	**4 352 170**
北　　京	700	14		78 060	534 791
天　　津	88 655	1 840		566	227 448
河　　北	34 791	589		19 305	652 233
山　　西	79 420	1 558		1	31 922
内 蒙 古	1 884 414	31 736	5	2 415	302 513
辽　　宁	89 741	2 474		52 359	28 013
吉　　林	89 728	1 823	1	3 105	9 059
黑 龙 江	288 100	5 115	1	141 029	392 509
上　　海				999	444 363
江　　苏	11 061	442	35	32 812	28 027
浙　　江	753	32		216	
安　　徽	13 858	308		6 392	1 730
福　　建	9 714	155	99	5 758	2 747
江　　西	13 812	1 129	23	4 156	1 074
山　　东					
河　　南	5 479	57	1	546	13 965
湖　　北	66 876	1 338	2 065	26 207	36 586
湖　　南	40 819	689	28	5 345	1 828
广　　东	3 905	112	131	28 788	70 116
广　　西	753	22		16 396	5 345
海　　南	106 832	1 943	128	21 675	60
重　　庆					180 506
四　　川	2 533	74	2	159	4 106
贵　　州	720	22		22	31 950
云　　南	5 102	157		4 201	216
陕　　西	11 182	176		10	30 932
甘　　肃	146 300	2 419		104	62 408
青　　海	71 269	1 302		1	20
宁　　夏	60 276	1 154		1 991	317 127
新疆(兵团)	5 450 500	101 311	3 519	71 046	738 235
新疆(农业)	244 877	4 617	3	3 244	9 863
新疆(畜牧)	1 416 258	23 647		785	169 076
热 科 院	595	7		103	
广　　州					23 402
南　　京				135	

2-11续表2

地　　区	山羊毛产量（吨）	绵羊毛产量（吨）			羊绒产量（吨）
			细羊毛（吨）	半细羊毛（吨）	
全国农垦	**1 199**	**29 668**	**11 649**	**8 196**	**690**
北　京					
天　津					
河　北	3	173	50	113	
山　西	13	14	4		
内蒙古	81	5 752	1 140	2 883	360
辽　宁	48	139	5	89	104
吉　林	10	169	32	98	12
黑龙江	5	331	79	252	13
上　海					
江　苏					
浙　江					
安　徽					
福　建					
江　西	1				
山　东					
河　南					
湖　北					
湖　南					
广　东					
广　西					
海　南					
重　庆					
四　川		4		3	
贵　州		4		4	
云　南					
陕　西	1	1			2
甘　肃	1	113	24	43	1
青　海	29	341	117	163	8
宁　夏	13	49	41	8	8
新疆（兵团）	551	18 448	9 053	3 787	49
新疆（农业）	48	774	29	178	13
新疆（畜牧）	396	3 357	1 077	576	121
热科院					
广　州					
南　京					

2-11续表3

地区	蜂蜜产量（吨）	禽蛋产量（吨）	蚕茧产量（吨）	桑蚕茧（吨）
全国农垦	**15 363**	**488 089**	**1 589**	**1 207**
北京		64 110		
天津				
河北		6 783		
山西		2 052		
内蒙古	1 464	7 972	101	
辽宁	67	32 125		
吉林	23	2 489		
黑龙江	827	28 269	153	
上海		7 211		
江苏	30	21 474	115	
浙江		28	13	13
安徽	55	4 365		
福建	117	4 217		
江西	1 720	21 055	196	196
山东				
河南		2 336		
湖北	651	54 509		
湖南	533	16 769	8	8
广东	60	3 862	859	859
广西	79	1 640		
海南	61	3 503		
重庆		16 151		
四川		16	145	132
贵州		1 830		
云南		5 799		
陕西		23		
甘肃		971		
青海				
宁夏		1 824		
新疆(兵团)	8 612	150 565		
新疆(农业)	44	9 510		
新疆(畜牧)	1 021	12 375		
热科院		1		
广州		3 634		
南京		620		

2－12 渔业生产情况

计量单位：吨

地　区	水产品总产量	＃养殖产量	鱼类	虾蟹类	＃对虾	贝类
全国农垦	**1 734 711**	**1 278 645**	**1 204 218**	**287 090**	**52 614**	**133 232**
北　京	4 867		4 867			
天　津	440	440	126	314		
河　北	170 767	154 555	81 051	32 908	25 602	12 155
山　西						
内蒙古	5 718	2 030	5 671	47		
辽　宁	349 661	137 812	147 588	58 598	10 304	119 960
吉　林	438	410	438			
黑龙江	21 318	16 738	20 401	917		
上　海	198 961	48 165	170 550	2 627		
江　苏	57 779	56 655	54 038	3 537	3 125	
浙　江	3 530	2 400	1 182	963	361	755
安　徽	14 205	12 067	4 639	9 335		
福　建	15 453	10 522	13 599	1 150	1 124	181
江　西	67 690	63 845	58 040	8 040	101	15
山　东	870	600	870			
河　南	2 782	2 703	2 777	5		
湖　北	487 502	478 890	358 741	120 149		
湖　南	138 857	103 254	102 683	31 759	42	166
广　东	42 758	42 636	29 086	13 656	10 629	
广　西	12 899	12 899	12 572	270	270	
海　南	34 686	34 686	34 573	68		
重　庆	800		800			
四　川	926	922	926			
贵　州	1 255		1 255			
云　南	13 646	13 646	13 587			
陕　西						
甘　肃	28	18	28			
青　海						
宁　夏	8 927	8 214	8 885	42		
新疆(兵团)	61 052	60 776	58 483	2 569	936	
新疆(农业)	3 430	312	3 305	125	120	
新疆(畜牧)	13 348	13 337	13 338	10		
热科院	113	113	113			
广　州						
南　京	6		6			

2-12 续表 1

地区	藻类	其他	养殖面积（公顷）	＃对虾（公顷）	海水	
					水产品总产量	＃养殖产量
全国农垦	**54**	**110 117**	**290 904**	**8 528**	**264 733**	**158 151**
北京					4 867	
天津			214		206	206
河北		44 653	16 865	1 168	78 134	62 040
山西						
内蒙古			4 376			
辽宁		23 514	88 567	3 803	167 709	82 431
吉林			357			
黑龙江			25 172			
上海		25 784	4 700			
江苏		204	4 029	1 624		
浙江		630	1 952	596	1 153	1 153
安徽		231	472			
福建		523	1 015	205	838	495
江西		1 595	17 246	41		
山东			411			
河南			242			
湖北		8 612	58 373			
湖南		4 248	11 284	10		
广东		16	3 702	984	11 386	11 386
广西	54	3	1 202	52	440	440
海南		45	3 013			
重庆						
四川			10			
贵州			87			
云南		59	1 408			
陕西						
甘肃			427			
青海						
宁夏			4 386			
新疆(兵团)			35 724			
新疆(农业)			2 975	45		
新疆(畜牧)			2 658			
热科院			33			
广州						
南京			6			

2-12续表2

地区	海水					
	鱼类	虾蟹类	#对虾	贝类	藻类	其他
全国农垦	**25 509**	**38 023**	**23 394**	**132 980**	**54**	**68 167**
北京	4 867					
天津	126	80				
河北	7 581	13 745	11 519	12 155		44 653
山西						
内蒙古						
辽宁	9 033	15 272	4 741	119 890		23 514
吉林						
黑龙江						
上海						
江苏						
浙江	63	335	200	755		
安徽						
福建	658			180		
江西						
山东						
河南						
湖北						
湖南						
广东	2 847	8 539	6 882			
广西	334	52	52		54	
海南						
重庆						
四川						
贵州						
云南						
陕西						
甘肃						
青海						
宁夏						
新疆(兵团)						
新疆(农业)						
新疆(畜牧)						
热科院						
广州						
南京						

2－12续表3

地　　区	海水		淡水			
	养殖面积（公顷）	＃对虾（公顷）	水产品总产量	＃养殖产量	鱼类	虾蟹类
全国农垦	**24 553**	**4 690**	**1 469 978**	**1 120 494**	**1 178 709**	**249 067**
北　　京						
天　　津	68		234	234		234
河　　北	8 568	912	92 633	92 515	73 470	19 163
山　　西						
内 蒙 古			5 718	2 030	5 671	47
辽　　宁	13 069	3 115	181 952	55 381	138 555	43 326
吉　　林			438	410	438	
黑 龙 江			21 318	16 738	20 401	917
上　　海			198 961	48 165	170 550	2 627
江　　苏			57 779	56 655	54 038	3 537
浙　　江	1 288	70	2 377	1 247	1 119	628
安　　徽			14 205	12 067	4 639	9 335
福　　建	146		14 615	10 027	12 941	1 150
江　　西			67 690	63 845	58 040	8 040
山　　东			870	600	870	
河　　南			2 782	2 703	2 777	5
湖　　北			487 502	478 890	358 741	120 149
湖　　南			138 857	103 254	102 683	31 759
广　　东	1 352	582	31 372	31 250	26 239	5 117
广　　西	62	11	12 459	12 459	12 238	218
海　　南			34 686	34 686	34 573	68
重　　庆			800		800	
四　　川			926	922	926	
贵　　州			1 255		1 255	
云　　南			13 646	13 646	13 587	
陕　　西						
甘　　肃			28	18	28	
青　　海						
宁　　夏			8 927	8 214	8 885	42
新疆（兵团）			61 052	60 776	58 483	2 569
新疆（农业）			3 430	312	3 305	125
新疆（畜牧）			13 348	13 337	13 338	10
热 科 院			113	113	113	
广　　州						
南　　京			6		6	

2-12续表4

地区	淡水					
	#对虾	贝类	藻类	其他	养殖面积（公顷）	#对虾（公顷）
全国农垦	**29 220**	**252**		**41 950**	**266 351**	**3 838**
北京						
天津					147	
河北	14 083				8 297	256
山西						
内蒙古					4 376	
辽宁	5 563	70			75 497	688
吉林					357	
黑龙江					25 172	
上海				25 784	4 700	
江苏	3 125			204	4 029	1 624
浙江	161			630	664	526
安徽				231	472	
福建	1 124	1		523	869	205
江西	101	15		1 595	17 246	41
山东					411	
河南					242	
湖北				8 612	58 373	
湖南	42	166		4 248	11 284	10
广东	3 747			16	2 350	402
广西	218			3	1 140	41
海南				45	3 013	
重庆						
四川					10	
贵州					87	
云南				59	1 408	
陕西						
甘肃					427	
青海						
宁夏					4 386	
新疆（兵团）	936				35 724	
新疆（农业）	120				2 975	45
新疆（畜牧）					2 658	
热科院					33	
广州						
南京					6	

2－13 农业机械化情况

地区	农业机械总动力（千瓦）				
	总动力合计	柴油发动机动力	汽油发动机动力	电动机动力	其他机械动力
全国农垦	**32 085 963**	**25 630 965**	**1 812 205**	**4 387 389**	**255 404**
北京	45 645	35 312	2 079	8 220	35
天津	25 282	20 273	130	4 879	
河北	990 964	598 766	10 062	382 136	
山西	30 076	13 880	4 872	10 460	864
内蒙古	2 314 239	1 822 949	175 006	309 377	6 908
辽宁	1 032 047	814 721	47 920	140 022	29 384
吉林	615 051	547 760	26 233	40 363	695
黑龙江	12 373 987	10 635 408	811 649	857 030	69 900
上海	280 206	238 654	3 302	36 938	1 312
江苏	809 941	676 530	20 568	103 876	8 967
浙江	11 194	3 515	1 095	5 433	1 150
安徽	487 978	364 895	50 676	63 333	9 074
福建	40 611	22 645	3 544	12 916	1 506
江西	621 047	470 069	33 533	109 056	8 389
山东	24 750	19 818	15	4 721	196
河南	229 442	171 047	21 822	36 345	228
湖北	1 755 870	1 270 333	105 636	366 676	13 225
湖南	1 399 235	1 017 848	122 446	210 927	48 014
广东	476 450	263 928	56 931	148 698	6 893
广西	298 578	215 229	20 502	62 847	
海南	340 834	243 842	59 778	21 843	15 371
重庆	6 005	6 005			
四川	58 018	753	152	56 986	128
贵州	2 509	1 501	305	498	206
云南	278 617	141 266	73 721	62 577	1 053
陕西	43 019	30 638	1 124	11 257	
甘肃	332 100	262 949	3 697	60 993	4 462
青海	55 304	52 118	2 278	637	271
宁夏	321 637	273 435	2 083	46 024	95
新疆（兵团）	5 201 199	4 099 148	7 745	1 086 361	7 945
新疆（农业）	765 235	623 667	46 499	80 657	14 412
新疆（畜牧）	815 516	669 025	96 795	44 975	4 722
热科院	2 242	1 906	7	329	
广州					
南京					

2-13续表1

地区	拖拉机及配套机械				
	大中型拖拉机（台）	小型及手扶拖拉机（台）	排灌动力机械（台）	联合收获机（台）	农用飞机（架）
全国农垦	**231 330**	**281 576**	**296 418**	**67 791**	**471**
北京	115	71	61	12	
天津	86	84	53	2	
河北	3 901	15 480	11 965	767	1
山西	79	1 275	566	22	
内蒙古	15 254	50 020	11 350	2 414	17
辽宁	5 789	8 338	13 756	1 228	11
吉林	5 150	15 339	6 715	1 021	17
黑龙江	95 580	31 152	105 554	46 796	77
上海	1 263	319	663	161	23
江苏	5 344	313	2 062	1 798	68
浙江	31	36	484	6	
安徽	2 934	4 762	6 046	1 492	18
福建	20	518	2 418	43	
江西	1 856	7 179	9 874	1 347	25
山东	184	516	743	51	
河南	894	5 835	6 498	498	5
湖北	8 335	48 840	22 822	3 419	38
湖南	5 236	5 977	28 280	3 398	50
广东	840	3 836	9 669	61	5
广西	1 392	4 821	5 879	27	10
海南	367	4 621	10 574		
重庆	6	3	5		
四川	14	106	87	7	
贵州	5	5	21		
云南	670	1 701	1 176	37	
陕西	278	1 580	463	53	1
甘肃	4 507	4 558	254	150	3
青海	300	2 626	14	193	
宁夏	2 622	1 469	1 446	479	
新疆(兵团)	51 669	29 485	30 513	1 571	35
新疆(农业)	9 391	12 181	5 914	272	67
新疆(畜牧)	7 191	18 503	486	466	
热科院	19	27	8		
广州					
南京					

2－13续表2

地　　区	机械化耕种情况			
	当年实际机耕面积（按耕地面积计算）	机械深耕深松面积	当年实际机播面积（按播种面积计算）	机械插秧面积（按插秧面积计算）
全国农垦	**6 359 925**	**2 248 894**	**6 204 681**	**2 006 997**
北　　京	1 276	701	1 094	331
天　　津	2 358		2 358	1 884
河　　北	84 085	5 853	79 136	27 731
山　　西	5 468	13	4 584	741
内 蒙 古	672 750	155 536	643 003	13 233
辽　　宁	136 137	9 794	124 435	78 971
吉　　林	103 806	6 567	100 760	27 671
黑 龙 江	2 924 255	521 118	2 944 797	1 526 872
上　　海	32 466		42 555	20 271
江　　苏	64 000		128 294	47 864
浙　　江	585	94	159	147
安　　徽	28 591	2 005	41 012	10 123
福　　建	4 507		3 484	1
江　　西	60 904	12 035	30 484	1 721
山　　东	5 680		7 120	528
河　　南	22 601	205	32 069	1 046
湖　　北	153 921	91 319	85 040	23 965
湖　　南	129 893	12	60 092	37 905
广　　东	36 733	966	7 815	13
广　　西	23 363	13 023	623	
海　　南	8 681		896	316
重　　庆	120		53	
四　　川	686	25	609	
贵　　州	1 289		297	
云　　南	9 269		3 693	2 708
陕　　西	14 267	669	13 081	
甘　　肃	65 125	26 727	62 291	4 337
青　　海	27 557		27 341	
宁　　夏	41 373		40 809	
新疆（兵团）	1 368 741	1 368 741	1 425 083	112 690
新疆（农业）	128 958	12 355	117 493	30 316
新疆（畜牧）	200 374	21 136	174 123	35 612
热 科 院	107			
广　　州				
南　　京				

2-13续表3

地　　区	机械化耕种情况				
	当年机械收割面积（按收获面积计算）	飞机播种面积	使用无人机播种面积	飞机施肥面积	使用无人机施肥面积
全国农垦	**5 959 771**	**13 112**	**8 320**	**1 423 500**	**386 003**
北　　京	1 440				
天　　津	2 325				
河　　北	75 762				
山　　西	2 208				
内 蒙 古	608 500			1 366	1 366
辽　　宁	114 682	448	447	4 801	1 500
吉　　林	95 476	739	739	3 190	2 600
黑 龙 江	2 897 119			1 364 828	345 764
上　　海	42 555			31 279	31 279
江　　苏	135 043	141		40	
浙　　江	276				
安　　徽	43 219	2 666	2 666		
福　　建	2 853				
江　　西	65 320	796	346	85	85
山　　东	6 847				
河　　南	33 248			1 223	871
湖　　北	129 216	4 122	4 122	2 215	2 215
湖　　南	107 091	4 200		13 100	
广　　东	6 576			288	288
广　　西	633			20	20
海　　南	4 400				
重　　庆					
四　　川	73				
贵　　州	120				
云　　南	2 705				
陕　　西	11 674				
甘　　肃	60 880				
青　　海	26 959				
宁　　夏	42 149				
新疆（兵团）	1 197 070				
新疆（农业）	70 172			15	15
新疆（畜牧）	173 179			1 050	
热 科 院					
广　　州					
南　　京					

2-13续表4

地　区	机械化耕种情况			
	飞机病虫害防治面积	使用无人机防治面积	精准平地（激光、卫星导航）	免耕播种
全国农垦	**2 502 670**	**1 257 720**	**21 536**	**284 742**
北　京			116	33
天　津				
河　北	15 027	15 027	550	340
山　西	6	6		
内蒙古	18 807	10 910		172 026
辽　宁	11 479	4 784		1 634
吉　林	10 458	6 993	2 333	4 231
黑龙江	1 576 318	534 242		34 303
上　海	76 133	76 133	330	
江　苏	118 598		9 616	100
浙　江	12			94
安　徽	11 854	10 954		
福　建	15	15		
江　西	18 959	8 772	140	432
山　东	627			
河　南	2 004	1 822	15	5 686
湖　北	21 928	21 094	1 397	2 928
湖　南	22 920	2 000		
广　东	7 304	7 304		15
广　西	534	534		
海　南				
重　庆				
四　川	320			
贵　州				
云　南				
陕　西	867			
甘　肃	4 357	4 357	1 933	1 487
青　海	15			
宁　夏				
新疆（兵团）	532 771	516 194		56 342
新疆（农业）	28 535	24 621	3 200	813
新疆（畜牧）	22 822	11 957	1 907	4 277
热科院				
广　州				
南　京				

2-14 农业生产投入与技术推广情况

地区	农业生产用电量（千瓦时）	农业用水量（米³）	农药施用量（吨）	农用肥料施用情况
				农用化肥施用总量（实物量）
全国农垦	**11 411 080 300**	**10 376 598 827**	**105 216**	**5 368 790**
北京	77 603 758			830
天津			44	2 375
河北	48 751 094	293 503 944	979	60 378
山西	19 293 929	3 894 617	825	7 113
内蒙古	104 190 540	435 413 007	5 665	252 833
辽宁	47 364 882	73 788 967	2 386	127 359
吉林	4 262 012 861	42 194 365	559	67 627
黑龙江	663 652 900	6 751 182 357	13 834	1 116 376
上海	241 707 021	7 484 002	398	29 535
江苏	5 767	108 526 568	1 996	165 842
浙江	4 537 727	9 762 033	100	4 349
安徽	24 768 770	14 001 438	644	54 787
福建	21 447 763	3 469 653	505	25 419
江西	870 718 606	12 023 096	6 374	63 189
山东	930 555	385 000	108	6 199
河南	15 857 287	19 513 436	831	34 159
湖北	484 180 000	960 010 000	4 032	376 025
湖南	17 836 406	2 134 550	3 310	123 897
广东	85 384 639	14 986 913	4 302	230 860
广西	51 076 370	18 105 423	2 934	125 132
海南	53 269		9 769	169 086
重庆				31
四川	852 453	96 509	30	1 544
贵州	2 012 490	169 624	58	1 198
云南	19 442		1 401	102 698
陕西			61	6 752
甘肃	147 833 200	512 570 884	732	86 850
青海	151 740	14 690 000	16	22 511
宁夏			388	73 487
新疆（兵团）	3 910 830 000		11 750	1 667 699
新疆（农业）	218 111 833	605 167 660	2 752	241 841
新疆（畜牧）	88 034 006	473 273 328	28 415	119 944
热科院	1 860 993	251 453	15	852
广州				
南京				

2－14 续表 1

地　　区	农用肥料施用情况			
	农用化肥施用总量（折纯量）	施用于农作物的数量	生物肥施用量（实物量）	有机肥施用量（实物量）
全 国 农 垦	**2 427 913**	**1 358 724**	**290 339**	**1 770 149**
北　　京	436	275	83	11 589
天　　津	1 139	1 128	933	
河　　北	29 498	13 786	135	10 781
山　　西	4 032	3 478	84	41 137
内 蒙 古	149 103	131 972	809	224 011
辽　　宁	73 939	38 874	4 971	52 307
吉　　林	38 242	30 828	4 603	9 764
黑 龙 江	545 655	545 655	12 906	203 535
上　　海	12 867	12 867	3 091	42 603
江　　苏	72 884	72 884	7 860	13 408
浙　　江	2 663	1 670	35	3 562
安　　徽	26 005	23 203	93	21 760
福　　建	17 662	8 659	3 989	21 186
江　　西	27 697	11 775	4 260	13 195
山　　东	3 459	3 215		410
河　　南	16 713	13 959	3 346	14 346
湖　　北	129 613	101 498	83 691	157 795
湖　　南	49 246	30 486	58 324	20 012
广　　东	61 118	50 343	34 856	256 529
广　　西	47 559	35 034	14 866	165 198
海　　南	57 246	34 036	1 010	96 706
重　　庆	31	31		719
四　　川	733	294	981	1 678
贵　　州	790	382	505	1 680
云　　南	41 674	41 674		19 799
陕　　西	4 746	1 981	462	6 107
甘　　肃	34 152	33 661	8 813	78 428
青　　海	12 527	5 216	11 639	41 898
宁　　夏	33 591	33 591	4 561	12 031
新疆（兵团）	772 872			
新疆（农业）	94 159	32 205	9 232	168 339
新疆（畜牧）	65 414	43 640	13 278	56 190
热 科 院	441	421	922	3 387
广　　州				
南　　京				

2-14续表2

地区	农用肥料施用情况				
	测土配方施肥面积	肥料高效利用技术应用面积	有机肥施用面积	肥料机械深施面积	水肥一体化技术应用面积
全国农垦	**2 934 074**	**855 629**	**269 442**	**554 459**	**30 037**
北京	522	145	60	47	38
天津					
河北	5 949	6 580	940	5 400	240
山西	100	32	26		6
内蒙古	50 216	3 116	712	1 071	1 333
辽宁	62 378	3 200	980	1 760	74
吉林	31 956	4 133		1 433	2 700
黑龙江	2 456 237	699 933	217 533	482 267	133
上海	12 950	26 645	1 386	24 973	286
江苏					
浙江		60	60		
安徽	18 065	210		200	10
福建	205				
江西	35 080	921	881	31	8
山东	904				
河南	14 455	12 454	1 018	11 423	13
湖北	53 302	21 733	9 224	5 190	7 319
湖南	12 931	3 533	528	526	1 427
广东	44 715	16 028	14 977	939	112
广西	12 401	13 942	4 727	8 834	381
海南					
重庆					
四川	102	58	32	13	13
贵州	187				
云南	9 091				
陕西					
甘肃	46 483	15 461	1 573	4 594	9 291
青海	233	479	406		73
宁夏	17 968				
新疆(兵团)					
新疆(农业)	33 103	15 758	12 804	687	2 017
新疆(畜牧)	14 542	11 207	1 572	5 072	4 564
热科院					
广州					
南京					

2－14 续表 3

地　　区	农用塑料薄膜使用量	地膜使用量	地膜覆盖面积	沼气池	沼气池体积
全国农垦	**392 959**	**104 100**	**1 717 427**	**22 156**	**767 511**
北　　京	7	5	17	5	13 190
天　　津	16	1	44		
河　　北	622	383	5 882	4	41
山　　西	162	158	2 409	2	32
内 蒙 古	2 221	1 875	43 827	153	1 450
辽　　宁	3 498	2 067	9 636	1 226	28 020
吉　　林	338	165	2 210		
黑 龙 江	13 654	1 602	13 056	4	5 420
上　　海	48	10	70		
江　　苏	3 315	810	3 168		
浙　　江	121	63	4 834	6	1 750
安　　徽	286	84	542		
福　　建	710	84	1 973	2 420	21 551
江　　西	2 679	2 220	3 867	2 066	32 829
山　　东	22	20	224		
河　　南	418	333	1 095	151	3 982
湖　　北	2 838	1 622	24 972	8 054	46 324
湖　　南	2 566	1 930	22 904	4 121	225 492
广　　东	810	752	16 166	356	317 652
广　　西	570	512	6 481	845	31 002
海　　南				1 495	26 584
重　　庆				6	635
四　　川	35	15	145	46	1 808
贵　　州	311	308	165	7	1 400
云　　南	589	360	4 148	322	1 846
陕　　西	106	70	1 716		
甘　　肃	2 995	2 703	36 641		
青　　海	41	15	159		
宁　　夏	131	54	983	609	4 672
新疆（兵团）	81 382	76 735	1 058 480		
新疆（农业）	254 427	4 346	351 038	142	852
新疆（畜牧）	18 041	4 796	100 552		
热 科 院	1	1	23	116	979
广　　州					
南　　京					

2－14续表4

地区	农田水利情况					机电井数量
	有效灌溉面积	节水灌溉面积	#喷灌面积	#滴灌面积	漫灌面积（自流灌溉面积）	
全国农垦	**4 114 993**	**1 918 471**	**405 449**	**460 752**	**351 924**	**183 832**
北京	1 095	857	569	23	99	139
天津	1 986					58
河北	64 362	46 956	11 310	5 986	740	4 772
山西	4 705	115	56	19	496	291
内蒙古	223 346	115 822	83 624	22 005	48 108	20 402
辽宁	123 707	19 784	2 874	4 254	17 022	5 952
吉林	51 723	14 140	4 542	6 207	8 749	6 701
黑龙江	1 594 715	391 962	244 147	147 815		94 923
上海	22 710	122	59	63	15 262	
江苏	64 000	9 534	3 720	2 400	2 880	80
浙江	966	266	77	186	100	11
安徽	25 876	6 739	2 598	1 515	3 951	677
福建	3 385	174	24	31	1 328	302
江西	41 252	11 138	2 997	82	14 642	1 672
山东	4 165	1 117	452	60		673
河南	22 493	13 156	9 935	1 639	1 148	6 767
湖北	109 063	17 490	11 602	5 888	74 778	1 950
湖南	62 266	2 248	472	363	5 328	4 606
广东	27 604	6 665	5 780	624	3 473	2 489
广西	13 536	10 251	6 395	2 989	3 285	627
海南	12 398	383	383		5 130	606
重庆	63	17				
四川	246	149	14	93	61	68
贵州	113				6	3
云南	10 160	1 073	610	463	5 716	7
陕西	11 170	2 899	1 200	435	2 525	1 275
甘肃	73 704	56 162	10 360	39 703	25 580	2 139
青海	10 970	4 944		1 678	8 980	39
宁夏	43 231	4 660		3 157		1 113
新疆（兵团）	1 143 186	955 956				20 786
新疆（农业）	178 764	119 542		118 111	38 797	3 226
新疆（畜牧）	167 932	104 052	1 634	94 881	63 742	1 459
热科院	100	100	16	84		19
广州						
南京						

2－14 续表 5

地区	绿色防控技术应用面积	农作物统防统治面积	#粮食	#棉花	#油料	#糖料	#茶叶
全国农垦	**2 394 714**	**2 504 096**	**2 328 366**	**15 517**	**40 622**	**21 924**	**1 095**
北京	4	1	5				
天津							
河北	9 264	8 316	5 123	213			
山西							
内蒙古	119 576	82 457	46 040		30 882	5 835	
辽宁							
吉林		1 270	1 252		18		
黑龙江	2 066 667	2 066 667	2 066 667				
上海	44 211	28 254	26 592		1 615		47
江苏	43 558	149 154	93 728				
浙江		145	105				295
安徽	413	413	413				
福建	66	76					94
江西	7 749	12 433	11 924	39	579		117
山东							
河南	12 171	12 344	10 326		2 057		
湖北	25 081	47 715	45 634	127	1 856		98
湖南		3 209	1 608		1 439		163
广东	6 833	1 479	97		40	1 342	
广西	29 135	14 003				13 949	54
海南							
重庆							
四川	20						
贵州							
云南		50 525	600			390	228
陕西							
甘肃	13 567	11 043	7 849		402	69	
青海							
宁夏							
新疆(兵团)							
新疆(农业)	4 428	887	2 065	2 879		93	
新疆(畜牧)	11 971	13 706	8 339	12 258	1 733	245	
热科院							
广州							
南京							

2－14续表6

地　　区	绿色防控技术应用面积			秸秆综合利用	
	生物防治技术应用面积	物理防治技术应用面积	生物农药应用面积	秸秆还田面积	秸秆饲用面积
全国农垦	**265 528**	**20 546**	**299 658**	**3 415 702**	**172 217**
北　　京	77				
天　　津					
河　　北		178	1 070	2 718	2 165
山　　西					12
内 蒙 古	1 000	2 948	34 606	144 175	69 189
辽　　宁		840	150	6 595	7 960
吉　　林		150		3 765	1 119
黑 龙 江	237 853		230 000	2 847 000	15 924
上　　海			15 957	27 749	13
江　　苏				149 154	266
浙　　江				7	
安　　徽				8 068	
福　　建		121	66	4	
江　　西	204	1 683	241	36 010	7 037
山　　东				2 259	240
河　　南		467	36	16 889	1 557
湖　　北	3 594	4 974	4 951	69 734	12 893
湖　　南	1 053	715	713	29	
广　　东	5 303	19	32	1 167	3 966
广　　西	11 379	3 076	678	16 129	
海　　南					
重　　庆					
四　　川		57		1	
贵　　州					
云　　南					
陕　　西					
甘　　肃	2 333	4 303		32 316	11 205
青　　海				1 100	123
宁　　夏					
新疆（兵团）					
新疆（农业）	303	483	3 070	28 221	3 244
新疆（畜牧）	2 429	533	8 088	22 610	35 304
热 科 院					
广　　州					
南　　京					

2－15　绿色食品、有机食品、农产品地理标志情况（一）

项　　目	绿色食品认证个数（个）	已认证绿色食品产量（吨）	有机食品认证个数（个）	已认证有机食品产量（吨）
一、农林产品				
（一）主要农作物	656	5 133 093	391	1 155 049
1. 水稻	189	1 564 698	92	276 855
2. 小麦	26	250 391	8	19 044
3. 玉米	46	1 836 935	95	516 864
4. 大豆	60	664 548	98	174 429
5. 油料	9	13 241	1	4 200
6. 糖料	9	165 355	1	30 566
7. 药材	2	1 593		
8. 蔬菜	281	547 699	35	24 034
9. 其他农作物	34	88 633	61	109 058
（二）茶叶	36	2 438	28	2 826
（三）水果	169	597 218	44	27 855
1. 香蕉				
2. 苹果	21	38 176	26	15 821
3. 柑橘、橙、柚	40	142 042	1	200
4. 梨	18	62 326	3	2 156
5. 桃	13	37 243	1	700
6. 葡萄	19	76 924	4	1 666
7. 菠萝	1	1 500		
8. 荔枝				
9. 龙眼	1	200	2	2
10. 芒果	2	13 000	1	
11. 西瓜	10	68 855	2	7 000
12. 其他水果	44	156 953	4	309
（四）食用菌	10	22 077	5	408
二、水产品				
1. 淡水鱼	17	33 251	7	2 010
2. 海水鱼				
3. 虾				
4. 蟹	3	500	1	13
5. 甲鱼			1	120
6. 贝				
7. 其他水产品	3	7 014		

2－15续表

项　　目	绿色食品认证个数（个）	已认证绿色食品产量（吨）	有机食品认证个数（个）	已认证有机食品产量（吨）
三、畜禽类产品				
1. 猪肉	229	1 315	4	173
2. 牛肉	20	440	1	
3. 牛奶	6	746 190	5	29 722
4. 羊肉	14	186	3	541
5. 禽肉	31	631		
6. 禽蛋	30	17 350		1 800
7. 其他畜禽品	2	950	2	27 000
四、加工品				
1. 面粉加工类	30	28 541	20	8 944
2. 蔬菜加工类	1	10 000	1	3 600
3. 饮品类	11	90 950	3	1 322
4. 乳制品	33	97 198	12	14 789
5. 果脯类	5	1 532		
6. 酒类	11	9 108	16	205
7. 糖类	12	1 088 274		
8. 其他加工品	195	1 797 072	67	37 491

2－16 绿色食品、有机食品、农产品地理标志情况（二）

项　　目	农产品地理标志认证数（个）	农产品地理标志产品面积（公顷）	农产品地理标志产品产量（吨）	绿色食品原料标准化生产基地面积（公顷）
一、农林产品	—	—	—	—
（一）主要农作物	32	212 263	818 895	598 252
1. 水稻	18	3 906	178 502	519 952
2. 小麦				
3. 玉米	1	1 438	12 580	54 110
4. 大豆	3	174 774	497 180	20 000
5. 油料	1	2 000	5 000	1 539
6. 糖料				
7. 药材	3	13 724	10 973	431
8. 蔬菜	2	4 835	87 500	258
9. 其他农作物	4	11 586	27 160	1 962
（二）茶叶	12	4 210	8 853	2 083
（三）水果	37	76 197	979 283	56 528
1. 香蕉				
2. 苹果	6	17 801	255 100	732
3. 柑橘、橙、柚	3	7 246	261 265	16 455
4. 梨	3	4 922	22 822	4 105
5. 桃	3	1 669	29 000	1 618
6. 葡萄	6	13 351	27 780	313
7. 菠萝	1	1 907	85 800	
8. 荔枝				
9. 龙眼				
10. 芒果				17 500
11. 西瓜	3	4 003	108 500	3
12. 其他水果	12	25 297	189 016	15 801
（四）食用菌				
二、水产品				
1. 淡水鱼	2	40 000	1 500	
2. 海水鱼				
3. 虾				
4. 蟹				
5. 甲鱼		12		
6. 贝				
7. 其他水产品				88

2-16续表

项　　目	农产品地理标志认证数（个）	农产品地理标志产品面积（公顷）	农产品地理标志产品产量（吨）	绿色食品原料标准化生产基地面积（公顷）
三、畜禽类产品				
1. 猪肉	1		5 000	
2. 牛肉	1		101 900	3 000
3. 牛奶				200
4. 羊肉	2	25 133	108 635	1 600
5. 禽肉				
6. 禽蛋				
7. 其他畜禽品	4			3
四、加工品				
1. 面粉加工类				
2. 蔬菜加工类				
3. 饮品类				
4. 乳制品				
5. 果脯类				
6. 酒类				
7. 糖类				
8. 其他加工品	4		1 675 170	

2－17 农作物种业基本情况

地区	种子播种面积合计（公顷）	＃原种播种面积（公顷）	良种播种面积（公顷）	种子生产量合计（吨）
全国农垦	**230 436**	**19 122**	**191 353**	**1 303 656**
北京				
天津				
河北	2 561	95	2 465	13 888
山西	20		20	
内蒙古	1 055	970	85	211
辽宁	1 972	1 100	227	858
吉林	50		50	110
黑龙江	38 464	2 542	35 922	192 404
上海	8 185	373	7 812	60 006
江苏	93 357	2 268	89 874	641 676
浙江	108	24	84	110
安徽	9 425		9 425	83 469
福建				
江西	107	36	71	453
山东	1 962	1 053	909	8 320
河南	7 065	3 206	3 859	36 851
湖北	519	85	412	3 763
湖南	4 367	9	4 357	460
广东	53		53	91
广西				
海南				
重庆	204		204	542
四川	125	105	20	2 618
贵州	17	16	1	87
云南				
陕西	5 338	3 421	1 917	32 623
甘肃	7 162	1 397	5 765	24 698
青海	2 202	890	767	600
宁夏	218	65	153	2 532
新疆（兵团）	45 200	1 253	26 413	195 539
新疆（农业）	701	214	487	1 750
新疆（畜牧）				
热科院				
广州				
南京				

2-17 续表 1

地区	种子生产量合计（吨）					
	#原种生产量	良种生产量	水稻	小麦	玉米	大豆
全国农垦	**69 352**	**1 291 358**	**451 959**	**558 272**	**202 164**	**51 979**
北京						
天津						
河北	672	12 650		12 086	485	
山西						
内蒙古	1	210		210		
辽宁		858	36		676	146
吉林		110				110
黑龙江	8 624	183 779	108 889	2 426	22 535	49 930
上海	2 770	58 014	10 909	46 446	76	9
江苏	23 710	617 966	322 021	275 620		
浙江	111	728	492	236		
安徽	142	83 327	1 415	81 911		
福建		5				5
江西		598	591		1	6
山东	1 287	13 204		13 204		
河南	20 569	42 810		40 814	1 031	45
湖北	795	2 968	1 030	1 648	75	
湖南	120	5 411	5 256		95	40
广东		91	91			
广西						
海南						
重庆		542	320		220	2
四川	2 239	670	311	12	335	12
贵州	84	87	84		3	
云南						
陕西	295	78 016		33 636	39 184	1 675
甘肃	2 182	22 668		2 168	20 334	
青海	600	3 735		3 060		
宁夏	624	1 908	514		1 394	
新疆（兵团）	4 140	159 640		43 920	115 720	
新疆（农业）	386	1 364		874		
新疆（畜牧）						
热科院						
广州						
南京						

2-17续表2

地　　区	新品种更新更换				加工厂情况	
	总面积（公顷）	#更新面积（公顷）	更换面积（公顷）	更新更换品种数量（个）	加工厂数量（个）	加工厂生产能力（吨）
全国农垦	**365 096**	**144 147**	**288 794**	**202**	**257**	**1 613 569**
北　　京						
天　　津						
河　　北	139		139	6	6	14 000
山　　西						
内 蒙 古					1	5
辽　　宁					3	6 807
吉　　林					2	5 000
黑 龙 江	2		2	1	63	271 365
上　　海	1 199	533	99	10	4	149 946
江　　苏	6 971	6 971	567	31	27	330 000
浙　　江						
安　　徽	500	500		4	13	111 500
福　　建						
江　　西					1	
山　　东					2	6 500
河　　南	2 601	788	1 554	36	16	343 982
湖　　北	14 455	5 444	8 081	7	7	7 570
湖　　南	1 555	880	1 035	2	40	187 600
广　　东						
广　　西						
海　　南						
重　　庆	17			2	2	2 000
四　　川	1					
贵　　州					1	9 000
云　　南						
陕　　西	120	100	20	2	2	10
甘　　肃	538	67	471	11	4	36 575
青　　海					1	
宁　　夏	1 490	664	826	15	7	180
新疆（兵团）	335 507	128 200	276 000	75	53	127 028
新疆（农业）					2	4 501
新疆（畜牧）						
热 科 院						
广　　州						
南　　京						

2-17 续表 3

地　区	精选单机		包衣机		加工精选总量（吨）
	精选单机数量（个）	单机加工能力（吨）	包衣机数量（个）	包衣能力（吨）	
全国农垦	**716**	**117 727**	**284**	**353 770**	**1 151 618**
北　京					
天　津					
河　北	10	1 580	8	1 024	5 528
山　西					
内蒙古	2	8	1	4 000	70
辽　宁	6	1 004	4	11	1 000
吉　林					1 200
黑龙江	159	80 731	70	124 049	233 678
上　海	7	33	2	2	159 633
江　苏	129	1 107	21	139 900	375 678
浙　江					
安　徽	165	22	16	118	99 479
福　建					
江　西					
山　东	6	600	3	2 400	1 215
河　南	64	28 904	39	34 785	55 273
湖　北	9	1 139	1	10	2 421
湖　南					
广　东					
广　西					
海　南					
重　庆	2	15	1	5	2 000
四　川					
贵　州					
云　南					
陕　西	10	7	6	12	5 000
甘　肃	29	787	7	1 210	12 443
青　海	12		1		
宁　夏	37	240	8		
新疆（兵团）	63		95	41 244	195 539
新疆（农业）	6	1 550	1	5 000	1 461
新疆（畜牧）					
热科院					
广　州					
南　京					

2-17 续表 4

地　　区	生产包衣量（吨）	晒场面积（米²）	仓储面积（米²）	库存能力（吨）	种子公司个数（个）
全国农垦	**249 360**	**4 252 214**	**1 255 215**	**1 394 972**	**17 089**
北　　京					
天　　津					
河　　北	6 116	90 080	13 439	16 000	8
山　　西					
内 蒙 古	70	40 467	21 520	30 000	2
辽　　宁	1 630	48 170	17 000	4 100	3
吉　　林		2 000	2 500	2 000	
黑 龙 江	195 879	43 564	34 033	162 757	83
上　　海	20	23 500	550 444	381 557	3
江　　苏	11 184	1 368 603	186 015		4
浙　　江		2 900	1 532		
安　　徽	5 599	127 139	58 147	101 650	13
福　　建					
江　　西					
山　　东	800	54 600	11 680	24 900	3
河　　南	15 402	459 060	57 196	95 215	15
湖　　北	50	42 933	15 411	19 417	7
湖　　南		21 226	2 890	12 650	1
广　　东		8 000	1 000	100	2
广　　西					
海　　南					
重　　庆	600	2 000	1 700	1 500	3
四　　川			54	3 500	1
贵　　州		2 010	5 055	7 800	
云　　南					
陕　　西	1 500	32 000	12 223	102 182	16 861
甘　　肃	9 720	160 977	47 123	55 850	3
青　　海		76 400	10 551	600	
宁　　夏		1 124 339	54 769	31 664	2
新疆(兵团)		482 906	142 520	309 030	72
新疆(农业)	790	26 000	4 900	7 500	3
新疆(畜牧)		13 340	3 513	25 000	
热 科 院					
广　　州					
南　　京					

2-17续表5

地区	年末从业人员	#技术人员人数（人）	种子质量检验室个数（个）	种子检验人员（人）
全国农垦	**8 620**	**3 188**	**189**	**811**
北京				
天津				
河北	67	28	6	14
山西				
内蒙古	6	3	2	2
辽宁	85	28	3	8
吉林	10	2		
黑龙江	1 057	477		196
上海	93	17	3	13
江苏	688	89	25	96
浙江	26	2	1	1
安徽	307	68	13	30
福建				
江西				1
山东	41	15	4	17
河南	781	96	22	83
湖北	81	31	6	17
湖南	1 151	53		
广东	27	7		
广西				
海南				
重庆	43	15	2	5
四川	59	22	1	10
贵州	1 756	1 135		
云南				
陕西	38	22	2	16
甘肃	111	56	5	17
青海	449		1	5
宁夏	18	17	2	2
新疆（兵团）	1 699	998	89	274
新疆（农业）	25	7	2	4
新疆（畜牧）	2			
热科院				
广州				
南京				

2－18　农林牧渔业总产值

计量单位：万元

地　　区	农林牧渔业总产值	农业产值	林业产值	♯橡胶产值
全国农垦	**42 302 728.88**	**26 497 339.76**	**1 031 509.06**	**338 862.43**
北　　京	861 971.07	126 003.39	3 070.37	
天　　津	184 054.00	10 709.00		
河　　北	1 425 159.84	334 203.53	16 153.00	
山　　西	33 208.77	13 179.41	1 394.20	
内 蒙 古	1 393 897.72	768 767.20	11 087.94	
辽　　宁	1 791 923.67	872 794.04	25 103.16	
吉　　林	335 037.56	285 293.76	2 424.00	
黑 龙 江	7 265 846.40	5 848 259.90	62 870.20	
上　　海	960 970.70	182 663.60	4 104.60	
江　　苏	650 202.00	434 260.00	15 838.00	
浙　　江	58 550.75	18 286.58	2 920.60	
安　　徽	260 936.66	176 224.86	3 389.13	
福　　建	247 012.19	114 477.12	9 239.04	
江　　西	692 711.18	343 846.87	65 739.45	
山　　东	16 708.99	11 689.66	1 752.35	
河　　南	146 632.70	95 093.94	679.92	
湖　　北	2 441 201.00	1 153 461.00	51 362.00	
湖　　南	1 731 998.55	1 184 046.45	25 175.90	
广　　东	1 127 334.40	640 142.33	65 722.38	35 890.95
广　　西	802 749.00	350 603.00	15 797.00	
海　　南	1 552 171.00	1 023 622.00	183 359.00	178 473.00
重　　庆	149 369.00	20 837.00		
四　　川	23 498.24	6 241.96	48.50	
贵　　州	86 071.35	16 140.93	691.00	
云　　南	667 175.00	220 142.00	139 333.00	123 449.00
陕　　西	67 595.82	50 373.53	155.00	
甘　　肃	347 614.04	260 081.85	528.01	
青　　海	83 240.44	59 804.63	11 127.20	
宁　　夏	391 506.00	189 718.00	2 011.00	
新疆(兵团)	14 944 641.00	10 693 847.00	221 052.00	
新疆(农业)	739 978.96	565 340.74	84 632.23	
新疆(畜牧)	794 474.64	425 706.98	3 699.40	
热 科 院	3 730.51	1 254.34	1 049.48	1 049.48
广　　州	22 383.57			
南　　京	1 172.16	223.16		

2－18续表

地　区	农林牧渔业总产值			农林牧渔业商品总产值
	牧业产值	渔业产值	农林牧渔服务业产值	
全国农垦	**9 723 894.11**	**2 775 659.44**	**2 274 326.51**	**19 330 337.91**
北　京	627 603.11	52 143.00	53 151.20	726 240.90
天　津	167 360.00	5 985.00		
河　北	543 605.51	420 786.80	110 411.00	1 124 688.21
山　西	16 599.16		2 036.00	24 861.31
内蒙古	569 066.66	7 561.19	37 414.73	998 593.29
辽　宁	352 852.40	468 996.04	72 178.03	1 209 409.76
吉　林	41 472.90	1 407.80	4 439.10	259 148.02
黑龙江	843 141.60	40 865.60	470 709.10	6 453 413.80
上　海	456 245.80	269 493.30	48 463.40	889 247.80
江　苏	121 952.00	78 152.00		629 045.00
浙　江	29 277.83	6 594.60	1 471.14	6 584.37
安　徽	36 768.55	26 690.12	17 864.00	193 494.31
福　建	90 148.69	26 301.14	6 846.20	160 396.81
江　西	142 345.33	97 086.03	43 693.50	420 750.06
山　东	2 054.00	622.21	590.77	5 853.00
河　南	40 123.23	4 729.01	6 006.60	109 910.62
湖　北	422 853.00	765 658.00	47 867.00	1 850 465.00
湖　南	278 476.20	186 533.00	57 767.00	614 742.50
广　东	304 394.51	105 442.85	11 632.33	1 008 702.64
广　西	405 484.00	20 613.00	10 252.00	754 950.00
海　南	309 972.00	35 218.00		
重　庆	124 040.00	4 492.00		15 305.00
四　川	5 977.33	97.20	11 133.25	3 760.39
贵　州	66 696.52	914.00	1 628.90	11 489.00
云　南	55 866.00	20 856.00	230 978.00	610 413.00
陕　西	12 759.29		4 308.00	23 261.00
甘　肃	76 647.35	54.00	10 302.83	282 679.18
青　海	8 734.25		3 574.36	35 091.80
宁　夏	180 046.00	9 199.00	10 532.00	364 202.00
新疆（兵团）	2 953 813.00	114 335.00	961 594.00	
新疆（农业）	66 919.79	4 457.30	18 628.90	176 254.03
新疆（畜牧）	345 992.74	301.51	18 774.01	342 485.23
热科院	1 279.79	67.74	79.16	2 516.31
广　州	22 383.57			22 383.57
南　京	942.00	7.00		

2-19 农场按经济总量（1亿元以上）排序

垦区	农场名称	生产总值（现价）（万元）	排序	工业增加值（万元）	排序	农业增加值（万元）	排序	利润总额（万元）	排序	耕地面积（公顷）	排序	年平均职工人数（人）	排序
湖北	东西湖农管局	13 191 704	1	6 179 984	1	162 517	3	84 890	9	15 315	105	376 261	1
河北	国营柏各庄农场	1 962 930	2	623 845	4	388 614	1	−1 324	417	27 040	63	28 920	5
湖北	汉南农管局	1 615 063	3	834 336	3	149 750	4	395 754	1	7 772	150	69 328	2
江西	共青垦殖场	1 439 481	4	857 851	2	72 036	20	390 521	2	8 627	138	45 866	3
河北	南大港农场	1 146 300	5	598 227	5	359 053	2	293 469	3	10 180	127	8 203	43
河北	国营中捷友谊农场	824 016	6	551 526	6	32 861	84	5 197	97	6 568	164	22 821	11
河北	芦台农场	697 132	7	528 232	7	62 869	24	1 111	234	8 929	135	2 289	148
湖北	武湖农场	405 312	8	215 342	8	4 731	363		384	571	328	25 595	8
湖南	湖南省常德市西洞庭农场	378 861	9	188 556	11	50 976	47	4 018	126	6 950	160	26 481	7
辽宁	盘锦市大洼区东风农场	366 491	10	114 835	16	40 170	66	88 432	7	6 102	169	3 552	96
河北	汉沽农场	323 981	11	124 719	15	47 047	53	114 610	4	7 952	144	2 352	142
湖北	总口农场	277 535	12	201 173	9	52 374	43	255	325	5 723	174	16 408	18
辽宁	大洼区唐家农场	248 221	13	70 262	19	13 978	208	85 633	8	6 047	170	4 423	78
湖北	五三农场	226 860	14	49 320	27	55 169	35	9 580	54	9 300	133	34 173	4
辽宁	大洼区前进农场	224 300	15	17 500	62	42 100	62		383	2 956	245	2 997	112
辽宁	阜新市农场	205 194	16	191 789	10	1 221	401	94 389	5	291	347	773	275
湖北	后湖农场	200 742	17	138 705	13	42 207	61	3 308	147	3 008	242	17 020	16
内蒙古	贺斯格乌拉牧场	197 372	18	168 351	12	21 155	137	91 473	6	7 850	148	1 063	240
新疆畜牧	新疆呼图壁种牛场有限公司	196 674	19	17 140	65	9 764	282	10 463	49	11 206	124	1 873	180
辽宁	锦州市果树农场	194 000	20	21 020	51	11 020	247	−256	405	200	352	841	267
江苏	江苏省东辛农场有限公司	190 286	21	52 780	23	20 842	138	39 911	13			2 942	114
湖南	湖南省国营西湖农场	172 349	22	16 845	67	36 432	74	32 075	16	4 248	199	20 645	12
辽宁	盘山坝墙子农垦有限公司	165 182	23	2 761	166	75 726	17	12 036	42	3 546	224	10 080	35
辽宁	大洼县清水农场	159 768	24	69 902	20	75 238	18	2 691	164	4 365	194	2 891	116
河北	国营察北牧场	156 461	25	39 346	32	83 582	13	9 450	55	11 545	121	1 057	241
湖北	龙感湖农场	153 630	26	52 977	22	39 205	68	−499	410	4 612	192	20 629	13
广西	广西农垦九曲湾农场有限公司	149 619	27	3 352	151	3 585	376	10 471	48	2 664	249	478	323
辽宁	国营盖州市西海农场	145 740	28	41 788	29	30 014	93	23 057	22	695	321	6 509	55
河北	沽源牧场	144 758	29	25 079	47	56 913	30	3 554	140	8 773	137	2 736	123
黑龙江	友谊农场有限公司	142 747	30			140 214	5	1 882	196	111 056	1	11 177	33
广西	广西农垦山圩农场有限公司	140 401	31	131 890	14	3 105	383	3 717	135	4 910	185	213	372
海南	海南省农垦神泉集团有限公司	137 476	32	182	302	74 166	19	14 892	36	12 851	117	1 474	207
黑龙江	七星农场有限公司	129 679	33			123 669	6	10 760	46	81 716	4	5 016	72
辽宁	大洼区城郊农场	128 108	34	22 541	48	17 399	163	2	379	1 051	300	6 935	52
辽宁	盘锦市盘山县国有太平农场	126 857	35	27 300	41	39 490	67	20 663	24	3 332	232	1 870	181
江西	江西云山集团有限责任公司	123 325	36	96 450	18	13 576	216	−1 087	416	1 764	276	12 893	27

2－19 续表 1

垦　区	农场名称	生产总值（现价）（万元）	排序	工业增加值（万元）	排序	农业增加值（万元）	排序	利润总额（万元）	排序	耕地面积（公顷）	排序	年平均职工人数（人）	排序
湖　北	沙市农场	119 224	37	101 974	17	8 340	306	1 979	194	936	304	14 852	23
广　西	广西农垦西江农场有限公司	114 943	38	18 458	57	13 356	219	8 554	61	62 172	13	979	251
辽　宁	大洼区新立农场	107 639	39	12 310	80	37 650	71	39 930	12	3 672	216	150	395
湖　北	草埠湖农场	107 239	40	43 926	28	39 004	69	2 746	160	4 900	186	14 010	25
黑龙江	前锋农场有限公司	106 845	41	237	293	103 235	7	7 124	74	77 494	7	1 429	211
湖　北	运粮湖农场	98 539	42	63 675	21	28 747	98	2	380	3 386	229	7 495	48
内蒙古	巴音胡硕镇	98 232	43	21 070	50	9 405	291	45 360	11	6 886	162	2 156	161
海　南	海南农垦西联农场有限公司	95 448	44	1 027	228	22 187	128	2 357	177	20 792	81	406	330
江　苏	江苏省岗埠农场有限公司	95 391	45	3 170	156	7 798	319	32 976	15			489	321
黑龙江	勤得利农场有限公司	95 004	46	1 000	231	89 452	9	835	261	68 179	9	1 711	194
黑龙江	八五六农场有限公司	94 699	47	63	320	86 973	11	1 443	217	78 867	6	3 281	103
黑龙江	八五三农场有限公司	91 387	48	53	325	89 943	8	5 597	91	68 310	8	5 056	71
黑龙江	五九七农场有限公司	89 678	49	37	332	87 725	10	678	278	50 911	18	4 917	73
黑龙江	八五九农场有限公司	88 440	50	349	277	83 547	14	6 516	81	86 740	2	1 821	184
黑龙江	宝泉岭农场有限公司	87 475	51			85 055	12	2 041	190	38 775	36	3 392	99
海　南	海南农垦金江农场有限公司	85 931	52	1 607	201	40 509	64	4 833	103	7 371	154	356	338
黑龙江	八五四农场有限公司	85 557	53	985	233	82 742	15	814	262	67 927	10	2 723	126
湖　北	熊口农场	84 596	54	49 365	26	29 900	94	20 602	25	3 461	227	7 908	46
湖　北	张集农场	80 844	55	14 445	71	56 615	31	20 451	26	11 391	122	27 033	6
黑龙江	军川农场有限公司	80 227	56	240	292	77 139	16	11 846	43	41 470	27	3 775	90
辽　宁	大洼农垦新兴农场有限公司	77 970	57	9 668	99	29 804	95	27 552	18	3 283	233	12 113	30
北　京	北京市西郊农场有限公司	76 057	58		343	4 909	359	65 262	10	132	365	982	250
河　北	承德御道口农垦实业集团有限公司	74 954	59	51 898	24	14 456	200	1 111	233	2 120	265	914	257
辽　宁	大洼区平安农场	74 829	60	27 250	42	33 385	83	6 980	75	3 772	211	3 905	88
黑龙江	前进农场有限公司	73 038	61	651	251	66 315	22	8 422	63	53 067	15	2 665	127
广　西	广西农垦明阳农场有限公司	72 390	62	50 444	25	4 759	362	8 219	66	2 510	253	659	292
黑龙江	共青农场有限公司	70 890	63	6	341	65 485	23	4 782	104	32 686	49	2 783	122
海　南	海南农垦荣光农场有限公司	70 884	64		344	43 958	57	2 830	156	5 674	175	406	331
湖　北	太湖农场	69 437	65	17 818	60	19 626	146			4 350	197	24 095	9
海　南	海南农垦八一总场有限公司	68 290	66	7 076	116	10 302	261	1 106	235	28 195	59	105	409
黑龙江	二九〇农场有限公司	68 195	67	316	283	66 967	21	3 488	142	41 111	28	5 249	67
江　西	江西桑海集团有限责任公司	66 335	68	36 936	34	1 466	397	8 044	67	1 372	288	4 774	75
黑龙江	洪河农场有限公司	66 057	69			62 731	25	9 792	52	48 700	21	1 149	236
湖　北	阳新综合农场	65 963	70	9 201	103	8 963	296	1 093	238	454	340	14 324	24
江　西	国营分宜县介桥垦殖场	65 601	71	3 988	141	1 460	398	1 055	241	729	319	19 530	14
海　南	海南农垦红明农场有限公司	64 794	72	459	263	40 550	63	924	254	15 890	99	106	407

2－19 续表 2

垦区	农场名称	生产总值（现价）（万元）	排序	工业增加值（万元）	排序	农业增加值（万元）	排序	利润总额（万元）	排序	耕地面积（公顷）	排序	年平均职工人数（人）	排序
黑龙江	八五二农场有限公司	64 778	73			62 528	26	－2 740	420	80 251	5	6 388	57
黑龙江	普阳农场有限公司	64 670	74	743	244	60 642	27	8 877	59	30 558	54	2 623	129
辽宁	大洼区榆树农场	63 788	75	3 203	154	42 897	58	8 265	65	5 079	180	2 459	131
辽宁	国营新开农场	63 274	76	17 000	66	13 498	218	498	294	3 434	228	3 022	111
黑龙江	新华农场有限公司	62 903	77	1 335	216	57 671	29	784	268	32 669	50	2 339	143
黑龙江	大兴农场有限公司	62 607	78	674	247	55 915	32	7 435	72	52 030	17	2 300	145
湖北	周矶农场	61 179	79	39 685	31	14 969	194	427	300	1 254	293	6 930	53
黑龙江	绥滨农场有限公司	60 547	80	113	310	52 770	39	4 894	100	35 800	43	3 241	105
海南	海南农垦南繁产业集团有限公司	60 209	81	226	296	27 408	104	14 135	37	13 493	114	705	284
黑龙江	北兴农场有限公司	59 796	82			58 520	28	4 028	125	36 633	40	3 157	106
黑龙江	胜利农场有限公司	59 606	83	115	309	52 648	41	7 535	70	48 116	22	2 222	155
贵州	贵州南方乳业有限公司	59 550	84	17 979	59	6 011	345	4 276	120			1 098	239
广东	广东省广前糖业发展有限公司	59 286	85	291	289	55 886	33	4 352	116	8 804	136	1 395	216
湖北	白鹭湖农场	58 669	86	35 220	36	19 120	153	96	347	2 887	246	7 943	45
湖北	蒋湖农场	58 655	87	17 252	64	17 372	164	2 998	151	3 646	218	8 516	41
广东	广东农垦铜锣湖农场有限公司	58 482	88	31 066	39	10 777	254	125	338	774	316	163	393
海南	海南农垦东新农场有限公司	58 116	89	30	336	35 859	77	3 800	133	8 307	140	592	301
湖北	大同湖农场	57 965	90	6 445	122	34 266	81	1 500	212	2 224	263	15 922	19
黑龙江	庆丰农场有限公司	57 777	91			55 277	34	985	246	44 431	25	2 123	163
黑龙江	创业农场有限公司	57 627	92	525	259	52 535	42	3 725	134	38 559	37	2 785	121
黑龙江	兴凯湖农场有限公司	57 449	93			54 047	37	2 358	176	39 090	35	1 526	204
黑龙江	红卫农场有限公司	57 325	94	562	255	53 627	38	5 146	99	40 723	29	1 572	203
黑龙江	八五八农场有限公司	57 086	95	1 143	223	51 973	45	28 150	17	40 267	30	1 035	245
广东	广东省华海糖业发展有限公司	56 425	96	51	329	48 639	50	460	297	6 204	166	831	268
湖北	华严农场	56 424	97	41 551	30	6 941	330	79	354	919	305	11 186	32
黑龙江	浓江农场有限公司	56 415	98	381	272	52 366	44	8 491	62	39 767	33	1 237	224
上海	上海花卉园艺（集团）有限公司	56 050	99	8 340	105	8 794	300	2 415	173	481	337	765	276
江苏	江苏省滨淮农场有限公司	55 940	100	301	288	2 956	386	12 106	41			870	263
黑龙江	饶河农场有限公司	55 595	101	31	334	54 087	36	796	267	38 201	38	2 855	118
海南	海南农垦西培农场有限公司	55 535	102	984	234	16 126	178	4 751	106	84 981	3	879	262
北京	北京市南郊农场有限公司	55 113	103	26 742	43	9 871	277	24 625	21	488	336	1 968	170
黑龙江	赵光农场有限公司	54 800	104	1 200	219	42 440	60	6 354	84	34 019	45	3 431	97
湖北	朱湖农场	54 453	105	12 926	79	32 756	85			2 241	261	12 238	28
黑龙江	二道河农场有限公司	54 351	106	220	297	52 734	40	7 770	68	40 152	31	847	266
广西	广西农垦五星农场有限公司	54 317	107	32 203	38	14 449	202	901	258	1 185	296	287	351
黑龙江	八五七农场有限公司	54 015	108	394	270	46 709	54	5 474	92	36 063	42	2 877	117

2－19 续表 3

垦 区	农场名称	生产总值（现价）（万元）	排序	工业增加值（万元）	排序	农业增加值（万元）	排序	利润总额（万元）	排序	耕地面积（公顷）	排序	年平均职工人数（人）	排序
江 苏	江苏省黄海场有限公司	53 442	109	5 594	127	9 048	295	3 806	131			3 260	104
黑龙江	前哨农场有限公司	53 426	110	554	257	51 876	46	2 068	189	49 729	19	1 593	202
黑龙江	二九一农场有限公司	52 137	111	22	338	49 807	48	840	260	39 183	34	4 883	74
黑龙江	查哈阳农场有限公司	52 054	112	801	240	48 731	49	9 595	53	63 777	11	7 231	49
湖 北	王集农场	51 789	113	9 567	100	34 202	82	4 415	115	4 351	195	23 406	10
江 苏	江苏省江心沙农场有限公司	51 782	114	36 269	35	1 404	400	13 892	38			646	294
辽 宁	大洼区高家农场	51 727	115	32 582	37	2 850	387	26 079	19	1 801	273	1 775	188
黑龙江	青龙山农场有限公司	50 990	116	268	290	48 120	51	403	304	36 995	39	2 056	165
江 苏	江苏省新曹农场有限公司	50 666	117	7 130	115	10 796	253	20 037	27			1 887	178
海 南	海南农垦龙江农场有限公司	50 100	118	622	252	16 949	170	644	285	20 465	82	272	358
辽 宁	锦州市小东种畜场	50 060	119	4 620	135	37 186	72	9	373	13 444	115	14 903	22
贵 州	贵阳三联乳业有限公司	49 958	120	10 700	93	5 307	354	4 628	111			902	258
黑龙江	鹤山农场有限公司	49 900	121	329	281	47 172	52	7 480	71	33 970	47	3 996	85
湖 北	中洲垸农场	49 773	122	4 042	140	17 718	161	66	355	3 610	220	10 961	34
新疆农业	乌苏市哈图布呼农场	49 077	123			650	406	−890	414	9 931	129	11 780	31
辽 宁	大洼区赵圈河苇场	48 500	124			34 689	80	12 683	39	1 846	271	2 450	134
黑龙江	鸭绿河农场有限公司	48 280	125	355	275	45 497	55	6 279	85	32 455	51	1 022	246
海 南	海南农垦西达农场有限公司	47 853	126		345	26 730	109	359	310	45 113	23	365	337
黑龙江	尖山农场有限公司	47 847	127	615	254	44 963	56	3 409	144	23 376	73	2 733	124
江 苏	江苏省白马湖农场有限公司	47 833	128	11 504	85	6 251	340	16 047	33			1 746	192
黑龙江	嫩北农场有限公司	47 391	129	428	265	42 608	59	3 678	137	26 851	65	2 250	150
云 南	东风农场	46 317	130	1 091	226	27 553	103	3 654	139	711	320	16 534	17
湖 北	三湖农场	46 149	131	11 763	84	28 809	97	3 450	143	3 126	240	8 610	40
内蒙古	哈拉盖图农牧场	45 720	132	12 260	82	23 641	121	25 180	20	16 238	96	605	299
江 西	江西黄岗山垦殖场	45 383	133	38 971	33	4 590	366	12	369	1 400	287	1 746	191
海 南	海南农垦乌石农场有限公司	45 010	134	854	239	20 793	139	914	257	6 003	171	142	398
湖 北	人民大垸农场	44 149	135	1 910	190	30 319	91	417	302	7 400	153	18 456	15
云 南	勐捧农场	44 029	136	656	250	23 505	122	8 308	64	96	370	8 991	39
上 海	光明食品集团上海崇明农场有限公司	43 967	137	10 986	91	15 178	192	155	332	10 243	126	1 773	189
云 南	景洪农场	43 279	138	1 587	203	27 077	105	12 336	40	17	386	9 556	37
辽 宁	盘锦辽东湾新区荣兴农场	43 255	139	10 107	97	5 877	348	−123	399	2 100	266	2 226	153
上 海	光明食品集团上海五四有限公司	43 096	140	5 924	125	14 347	203	741	273	2 657	250	1 608	200
黑龙江	八五〇农场有限公司	42 918	141			36 370	75	3 976	128	33 445	48	1 886	179
广 西	广西农垦金光农场有限公司	42 877	142	1 160	222	27 624	102	1 253	224	63 643	12	804	271
云 南	弥勒东风农场	42 696	143	2 629	171	31 624	88	16 639	31	461	339	667	290
云 南	曼沙农场	42 685	144	1 012	230	3 824	372	1 189	228	7	393	143	397

2－19 续表 4

垦区	农场名称	生产总值（现价）（万元）	排序	工业增加值（万元）	排序	农业增加值（万元）	排序	利润总额（万元）	排序	耕地面积（公顷）	排序	年平均职工人数（人）	排序
广东	广东农垦平岗农场有限公司	42 546	145			35 387	79	150	333			337	341
广东	广东农垦湖光农场有限公司	42 412	146	3 041	160	23 818	120	529	293	2 468	255	1 232	225
新疆农业	新疆巴州乌拉斯台农业发展有限公司	42 329	147			3 150	381	10	371	4 211	200	492	320
辽宁	盘山胡家农垦有限公司	42 284	148	2 646	168	13 681	213	−159	404	7 499	152	1 952	171
辽宁	盘锦市盘山县大荒农场	41 708	149	25 600	45	8 750	302	390	307	4 550	193	8 400	42
云南	思茅农场	41 681	150	1 438	211	35	420	22 748	23	7	392	278	355
广西	广西柳州绿达实业有限责任公司	41 322	151	9 320	101	5 507	353	84	350	7 827	149	286	352
新疆农业	库车市二八台农场	41 282	152			17 800	160	−154	403	11 867	119	191	380
黑龙江	延军农场有限公司	40 933	153	53	326	40 320	65	239	327	16 813	93	1 204	227
广西	广西农垦马坡农场有限公司	40 626	154	7 845	110	31 502	89	307	313	1 150	298	39	422
辽宁	大洼县西安农场	40 620	155			10 175	268	−71	396	4 835	189	3 131	107
湖北	大沙湖农场	40 255	156	11 054	90	17 836	159	21	364	3 028	241	15 784	20
黑龙江	江滨农场有限公司	40 216	157	36	333	38 633	70	1 463	215	22 823	75	2 430	136
北京	北京市北郊农场有限公司	40 119	158	775	242	3 750	373	19 666	29		397	797	273
北京	北京市东郊农场有限公司	39 868	159		346		421	33 144	14	20	385	70	419
安徽	安徽省农垦集团皖河农场有限公司	39 799	160	2 950	163	27 789	101	1 166	230	3 791	210	2 829	119
广东	广东省丰收糖业发展有限公司	39 743	161	2 639	169	22 275	127	660	280	3 384	230	882	261
内蒙古	赤峰市阿鲁科尔沁旗国营巴彦包特农场	39 693	162	10 384	95	11 736	235	2 071	188	4 814	190	5 210	68
广西	广西农垦立新农场有限公司	38 957	163	17 344	63	12 892	225	16	366	581	327	226	369
江西	江西恒丰企业集团	38 950	164	26 650	44	9 740	284	980	249	1 260	292	5 626	64
广东	广东农垦胜利农场有限公司	38 853	165	4 837	134	16 575	174	658	281			636	295
黑龙江	逊克农场有限公司	38 440	166			35 891	76	6 913	76	45 033	24	2 336	144
黑龙江	嫩江农场有限公司	37 868	167			36 656	73	4 311	119	30 105	56	2 265	149
新疆农业	新疆清源农业发展有限公司	37 419	168	125	308	10 165	269	10 290	50	4 886	187	549	308
湖北	南湖农场	37 263	169	30 761	40	3 211	380	15 200	35	361	344	3 602	94
黑龙江	七星泡农场有限公司	36 902	170			35 504	78	2 664	166	32 353	52	3 345	101
海南	海南农垦红昇农场有限公司	36 507	171	1 495	210	16 420	177	54	357	6 191	167	572	305
重庆	中垦天宁牧业有限公司	36 496	172	8 304	106	8 163	312	4 690	108	9	391	227	368
河北	国营新桥农场	36 060	173	14 452	70	385	414	890	259	551	331	311	345
湖北	荒湖农场	35 979	174	6 350	123	17 192	166	9 145	57	3 700	213	12 128	29
江苏	江苏省三河农场有限公司	35 858	175	11 488	86	6 552	337	16 051	32			1 143	237
广西	广西农垦龙北农场有限公司	35 697	176	1 564	204	24 718	115	1 041	242	27 023	64	430	328
广西	广西农垦黔江农场有限公司	35 307	177	10 737	92	11 047	246	2 414	174	23 556	72	461	325
云南	黎明农场	35 213	178	326	282	25 285	113	8 557	60	2 873	247	5 086	70
湖北	军垦农场	34 848	179	4 345	138	22 891	123	985	247	1 699	279	4 392	79

2－19 续表 5

垦 区	农场名称	生产总值（现价）（万元）	排序	工业增加值（万元）	排序	农业增加值（万元）	排序	利润总额（万元）	排序	耕地面积（公顷）	排序	年平均职工人数（人）	排序
福 建	大南坂农场	34 263	180			9 497	290			525	332	4 230	83
海 南	海南农垦阳江农场有限公司	34 209	181	1 595	202	6 201	344	2 207	182	21 167	80	274	357
江 苏	江苏省宝应湖农场有限公司	34 132	182	15 466	68	2 982	384	5 744	89			671	287
广 东	广东农垦曙光农场有限公司	34 083	183	1 711	197	20 490	142	260	324	23	383	424	329
广 西	广西农垦沙塘农场有限公司	34 033	184	14 329	72	16 719	171	2 176	183	3 554	223	179	385
湖 南	湖南省永州市回龙圩管理区农垦集团公司	34 008	185	1 226	218	2 832	389	186	329	1 784	274	3 885	89
湖 北	长港农场	33 900	186	6 663	120	16 954	169	6 635	80	1 282	290	9 566	36
湖 北	万福店农场	33 897	187	8 102	108	10 499	257	2 617	169	1 978	268	15 138	21
黑龙江	长水河农场有限公司	33 876	188	2 555	174	28 678	99	1 652	203	24 271	70	2 156	160
辽 宁	阜新市阿尔乡畜牧场	33 815	189	9 750	98	14 452	201	15 435	34	4 058	204	186	382
黑龙江	云山农场有限公司	33 608	190	536	258	28 459	100	7 598	69	31 480	53	1 374	218
海 南	海南农垦东太农场有限公司	33 418	191	333	280	19 343	151	1 516	209	7 623	151	303	346
上 海	光明食品集团上海农场有限公司	33 319	192	1 621	200	31 682	87	−348	406	14 262	110	1 809	186
黑龙江	江川农场有限公司	33 239	193	56	324	32 590	86	1 784	199	19 458	87	3 111	108
海 南	海南农垦立才农场有限公司	33 152	194	2 704	167	18 175	158	1 665	202	10 000	128	391	335
江 苏	江苏省新洋农场有限公司	32 749	195	11 077	89	1 852	391	1 552	207			1 307	223
江 苏	江苏省临海农场有限公司	32 728	196	17 552	61	5 266	356	10 946	45			1 220	226
辽 宁	辽阳市首山农场	32 199	197	13 923	76	13 850	211	4 317	118	791	313	1 171	230
黑龙江	梧桐河农场有限公司	32 049	198	348	278	30 796	90	2 628	168	18 803	88	1 518	205
广 西	广西农垦滨海农场有限公司	31 972	199	4 194	139	9 936	273	118	340	13 689	112	133	401
江 苏	江苏省弶港农场有限公司	31 971	200	7 687	112	5 596	351	9 422	56			1 171	231
海 南	海南农垦中坤农场有限公司	31 458	201	79	315	10 194	266	7 295	73	3 854	207	227	367
广 东	广东农垦红峰农场有限公司	31 119	202	5 384	129	11 585	238	749	272	27	381	592	302
黑龙江	八五一〇农场有限公司	31 049	203	178	303	26 868	107	2 223	180	21 629	79	1 778	187
黑龙江	克山农场有限公司	30 979	204	93	312	30 104	92	6 823	77	29 607	58	4 772	76
安 徽	安徽省农垦集团华阳河农场有限公司	30 707	205	2 122	183	22 849	124	2 750	159	7 240	156	1 633	198
广 西	广西农垦良丰农场有限公司	30 600	206	2 952	162	4 094	370	2 367	175	567	329	352	340
安 徽	安徽省农垦集团十字铺茶场有限公司	30 576	207	19 693	56	6 761	333	1 377	219	267	348	1 105	238
广 东	广东农垦团结农场有限公司	30 451	208	2 903	164	11 789	234	165	330	14	389	609	297
广 西	广西农垦良圻农场有限公司	29 984	209	3 077	159	19 433	148	778	270	42 149	26	756	277
安 徽	安徽省农垦集团寿西湖农场有限公司	29 241	210	10 319	96	10 220	265	1 105	236	3 706	212	2 417	138
辽 宁	盘锦辽东湾新区国营二界沟农场	29 200	211			29 160	96	−40	394	470	338	2 200	156
海 南	海南农垦南金农场有限公司	29 199	212	80	314	18 358	154	289	315	27 088	62	403	332
黑龙江	二龙山农场有限公司	29 138	213	107	311	26 780	108	4 500	113	27 326	61	3 700	91
广 东	广东农垦南华农场有限公司	28 952	214	2 188	181	22 055	129	1 197	227	1 848	270	711	283

2-19 续表 6

垦区	农场名称	生产总值（现价）（万元）	排序	工业增加值（万元）	排序	农业增加值（万元）	排序	利润总额（万元）	排序	耕地面积（公顷）	排序	年平均职工人数（人）	排序
黑龙江	红星农场有限公司	28 882	215	2 437	175	24 431	117	4 076	124	27 333	60	2 921	115
内蒙古	内蒙古大兴安岭农垦（集团）有限责任公司甘河农牧场分公司	28 699	216			27 047	106	3 994	127	30 350	55	2 163	158
海南	海南农垦东兴农场有限公司	28 444	217	406	268	16 670	173	2 903	154	7 147	157	238	364
黑龙江	大西江农场有限公司	28 159	218	165	304	22 601	126	−133	401	20 428	83	2 367	141
黑龙江	八五一一农场有限公司	27 976	219	3 456	148	20 258	143	593	287	22 993	74	1 717	193
广西	广西农垦东风农场有限公司	27 744	220	3 159	158	19 839	145	−151	402	4 156	202	665	291
江西	九江市国营赛湖农场	27 718	221	19 997	54	7 721	320	2 016	193	730	318	13 396	26
黑龙江	山河农场有限公司	27 617	222			26 155	110	4 228	121	24 800	68	2 018	167
内蒙古	磴口县乌兰布和农场	27 461	223	5 882	126	18 334	155	4 726	107	4 939	184	495	317
新疆畜牧	温泉县呼和托哈种畜场管理委员会	27 306	224		347	11 279	242	−1	387	8 482	139	5 691	62
黑龙江	名山农场有限公司	27 302	225	66	319	24 668	116	2 476	172	18 038	90	2 229	152
辽宁	铁岭市种畜场	27 252	226			13 626	214	16 750	30	1 477	284	2 012	168
海南	海南农垦母瑞山农场有限公司	27 184	227		348	19 384	149	79	353	1 517	283	72	417
云南	橄榄坝农场	27 090	228	2 594	173	17 355	165	5 709	90	145	363	7 094	50
广东	广东农垦新时代农场有限公司	26 996	229	2 189	180	10 589	256	561	292	15	388	469	324
广东	广东农垦火星农场有限公司	26 886	230	946	235	11 885	232	263	321			504	315
辽宁	盘山县东郭苇场	26 840	231	12 302	81	9 870	278	4 657	110	2 169	264	2 447	135
湖北	清河农场	26 689	232	4 430	137	15 868	184	980	248	2 086	267	6 358	58
新疆农业	库尔勒普惠农业发展有限责任公司	26 600	233					923	255	6 667	163	240	363
黑龙江	八五五农场有限公司	26 317	234			21 385	132	2 700	163	30 014	57	1 978	169
黑龙江	哈拉海农场有限公司	26 245	235	52	327	25 875	111	1 448	216	11 267	123	917	256
湖北	菱角湖农场	26 159	236	6 737	118	14 903	195			2 266	260	2 050	166
湖北	桐湖农场	26 125	237	7 765	111	9 209	294	5 285	95	520	333	2 729	125
广西	广西农垦红河农场有限公司	25 827	238	1 503	209	12 435	229	106	345	16 684	94	179	384
湖北	江北农场	25 796	239	22 197	49	896	405		386		402	3 962	87
陕西	陕西省农垦集团华阴农场有限责任公司	25 726	240			9 765	281	1 087	240	1 231	294	502	316
吉林	梨树县梨树农垦发展（集团）有限责任公司	25 668	241			25 290	112	4 761	105	7 051	158	1 682	197
江西	罗家垦殖场	25 585	242	25 254	46	331	415	3 508	141	111	368	3 408	98
广西	广西农垦东湖农场有限公司	25 570	243	1 514	207	9 838	280	398	306	5 780	172	165	391
湖北	车河农场	25 268	244	7 581	114	11 316	241	10 278	51	1 168	297	3 290	102
黑龙江	齐齐哈尔种畜场有限公司	25 226	245			24 897	114	−1 740	418	5 000	183	1 415	214
广东	广东农垦东方红农场有限公司	25 125	246	1 954	188	21 757	130	1 334	220	1 809	272	545	310
黑龙江	龙镇农场有限公司	25 098	247	308	286	23 862	119	4 475	114	24 656	69	2 455	132
河北	国营海兴农场	24 769	248	14 200	74	9 749	283	810	263	2 268	259	1 200	229
黑龙江	红旗岭农场有限公司	24 724	249			24 069	118	570	291	20 037	85	1 914	174
重庆	中垦华山牧业有限公司	24 669	250	8 659	104	8 402	305	3 870	130	102	369	202	375

2－19续表7

垦区	农场名称	生产总值（现价）（万元）	排序	工业增加值（万元）	排序	农业增加值（万元）	排序	利润总额（万元）	排序	耕地面积（公顷）	排序	年平均职工人数（人）	排序
湖北	龙王咀农场	24 497	251	14 157	75	4 731	364	2 800	157	408	342	5 820	61
内蒙古	巴彦淖尔市临河农场	24 370	252	7 031	117	15 916	182	6 184	86	1 685	280	1 419	213
辽宁	台安兴华农业有限责任公司	24 303	253	2 634	170	10 978	249	9 120	58	2 989	243	3 027	110
新疆畜牧	巩留县国营牛场	24 251	254	4 873	132	17 077	167	4 679	109	3 235	237	658	293
云南	瑞丽农场	24 229	255		349	11 607	237	4 323	117	183	355	2 810	120
广东	广东农垦五一农场有限公司	23 999	256	894	236	20 571	141	928	253	1 729	278	538	311
云南	陇川农场	23 930	257	7 602	113	13 941	209	5 253	96	4 351	196	3 971	86
黑龙江	建设农场有限公司	23 900	258	310	285	21 358	133	3 399	145	20 144	84	2 388	139
江西	九江市国营芙蓉农场	23 828	259	20 110	53	3 718	374	5 195	98	854	311	5 570	65
黑龙江	建边农场有限公司	23 686	260	210	298	20 240	144	1 689	201	17 457	91	1 407	215
广西	广西农垦垌美农场有限公司	23 584	261	18 230	58	3 106	382	670	279	2 960	244	76	416
福建	程溪农场	23 447	262	14 800	69	4 636	365	6 488	82	83	372	192	379
湖北	六合垸农场	23 408	263	6 710	119	8 911	298	27	362	2 270	258	4 284	81
海南	海南农垦广坝农场有限公司	23 389	264	860	238	10 913	251	4 177	122	8 125	143	193	377
云南	勐腊农场	23 202	265	1 110	224	15 671	185	807	265	181	356	6 183	59
河南	河南省博农实业集团有限公司	22 967	266	20 446	52	1 830	394	4 835	102	885	308	1 602	201
内蒙古	呼伦贝尔农垦谢尔塔拉农牧场有限公司	22 879	267	13	340	22 844	125	3 682	136	22 066	78	933	253
云南	新元农场	22 848	268		350	19 368	150	2 504	171		399	3 387	100
黑龙江	荣军农场有限公司	22 589	269	352	276	21 349	134	2 630	167	15 784	102	2 152	162
海南	海南农垦毛公山农场有限公司	22 503	270		351	9 718	285	657	282	8 211	142	164	392
海南	海南农垦中建农场有限公司	22 442	271	1 364	214	13 053	223	648	284	7 951	145	235	365
云南	南联山农场	22 366	272	2 084	185	2 024	390	−356	407	15	387	397	334
内蒙古	呼伦贝尔农垦那吉屯农牧场有限公司	22 207	273	−183	363	21 723	131	261	323	22 700	76	192	378
广东	广东农垦建设农场有限公司	22 187	274	2 602	172	11 995	231	1 092	239	3	395	252	362
广东	广东农垦幸福农场有限公司	22 089	275	1 644	199	16 670	172	655	283	4 300	198	688	285
湖北	农场万丈湖	22 086	276	11 085	88	10 190	267	66	356	1 458	285	7 509	47
黑龙江	双鸭山农场有限公司	22 054	277	383	271	20 750	140	2 508	170	14 888	107	3 552	95
黑龙江	襄河农场有限公司	21 916	278			21 316	135	2 294	178	19 955	86	1 374	219
广东	广东农垦新华农场有限公司	21 844	279	2 007	187	7 329	326	44	358	38	376	436	327
江西	国营彭泽县上十岭综合垦殖场	21 800	280	19 770	55	1 005	402	2 209	181	203	351	1 703	195
黑龙江	尾山农场有限公司	21 565	281	768	243	17 715	162	2 709	162	16 018	98	1 203	228
海南	海南农垦东路农场有限公司	21 478	282	139	306	18 204	157	3 935	129	4 178	201	137	400
内蒙古	呼伦贝尔农垦上库力农牧场有限公司	21 293	283			21 293	136	2 092	186	40 000	32	1 320	221
辽宁	盘山县羊圈子苇场	21 000	284	6 123	124	13 015	224	271	319	3 476	226	218	371
广西	广西农垦桂北农场有限公司	20 892	285	13 302	78	2 980	385	25	363	684	323	299	347
辽宁	国营建平县八家农场	20 733	286	7 870	109	9 692	287	2 886	155	4 047	205	1 161	235

2－19 续表 8

垦 区	农场名称	生产总值（现价）（万元）	排序	工业增加值（万元）	排序	农业增加值（万元）	排序	利润总额（万元）	排序	耕地面积（公顷）	排序	年平均职工人数（人）	排序
广 西	广西农垦火光农场有限公司	20 625	287	2 767	165	6 707	335	16	367	1 279	291	278	353
内蒙古	乌拉盖牧场	20 602	288	2 025	186	13 344	220	11 350	44	3 641	219	458	326
广 东	广东农垦火炬农场有限公司	20 526	289	5 101	130	11 186	243	123	339	2 233	262	517	313
湖 北	小港农场	20 258	290	8 124	107	4 928	358	1	382	741	317	9 410	38
黑龙江	红五月农场有限公司	20 178	291	63	321	19 183	152	1 853	197	15 846	101	1 900	176
黑龙江	红色边疆农场有限公司	19 856	292			14 868	196	2 104	185	15 857	100	1 810	185
黑龙江	富裕牧场有限公司	19 769	293			19 444	147	−507	411	13 409	116	781	274
广 西	广西农垦珠光农场有限公司	19 596	294	3 162	157	5 720	350	8	374	6 312	165	98	411
黑龙江	锦河农场有限公司	19 586	295	378	273	16 466	176	1 274	223	16 391	95	1 690	196
新疆农业	巴州沙依东园艺场	19 583	296	303	287	4 762	361	11	370			120	403
新疆畜牧	新疆维吾尔自治区地方国营伊犁种马场	19 578	297	1 538	206	10 140	272	624	286	6 926	161	927	255
湖 北	八里湖农场	19 044	298	4 461	136	7 020	329	148	334	1 010	301	7 006	51
云 南	勐满农场	19 029	299		352	14 683	198	589	288	60	374	6 398	56
吉 林	前郭灌区国营红旗农场	18 750	300	3 330	152	13 160	222	−417	409	3 235	236	2 384	140
安 徽	安徽省农垦集团龙亢农场有限公司	18 676	301	3 439	149	6 808	332	1 518	208	1 784	275	5 925	60
广 东	广东农垦金星农场有限公司	18 601	302	561	256	10 829	252	1 218	225	2 341	256	547	309
新疆畜牧	伊犁哈萨克自治州昭苏马场	18 448	303		353	15 970	181	6 767	78	6 137	168	2 298	146
广 东	广东农垦和平农场有限公司	18 389	304	236	294	10 361	260	128	337	152	361	355	339
广 东	广东农垦红阳农场有限公司	18 377	305	1 820	193	9 912	276	113	343		401	224	370
黑龙江	引龙河农场有限公司	18 351	306			18 225	156	5 343	94	25 962	67	1 895	177
辽 宁	凌海市大有农场	18 265	307	13 828	77	3 500	377	5 380	93	2 712	248	1 937	172
广 西	广西农垦三合口农场有限公司	18 089	308	1 539	205	5 302	355	145	335	34 004	46	295	349
海 南	海南农垦东昌农场有限公司	18 027	309		354	13 590	215	1 025	243	11 650	120	227	366
广 西	广西农垦源头农场有限公司	17 959	310	3 824	144	7 516	321	−15	389	2 326	257	330	342
吉 林	前郭灌区国营红光农场	17 942	311	669	248	15 667	186	−378	408	3 371	231	2 163	159
辽 宁	东港市五四农场	17 846	312	2 393	176	13 788	212	422	301	1 323	289	3 092	109
黑龙江	铁力农场有限公司	17 845	313			17 006	168	766	271	15 054	106	1 906	175
安 徽	安徽省农垦集团敬亭山茶场有限公司	17 773	314	1 016	229	10 757	255	1 560	206	646	325	855	265
江 苏	江苏省淮海农场有限公司	17 728	315	193	299	4 514	367	1 839	198			825	270
宁 夏	宁夏农垦平吉堡农场有限公司	17 443	316	335	279	14 084	206	2 028	192	3 657	217	494	318
宁 夏	宁夏农垦前进农场有限公司	17 359	317	1 912	189	12 746	227	409	303	4 868	188	584	303
山 西	临汾市尧都区奶牛场	17 185	318	46	330	107	419	−77	397	13	390	200	376
广 东	广东农垦红星农场有限公司	17 137	319		355	16 100	179	968	251	2 653	251	616	296
广 东	广东农垦梅陇农场有限公司	17 050	320	1 705	198	9 602	288	582	290	605	326	982	249
海 南	海南农垦红华农场有限公司	17 016	321		356	6 233	342	1 138	232	60 683	14	2 056	164

2－19 续表 9

垦区	农场名称	生产总值（现价）（万元）	排序	工业增加值（万元）	排序	农业增加值（万元）	排序	利润总额（万元）	排序	耕地面积（公顷）	排序	年平均职工人数（人）	排序
江　西	玉山县怀玉山垦殖场	16 991	322	6 500	121	210	417	90	348	162	359	1 431	209
广　东	广东农垦友好农场有限公司	16 641	323	620	253	14 656	199	995	245	1 201	295	558	307
内蒙古	呼伦贝尔农垦格尼河农牧场有限公司	16 639	324			15 271	190	724	275	14 193	111	170	387
黑龙江	嘉荫农场有限公司	16 590	325			15 987	180	4 535	112	18 377	89	2 452	133
辽　宁	大洼区王家农场	16 560	326			16 560	175	3 392	146	3 151	239	8 060	44
江　西	乐平市科山国营综合垦殖场	16 523	327	3 756	146	1 425	399	2 921	153	1 532	282	528	312
海　南	海南农垦长征农场有限公司	16 511	328	1 162	221	8 824	299	400	305			147	396
黑龙江	格球山农场有限公司	16 394	329	30	335	15 916	183	921	256	14 400	109	1 309	222
黑龙江	海伦农场有限公司	15 923	330			15 196	191	－2 677	419	16 171	97	1 352	220
黑龙江	绥棱农场有限公司	15 812	331			15 532	188	1 170	229	15 456	104	1 377	217
江　苏	江苏省云台农场有限公司	15 739	332	1 885	191	594	409	6 487	83			563	306
广　东	广东农垦红湖农场有限公司	15 665	333	1 279	217	11 840	233	12	368	169	357	142	399
内蒙古	呼伦贝尔农垦拉布大林农牧场有限公司	15 644	334			15 644	187	2 797	158	35 539	44	1 164	233
云　南	坝洒农场	15 631	335		357	7 402	325	371	308		400	977	252
广　西	广西农垦昌菱农场有限公司	15 602	336	69	318	11 096	245	780	269	36 207	41	606	298
江　苏	江苏省海安农场有限公司	15 576	337	14 305	73	460	412	3 036	150			26	426
辽　宁	铁岭市两家子农垦有限公司	15 510	338	455	264	10 980	248	337	312	3 492	225	5 170	69
新疆畜牧	霍城县果子沟牧场	15 504	339	62	322	11 542	239	－133	400	957	303	291	350
内蒙古	呼伦贝尔农垦特泥河农牧场有限公司	15 479	340	184	301	15 285	189	2 284	179	26 222	66	1 019	247
广　东	广东农垦红五月农场有限公司	15 447	341	503	260	11 690	236	490	295	40	375	278	354
海　南	海南农垦旅游集团有限公司	15 442	342	1 033	227	1 838	392	1 440	218	5 408	177	479	322
黑龙江	汤原农场有限公司	15 424	343			15 085	193	1 309	221	9 840	130	1 043	242
黑龙江	依安农场有限公司	15 379	344	140	305	14 862	197	724	274	5 744	173	718	282
广　西	广西农垦荣光农场有限公司	15 262	345	2 284	178	7 404	324	695	276	417	341	181	383
湖　北	黄盖湖农场	15 204	346	5 016	131	7 955	315	3 301	148	911	306	3 636	93
云　南	大渡岗茶场	15 179	347		358	14 011	207	1 575	205	194	353	6 570	54
黑龙江	龙门农场有限公司	15 178	348	42	331	13 514	217	1 507	210	17 143	92	1 480	206
江　西	八角岭垦殖场	14 672	349	3 852	143	5 975	346	143	336	491	335	2 989	113
内蒙古	内蒙古大兴安岭农垦（集团）有限责任公司巴彦农牧场分公司	14 577	350			13 879	210	1 160	231	14 680	108	1 834	183
黑龙江	曙光农场有限公司	14 493	351			14 287	205	1 214	226	13 659	113	1 869	182
新疆农业	新疆阿瓦缇娜农业发展有限公司	14 341	352			14 341	204	19	365	5 228	178	112	405
湖　北	官庄湖农场	14 197	353	2 354	177	8 221	309			3 269	235	5 645	63
辽　宁	国营朝阳县贾家店农场	14 196	354	739	245	9 585	289	2 990	152	1 431	286	4 282	82
云　南	勐底农场	14 120	355	1 369	212	6 248	341	4 878	101	566	330	2 198	157
广　西	广西农垦旺茂农场有限公司	14 114	356	12 242	83	561	410	2 032	191	847	312	899	259
新疆畜牧	额敏县孟布拉克农牧科技有限公司	14 026	357					－19	390	3 884	206	88	412

2-19 续表 10

垦 区	农场名称	生产总值（现价）（万元）	排序	工业增加值（万元）	排序	农业增加值（万元）	排序	利润总额（万元）	排序	耕地面积（公顷）	排序	年平均职工人数（人）	排序
河 南	河南省正阳种猪场	13 980	358			13 250	221	43	359	686	322	512	314
广 东	广东农垦三叶农场有限公司	13 963	359	2 104	184	7 260	328	42	360	92	371	583	304
宁 夏	宁夏农垦暖泉农场有限公司	13 930	360	71	317	12 569	228	973	250	5 135	179	668	289
广 东	广东农垦红江农场有限公司	13 825	361	727	246	10 298	262	−26	391	651	324	100	410
广 东	广东农垦水丰农场有限公司	13 769	362	986	232	6 291	339	−32	392			203	374
湖 北	涨渡湖农场	13 733	363	3 327	153	6 828	331	1 895	195	1 685	281	4 378	80
新疆畜牧	国营霍尔果斯市莫乎尔牧场	13 583	364	3 616	147	7 501	322	6	375	780	315	2 290	147
云 南	孟定农场	13 566	365	245	291	8 010	314	1 505	211	193	354	2 223	154
广 西	广西农垦前卫农场有限公司	13 339	366	4 859	133	5 798	349	81	352	10 572	125	159	394
湖 北	金水农场	13 324	367	1 845	192	7 405	323			855	310	2 633	128
宁 夏	宁夏农垦连湖农场有限公司	13 135	368	128	307	7 897	317	457	298	1 750	277	727	280
宁 夏	宁夏农垦贺兰山农牧场（有限公司）	13 112	369	1 801	194	7 834	318	797	266	3 683	215	266	359
黑龙江	绿色草原牧场有限公司	13 035	370			12 852	226	−521	412	7 333	155	492	319
湖 北	随阳农场	12 964	371	2 230	179	5 563	352	928	252	887	307	5 370	66
广 东	广东农垦大池农场有限公司	12 823	372	1 369	213	4 248	369	−71	395	230	350	71	418
黑龙江	宝山农场有限公司	12 438	373	15	339	12 195	230	451	299	7 946	146	892	260
江 西	江西康山实业总公司	12 309	374	2 986	161	9 323	292	1 103	237	2 601	252	1 615	199
山 西	太原市果树场	12 287	375	10 385	94	1 826	395	10	372	167	358	167	390
广 西	广西农垦新兴农场有限公司	12 273	376	410	266	8 070	313	6 640	79	52 042	16	205	373
内蒙古	巴彦淖尔市狼山农场	12 099	377	1 350	215	9 707	286	5 800	88	4 676	191	1 765	190
内蒙古	磴口县哈腾套海农场	12 048	378			10 161	270	−38	393	4 109	203	744	279
江 西	宜丰县石花尖垦殖场	11 892	379	5 469	128	1 703	396	279	317	131	366	80	415
云 南	双江农场	11 822	380	459	262	8 562	304	6 048	87	337	345	723	281
宁 夏	宁夏农垦渠口农场有限公司	11 697	381	79	316	8 306	307	365	309	3 577	222	259	360
云 南	勐醒农场	11 630	382		359	8 208	310	1 489	214	26	382	3 663	92
山 西	山西省浑源农牧场	11 624	383	11 457	87	167	418			67	373	26	424
甘 肃	甘肃黄羊河农工商（集团）有限责任公司	11 558	384	3 984	142	6 726	334	2 165	184	5 427	176	1 043	243
黑龙江	和平牧场有限公司	11 524	385			10 950	250	248	326	7 858	147	858	264
广 西	广西农垦星星农场有限公司	11 482	386			10 461	259	108	344	49 190	20	384	336
内蒙古	呼伦贝尔农垦大河湾农牧场有限公司	11 375	387			11 375	240	2 742	161	11 960	118	170	388
广 东	广东农垦红旗农场有限公司	11 355	388	1 785	196	4 889	360	115	342	21	384	253	361
广 东	广东农垦马鞍山农场有限公司	11 319	389	3 811	145	4 486	368	265	320	251	349	67	420
新疆畜牧	新疆阿勒泰市萨尔胡松牧场	11 276	390		360	974	403	160	331	1 146	299	2 585	130
浙 江	浙江加华种猪有限公司	11 159	391			1 836	393	19 798	28			175	386
青 海	青海省贵南草业开发有限责任公司	11 125	392			11 125	244	3 073	149	8 214	141	1 915	173
广 西	广西农垦茂青农场有限公司	11 104	393	9 218	102	974	404	2 084	187	500	334	1 038	244

2-19 续表 11

垦区	农场名称	生产总值（现价）（万元）	排序	工业增加值（万元）	排序	农业增加值（万元）	排序	利润总额（万元）	排序	耕地面积（公顷）	排序	年平均职工人数（人）	排序
北京	北京市东风农场有限公司	11 085	394		361		422	4 114	123		398	277	356
宁夏	宁夏农垦灵武农场有限公司	11 006	395	52	328	7 925	316	1 291	222	3 582	221	754	278
辽宁	台安洪家农牧业有限责任公司	10 988	396	3 202	155	5 932	347	808	264	3 801	209	1 162	234
广东	广东农垦葵潭农场有限公司	10 934	397	1 188	220	6 601	336	339	311	153	360	169	389
甘肃	甘肃条山农工商（集团）有限责任公司	10 909	398	312	284	9 251	293	2 681	165	3 281	234	930	254
宁夏	宁夏农垦巴浪湖农场有限公司	10 878	399	191	300	8 935	297	106	346	2 487	254	682	286
内蒙古	内蒙古大兴安岭农垦（集团）有限责任公司欧肯河农牧场分公司	10 749	400			9 917	275	1 491	213	15 663	103	1 428	212
海南	海南农垦南平农场有限公司	10 673	401	60	323	3 263	379	263	322	3 846	208	80	414
云南	勐撒农场	10 631	402	406	267	6 215	343	3 672	138	382	343	2 236	151
宁夏	宁夏农垦简泉农场有限公司	10 600	403	1 505	208	8 245	308	3 801	132	1 876	269	115	404
黑龙江	大山种羊场有限公司	10 583	404	5	342	10 489	258	488	296	3 230	238	597	300
甘肃	甘肃省国营黄花农场	10 583	405			8 776	301	586	289	5 067	182	398	333
黑龙江	海林农场有限公司	10 581	406	471	261	8 668	303	−1 007	415	9 228	134	298	348
广西	广西农垦那梭农场有限公司	10 544	407	235	295	9 926	274	87	349	5 077	181	106	408
湖北	头墩农场	10 540	408	1 786	195	6 383	338	230	328	990	302	4 129	84
新疆畜牧	新疆伊犁州察布查尔县种羊场	10 506	409	356	274	3 500	378	4	378	6 994	159	1 430	210
广东	广东农垦大坪农场有限公司	10 401	410	2 155	182	4 998	357	−4	388	112	367	109	406
内蒙古	呼伦贝尔农垦苏沁农牧场有限公司	10 297	411			10 297	263	1 004	244	23 575	71	669	288
内蒙古	呼伦贝尔农垦哈达图农牧场有限公司	10 250	412	−16	362	10 157	271	4	377	22 438	77	801	272
甘肃	甘肃农垦金昌农场有限公司	10 237	413			10 237	264	689	277	9 515	132	992	248
新疆畜牧	国营霍尔果斯市格干沟牧场	10 229	414	403	269	8 167	311	2	381	857	309	2 425	137
广西	广西农垦华山农场有限公司	10 092	415	885	237	7 324	327	272	318	332	346	54	421
黑龙江	繁荣种畜场有限公司	10 009	416	25	337	9 864	279	1 588	204	9 710	131	1 167	232

工业部分

3-1 规模以上工业企业及国有工业企业合计情况

地　区	企业个数（个）	#亏损企业数（个）	工业总产值（现价）（万元）	工业销售产值（现价）（万元）	主营业务收入（万元）
全国农垦	**3 894**	**694**	**90 705 777.65**	**89 113 720.24**	**96 000 246.72**
北　京	90	27	4 894 549.21	5 007 801.66	7 179 586.02
天　津	27	17	432 515.30	430 634.30	512 439.50
河　北	248	20	8 156 390.12	7 972 301.98	8 509 012.55
山　西	29	2	21 854.32	18 727.80	18 183.42
内蒙古	36	3	393 941.12	416 403.37	415 864.66
辽　宁	127	22	2 428 554.81	2 468 000.07	3 041 109.55
吉　林	18	3	56 100.52	63 873.15	59 745.26
黑龙江	70	32	3 912 286.00	4 027 172.00	6 023 591.00
上　海	89	20	3 487 653.00	3 427 014.00	4 362 423.00
江　苏	62	15	3 181 880.00	3 176 076.00	3 156 684.00
浙　江	3	1	13 328.40	13 305.13	13 001.21
安　徽	38	3	141 181.53	128 516.99	137 670.28
福　建	56	7	255 381.50	260 180.10	251 909.10
江　西	398	22	6 068 714.80	6 365 348.80	6 380 821.00
山　东					
河　南	7		288 418.00	296 021.00	288 718.00
湖　北	894	159	26 846 119.00	26 637 042.00	24 274 724.00
湖　南	179	10	3 272 943.64	3 195 486.00	3 026 104.00
广　东	59	22	1 918 790.98	1 876 787.48	2 072 035.37
广　西	180	6	1 776 225.00	1 698 813.00	2 102 491.00
海　南	89	18	364 626.00	283 299.00	545 155.00
重　庆	9	1	939 340.00	931 170.00	987 780.00
四　川	3		971.20	968.20	1 078.20
贵　州	4	1	133 388.90	125 593.00	130 508.50
云　南	32	8	231 894.00	219 894.00	308 640.00
陕　西	1		17 596.37	17 596.37	17 596.37
甘　肃	19	4	165 771.53	161 081.89	157 152.06
青　海					
宁　夏	46	13	114 015.10	118 347.00	125 201.00
新疆（兵团）	957	191	20 816 600.00	19 406 802.80	21 544 200.00
新疆（农业）	90	60	120 410.00	120 410.00	120 593.07
新疆（畜牧）	29	4	146 823.30	142 601.15	129 964.60
热科院					
广　州	3	2	101 014.00	100 102.00	99 915.00
南　京	2	1	6 500.00	6 350.00	6 350.00

3-1续表1

地　区	主营业务成本（万元）	主营业务费用（万元）	主营业务税金及附加（万元）	主营业务利润（万元）	从业人员年末人数（人）
全国农垦	**76 395 858.25**	**6 960 603.27**	**5 373 905.89**	**6 989 023.72**	**612 013**
北　京	6 562 183.53	468 899.78	16 410.23	106 674.45	22 718
天　津	461 494.40	55 977.30	3 298.40	−8 409.80	3 738
河　北	7 719 412.87	312 648.65	181 196.12	322 902.80	37 455
山　西	12 807.25	204.21	1 649.91	3 617.30	1 384
内蒙古	209 718.89	49 934.92	37 372.27	114 058.25	2 531
辽　宁	2 231 734.52	169 056.92	19 707.41	84 768.44	14 356
吉　林	49 396.31	4 583.71	120.92	4 766.33	514
黑龙江	5 698 047.00	421 111.00	10 909.00	−25 378.00	12 662
上　海	3 709 191.00	403 995.00	17 125.00	172 705.00	2 957
江　苏	1 415 269.00	1 160 023.00	28 551.00	611 523.00	27 651
浙　江	11 312.76	1 324.80	118.65	322.00	295
安　徽	112 975.79	8 037.76	1 095.77	2 273.39	1 653
福　建	179 007.72	17 064.90	10 777.55	13 995.53	5 648
江　西	5 506 401.78	284 973.62	48 676.30	593 319.50	66 398
山　东					
河　南	265 481.00	9 053.35	1 271.00	10 051.00	1 904
湖　北	15 627 067.00	1 163 892.00	4 660 224.00	2 823 541.00	146 518
湖　南	2 698 992.00	116 039.00	23 750.40	116 241.40	35 102
广　东	1 593 301.74	161 730.00	56 511.30	247 857.41	17 932
广　西	1 840 913.00	190 781.00	25 423.00	236 155.00	26 519
海　南	437 753.00	3 062.00	2 439.00	101 901.00	28 036
重　庆	906 330.00	77 350.00	8 830.00	27 269.00	9 496
四　川	623.55	349.30	20.60	33.75	78
贵　州	99 940.13	21 607.35	454.34	10 794.62	2 087
云　南	279 496.03	8 369.19	1 565.70	7 510.51	3 481
陕　西	8 124.28	6 764.59	1 802.50	2 168.00	471
甘　肃	122 802.33	19 013.96	1 109.26	12 075.45	1 740
青　海					
宁　夏	84 807.00	12 099.00	6 891.00	20 417.00	1 870
新疆(兵团)	18 243 200.00	1 781 600.00	205 700.00	1 360 700.00	129 500
新疆(农业)	113 520.00	4 520.00	369.00	2 184.06	1 580
新疆(畜牧)	111 130.37	9 644.96	141.26	7 432.33	4 038
热科院					
广　州	77 644.00	16 297.00	375.00	5 599.00	1 606
南　京	5 780.00	595.00	20.00	−45.00	95

3－1续表2

地　　区	从业人员平均人数（人）	从业人员工资总额（万元）	利润总额（万元）	＃亏损企业亏损额（万元）
全国农垦	**626 200**	**4 135 749.69**	**5 593 598.47**	**975 272.14**
北　　京	22 601	199 871.12	108 049.42	23 304.57
天　　津	3 855	31 526.00	－7 371.10	
河　　北	33 913	206 083.60	311 769.57	28 349.00
山　　西	1 237	5 468.38	2 074.56	37.04
内 蒙 古	2 459	9 730.77	－86 687.67	94 391.11
辽　　宁	16 343	51 378.47	97 640.62	34 239.63
吉　　林	515	1 952.33	6 287.86	304.58
黑 龙 江	12 447	80 604.00	－18 024.00	81 062.00
上　　海	28 668	296 945.00	170 127.00	61 058.00
江　　苏	27 768	256 392.00	559 485.00	2 488.00
浙　　江	297	1 831.86	727.86	6.28
安　　徽	1 596	6 887.77	2 836.23	435.87
福　　建	5 601	19 598.20	14 408.53	399.00
江　　西	64 077	243 507.44	524 493.40	1 811.00
山　　东				
河　　南	1 916	11 463.00	10 048.63	
湖　　北	142 988	883 517.00	1 979 235.00	77 809.00
湖　　南	35 786	105 211.10	117 665.00	4 735.00
广　　东	17 626	157 161.37	258 475.29	21 318.70
广　　西	25 023	134 103.00	33 927.00	42 290.00
海　　南	25 799	133 133.00	6 752.00	1 303.00
重　　庆	9 500	66 470.00	27 550.00	4 370.00
四　　川	78	393.35	38.35	5.00
贵　　州	2 316	16 988.43	10 677.63	
云　　南	3 528	21 554.80	9 489.16	2 102.37
陕　　西	471	1 180.00	2 168.00	
甘　　肃	1 711	10 581.89	9 966.31	1 216.61
青　　海				
宁　　夏	1 914	9 169.00	15 235.00	1 274.00
新疆（兵团）	129 000	1 145 100.00	1 413 800.00	487 100.00
新疆（农业）	1 510	5 744.98	1 858.00	813.00
新疆（畜牧）	3 929	9 956.83	11 699.82	1 168.38
热 科 院				
广　　州	1 630	11 715.00	－714.00	1 779.00
南　　京	98	530.00	－90.00	102.00

3－1 续表 3

地　区	应缴税金（万元）	固定资产原值（万元）	＃生产经营用（万元）	固定资产净值（万元）
全国农垦	**2 577 222.06**	**47 191 762.89**	**15 303 958.60**	**30 668 973.49**
北　京	86 895.55	1 300 008.47	1 132 716.92	782 330.18
天　津	8 213.80	310 510.00	310 510.00	182 333.20
河　北	189 979.06	1 603 379.65	1 520 085.36	643 028.95
山　西	1 437.00	18 084.90	2 538.00	11 702.68
内蒙古	33 692.08	390 328.46	380 465.46	304 909.04
辽　宁	12 557.11	881 756.94	206 458.31	468 531.38
吉　林	924.50	39 001.84	37 487.10	24 854.39
黑龙江	119 932.00	1 446 425.00	1 446 425.00	818 532.00
上　海	87 540.00	1 808 294.00	1 808 294.00	1 457 841.00
江　苏	298 466.00	1 066 470.00	1 066 470.00	541 269.00
浙　江	270.52	12 652.30		6 599.69
安　徽	1 702.93	35 108.87	27 926.89	21 413.48
福　建	8 605.95	112 945.60	89 820.60	59 450.10
江　西	73 165.45	592 827.30	293 318.00	336 019.30
山　东				
河　南	5 070.00	109 883.00	103 476.00	73 100.00
湖　北	1 048 457.00	5 500 076.00	3 770 695.00	3 878 868.00
湖　南	819.50	534 555.00	238 611.00	439 499.00
广　东	45 266.08	594 386.44	563 542.42	317 742.78
广　西	43 477.00	1 454 597.00	1 315 326.00	924 854.00
海　南	2 609.00	256 210.00	237 252.00	141 472.00
重　庆	9 542.00	272 010.00	16 530.00	131 150.00
四　川	52.00	4 368.38	223.60	3 480.48
贵　州	3 128.77	123 867.04	106 751.69	111 330.90
云　南	7 242.52	136 398.30	103 492.10	67 202.80
陕　西	3 707.00	16 469.00	11 754.00	4 853.00
甘　肃	6 762.29	262 313.77	251 595.72	169 043.84
青　海				
宁　夏	6 981.00	112 312.00	110 816.00	72 834.00
新疆（兵团）	464 700.00	28 034 400.00		18 571 400.00
新疆（农业）	369.00	37 768.17	32 750.00	27 844.20
新疆（畜牧）	3 401.95	80 617.57	79 919.43	52 298.02
热科院		5 011.89		2 809.08
广　州	2 015.00	37 479.00	37 479.00	19 957.00
南　京	240.00	1 247.00	1 229.00	420.00

3－2 国有工业企业基本情况

地　　区	企业个数（个）	#亏损企业数（个）	工业总产值（现价）（万元）	工业销售产值（现价）（万元）	主营业务收入（万元）
全国农垦	**907**	**248**	**30 754 178.10**	**37 428 682.51**	**37 013 508.74**
北　　京	90	27	4 894 549.21	5 007 801.66	7 179 586.02
天　　津	27	17	432 515.30	430 634.30	512 439.50
河　　北	10	1	1 754 696.12	1 749 854.25	1 454 069.72
山　　西	2	1	118.32	116.80	128.42
内蒙古	6	2	276 425.03	301 027.69	300 887.69
辽　　宁	20	3	142 832.19	145 703.99	184 355.99
吉　　林	1		212.36	1 875.26	1 875.26
黑龙江	70	32	3 912 286.00	4 027 172.00	6 023 591.00
上　　海	89	20	3 487 653.00	3 427 014.00	4 362 423.00
江　　苏	16	2	2 302 996.00	2 302 097.00	2 295 902.00
浙　　江					
安　　徽	11	3	56 835.34	54 518.15	67 812.86
福　　建	10		60 955.00	60 155.00	59 925.00
江　　西	58	15	263 553.00	395 710.00	400 731.50
山　　东					
河　　南	3		76 398.00	83 413.00	75 022.00
湖　　北	71	4	8 866 143.00	9 077 484.00	9 270 393.00
湖　　南	12	2	179 276.00	178 786.00	162 368.00
广　　东	41	22	1 231 776.98	1 193 324.13	1 397 824.56
广　　西	31	3	706 170.00	653 782.00	916 996.00
海　　南	29	11	350 128.00	269 231.00	468 753.00
重　　庆	4	1	582 500.00	576 320.00	576 320.00
四　　川	3		971.20	968.20	1 078.20
贵　　州	3		132 101.90	125 593.00	130 508.50
云　　南	23	5	188 809.80	180 284.60	269 046.05
陕　　西	1		15 104.37	15 104.37	15 104.37
甘　　肃	16	3	163 515.84	160 682.49	156 752.54
青　　海					
宁　　夏	11	7	96 199.20	100 395.00	107 488.50
新疆（兵团）	236	61	338 000.00	6 673 280.92	391 800.00
新疆（农业）	3	2	6 500.00	6 500.00	6 683.07
新疆（畜牧）	7	2	133 942.94	129 751.70	123 727.99
热科院					
广　　州	3	2	101 014.00	100 102.00	99 915.00
南　　京					

3-2续表1

地　　区	主营业务成本（万元）	主营业务费用（万元）	主营业务税金及附加（万元）	主营业务利润（万元）	从业人员年末人数（人）
全国农垦	**26 532 945.67**	**3 304 590.17**	**4 772 365.58**	**2 570 146.74**	**213 930**
北　　京	6 562 183.53	468 899.78	16 410.23	106 674.45	22 718
天　　津	461 494.40	55 977.30	3 298.40	−8 409.80	3 738
河　　北	1 180 221.92	110 317.56	121 368.50	28 225.19	1 829
山　　西	82.25	69.21	0.91	−32.70	25
内 蒙 古	118 806.83	42 500.15	36 324.17	103 257.72	1 433
辽　　宁	196 871.00	921.00	629.70	−17 106.78	294
吉　　林	1 176.25	124.36		574.65	19
黑 龙 江	5 698 047.00	421 111.00	10 909.00	−25 378.00	12 662
上　　海	3 709 191.00	403 995.00	17 125.00	172 705.00	2 957
江　　苏	758 815.00	1 097 424.00	23 971.00	534 112.00	11 678
浙　　江					
安　　徽	63 542.29	3 456.12	282.18	284.72	459
福　　建	42 496.15	4 497.80	5 378.20	4 082.85	1 079
江　　西	307 357.50	46 006.70	11 653.00	51 054.50	5 921
山　　东					
河　　南	60 396.00	8 109.35	474.00	6 639.00	1 294
湖　　北	3 205 277.00	249 052.00	4 467 893.00	1 348 171.00	22 082
湖　　南	146 869.00	1 407.00	1 698.80	12 328.00	2 526
广　　东	1 235 152.42	83 441.47	30 202.26	34 048.20	9 986
广　　西	851 533.00	95 630.00	6 329.00	59 134.00	9 204
海　　南	370 199.00	829.00	1 431.00	96 294.00	25 465
重　　庆	511 080.00	55 850.00	1 220.00	21 379.00	4 017
四　　川	623.55	349.30	20.60	33.75	78
贵　　州	99 940.13	21 607.35	454.34	10 794.62	2 087
云　　南	244 756.91	8 004.11	1 468.86	4 263.81	3 189
陕　　西	7 070.28	6 382.59	1 651.50	1 292.00	219
甘　　肃	122 224.12	17 987.31	1 100.11	11 625.45	1 674
青　　海					
宁　　夏	71 477.10	10 047.80	6 548.30	18 240.60	879
新疆（兵团）	315 700.00	64 900.00	4 000.00	−16 400.00	61 100
新疆（农业）	6 200.00	120.00	8.00	355.06	92
新疆（畜牧）	106 518.04	9 275.91	140.52	6 305.45	3 620
热 科 院					
广　　州	77 644.00	16 297.00	375.00	5 599.00	1 606
南　　京					

3－2续表2

地区	从业人员平均人数（人）	从业人员工资总额（万元）	利润总额（万元）	#亏损企业亏损额（万元）
全国农垦	**237 257**	**1 393 420.89**	**1 924 868.11**	**775 385.45**
北京	22 601	199 871.12	108 049.42	23 304.57
天津	3 855	31 526.00	−7 371.10	
河北	1 785	25 790.60	28 573.18	21 994.80
山西	25	65.38	−40.44	32.70
内蒙古	1 434	4 571.37	−96 702.11	93 879.11
辽宁	321	947.00	−17 027.30	18 030.30
吉林	19	42.25	574.65	
黑龙江	12 447	80 604.00	−18 024.00	81 062.00
上海	28 668	296 945.00	170 127.00	61 058.00
江苏	11 654	145 582.00	502 426.00	209.00
浙江				
安徽	431	2 479.62	640.19	435.87
福建	1 057	4 347.00	3 964.85	
江西	7 285	36 792.98	36 940.70	168.00
山东				
河南	1 305	9 571.00	6 579.63	
湖北	21 642	178 689.00	1 124 581.00	4 270.00
湖南	2 477	6 065.00	3 656.00	2.00
广东	9 495	60 897.17	26 566.40	12 390.70
广西	8 334	49 316.00	−16 649.00	23 885.00
海南	23 356	124 536.00	5 448.00	1 062.00
重庆	4 017	28 220.00	21 890.00	4 370.00
四川	78	393.35	38.35	5.00
贵州	2 316	16 988.43	10 677.63	
云南	3 234	20 342.60	6 366.21	2 076.99
陕西	219	984.00	1 292.00	
甘肃	1 656	10 438.85	9 966.31	1 216.61
青海				
宁夏	908	6 663.80	13 906.20	1 236.80
新疆（兵团）	61 500	31 400.00	−9 700.00	421 600.00
新疆（农业）	92	479.98	29.00	193.00
新疆（畜牧）	3 416	7 156.39	8 803.34	1 124.00
热科院				
广州	1 630	11 715.00	−714.00	1 779.00
南京				

3-2续表3

地　　区	应缴税金（万元）	固定资产原值（万元）	#生产经营用（万元）	固定资产净值（万元）
全国农垦	**1 628 786.32**	**10 827 611.63**	**8 727 461.07**	**6 808 592.18**
北　京	86 895.55	1 300 008.47	1 132 716.92	782 330.18
天　津	8 213.80	310 510.00	310 510.00	182 333.20
河　北	122 738.95	517 150.95	511 652.46	89 108.30
山　西		188.70	53.00	67.48
内蒙古	29 109.00	242 826.41	240 352.00	210 554.99
辽　宁	246.80	5 155.10	607.00	2 395.10
吉　林		425.00	406.13	362.34
黑龙江	119 932.00	1 446 425.00	1 446 425.00	818 532.00
上　海	87 540.00	1 808 294.00	1 808 294.00	1 457 841.00
江　苏	276 325.00	722 247.00	722 247.00	348 471.00
浙　江				
安　徽	172.67	19 125.91	16 852.93	11 720.51
福　建	5 770.20	8 214.00	7 200.00	4 093.00
江　西	7 393.00	151 970.30	34 574.00	100 664.30
山　东				
河　南	4 160.00	25 181.00	22 810.00	11 208.00
湖　北	789 615.00	497 642.00	354 430.00	401 447.00
湖　南	83.00	21 189.00	10 843.00	348.00
广　东	23 424.24	516 304.44	493 109.42	252 149.78
广　西	19 982.00	796 148.00	742 625.00	442 045.00
海　南	1 158.00	216 387.00	203 749.00	121 379.00
重　庆	8 607.00	163 830.00	13 870.00	84 279.00
四　川	52.00	4 368.38	223.60	3 480.48
贵　州	3 128.77	116 899.89	106 751.69	104 921.58
云　南	6 520.51	125 978.80	98 828.00	63 163.60
陕　西	3 200.00	4 715.00		1 000.00
甘　肃	6 762.29	259 034.34	248 316.29	167 581.98
青　海				
宁　夏	6 548.30	95 047.20	94 929.20	64 395.40
新疆（兵团）	5 800.00	1 341 100.00		1 018 600.00
新疆（农业）	8.00	7 318.17	1 350.00	5 264.20
新疆（畜牧）	3 385.24	66 448.57	66 256.43	38 898.76
热科院				
广　州	2 015.00	37 479.00	37 479.00	19 957.00
南　京				

3－3 工业总产值

地 区	总 计		在总计中：国有		在总计中：战略性新兴工业	
	企业数（个）	工业总产值（现价）（万元）	企业数（个）	工业总产值（现价）（万元）	企业数（个）	工业总产值（现价）（万元）
全国农垦	**9 684**	**97 183 377.12**	**1 127**	**37 116 333.36**	**281**	**4 134 165.50**
北 京	86	4 898 487.20	85	4 868 400.71		
天 津	27	432 515.30	27	432 515.30		
河 北	1 230	8 332 774.62	14	1 890 711.92	53	2 009 697.50
山 西	60	31 848.32	2	118.32		
内 蒙 古	245	420 025.49	13	268 176.00	1	4 574.00
辽 宁	726	2 712 689.80	3	7 915.80	4	24 225.40
吉 林	18	56 430.00	1	246.00		
黑 龙 江	141	3 982 345.00	141	3 982 345.00	9	226 474.00
上 海	119	3 496 998.50	119	3 496 766.90		
江 苏	306	3 185 747.00	16	2 302 996.00		
浙 江	13	406 184.90	1	87.75		
安 徽	143	381 653.03	13	57 158.89		
福 建	323	368 100.20	42	109 276.50	20	350.00
江 西	826	7 409 319.90	80	408 473.50	26	259 697.00
山 东	2	152.33	1	89.33		
河 南	13	289 325.88	5	76 805.88		
湖 北	2 451	27 758 649.00	71	8 866 143.00		
湖 南	554	5 553 275.82	16	239 063.20	10	454 039.00
广 东	602	2 200 310.03	64	1 280 630.46	1	5 663.00
广 西	404	1 933 106.00	55	723 157.00		
海 南	109	363 761.00	34	283 299.00		
重 庆						
四 川						
贵 州						
云 南	89	270 743.00	32	192 322.00		
陕 西						
甘 肃	29	170 351.76	17	101 374.35		
青 海						
宁 夏	46	114 015.10	11	96 199.20		
新疆（兵团）	957	20 816 600.00	236	7 072 200.00	150	1 136 565.90
新疆（农业）	101	147 681.30	4	44 683.00		
新疆（畜牧）	29	148 350.51	7	122 090.05	5	11 592.70
热 科 院						
广 州						
南 京						

3－4　按工业主要行业分的工业总产值

地　区	煤炭开采和洗选业		石油和天然气开采业		黑色金属矿采选业	
	企业数（个）	工业总产值（现价）（万元）	企业数（个）	工业总产值（现价）（万元）	企业数（个）	工业总产值（现价）（万元）
全国农垦	**30**	**525 633.73**	**6**	**41 549.00**	**15**	**60 739.00**
北　京						
天　津						
河　北						
山　西						
内蒙古	2	255 404.00			1	807.00
辽　宁			6	41 549.00		
吉　林						
黑龙江						
上　海						
江　苏						
浙　江						
安　徽						
福　建						
江　西	8	83 031.00			9	39 750.00
山　东						
河　南						
湖　北						
湖　南						
广　东						
广　西					3	3 282.00
海　南						
重　庆						
四　川						
贵　州						
云　南						
陕　西						
甘　肃	2	23 498.73				
青　海						
宁　夏	4					
新疆（兵团）	14	163 700.00			2	16 900.00
新疆（农业）						
新疆（畜牧）						
热科院						
广　州						
南　京						

3－4续表1

地　　区	有色金属矿采选业		非金属矿采选业		开采专业及辅助性活动	
	企业数（个）	工业总产值（现价）（万元）	企业数（个）	工业总产值（现价）（万元）	企业数（个）	工业总产值（现价）（万元）
全国农垦	**8**	**82 908.00**	**69**	**115 890.11**	**10**	**49 277.51**
北　　京						
天　　津						
河　　北	1	1 087.00	1	578.00		
山　　西						
内 蒙 古			7	483.00		
辽　　宁			6	5 824.00	1	37 740.00
吉　　林						
黑 龙 江						
上　　海						
江　　苏						
浙　　江						
安　　徽						
福　　建			5	6 713.00		
江　　西	2	60 847.00	14	5 755.00		
山　　东						
河　　南						
湖　　北						
湖　　南			2	43.00		
广　　东			6	8 760.00	9	11 537.51
广　　西	3	7 874.00	17	33 470.00		
海　　南						
重　　庆						
四　　川						
贵　　州						
云　　南						
陕　　西						
甘　　肃						
青　　海			1	816		
宁　　夏			2			
新疆（兵团）	2	13 100.00	7	53 100.00		
新疆（农业）						
新疆（畜牧）			1	348.11		
热 科 院						
广　　州						
南　　京						

3－4 续表 2

地 区	其他采矿业		农副食品加工业		食品制造业	
	企业数（个）	工业总产值（现价）（万元）	企业数（个）	工业总产值（现价）（万元）	企业数（个）	工业总产值（现价）（万元）
全国农垦	**61**	**121 922.21**	**1 623**	**20 391 847.70**	**565**	**9 477 544.46**
北 京			32	3 829 860.37	43	1 028 939.89
天 津			6	96 645.40	8	292 322.00
河 北			99	419 252.90	29	355 327.00
山 西			2	6 118.32	2	140.00
内 蒙 古	11	10 064.00	98	48 998.50	10	12 499.60
辽 宁	12	2 916.21	84	1 006 604.60	42	105 728.61
吉 林			13	14 185.60		
黑 龙 江			74	3 227 070.00	15	432 888.00
上 海			46	1 423 211.40	34	1 742 937.80
江 苏			34	579 695.00	9	32 509.00
浙 江					1	5 000.00
安 徽			30	81 670.33	12	113 667.83
福 建	3	7 400.00	40	20 055.00	27	12 046.00
江 西	12	39 856.00	83	277 150.00	31	244 767.70
山 东						
河 南			1	32 000.00	2	72 128.00
湖 北	5	42 054.00	421	3 236 283.00	147	2 202 271.00
湖 南	3	1 190.00	132	2 041 581.82	46	555 157.00
广 东	9	15 442.00	73	248 116.48	33	191 483.94
广 西			47	788 074.00	10	32 325.00
海 南	2	2 979.00	26	16 577.00	2	1 622.00
重 庆			4	335 623.00	4	478 325.00
四 川						
贵 州	1	21.00	2	23 596.00	3	110 891.00
云 南			11	114 850.00	4	5 992.00
陕 西						
甘 肃	1		7	73 990.67	1	707.66
青 海			1	0.60		
宁 夏	2		7	28 465.50	1	6 201.40
新疆（兵团）			185	2 264 900.00	40	1 261 900.00
新疆（农业）			55	103 727.30	3	110.00
新疆（畜牧）			8	28 135.91	3	103 431.53
热 科 院						
广 州			1	24 789.00	3	76 225.00
南 京			1	620.00		

3-4续表3

地区	酒、饮料和精制茶制造业		烟草制品业		纺织业	
	企业数（个）	工业总产值（现价）（万元）	企业数（个）	工业总产值（现价）（万元）	企业数（个）	工业总产值（现价）（万元）
全国农垦	**483**	**2 604 502.43**	**2**	**6 982 875.00**	**365**	**4 231 836.67**
北京	1	10 178.00				
天津	3	16 656.90			1	8 030.00
河北	6	1 767.00			17	42 850.00
山西	2	1 090.00				
内蒙古	7	1 078.00				
辽宁	12	6 897.00			1	10 035.00
吉林						
黑龙江	4	1 175.00				
上海	7	110 589.70				
江苏	5	6 274.00			5	122 206.00
浙江	2	1 212.50				
安徽	16	16 849.02			7	38 917.62
福建	41	37 870.70			3	18 003.00
江西	38	168 213.54			43	743 523.00
山东						
河南	2	155 020.00			2	200.00
湖北	133	1 306 121.00	2	6 982 875.00	152	825 115.00
湖南	62	148 622.00			35	615 127.00
广东	27	11 305.72			20	23 554.05
广西	27	13 486.00			15	42 726.00
海南	14	8 251.00				
重庆						
四川	2	4 917.60				
贵州	1	286.00				
云南	20	29 133.00				
陕西						
甘肃	3	10 103.63				
青海						
宁夏	13	70 027.90				
新疆（兵团）	33	467 200.00			59	1 701 600.00
新疆（农业）	1	150.00			5	39 950.00
新疆（畜牧）	1	27.22				
热科院						
广州						
南京						

3－4 续表 4

地　　区	纺织服装、服饰业		皮革、毛皮、羽毛及其制品和制鞋业		木材加工和木、竹、藤、棕、草制品业	
	企业数（个）	工业总产值（现价）（万元）	企业数（个）	工业总产值（现价）（万元）	企业数（个）	工业总产值（现价）（万元）
全国农垦	**421**	**3 185 153.71**	**68**	**273 794.00**	**443**	**1 144 161.52**
北　　京						
天　　津						
河　　北	27	30 413.00	7	256.00	17	29 106.50
山　　西						
内 蒙 古					2	750.00
辽　　宁	4	3 300.00	1	82.00	23	43 793.00
吉　　林			1	9 036.00		
黑 龙 江					2	3 306.00
上　　海						
江　　苏	48	31 594.00				
浙　　江		68 444.00				
安　　徽	13	17 444.11			7	2 655.00
福　　建	5	6 339.00	1		37	41 840.50
江　　西	109	2 063 592.60	9	116 437.00	85	232 577.57
山　　东						
河　　南						
湖　　北	115	630 918.00	14	127 747.00	42	139 904.00
湖　　南	8	137 568.00	3	8 129.00	13	34 660.00
广　　东	81	31 273.00	26	7 452.00	56	31 877.95
广　　西	5	2 968.00	4	4 412.00	97	502 012.00
海　　南					30	24 805.00
重　　庆						
四　　川						
贵　　州						
云　　南			1	243.00	16	16 994.00
陕　　西						
甘　　肃						
青　　海						
宁　　夏						
新疆(兵团)	6	161 300.00	1		7	38 800.00
新疆(农业)					9	1 080.00
新疆(畜牧)						
热 科 院						
广　　州						
南　　京						

3－4 续表 5

地　区	家具制造业		造纸和纸制品业		印刷和记录媒介复制业	
	企业数（个）	工业总产值（现价）（万元）	企业数（个）	工业总产值（现价）（万元）	企业数（个）	工业总产值（现价）（万元）
全国农垦	**442**	**2 209 479.93**	**155**	**1 122 648.18**	**113**	**949 930.21**
北　京						
天　津			2	5 578.10		
河　北	71	622 568.00	41	216 770.00	30	14 810.00
山　西	1	670.00	1			
内蒙古			1	17 000.00		
辽　宁	9	20 571.00	4	54 549.55	3	670.00
吉　林						
黑龙江						
上　海			1	14 050.20	3	22 498.40
江　苏	2	1 454.00	7	21 119.00	6	1 082.00
浙　江	3	4 162.60	1	300.00		
安　徽			1	1 475.22	3	186.81
福　建	12	18 490.00	5	2 220.00	3	524.00
江　西	24	119 714.00	15	114 851.00	11	248 415.00
山　东						
河　南			1	193.97		
湖　北	269	992 867.00	34	393 689.00	35	555 470.00
湖　南	11	125 039.00	6	135 989.00	13	92 012.00
广　东	20	60 147.05	7	7 047.39	2	419.00
广　西	13	24 234.00	17	80 689.00	1	2 743.00
海　南	2	2 950.00				
重　庆	1	210 553.00				
四　川						
贵　州						
云　南						
陕　西						
甘　肃						
青　海						
宁　夏						
新疆(兵团)	2	6 000.00	10	56 600.00	3	11 100.00
新疆(农业)	2	60.00				
新疆(畜牧)		0.28	1	526.75		
热科院						
广　州						
南　京						

3－4 续表 6

地　区	文教、工美、体育和娱乐用品制造业		石油、煤炭及其他燃料加工业		化学原料和化学制品制造业	
	企业数（个）	工业总产值（现价）（万元）	企业数（个）	工业总产值（现价）（万元）	企业数（个）	工业总产值（现价）（万元）
全国农垦	**64**	**197 939.09**	**159**	**5 628 836.55**	**326**	**4 545 423.02**
北　京					2	250.00
天　津	2					
河　北	16	34 725.00	85	4 073 637.00	42	160 256.00
山　西					3	1 124.00
内蒙古						
辽　宁			32	466 086.55	28	141 416.91
吉　林						
黑龙江					7	16 963.00
上　海					7	40 766.90
江　苏	8	14 202.00			6	4 318.00
浙　江					1	1 550.00
安　徽	2	45.09				
福　建	4	2 040.00			6	40 997.00
江　西	4	99 155.00			51	410 200.51
山　东					1	63.00
河　南						
湖　北	19	30 665.00	5	22 526.00	67	602 264.00
湖　南	5	3 098.00	2	25 887.00	9	273 981.00
广　东					13	796 555.00
广　西	2	6 009.00			14	54 806.00
海　南	1	1 300.00			2	1 200.00
重　庆						
四　川						
贵　州						
云　南					2	3 768.00
陕　西						
甘　肃					3	2 836.80
青　海						
宁　夏					3	1 106.90
新疆(兵团)	1	6 700.00	35	1 040 700.00	59	1 991 000.00
新疆(农业)						
新疆(畜牧)						
热科院						
广　州						
南　京						

3－4 续表 7

地 区	医药制造业		化学纤维制造业		橡胶和塑料制品业	
	企业数（个）	工业总产值（现价）（万元）	企业数（个）	工业总产值（现价）（万元）	企业数（个）	工业总产值（现价）（万元）
全国农垦	**121**	**3 673 829.09**	**14**	**305 349.00**	**297**	**1 923 947.47**
北 京	4	8 337.00				
天 津					1	6 259.80
河 北	1	4 008.00	2	202.00	59	97 085.00
山 西	1	2 280.00				
内 蒙 古	1	322.00			1	660.00
辽 宁	6	82 500.58	2	11 133.00	7	7 524.40
吉 林	1	6 430.00			1	151.00
黑 龙 江	5	193 427.00			1	5 029.00
上 海	3	10 329.00			5	32 337.10
江 苏	5	1 886 658.00			10	7 425.00
浙 江		4 193.00			1	3 627.43
安 徽	1	3 554.51			1	938.12
福 建	1	188.00	1	1 550.00	9	4 788.00
江 西	21	220 820.00	2	45 817.00	18	67 993.62
山 东						
河 南	1	25 000.00				
湖 北	38	684 680.00	4	28 447.00	57	783 088.00
湖 南	14	295 566.00			11	78 515.00
广 东	2	5 775.00			12	109 131.00
广 西	1	1 129.00			14	35 301.00
海 南					3	267 258.00
重 庆	1	1 356.00				
四 川						
贵 州						
云 南					4	148.00
陕 西						
甘 肃	3	42 567.00	1		1	6 166.00
青 海						
宁 夏						
新疆（兵团）	11	194 700.00	2	218 200.00	65	408 300.00
新疆（农业）					13	920.00
新疆（畜牧）					3	1 302.00
热 科 院						
广 州						
南 京						

3－4续表8

地　区	非金属矿物制品业		黑色金属冶炼和压延加工业		有色金属冶炼和压延加工业	
	企业数（个）	工业总产值（现价）（万元）	企业数（个）	工业总产值（现价）（万元）	企业数（个）	工业总产值（现价）（万元）
全国农垦	**693**	**4 649 009.79**	**65**	**1 261 147.00**	**69**	**4 493 860.17**
北　京	1	2 509.94				
天　津	1	145.20				
河　北	45	281 517.00	11	4 169.00	2	5 021.00
山　西	24	13 930.00				
内蒙古	13	43 518.59				
辽　宁	30	131 812.90	3	18 834.00	1	186 202.00
吉　林	1	24 030.40	1	2 597.00		
黑龙江						
上　海						
江　苏	26	61 065.00				
浙　江	1	180.20		107 003.00	2	186 780.17
安　徽	19	13 938.46				
福　建	44	53 890.00	1	958.00	8	500.00
江　西	60	538 950.00	2	564.00	6	114 947.00
山　东						
河　南						
湖　北	137	772 900.00	36	372 074.00	9	46 178.00
湖　南	46	181 615.00	1	10 052.00	12	28 269.00
广　东	15	7 895.00			10	2 301.00
广　西	38	112 414.00	2	22 396.00	3	23 662.00
海　南	13	29 478.00				
重　庆						
四　川						
贵　州						
云　南	8	20 723.00				
陕　西						
甘　肃	3	15 240.00				
青　海						
宁　夏	6	4 689.90				
新疆（兵团）	160	2 332 000.00	8	722 500.00	16	3 900 000.00
新疆（农业）						
新疆（畜牧）	2	6 567.20				
热科院						
广　州						
南　京						

3－4续表9

地区	金属制品业		通用设备制造业		专用设备制造业	
	企业数（个）	工业总产值（现价）（万元）	企业数（个）	工业总产值（现价）（万元）	企业数（个）	工业总产值（现价）（万元）
全国农垦	**510**	**2 074 236.49**	**176**	**1 114 955.92**	**179**	**828 370.87**
北京						
天津			1	1 203.60	1	36.00
河北	165	291 188.00	61	153 544.00	29	136 895.00
山西	3	3 294.00				
内蒙古	3	2 538.80				
辽宁	21	17 690.00	4	2 933.00	23	45 782.77
吉林						
黑龙江					3	3 952.00
上海	6	41 384.80	2	53 044.50	1	
江苏			34	57 298.00	13	27 696.00
浙江	1	7 622.00				13 294.00
安徽	6	36 815.89	3	7 032.82	3	3 231.10
福建	17	37 183.00			1	8.00
江西	15	79 051.00	8	361 424.00	11	63 010.00
山东						
河南			1	4 270.00		
湖北	172	1 093 099.00	42	346 689.00	53	391 050.00
湖南	13	174 905.00	10	98 199.00	14	43 063.00
广东	31	99 535.00			5	2 733.00
广西	27	23 293.00	2	658.00	3	2 130.00
海南					1	269.00
重庆						
四川						
贵州						
云南	1	8 537.00			1	4 721.00
陕西						
甘肃						
青海						
宁夏						
新疆（兵团）	29	158 100.00	4	20 200.00	17	90 500.00
新疆（农业）						
新疆（畜牧）						
热科院						
广州						
南京			4	8 460.00		

3－4 续表 10

地　区	汽车制造业		铁路、船舶、航空航天和其他运输设备制造业		电气机械和器材制造业	
	企业数（个）	工业总产值（现价）（万元）	企业数（个）	工业总产值（现价）（万元）	企业数（个）	工业总产值（现价）（万元）
全国农垦	**70**	**1 443 304.50**	**147**	**1 593 352.15**	**109**	**1 883 583.88**
北　京						
天　津						
河　北	20	12 701.00	72	574 696.00	14	84 141.90
山　西						
内蒙古						
辽　宁	4	82.00	1	280.00	3	4 647.00
吉　林						
黑龙江						
上　海					1	
江　苏						
浙　江						
安　徽	1	2 795.00	1	422.15	2	7 291.98
福　建	1	2 586.00			5	6 220.00
江　西	1	268.50	2	120 000.00	13	210 931.00
山　东						
河　南						
湖　北	37	1 387 032.00	63	833 078.00	45	1 323 707.00
湖　南	3	31 343.00	2	64 393.00	10	116 656.00
广　东			6	483.00		
广　西	1	2 520.00			3	4 289.00
海　南						
重　庆						
四　川						
贵　州						
云　南	1	3 377.00				
陕　西						
甘　肃						
青　海						
宁　夏						
新疆（兵团）	1	600.00			13	125 700.00
新疆（农业）						
新疆（畜牧）						
热科院						
广　州						
南　京						

3－4续表11

地区	计算机、通信和其他电子设备制造业		仪器仪表制造业		其他制造业	
	企业数（个）	工业总产值（现价）（万元）	企业数（个）	工业总产值（现价）（万元）	企业数（个）	工业总产值（现价）（万元）
全国农垦	**284**	**1 439 658.22**	**16**	**72 207.00**	**835**	**1 509 587.56**
北京					2	18 115.00
天津					1	5 638.30
河北	184	38 645.00	2	1 083.00	13	12 695.87
山西					21	3 202.00
内蒙古					5	962.00
辽宁			1	5 066.00	324	153 212.10
吉林						
黑龙江					2	212.00
上海						
江苏	26	77 088.00			62	254 064.00
浙江						
安徽					6	27 937.21
福建			2	1 650.00	20	23 915.00
江西	14	305 009.00			44	130 678.00
山东					1	89.33
河南					2	300.00
湖北	23	683 795.00	9	61 288.00	186	269 985.00
湖南	14	22 093.00	2	3 120.00	16	47 095.00
广东	4	15 246.22			86	478 567.20
广西	4	6 482.00			9	33 087.00
海南						
重庆						
四川					2	524.30
贵州						
云南					12	26 020.00
陕西						
甘肃					5	12 654.00
青海						
宁夏					8	3 523.50
新疆（兵团）	15	291 300.00				
新疆（农业）					4	893.00
新疆（畜牧）					4	6 217.75
热科院						
广州						
南京						

3－4续表12

地区	废弃资源综合利用业		金属制品、机械和设备修理业		电力、热力生产和供应业	
	企业数（个）	工业总产值（现价）（万元）	企业数（个）	工业总产值（现价）（万元）	企业数（个）	工业总产值（现价）（万元）
全国农垦	**43**	**497 622.74**	**139**	**293 843.82**	**335**	**3 624 671.03**
北京						
天津						
河北	13	252 236.50	6	10 687.00	29	177 276.45
山西						
内蒙古	1	200.00	76	5 835.00	4	18 174.00
辽宁	4	130.00	5	64.00	10	92 365.40
吉林						
黑龙江					18	85 354.00
上海			1	2 453.20	2	3 395.50
江苏						
浙江						
安徽					1	3 480.00
福建	3	4 826.00	1	1 200.00	14	9 602.00
江西	3	2 706.00	1	5 031.86	44	37 586.00
山东						
河南						
湖北	11	200 506.00	2	256 298.00	16	47 435.00
湖南	2	17 504.00	3	1 060.00	23	102 553.00
广东	1	162.24	35	9 031.00	10	22 252.28
广西	2	3 252.00			14	55 883.00
海南					13	7 072.00
重庆						
四川						
贵州						
云南					8	36 237.00
陕西						
甘肃					1	6 086.00
青海					1	1 424.40
宁夏						
新疆（兵团）	3	16 100.00	1	2 000.00	125	2 916 100.00
新疆（农业）			6	81.00	1	710.00
新疆（畜牧）			2	102.76	1	1 685.00
热科院						
广州						
南京						

3－4 续表 13

地　区	燃气生产和供应业		水的生产和供应业	
	企业数（个）	工业总产值（现价）（万元）	企业数（个）	工业总产值（现价）（万元）
全国农垦	**49**	**357 574.90**	**105**	**199 373.49**
北　京			1	297.00
天　津				
河　北	7	185 334.50	6	6 245.00
山　西				
内蒙古			2	731.00
辽　宁	2	2 537.00	7	2 130.22
吉　林				
黑龙江			10	12 969.00
上　海				
江　苏				
浙　江				2 816.00
安　徽	2	230.40	6	1 074.36
福　建	1	3 730.00	2	768.00
江　西	4	20 200.00	9	16 497.00
山　东				
河　南			1	213.91
湖　北	16	7 891.00	35	78 660.00
湖　南	2	24 195.00	6	14 996.00
广　东	1	1 268.00	2	959.00
广　西	3	5 689.00	3	1 811.00
海　南				
重　庆				
四　川				
贵　州				
云　南				
陕　西				
甘　肃				
青　海				
宁　夏				
新疆（兵团）	10	106 500.00	11	59 200.00
新疆（农业）	1		1	
新疆（畜牧）			3	6.00
热科院				
广　州				
南　京				

3－5 主要工业产品产量

地区	原煤（吨）	铁矿石原矿（吨）	原盐（吨）	小麦粉（吨）	大米（吨）
全国农垦	**23 218 113**	**1 260 000**	**156 700**	**912 016**	**7 231 577**
北京				223 032	59 562
天津					12 936
河北			29 500		205 916
山西					
内蒙古	14 297 026			10 004	7 358
辽宁					530 653
吉林					58 577
黑龙江				25 591	315 883
上海				261 269	190 503
江苏				52 036	298 996
浙江					
安徽				58 806	101 088
福建					14 493
江西	770 034	1 260 000		2 363	179 117
山东			2 200		
河南					
湖北				89 441	941 983
湖南			25 000		4 013 483
广东					24 613
广西					59 365
海南					4 067
重庆					
四川					
贵州					457
云南					
陕西	750 000				
甘肃				320	
青海			100 000		
宁夏					8 667
新疆（兵团）	7 401 053			188 956	188 271
新疆（农业）					
新疆（畜牧）				198	15 590
热科院					
广州					
南京					

3－5 续表 1

地　　区	饲料（吨）	配合饲料	混合饲料	精制食用植物油（吨）	成品糖（吨）
全国农垦	**7 398 842**	**4 162 306**	**3 236 536**	**3 131 658**	**3 551 882**
北　　京	244 565	217 438	27 127	29 858	85 158
天　　津	26 410	26 410			
河　　北	321 605	262 508	59 097	1 063	
山　　西	20 000	20 000			
内 蒙 古	25 135	4 686	20 449	5 388	10 167
辽　　宁	170 392	84 697	85 695	199 408	
吉　　林					
黑 龙 江				1 732 095	
上　　海	236 065	155 195	80 870	94 258	1 557 018
江　　苏	82 821	50 216	32 605	231 483	
浙　　江					
安　　徽	51 104	33 191	17 913	10 593	
福　　建	23 287	22 445	842		
江　　西	89 480	45 060	44 420	30 434	
山　　东	2 000	2 000			
河　　南	230 000		230 000		
湖　　北	1 482 681	977 283	505 398	335 382	80 732
湖　　南	154 355	44 263	110 092	8 752	
广　　东	53 416	51 254	2 162	34 190	277 100
广　　西	119 469	119 134	335	30	1 151 794
海　　南					4 513
重　　庆	420 550	420 550			
四　　川					
贵　　州	56 369	56 369			
云　　南	40 000	40 000			176 765
陕　　西					
甘　　肃				85	229
青　　海					
宁　　夏	65 357		65 357		
新疆（兵团）	3 331 931	1 443 938	1 887 993	416 892	208 406
新疆（农业）	10	5	5	1 000	
新疆（畜牧）	64 516	540	63 976	747	
热 科 院					
广　　州	85 124	85 124			
南　　京	2 200		2 200		

3－5 续表 2

地　区	鲜、冷藏肉（吨）	乳制品（吨）			罐头（吨）	
			液体乳	乳粉		番茄酱罐头（吨）
全国农垦	**1 492 819**	**4 355 003**	**4 089 452**	**97 852**	**655 610**	**1 542**
北　京	1 226 666	667 509	536 845	11 754		
天　津		95 405	94 775	630		
河　北	2 247	305 416	265 505	38 832		
山　西		227	227			
内蒙古	5 320	4			1 200	1 200
辽　宁	2 580	9 500	9 500			
吉　林						
黑龙江		295 526	265 100	29 836	2 339	
上　海	78 122	1 225 808	1 218 330	3 099	66 902	
江　苏						
浙　江						
安　徽						
福　建		326	326		20	10
江　西		206			4 529	
山　东						
河　南		14 447	14 447			
湖　北	59 134	652 712	611 451		28 716	
湖　南	1 784	3 376	3 376		113 932	332
广　东	3 417	191 387	191 387		1 532	
广　西	1 180	3 472	3 472			
海　南						
重　庆	3 483	272 136	268 600	3 536	9 226	
四　川						
贵　州		119 933	119 933			
云　南						
陕　西						
甘　肃						
青　海						
宁　夏	1 201	35 025	35 025			
新疆（兵团）	107 685	275 224	264 168	9 787	426 392	
新疆（农业）						
新疆（畜牧）		106 088	105 710	378	822	
热科院						
广　州		81 277	81 277			
南　京						

3-5续表3

地区	饮料酒（千升）	白酒（折65度，商品量）	啤酒	葡萄酒
全国农垦	**1 987 854**	**874 256**	**969 790**	**55 209**
北京	1 043	1 043		
天津	7 713			7 713
河北	4 802	4 802		
山西	750 000	750 000		
内蒙古	402	402		
辽宁	45 735	2 719	43 016	
吉林				
黑龙江				
上海	85 460	7 002		
江苏				
浙江				
安徽	4 115	2 032		
福建	5 723	3 363		2 360
江西	110 808	19 917	90 756	
山东				
河南	2 020			2 020
湖北	605 591	14 626	590 925	
湖南	13 254	8 770		4 434
广东	1 416	1 335		
广西	852	852		
海南				
重庆				
四川				
贵州				
云南	2 560	2 560		
陕西				
甘肃	22 378	21 028		1 350
青海				
宁夏	209 578	689	199 605	3 152
新疆(兵团)	114 323	33 041	45 482	34 180
新疆(农业)	75	75		
新疆(畜牧)	6		6	
热科院				
广州				
南京				

3-5续表4

地区	软饮料（吨）	碳酸饮料类（汽水）（吨）	包装饮用水类（吨）	果汁和蔬菜汁饮料类（吨）
全国农垦	**2 999 489**	**357 923**	**438 859**	**75 357**
北京	8 500		5 466	3 035
天津	870		870	
河北				
山西				
内蒙古	9 505		9 505	
辽宁	2 200		2 200	
吉林				
黑龙江	38 082		8 335	9 269
上海	99 540			443
江苏				
浙江	1 705			1 122
安徽				
福建	8		4	4
江西	137 415		104 125	33 290
山东				
河南				
湖北	2 322 597	316 489		
湖南				
广东	281			197
广西	118 395		118 182	213
海南	457		457	
重庆				
四川				
贵州				
云南				
陕西				
甘肃				
青海				
宁夏				
新疆(兵团)	259 933	41 434	189 715	27 785
新疆(农业)				
新疆(畜牧)				
热科院				
广州				
南京				

3－5续表5

地　区	精制茶（吨）	纱（吨）	布（米）	服装（件）	皮革鞋靴（双）	家具（件）
全国农垦	**27 262**	**1 150 318**	**265 256 005**	**144 716 051**	**31 511 188**	**8 955 461**
北　京	173					
天　津						
河　北			1 000 000	539 000	600 000	3 630 936
山　西						500
内蒙古						21 000
辽　宁		1 651	2 961 500	1 333 000	86 000	1 375 900
吉　林						
黑龙江						
上　海						
江　苏		24 260		1 800 000		
浙　江	50			235 000		1 100
安　徽	4 253	17 500		3 926 220		
福　建	4 148		13 500 000	60 150	5 570 000	282 030
江　西	1 313	45 197	2 758 890	64 719 875	320 162	108 943
山　东						
河　南						
湖　北	1 078	159 637	50 963	50 410 000	17 650 000	849 256
湖　南	4 640	202 109	72 563 352	4 945 620	1 875 325	53 187
广　东	206	4 792		11 117 886	5 409 701	2 249 640
广　西	676			830 000		86 400
海　南	389					5 000
重　庆						184 478
四　川	713					
贵　州	232					
云　南	9 387					
陕　西						
甘　肃						
青　海						
宁　夏						
新疆（兵团）	1	683 872	172 421 300	4 799 300		106 091
新疆（农业）		11 300				1 000
新疆（畜牧）						
热科院						
广　州						
南　京	5					

3-5 续表 6

地　　区	机制纸及纸板（外购原纸加工除外）（吨）	农用氮、磷、钾化学肥料总计（折纯）（吨）			
			氮肥（折含 N 100%）（吨）	磷肥（折五氧化二磷 100%）（吨）	钾肥（折氧化钾 100%）（吨）
全国农垦	**781 847**	**490 959**	**391 766**	**34 781**	**64 412**
北　　京					
天　　津	1 749				
河　　北	6				
山　　西					
内 蒙 古					
辽　　宁	275 322	19 548	1 924	1 590	16 034
吉　　林					
黑 龙 江					
上　　海					
江　　苏		785	120	505	160
浙　　江					
安　　徽					
福　　建	5 322				
江　　西	82 633	2 647	1 786	740	121
山　　东					
河　　南					
湖　　北	153 432	37 424	6 709	19 565	11 150
湖　　南	93 906				
广　　东	11 005				
广　　西	36 688	17 486	5 288	6 353	5 845
海　　南		23 635	13 740	3 857	6 038
重　　庆					
四　　川					
贵　　州					
云　　南		4 825	4 825		
陕　　西					
甘　　肃		4 597	2 084	1 015	1 498
青　　海					
宁　　夏					
新疆(兵团)	119 903	376 781	353 401		23 381
新疆(农业)					
新疆(畜牧)	1 881	3 231	1 890	1 156	185
热 科 院					
广　　州					
南　　京					

3－5 续表 7

地　　区	化学农药原药（折有效成分100%）（吨）	杀虫剂原药（吨）	杀菌剂原药（吨）	除草剂原药（吨）	化学药品原药（吨）	中成药（吨）
全国农垦	**4 321**	**2 151**	**263**	**557**	**44 655**	**47 374**
北　　京					463	9 715
天　　津						
河　　北						
山　　西	260			260		
内 蒙 古						86
辽　　宁	12	1	5	6		60
吉　　林						650
黑 龙 江					1 071	
上　　海					116	
江　　苏	2 553	2 018	246	289	13 268	426
浙　　江						
安　　徽						502
福　　建						97
江　　西	50	50			10 086	16 852
山　　东						
河　　南						
湖　　北	1 438	77	11		18 209	16 845
湖　　南						92
广　　东					16	8
广　　西					1 403	
海　　南						
重　　庆						
四　　川						
贵　　州						
云　　南						
陕　　西						
甘　　肃						
青　　海						
宁　　夏						
新疆（兵团）					23	2 041
新疆（农业）						
新疆（畜牧）	8	5	1	2		
热 科 院						
广　　州						
南　　京						

3－5续表8

地　　区	塑料制品（吨）	水泥（吨）	砖（块）	瓦（片）	发电量（千瓦·时）	自来水生产量（米^3）
全国农垦	**1 392 395**	**15 807 308**	**4 333 096 338**	**158 085 600**	**96 458 144 219**	**537 469 543**
北　京						
天　津	2 684					
河　北	6 520	43 385			2 222 249 020	2 650 000
山　西						
内蒙古	950	551 203	124 880 438		129 312 012	2 100 000
辽　宁	1 745	507 527	79 080 000	2 287 000	3 000	2 140 000
吉　林	75	921 938				
黑龙江					334 150 000	28 000 000
上　海	7 955				17 131 000	
江　苏	1 908		223 680 000			
浙　江	521					
安　徽	964		2 300 000		17 400 000	5 072 300
福　建	5 858		75 021 700	165 000	95 623 441	1 773 000
江　西	29 674	163 995	199 003 836	19 800 000	638 807 602	2 780 200
山　东						
河　南						445 228
湖　北	555 542	1 365 396	1 386 940 000	114 610 000	30 065	172 800 000
湖　南	34 872		286 821 851	4 523 600	432 118 300	10 503 000
广　东	34 778	112 547	404 378 701	16 700 000	381 450 733	625 000
广　西	4 859	95 000	62 612		75 658	7 880 715
海　南		726 000	90 170 000		177 010 000	
重　庆						
四　川						
贵　州						
云　南	158	526 997	37 930 000		290 319 400	
陕　西						
甘　肃	6 498	329 616			242 815 672	
青　海						
宁　夏			63 000 000			
新疆（兵团）	691 444	10 463 704	1 346 327 200		91 479 640 700	300 336 100
新疆（农业）	4 825		1 500 000			364 000
新疆（畜牧）	565		12 000 000		7 617	
热科院						
广　州						
南　京						

3－6 大中型工业

垦　区	企业名称	大型或中型	行业类型
湖北	湖北中烟工业有限责任公司	大型	卷烟制造
江苏	江苏正大天晴药业股份有限公司	大型	化学药品原料药制造
河北	中海油中捷石化有限公司	大型	原油加工及石油制品制造
新疆兵团	新疆农六师铝业有限公司	大型	铝压延加工
黑龙江	九三粮油工业集团有限公司	大型	食用植物油加工
宁夏	宁夏西夏嘉酿啤酒有限公司	大型	啤酒制造
新疆兵团	新疆大全新能源股份有限公司	大型	其他非金属矿物制品制造
新疆兵团	新疆农六师煤电有限公司	中型	热电联产
上海	银蕨农场有限公司（Silver Fern Farm Limited）	大型	牲畜屠宰
广东	广东广垦糖业集团有限公司	大型	制糖业
内蒙古	锡林河煤化工有限责任公司	中型	褐煤开采洗选
新疆兵团	新疆梅花氨基酸有限责任公司	大型	其他调味品、发酵制品制造
新疆兵团	天伟化工有限公司	大型	初级形态塑料及合成树脂制造
湖北	凌云科技集团有限责任公司	大型	金属门窗制造
北京	北京三元食品股份有限公司	大型	其他乳制品制造
新疆兵团	新疆伊力特实业股份有限公司	大型	白酒制造
上海	信联乳业有限公司（Synlait Milk Limited，又名：新莱特）	中型	乳粉制造
江苏	南京正大天晴制药有限公司	中型	化学药品原料药制造
上海	光明乳业股份有限公司	大型	液体乳制造
湖北	湖北良品铺子食品工业有限公司	中型	蜜饯制作
新疆兵团	天能化工有限公司	大型	初级形态塑料及合成树脂制造
河北	河北新启元能源技术开发有限公司	中型	原油加工及石油制品制造
新疆兵团	新疆天富能源股份有限公司	大型	热电联产
湖北	益海嘉里（武汉）粮油工业有限公司	中型	食用植物油加工
湖北	TCL空调器（武汉）有限公司	大型	家用空气调节器制造
河北	蒙牛塞北乳液有限公司	中型	液体乳制造
广东	广东省广垦橡胶集团有限公司	大型	农产品初加工活动
湖北	武汉京东方光电科技有限公司	大型	光电子器件制造
黑龙江	北大荒完达山乳业股份有限公司	大型	乳粉制造
新疆兵团	新疆农六师碳素有限公司	中型	石墨及碳素制品制造
河北	唐山曹妃甸通鑫再生资源回收利用有限公司	中型	金属废料和碎屑加工处理
广东	广东燕塘乳业股份有限公司	中型	液体乳制造
湖北	武汉航达航空科技发展有限公司	中型	航空航天器修理
湖北	华润雪花啤酒（武汉）有限公司	大型	啤酒制造
广西	广西糖业集团防城精制糖有限公司	中型	制糖业
上海	云南德宏英茂糖业有限公司	大型	制糖业

企业一览表

增加值（万元）	排序	总产值（万元）	排序	销售产值（万元）	排序	年末资产总额（万元）	排序	所有者权益（万元）	排序	固定资产原值年末数（万元）	排序	年平均从业人员（人）	排序
6 691 336.90	1	6 980 322.20	1	7 176 458.70	1		331		298		328	5 946	4
718 696.00	2	1 466 238.00	5	1 466 238.00	5	1 416 942.00	4	883 150.00	2	432 808.00	15	4 536	5
410 556.00	3	1 642 226.00	4	1 640 003.00	4	378 485.00	35	155 953.00	30	236 220.00	27	1 125	51
298 373.19	4	2 047 975.80	3	1 841 130.20	3	1 277 069.30	7	235 350.00	25	1 145 659.30	2	1 589	30
248 145.00	5	2 591 711.00	2	2 703 886.00	2	2 183 137.00	2	367 101.00	14	534 127.00	12	2 721	14
240 656.00	6	64 787.00	124	64 260.00	125	77 661.00	137	40 266.00	99	44 746.00	118	451	173
223 072.67	7	490 251.40	16	466 519.05	17	801 341.50	16	476 106.90	9	803 043.10	5	1 864	26
200 165.48	8	463 314.00	18	463 314.00	18	1 170 429.80	9	849 237.40	3	1 001 847.70	3	583	127
180 598.20	9		330		331	398 451.90	33	278 110.70	21	302 085.30	20	6 715	2
152 866.00	10	189 842.00	46	168 842.00	50	886 586.00	13	618 453.00	4	658 048.00	7	4 067	7
152 400.00	11	252 013.00	34	252 013.00	33	780 860.00	18	294 012.00	19	182 014.00	35	805	84
146 538.90	12	631 194.30	10	558 297.35	12	672 493.40	23	299 180.40	18	885 706.60	4	3 664	9
145 084.96	13	350 335.70	24	349 427.80	24	614 173.60	25	354 209.40	15	613 447.00	9	2 849	12
143 911.30	14	579 619.60	12	575 503.10	11	708 930.10	22	120 240.70	37		328	2 438	20
138 391.63	15	646 780.00	8	593 807.00	9	1 340 896.01	5	596 639.79	5	461 385.55	13	7 377	1
137 170.07	16	221 122.90	40	221 122.90	37	409 852.90	32	315 960.50	17	85 528.60	72	1 505	34
137 167.80	17		330		331	821 026.10	14	392 086.80	12	562 705.40	10	950	64
128 745.00	18	226 817.00	39	226 817.00	35	250 184.00	52	171 533.00	29	101 115.00	59	3 059	10
114 211.90	19	616 140.50	11	614 485.10	8	1 284 092.00	6	550 812.10	7	216 689.70	31	2 909	11
107 170.00	20	474 204.00	17	474 204.00	16	250 559.00	51	23 099.00	148	20 980.00	193	340	243
106 434.34	21	386 512.00	20	386 759.30	22	524 339.20	29	383 022.30	13	556 662.30	11	2 749	13
103 549.00	22	383 515.00	22	381 250.00	23	319 086.00	40	105 703.00	45	178 324.00	37	551	140
101 733.64	23	577 339.40	13	577 339.40	10	1 870 390.10	3	577 752.90	6	1 364 656.60	1	1 237	45
101 469.00	24	503 618.00	15	506 736.00	14	308 713.00	41	120 168.00	38	94 236.00	62	865	73
97 994.40	25	690 101.50	7	477 815.60	15	283 351.50	48	15 781.70	177	12 412.10	236	1 321	38
90 650.00	26	94 963.00	91	94 963.00	89	159 392.00	73	95 635.00	50	32 706.00	141	297	274
89 132.00	27	796 098.00	6	772 019.00	6	1 184 687.00	8	415 779.00	11	225 000.00	29	6 476	3
78 542.10	28	306 207.20	29	290 570.30	31	3 125 096.00	1	1 804 121.60	1	77 978.10	84	1 893	25
74 678.00	29	423 813.00	19	417 933.00	21	361 833.00	37	200 220.00	27	293 910.00	21	4 482	6
71 318.79	30	267 539.00	33	217 803.90	38	556 681.40	27	133 912.80	33	262 261.00	24	691	96
71 253.15	31	237 510.50	37	129 086.80	69	36 851.50	210	2 891.06	258	9 491.40	247	377	212
65 240.16	32	177 699.02	49	178 752.30	46	198 715.14	64	143 494.25	31	87 756.00	69	1 530	32
62 026.00	33	203 365.00	42	197 667.00	42	228 022.00	56	75 744.00	63	30 491.00	149	674	102
58 392.70	34	147 680.10	62	148 996.60	59	184 683.50	68	98 198.10	49	113 675.60	54	1 149	48
54 519.00	35	155 769.00	58	148 562.00	60	104 434.00	105	7 258.00	234	50 294.00	110	488	154
49 743.00	36	249 183.70	35	224 269.60	36	221 354.80	58	88 201.80	56	132 948.50	48	2 245	23

垦　区	企业名称	大型或中型	行业类型
北　京	北京市华都峪口禽业有限责任公司	大型	牲畜屠宰
湖　北	武汉斯坦雷电气有限公司	中型	汽车零部件及配件制造
湖　北	武汉统一企业食品有限公司	大型	茶饮料及其他饮料制造
湖　北	伟福科技工业（武汉）有限公司	中型	汽车零部件及配件制造
新疆兵团	奎屯锦疆化工有限公司	中型	氮肥制造
上　海	黑龙江省光明松鹤乳品有限责任公司	中型	液体乳制造
新疆兵团	新疆西部合盛热电有限公司	中型	热电联产
北　京	北京二商肉类食品集团有限公司	大型	禽类屠宰
新疆兵团	新疆宣力环保能源有限公司	中型	其他原油制造
湖　北	蒙牛乳制品武汉有限责任公司	中型	液体乳制造
河　北	沧州临港三菱金属制品有限公司	中型	钢压延加工
湖　北	湖北友芝友乳业有限责任公司	中型	液体乳制造
江　苏	江苏正大丰海制药有限公司	中型	化学药品原料药制造
新疆兵团	天辰化工有限公司	大型	初级形态塑料及合成树脂制造
江　西	鸭鸭股份公司	大型	羽毛（绒）制品加工
湖　北	武汉第二电线电缆有限公司	中型	电线、电缆制造
湖　北	武汉虹之彩包装印刷有限公司	中型	包装装潢及其他印刷
新疆兵团	新疆昆仑钢铁有限公司	中型	钢压延加工
湖　北	武汉森六汽车配件有限公司	中型	汽车零部件及配件制造
上　海	武汉光明乳品有限公司	中型	液体乳制造
湖　北	联塑科技发展（武汉）有限公司	中型	塑料板、管、型材制造
江　西	南昌双汇食品有限公司	中型	
湖　北	湖北武汉双汇食品有限公司	中型	肉制品及副产品加工
北　京	京粮（天津）粮油工业有限公司	中型	食用植物油加工
新疆兵团	新疆天山盈达碳素有限公司	中型	石墨及碳素制品制造
上　海	广西凤糖生化股份有限公司	大型	制糖业
新疆兵团	新疆大安特种钢有限责任公司	中型	钢压延加工
新疆兵团	新疆新越丝路有限公司	大型	毛巾类制品制造
新疆兵团	新疆天康饲料有限公司	中型	其他饲料加工
新疆兵团	新疆锦龙电力集团有限公司	中型	电力供应
湖　北	建华建材（湖北）有限公司	中型	水泥制品制造
上　海	上海冠生园食品有限公司	中型	糖果、巧克力制造
新疆兵团	库尔勒金川矿业有限公司	中型	烟煤和无烟煤开采洗选
湖　北	武汉艾帕克汽车配件有限公司	中型	汽车零部件及配件制造
河　北	唐山市蓝欣玻璃有限公司	中型	平板玻璃制造
新疆兵团	新疆和兴恒石新型建材股份有限公司	中型	水泥制品制造

3－6续表1

增加值（万元）	排序	总产值（万元）	排序	销售产值（万元）	排序	年末资产总额（万元）	排序	所有者权益（万元）	排序	固定资产原值年末数（万元）	排序	年平均从业人员（人）	排序
48 360.46	37	154 042.28	59	154 042.28	56	202 554.70	63	62 054.46	78	188 544.29	34	3 703	8
45 692.00	38	177 512.00	50	177 512.00	48	131 057.00	89	84 790.00	58	80 341.00	81	430	187
45 284.40	39	191 264.50	44	191 264.50	43	146 080.30	79	88 399.50	54	90 029.70	68	2 263	21
44 817.00	40	174 113.00	51	174 113.00	49	96 929.00	111	60 900.00	79	82 454.00	77	947	65
41 898.50	41	143 685.30	65	129 900.00	68	355 888.40	39	107 815.80	43	409 153.10	16	840	78
41 081.60	42	73 243.60	113	75 753.30	105	94 754.70	114	73 945.60	68	49 113.90	113	688	97
40 251.53	43	85 302.10	99	76 771.92	103	303 486.50	45	191 093.10	28	211 280.70	32	347	237
40 034.33	44	385 715.85	21	420 425.85	20	792 965.80	17	223 831.01	26	33 003.92	139	1 430	35
39 467.00	45	179 486.90	48	153 434.00	57	210 168.40	61	123 374.70	35	140 522.60	45	489	153
39 063.00	46	244 917.00	36	244 917.00	34	41 469.00	196	13 313.00	192	35 226.00	135	391	206
35 921.00	47	128 291.00	70	126 215.00	71	28 916.00	235	15 128.00	181	22 357.00	184	346	240
35 866.00	48	158 853.00	57	158 853.00	55	50 544.00	169	21 421.00	155	46 347.00	116	656	107
35 291.00	49	126 899.00	71	126 899.00	70	85 817.00	125	58 221.00	82	36 667.00	132	1 330	37
34 243.32	50	332 150.60	25	332 117.70	26	986 357.40	12	287 752.60	20	721 395.20	6	2 608	18
32 652.00	51	326 524.00	28	326 524.00	27	252 316.00	50	46 560.00	91	224 686.00	30	2 679	17
32 622.00	52	149 711.00	60	149 710.00	58		331		298		328	719	93
32 182.00	53	126 007.00	72	122 135.00	73	304 045.00	44	247 553.00	23	38 740.00	127	590	126
31 930.20	54	331 040.30	26	320 561.40	28	366 295.10	36	64 295.00	74	100 899.20	60	981	61
31 113.00	55	120 872.00	77	120 872.00	77	90 711.00	117	74 690.00	66	76 872.00	86	323	252
30 819.10	56	165 566.20	52	165 562.10	51	120 557.80	96	76 736.10	62	43 029.10	122	837	80
30 694.00	57	143 900.00	64	165 540.00	52	141 794.00	83	80 969.00	61	46 397.00	115	832	81
30 665.00	58	116 415.00	79	116 115.00	79	75 365.00	138	63 602.00	76	43 943.00	119	1 508	33
30 596.00	59	162 831.00	55	177 820.00	47	97 981.00	110	69 355.00	72	23 811.00	180	931	67
29 755.26	60	371 409.63	23	453 346.69	19	197 955.05	65	88 230.98	55	100 620.73	61	258	281
27 874.69	61	99 237.70	86	98 958.06	86	300 286.10	46	121 488.00	36	68 000.70	91	376	214
27 867.90	62	105 413.00	82	116 108.50	80	112 433.40	99	84 824.10	57	64 457.70	96	1 615	29
27 840.33	63	330 058.30	27	334 911.10	25	358 891.70	38	59 418.20	80	143 296.90	44	962	63
27 403.13	64	54 369.60	142	66 308.50	118	227 872.40	57	111 843.10	41	122 368.60	53	1 706	27
26 896.28	65	190 684.90	45	186 878.50	45	235 631.90	55	34 760.70	110	34 103.30	136	512	149
26 882.65	66	90 353.70	96	90 353.70	93	813 932.40	15	237 483.20	24	442 040.20	14	916	68
26 797.00	67	121 308.00	75	121 308.00	76	24 037.00	248	11 882.00	203	16 940.00	211	604	121
26 760.10	68	71 509.80	114	68 060.70	115	210 834.60	60	109 896.40	42	38 010.70	128	476	161
25 837.18	69	40 287.40	175	32 616.10	194	107 206.40	103	92 549.00	52	37 227.90	131	793	86
24 261.00	70	94 256.00	94	94 256.00	90	96 346.00	112	46 083.00	93	90 063.00	67	595	124
24 055.00	71	64 317.00	125	47 705.00	152	79 975.00	134	13 628.00	190	56 568.00	104	564	136
24 042.00	72	61 320.20	131	73 914.40	109	139 831.50	85	51 037.80	87	30 583.50	148	660	106

垦　区	企业名称	大型或中型	行业类型
贵　　州	贵州南方乳业有限公司	大型	
新疆兵团	新疆生产建设兵团第四师电力有限责任公司	大型	电力供应
黑 龙 江	丰润生物科技股份有限公司	中型	生物药品制造
北　　京	浙江小王子食品有限公司	大型	饼干及其他焙烤食品制造
新疆兵团	新疆西部合盛硅业有限公司	大型	硅冶炼
湖　　北	湖北周黑鸭食品工业园有限公司	中型	肉制品及副产品加工
湖　　北	武汉径河化工有限公司	中型	合成橡胶制造
北　　京	北京二商王致和食品有限公司	中型	其他调味品、发酵制品制造
新疆兵团	新疆青松建材化工（集团）股份有限公司	中型	水泥制造
上　　海	光明乳业（德州）有限公司	中型	液体乳制造
广　　西	广西糖业集团昌菱制糖有限公司	中型	制糖业
湖　　北	武汉百事可乐饮料有限公司	大型	碳酸饮料制造
北　　京	河北滦平华都食品有限公司	大型	牲畜屠宰
湖　　北	荷贝克电源系统（武汉）有限公司	中型	铅蓄电池制造
新疆兵团	天能水泥有限公司	中型	水泥制造
湖　　南	汇美农业科技有限公司	大型	蔬菜、水果罐头制造
江　　苏	江苏正大清江制药有限公司	中型	化学药品原料药制造
新疆兵团	新疆天润生物科技股份有限公司	中型	液体乳制造
新疆兵团	石河子天域新实化工有限公司	中型	初级形态塑料及合成树脂制造
上　　海	江苏淮安苏食肉品有限公司	中型	牲畜屠宰
新疆兵团	天伟水泥有限公司	中型	水泥制造
上　　海	上海乳品四厂有限公司	中型	液体乳制造
广　　西	广西糖业集团大新制糖有限公司	中型	制糖业
湖　　北	武汉菱电汽车电控系统股份有限公司	中型	汽车车身、挂车制造
上　　海	广西上上糖业有限公司	大型	制糖业
河　　南	焦作市方便面厂	大型	方便面制造
北　　京	北京六必居食品有限公司	中型	酱油、食醋及类似制品制造
湖　　北	本田制锁（武汉）有限公司	大型	智能车载设备制造
广　　西	广西糖业集团红河制糖有限公司	中型	制糖业
湖　　北	湖北航达科技有限公司	中型	航空航天器修理
上　　海	上海梅林正广和（绵阳）有限公司	中型	肉、禽类罐头制造
湖　　北	武汉市科达云石护理材料有限公司	中型	密封用填料及类似品制造
湖　　北	武汉大安制药有限公司	中型	化学药品制剂制造
湖　　北	武汉富拉司特汽车零部件有限公司	中型	汽车零部件及配件制造
贵　　州	贵阳三联乳业有限公司	中型	
湖　　北	武汉艾特纸塑包装有限公司	中型	包装装潢及其他印刷

3－6 续表 2

增加值（万元）	排序	总产值（万元）	排序	销售产值（万元）	排序	年末资产总额（万元）	排序	所有者权益（万元）	排序	固定资产原值年末数（万元）	排序	年平均从业人员（人）	排序
23 990.46	73	59 549.90	133	58 555.00	134	165 556.00	71	107 287.00	44	101 497.00	58	1 098	52
23 924.94	74	100 351.40	84	100 351.40	85	240 033.10	54	98 759.00	48	232 980.80	28	1 009	56
23 851.00	75	163 672.00	54	159 610.00	54	270 886.00	49	94 701.00	51	24 549.00	178	779	90
23 736.00	76	46 047.00	160	46 156.00	156	58 172.00	159	46 106.00	92	25 018.00	175	1 044	54
23 485.00	77	233 475.70	38	210 128.17	40	584 611.50	26	102 315.50	47	178 042.90	38	1 678	28
22 924.00	78	121 999.00	74	121 999.00	74	138 126.00	86	119 838.00	39	50 441.00	109	687	99
22 896.00	79	84 024.00	101	84 019.00	97	28 952.00	234	18 847.00	165	4 253.00	275	306	266
22 774.00	80	118 635.00	78	121 352.00	75	84 673.00	128	63 386.00	77	5 889.00	269	668	103
22 697.55	81	52 989.70	144	52 928.70	138	1 005 315.80	11	506 177.40	8	91 436.20	65	641	111
21 919.10	82	83 266.20	102	82 958.60	99	38 206.30	205	19 654.40	162	31 073.50	145	610	120
21 618.00	83	61 767.00	130	51 678.00	143	125 807.00	95	30 223.00	124	92 958.00	63	644	110
21 430.80	84	83 162.00	103	95 554.10	88	79 637.40	135	23 749.00	142	25 536.30	171	1 129	49
21 390.00	85	146 564.00	63	147 896.00	61	82 073.00	131	26 693.00	134	58 101.00	98	2 483	19
20 762.00	86	97 291.00	88	93 332.00	91	48 225.00	177	27 500.00	130	27 869.00	158	568	131
20 222.29	87	31 586.70	204	32 461.78	197	100 205.60	109	91 447.90	53	83 182.50	76	376	214
19 868.00	88	85 499.00	98	83 039.00	98	43 507.00	187	11 476.00	209	26 871.00	165	2 681	16
19 712.00	89	62 576.00	127	63 298.00	126	72 789.00	140	34 984.00	109	15 448.00	219	842	77
19 610.96	90	137 219.70	67	134 972.80	66	68 633.10	146	37 222.40	104	43 450.50	120	521	146
19 057.58	91	148 166.30	61	146 828.36	62	66 939.50	149	16 054.30	175	159 192.00	40	845	74
18 948.80	92	198 694.70	43	206 055.80	41	72 516.80	142	28 982.60	127	32 991.60	140	822	82
18 842.01	93	33 103.90	194	33 208.82	192	87 505.50	122	23 357.70	144	101 762.60	57	392	205
18 698.80	94	78 438.80	106	78 423.20	101	30 218.40	231	17 431.10	168	19 461.00	197	529	143
18 222.00	95	18 247.00	251	15 783.00	259	71 223.00	144	－13 267.00	317	26 900.00	164	450	174
18 087.00	96	70 269.00	115	70 269.00	112	52 816.00	167	23 147.00	147	9 112.00	249	435	183
17 847.30	97	79 163.40	105	75 322.20	106	65 906.00	153	42 590.90	96	60 775.60	97	798	85
17 843.00	98	62 091.00	129	69 488.00	113	47 979.82	178	40 407.77	98	11 944.00	237	936	66
17 804.00	99	13 150.00	274	142 508.00	63	41 928.00	194	12 816.00	196	22 345.00	185	565	134
17 563.90	100	68 235.90	117	68 048.30	116	48 570.40	175	14 996.00	182	29 142.60	152	1 030	55
17 330.00	101	57 768.00	136	57 694.00	135	66 654.00	150	32 085.00	117	53 524.00	106	574	130
17 108.00	102	52 933.00	145	43 497.00	166	93 318.00	116	16 817.00	172	43 370.00	121	534	141
16 956.50	103	57 422.90	137	50 087.60	147	40 771.00	198	26 408.50	135	21 784.50	188	434	184
16 556.00	104	64 978.00	123	64 978.00	121	14 422.00	278	9 258.00	220	2 085.00	292	519	147
16 543.00	105	42 308.00	169	38 219.00	176	36 697.00	211	11 300.00	212	11 842.00	238	320	254
16 178.00	106	62 853.00	126	59 934.00	131	50 298.00	172	25 993.00	136	27 282.00	161	556	138
16 008.81	107	49 958.00	152	44 444.00	162	155 087.87	74	－68 589.00	329	18 255.02	204	902	69
15 938.00	108	62 403.00	128	62 403.00	127	43 096.00	188	27 950.00	129	11 836.00	239	408	200

垦　区	企业名称	大型或中型	行业类型
上　海	云南西双版纳英茂糖业有限公司	中型	制糖业
新疆兵团	新疆如意纺织服装有限公司	大型	棉纺纱加工
新疆畜牧	新疆呼图壁种牛场有限公司	中型	农产品初加工活动
江　西	南昌济生制药公司	中型	
上　海	上海石库门酿酒有限公司	中型	黄酒制造
北　京	北京二商希杰食品有限责任公司	中型	豆制品制造
新疆兵团	新疆鑫立植物蛋白科技有限公司	中型	其他饲料加工
上　海	上海梅林食品有限公司	中型	肉、禽类罐头制造
广　西	广西农垦明阳生化集团股份有限公司	大型	制糖业
广　州	广州风行乳业股份有限公司	大型	液体乳制造
新疆兵团	新疆臻泰纺织有限公司	中型	服饰制造
新疆兵团	伊犁青松南岗建材有限责任公司	中型	水泥制造
广　西	广西糖业集团柳兴制糖有限公司	中型	制糖业
湖　北	武汉和盛汽车零部件有限公司	中型	汽车零部件及配件制造
新疆兵团	新疆蒙鑫水泥有限公司	中型	水泥制造
河　北	现代牧业（察北）有限公司	中型	牛的饲养
湖　北	际华三五零六纺织服装有限公司	中型	其他机织服装制造
江　西	江西省亚华电子材料有限公司	大型	电子电路制造
上　海	天津光明梦得乳品有限公司	中型	液体乳制造
新疆兵团	阿拉尔盛源热电有限责任公司	中型	热电联产
湖　北	康宁显示科技（武汉）有限公司	中型	显示器件制造
黑龙江	黑龙江省建三江农垦三江热电有限责任公司	中型	热电联产
天　津	天津海河乳业有限公司	中型	液体乳制造
上　海	郑州光明乳业有限公司	中型	液体乳制造
新疆兵团	图木舒克热电有限责任公司	中型	热电联产
河　北	雪川农业发展股份有限公司	中型	薯类种植
新疆兵团	新疆屯南煤业有限责任公司	中型	烟煤和无烟煤开采洗选
北　京	开封大红门肉类食品有限公司	中型	牲畜屠宰
北　京	北京二商大红门五肉联食品有限公司	中型	牲畜屠宰
广　东	广东广垦调丰糖业有限公司	中型	制糖业
江　西	南昌桑海制药公司	中型	
新疆兵团	哈密十三师水务管理有限公司	中型	电力供应
河　北	唐山三元食品有限公司	中型	乳粉制造
辽　宁	辽宁振兴生态造纸有限公司	中型	机制纸及纸板制造
新疆兵团	新疆屯富热电有限责任公司	中型	热电联产
湖　北	武汉龙发包装有限公司	中型	包装装潢及其他印刷

3－6续表3

增加值（万元）	排序	总产值（万元）	排序	销售产值（万元）	排序	年末资产总额（万元）	排序	所有者权益（万元）	排序	固定资产原值年末数（万元）	排序	年平均从业人员（人）	排序
15 922.00	109	77 964.10	107	62 370.80	128	63 692.80	154	23 008.70	149	52 687.90	107	638	112
15 671.52	110	124 660.60	73	113 932.40	81	734 849.00	21	336 637.00	16	306 749.30	18	2 691	15
15 293.60	111	94 297.10	93	89 082.70	94	79 255.26	136	33 967.75	113	36 483.92	134	552	139
15 243.00	112	36 038.00	183	34 901.00	185	48 995.00	174	36 552.00	106	10 045.00	243	676	101
15 206.60	113	46 500.00	158	44 626.80	161	149 177.10	76	139 992.20	32	90 687.30	66	356	235
15 162.58	114	34 260.37	189	34 265.54	187	29 089.11	233	21 840.61	153	16 062.60	216	782	89
15 130.10	115	137 566.50	66	122 191.40	72	27 074.10	245	14 530.60	186	15 027.70	221	310	263
14 672.90	116	74 353.50	111	74 619.10	107	42 029.30	193	22 457.70	151	20 532.80	195	326	248
14 429.00	117	45 734.00	161	45 780.00	158	631 137.00	24	－11 399.00	315	133 787.00	47	1 006	57
14 320.00	118	66 603.00	120	65 629.00	119	117 128.00	97	84 330.00	59	24 450.00	179	1 304	41
14 285.00	119	134 932.20	69	134 932.20	67	68 915.90	145	23 479.20	143	33 437.10	138	603	123
14 212.31	120	24 604.90	229	24 625.40	226	59 632.80	156	18 922.80	164	68 027.20	90	415	195
14 163.00	121	40 465.00	174	33 535.00	189	89 292.00	120	30 435.00	123	57 550.00	101	566	133
13 901.00	122	54 004.00	143	54 004.00	137	49 137.00	173	26 903.00	132	30 374.00	150	480	159
13 881.58	123	37 424.80	180	36 173.14	181	85 487.40	126	24 704.30	139	80 853.90	79	289	276
13 836.68	124	50 636.13	150	49 418.06	150	126 741.04	94	14 754.45	184	64 952.20	93	444	178
13 790.00	125	55 424.00	138	49 781.00	148	81 084.00	133	34 210.00	112	25 809.00	169	811	83
13 650.00	126	136 491.00	68	136 491.00	65	9 486.00	288	2 750.00	259	3 862.00	278	1 250	43
13 636.50	127	74 614.00	110	75 951.90	104	57 024.00	163	18 005.10	166	54 816.10	105	517	148
13 463.39	128	67 029.10	119	67 029.10	117	186 941.30	66	10 804.30	214	248 921.70	25	410	199
13 396.00	129	52 225.00	148	52 225.00	141		331		298		328	328	247
13 269.00	130	32 519.00	198	32 519.00	195	50 364.00	170	13 118.00	195	28 958.00	153	427	189
13 199.00	131	50 548.00	151	48 459.00	151	21 817.00	256	－17 180.00	318	17 629.00	209	789	88
12 856.50	132	65 389.00	122	64 952.60	122	53 272.30	166	13 185.20	193	33 569.20	137	223	288
12 833.20	133	80 958.90	104	80 958.90	100	307 394.00	43	35 830.00	107	209 930.20	33	350	236
12 694.11	134	98 351.00	87	98 351.00	87	146 683.39	77	81 438.80	60	86 753.75	71	666	105
12 403.09	135	18 768.90	249	16 561.60	255	58 219.10	158	31 283.70	120	64 606.10	94	622	116
12 360.73	136	642 239.45	9	654 678.00	7	23 506.36	251	9 827.74	218	1 306.62	299	562	137
12 275.27	137	514 268.39	14	526 541.43	13	58 135.77	160	34 433.93	111	19 940.40	196	565	134
12 264.39	138	45 040.00	164	41 806.00	170	22 743.00	254	4 261.00	253	7 423.00	260	420	192
12 196.00	139	31 942.00	203	31 869.00	200	42 093.00	191	32 348.00	115	9 029.00	252	462	168
12 145.95	140	21 950.20	238	21 950.20	237	240 960.10	53	70 157.60	69	57 067.60	103	568	131
12 140.00	141	45 535.00	162	45 367.00	160	7 289.00	295	2 466.00	262	4 545.00	274	443	179
12 037.00	142	48 148.00	155	50 259.00	146	185 142.00	67	39 075.00	102	133 938.00	46	750	91
11 931.36	143	30 752.00	208	30 752.00	206	177 978.70	70	29 770.00	125	149 917.70	42	318	257
11 768.00	144	52 843.00	146	52 843.00	139	28 371.00	240	5 218.00	243	9 024.00	253	338	245

垦　　区	企业名称	大型或中型	行业类型
新疆兵团	新疆庆回归化肥有限公司	中型	复混肥料制造
新疆兵团	奎屯天北矿业投资有限责任公司	中型	烟煤和无烟煤开采洗选
新疆兵团	天辰水泥有限责任公司	中型	水泥制造
甘　　肃	甘肃莫高实业发展股份有限公司	中型	葡萄酒制造
上　　海	上海联豪食品有限公司	中型	速冻食品制造
广　　西	广西糖业集团良圻制糖有限公司	中型	制糖业
新疆兵团	新疆顶益食品有限公司	中型	方便面制造
湖　　北	武汉东海敏实汽车零部件有限公司	中型	汽车零部件及配件制造
广　　西	广西糖业集团廖平制糖有限公司	中型	制糖业
新疆兵团	新疆天业节水灌溉股份有限公司	中型	塑料板、管、型材制造
广　　东	广东广垦华丰糖业有限公司	中型	制糖业
新疆兵团	石河子市西部宁新碳素有限公司	中型	石墨及碳素制品制造
新疆兵团	新疆天富天源燃气有限公司	中型	天然气生产和供应业
内 蒙 古	内蒙古阿鲁科尔沁旗山水水泥有限公司	中型	水泥制造
上　　海	上海永安乳品有限公司	中型	液体乳制造
新疆兵团	新疆生产建设兵团第一师电力有限责任公司	中型	电力供应
云　　南	云南农垦集团电力公司	中型	水力发电
湖　　北	武汉祥恒包装有限公司	中型	纸和纸板容器制造
上　　海	卡洛斯·阿尔博的孩子们股份有限公司（Hijos de Carlos Albo，S. L.）	中型	水产品罐头制造
黑 龙 江	黑龙江北大荒药业有限公司	中型	化学药品原料药制造
新疆兵团	新疆石河子花园乳业有限公司	中型	液体乳制造
上　　海	北京光明健能乳业有限公司	中型	液体乳制造
广　　西	广西糖业集团金光制糖有限公司	中型	制糖业
广　　东	湛江华资农垦糖业发展有限责任公司广丰分公司	中型	制糖业
新疆兵团	新疆锦泰电力有限责任公司	中型	电力供应
上　　海	南京光明乳品有限公司	中型	液体乳制造
北　　京	杭州临安小天使食品有限公司	中型	饼干及其他焙烤食品制造
湖　　北	湖北天济中药饮片有限公司	中型	中药饮片加工
河　　北	旗帜婴儿乳品股份有限公司	中型	乳粉制造
新疆兵团	图木舒克市东恒兴纺织科技有限公司	大型	棉纺纱加工
广　　西	广西糖业集团黔江制糖有限公司	中型	制糖业
湖　　北	武汉市玫隆皇冠食品有限公司	中型	糕点、面包制造
新疆兵团	新疆华世丹药业股份有限公司	中型	中成药生产
新疆兵团	新疆浙大阳光生物科技有限公司	中型	兽用药品制造
河　　北	蒙牛乳业（察北）有限公司	中型	液体乳制造

3－6续表4

增加值（万元）	排序	总产值（万元）	排序	销售产值（万元）	排序	年末资产总额（万元）	排序	所有者权益（万元）	排序	固定资产原值年末数（万元）	排序	年平均从业人员（人）	排序
11 590.00	145	95 403.70	89	85 329.70	95	33 177.80	225	20 791.10	158	23 539.90	181	360	230
11 537.20	146	31 334.30	207	24 724.60	225	182 985.50	69	15 132.30	180	83 555.10	75	465	166
11 505.46	147	26 890.10	221	26 593.66	217	66 499.60	152	58 625.20	81	87 028.70	70	372	220
11 500.00	148	18 700.00	250	18 700.00	245	150 000.00	75	130 000.00	34	110 000.00	56	460	169
11 380.40	149	43 148.40	168	45 828.20	157	20 755.90	258	11 866.00	205	2 547.30	288	324	250
11 361.00	150	32 462.00	200	31 596.00	202	37 509.00	208	19 673.00	161	22 224.00	186	376	214
11 183.42	151	49 166.30	154	52 702.80	140	28 055.70	241	9 437.50	219	24 890.00	176	453	171
11 076.00	152	43 401.00	167	43 401.00	167	42 089.00	192	31 833.00	118	16 508.00	214	447	176
11 047.00	153	14 839.00	266	13 649.00	272	24 259.00	247	13 576.00	191	12 693.00	233	347	237
11 045.94	154	40 022.60	176	42 959.65	168	93 911.60	115	57 714.50	83	31 061.40	146	683	100
10 822.66	155	39 745.36	177	36 252.30	180	14 755.54	276	1 503.89	267	5 559.00	271	347	237
10 732.89	156	20 007.10	242	17 812.91	250	72 524.70	141	69 438.70	71	39 053.20	126	268	279
10 541.34	157	41 033.80	173	41 033.75	173	85 170.80	127	32 278.40	116	81 083.60	78	534	141
10 383.57	158	39 692.59	178	36 292.38	179	75 255.29	139	5 690.52	239	71 547.85	89	304	269
10 067.40	159	54 372.30	141	54 334.00	136	26 684.60	246	12 176.60	200	21 604.60	190	254	283
10 043.35	160	90 641.90	95	90 641.90	92	308 161.50	42	43 938.10	94	305 779.00	19	638	112
9 866.82	161	32 072.00	202	32 072.00	199	102 307.00	106	24 574.00	140	64 460.00	95	528	144
9 852.00	162	44 239.00	165	43 652.00	165	41 629.00	195	8 515.00	227	18 996.00	199	340	243
9 844.90	163	65 870.50	121	72 363.40	110	45 593.70	184	39 202.30	101	16 140.20	215	304	269
9 806.00	164	29 755.00	210	28 769.00	210	48 402.00	176	42 172.00	97	25 154.00	173	591	125
9 692.80	165	50 735.80	149	50 507.62	144	28 670.90	238	16 412.00	174	21 935.80	187	371	222
9 685.40	166	46 311.60	159	46 889.20	154	36 454.90	212	4 611.80	248	25 325.30	172	254	283
9 675.00	167	27 643.00	217	23 009.00	233	67 418.00	148	11 367.00	211	45 847.00	117	627	114
9 604.28	168	35 258.00	185	32 333.00	198	40 698.00	199	14 780.00	183	6 367.00	267	377	212
9 518.08	169	54 847.70	140	50 459.90	145	286 199.10	47	103 423.90	46	246 143.20	26	278	278
9 375.00	170	41 251.90	172	40 623.80	174	18 194.10	264	9 160.40	222	14 975.80	222	401	202
9 277.36	171	19 821.46	243	18 556.90	246	32 521.60	228	30 954.36	121	9 754.81	245	472	164
9 199.00	172	38 554.00	179	38 554.00	175	111 684.00	100	74 073.00	67	3 783.00	279	421	191
9 040.00	173	101 000.32	83	84 597.69	96	72 303.62	143	22 056.43	152	46 869.16	114	718	94
9 027.80	174	75 649.10	109	59 127.70	132	107 475.80	102	55 403.50	85	57 753.90	99	1 311	39
8 878.00	175	24 955.00	228	24 963.00	224	28 673.00	237	−3 025.00	310	18 738.00	201	417	194
8 783.40	176	32 737.10	196	30 854.90	205	22 462.00	255	8 863.50	223	17 651.80	208	1 158	47
8 641.11	177	17 505.20	257	17 081.00	252	33 729.80	221	6 042.70	238	16 786.70	213	488	154
8 550.20	178	26 154.80	225	26 322.60	219	39 427.80	201	13 934.30	189	36 592.70	133	424	190
8 501.00	179	94 986.38	90	65 436.24	120	33 079.00	226	16 834.66	171	25 805.60	170	320	254

垦　　区	企业名称	大型或中型	行业类型
新疆兵团	新疆联众商品混凝土有限公司	中型	水泥制品制造
湖　　北	武汉日特固防音配件有限公司	中型	隔热和隔音材料制造
广　　西	广西糖业集团星星制糖有限公司	中型	制糖业
湖　　北	湖北汇东农产品有限公司	中型	蔬菜加工
新疆兵团	铁门关市新恒立纺织有限公司	中型	棉纺纱加工
广　　东	广东省东方剑麻集团有限公司	中型	麻纤维纺前加工和纺纱
江　　西	鸿奕实业（九江）有限公司	中型	皮鞋制造
新疆兵团	新疆兵团建工金石商品混凝土有限责任公司	中型	水泥制品制造
新疆兵团	新疆东纯兴纺织有限公司	大型	棉纺纱加工
天　　津	天津市利民调料有限公司	中型	酱油、食醋及类似制品制造
湖　　南	爱可道生物科技有限公司	中型	茶饮料及其他饮料制造
云　　南	云南农垦陇川糖厂	中型	制糖业
广　　西	广西糖业集团西江制糖有限公司	中型	制糖业
上　　海	上海海丰米业有限公司	中型	稻谷加工
上　　海	上海申光高强度螺栓有限公司	中型	紧固件制造
北　　京	北京二商穆香源清真肉类食品有限公司	中型	牲畜屠宰
新疆兵团	石河子天富农电有限责任公司	中型	电力供应
上　　海	广西凤糖六塘制糖有限责任公司	中型	制糖业
广　　东	湛江市金丰糖业有限公司	中型	制糖业
新疆兵团	新疆华兴玻璃有限公司	中型	玻璃包装容器制造
湖　　北	武汉玛丽文化用品有限公司	中型	本册印制
新疆兵团	新疆一和生物有限责任公司	中型	淀粉及淀粉制品制造
湖　　北	武汉市东西湖自来水公司	中型	自来水生产和供应
上　　海	无锡市振太酒业有限公司	中型	黄酒制造
新疆兵团	新疆六孚纺织工业园有限公司	中型	棉纺纱加工
上　　海	广西凤糖罗城制糖有限责任公司	中型	制糖业
新疆兵团	新疆鑫悦盛矿业有限公司	中型	烟煤和无烟煤开采洗选
新疆兵团	新疆新聚丰特种纱业有限公司	中型	棉纺纱加工
广　　西	广西糖业集团露塘制糖有限公司	中型	制糖业
新疆兵团	新疆中硅科技有限公司	中型	硅冶炼
湖　　北	康地饲料（中国）有限公司	中型	其他饲料加工
新疆兵团	华芳石河子纺织有限公司	大型	棉纺纱加工
新疆兵团	新疆绿华糖业有限责任公司	中型	制糖业
新疆兵团	五家渠恒信铝业有限公司	中型	铝压延加工
新疆兵团	新疆锦域纺织有限公司	大型	棉纺纱加工
北　　京	湖南颐丰食品有限公司	中型	牲畜屠宰

3－6续表5

增加值（万元）	排序	总产值（万元）	排序	销售产值（万元）	排序	年末资产总额（万元）	排序	所有者权益（万元）	排序	固定资产原值年末数（万元）	排序	年平均从业人员（人）	排序
8 443.49	180	33 000.60	195	33 000.60	193	47 900.90	179	26 760.70	133	13 487.80	228	325	249
8 411.00	181	32 676.00	197	31 651.00	201	41 244.00	197	32 617.00	114	28 544.00	155	358	233
8 411.00	182	24 031.00	233	15 974.00	257	50 334.00	171	−21 649.00	319	30 602.00	147	415	195
8 336.00	183	36 885.00	181	36 885.00	177	2 047.00	312	1 325.00	270	544.00	312	380	211
8 265.13	184	49 710.30	153	49 710.30	149	43 900.80	186	24 740.30	138	39 840.30	125	500	150
8 179.00	185	14 673.00	268	14 041.09	270	86 683.23	123	16 668.92	173	29 492.48	151	620	118
8 176.00	186	33 438.00	193	33 438.00	190	8 272.00	292	7 593.00	231	3 989.00	277	656	107
7 839.48	187	36 742.10	182	36 742.10	178	58 062.30	161	8 030.60	229	18 792.20	200	362	228
7 795.64	188	85 759.70	97	64 758.80	123	143 074.90	82	74 895.90	65	80 786.20	80	1 265	42
7 769.00	189	99 453.70	85	105 470.00	83	116 601.00	98	39 934.60	100	25 931.30	168	436	182
7 649.00	190	31 429.00	206	28 709.00	211	4 021.00	306	1 409.00	268	1 769.00	295	844	76
7 602.00	191	34 807.00	187	30 889.00	204	23 135.00	253	20 003.00	160	4 884.00	272	305	267
7 588.00	192	20 930.00	239	20 600.00	241	17 330.00	268	7 398.00	233	15 958.00	217	311	262
7 515.90	193	20 038.60	241	24 477.40	228	82 664.10	130	25 875.00	137	49 334.50	112	146	298
7 450.60	194	41 310.10	171	42 310.10	169	42 250.70	190	12 199.20	199	7 751.70	258	209	289
7 434.89	195	164 475.14	53	165 153.29	53	95 290.49	113	17 425.11	169	14 122.35	225	370	223
7 252.07	196	68 529.40	116	68 529.40	114	81 967.70	132	74 939.10	64	71 576.90	88	475	162
7 210.70	197	27 211.50	219	25 242.30	221	36 387.60	214	27 977.50	128	17 751.60	207	464	167
7 097.58	198	26 065.30	226	22 890.10	234	13 219.94	282	−7 105.13	313	3 446.00	282	430	187
7 065.34	199	17 767.50	256	17 371.20	251	15 123.00	275	9 185.30	221	21 448.50	191	302	272
7 009.00	200	27 444.00	218	23 963.00	231	165 091.00	72	23 342.00	145	15 305.00	220	458	170
6 903.47	201	28 964.70	211	26 267.90	220	34 852.80	219	21 045.90	157	27 857.00	159	365	226
6 817.00	202	15 001.00	265	15 001.00	264	413 696.00	31	38 608.00	103	57 699.00	100	357	234
6 782.70	203	15 568.50	263	15 408.80	260	15 140.30	274	11 404.50	210	7 135.20	262	317	258
6 654.00	204	25 956.30	227	34 785.71	186	90 337.10	118	68 833.10	73	42 714.10	123	981	61
6 593.30	205	33 897.50	190	30 969.00	203	37 981.00	206	11 526.60	206	27 878.80	157	498	151
6 464.04	206	12 366.00	277	12 064.00	276	27 129.40	244	−836.80	305	28 932.00	154	450	174
6 407.25	207	58 343.50	135	45 451.72	159	66 583.70	151	23 315.00	146	23 456.00	182	655	109
6 386.00	208	31 562.00	205	29 505.00	209	21 459.00	257	8 203.00	228	10 837.00	240	345	241
6 296.79	209	41 602.30	170	35 645.30	184	36 395.20	213	21 337.00	156	27 099.40	163	412	198
6 276.00	210	35 863.00	184	35 863.00	182	57 801.00	162	54 771.00	86	6 665.00	264	321	253
6 125.98	211	58 958.00	134	58 721.00	133	82 882.00	129	23 759.10	141	77 501.30	85	1 199	46
6 074.61	212	30 602.70	209	27 498.50	215	33 609.80	222	11 032.60	213	18 082.00	205	468	165
6 021.70	213	11 118.90	280	11 118.90	279	31 890.10	229	9 943.90	217	8 320.30	257	873	72
5 567.30	214	76 134.70	108	61 009.80	129	85 939.70	124	69 994.10	70	84 150.20	74	1 128	50
5 560.41	215	305 912.13	30	313 884.34	29	51 524.20	168	8 642.92	225	14 775.41	223	440	181

垦　　区	企业名称	大型或中型	行业类型
湖　　南	常德市伊康食品有限公司	中型	蔬菜、水果罐头制造
湖　　北	武汉旭东食品有限公司	中型	水果和坚果加工
上　　海	广西凤糖融水和睦制糖有限责任公司	中型	制糖业
新疆兵团	奎屯锦孚纺织有限公司	中型	棉纺纱加工
北　　京	辽宁小王子食品有限公司	中型	饼干及其他焙烤食品制造
上　　海	广西凤糖鹿寨纸业有限公司	中型	非木竹浆制造
北　　京	北京雁栖月盛斋清真食品有限公司	大型	其他未列明食品制造
湖　　北	武汉蓝盾门业有限公司	中型	金属门窗制造
湖　　南	湖南厚荣包装有限公司	中型	包装装潢及其他印刷
湖　　北	武汉智迅创源科技发展股份有限公司	中型	卫生材料及医药用品制造
广　　东	广东半岛糖业有限公司	中型	制糖业
上　　海	上海思乐得不锈钢制品有限公司	中型	金属制餐具和器皿制造
北　　京	陕西蒲城大红门肉类食品有限公司	中型	牲畜屠宰
上　　海	上海乐惠米业有限公司	中型	稻谷加工
新疆兵团	新疆永安天泰电力有限责任公司	中型	电力供应
上　　海	安徽光明槐祥工贸集团有限公司	中型	稻谷加工
上　　海	上海良友海狮油脂实业有限公司	中型	食用植物油加工
江　　苏	江苏省金象传动设备股份有限公司	中型	其他金属加工机械制造
上　　海	广西凤糖鹿寨制糖有限责任公司	中型	制糖业
黑 龙 江	北大荒马铃薯集团有限公司	中型	淀粉及淀粉制品制造
湖　　北	武汉飞鹤线缆有限公司	中型	电线、电缆制造
湖　　北	武汉昊诚能源科技有限公司	中型	锂离子电池制造
新疆兵团	新疆生产建设兵团第九师热电有限公司	中型	电力供应
新疆兵团	克拉玛依市润泰纺织有限公司	中型	棉纺纱加工
新疆兵团	铁门关市新兴纺织有限公司	中型	棉纺纱加工
新疆兵团	新疆生产建设兵团农五师电力公司	中型	电力供应
新疆兵团	图木舒克市东湖兴纺织有限公司	大型	棉纺纱加工
上　　海	广州光明乳品有限公司	大型	液体乳制造
广　　西	广西农垦集团华垦纸业有限公司	中型	机制纸及纸板制造
新疆兵团	新疆天绮纺织有限公司	中型	棉纺纱加工
广　　西	广西剑麻集团山圩剑麻制品有限公司	中型	制糖业
上　　海	上海福新面粉有限公司	中型	小麦加工
北　　京	山东三元乳业有限公司	中型	其他乳制品制造
新疆兵团	阿拉尔市中泰纺织科技有限公司	大型	人造纤维（纤维素纤维）制造
上　　海	光明乳业（泾阳）有限公司	中型	液体乳制造
河　　南	孟州市华兴有限责任公司	中型	酒精制造

3－6 续表 6

增加值（万元）	排序	总产值（万元）	排序	销售产值（万元）	排序	年末资产总额（万元）	排序	所有者权益（万元）	排序	固定资产原值年末数（万元）	排序	年平均从业人员（人）	排序
5 464.00	216	26 831.00	222	25 138.00	223	5 630.00	301	1 556.00	266	3 066.00	285	305	267
5 463.00	217	24 171.00	232	24 208.00	229	19 785.00	259	7 794.00	230	9 800.00	244	344	242
5 336.10	218	20 188.90	240	18 741.80	244	35 134.40	217	12 231.30	198	16 800.70	212	433	185
5 282.79	219	55 239.60	139	51 733.70	142	67 653.30	147	−531.30	304	72 704.20	87	1 093	53
5 279.65	220	12 808.00	275	5 793.89	299	14 269.67	280	12 081.82	202	7 420.39	261	386	207
5 114.20	221	14 050.20	271	14 057.10	269	24 037.00	248	11 517.00	207	22 972.10	183	446	177
4 824.00	222	9 677.00	283	10 714.00	281	53 493.00	165	−3 582.00	311	547.00	311	85	311
4 710.00	223	22 353.00	237	22 353.00	236	23 904.00	250	8 582.00	226	1 311.00	298	621	117
4 709.00	224	17 025.00	258	15 341.00	261	5 901.00	300	1 340.00	269	156.00	323	265	280
4 668.00	225	18 823.00	248	19 779.00	242	33 589.00	224	26 946.00	131	13 646.00	227	604	121
4 516.37	226	16 586.00	261	16 543.00	256	16 210.00	272	13 998.00	188	8 860.00	255	396	204
4 474.70	227	23 848.10	235	25 238.80	222	11 141.70	285	5 294.30	242	5 729.00	270	372	220
4 434.69	228	292 383.51	31	296 110.52	30	42 767.66	189	15 694.97	178	21 772.92	189	405	201
4 358.40	229	16 401.60	262	14 554.40	267	35 656.30	216	12 605.50	197	1 515.40	296	63	318
4 288.11	230	27 931.90	215	27 931.90	213	88 235.80	121	49 516.30	88	66 599.40	92	300	273
4 279.70	231	28 187.20	212	30 075.50	207	45 869.90	183	21 461.40	154	17 615.50	210	202	291
4 127.00	232	74 046.10	112	74 046.10	108	38 290.60	204	13 152.00	194	12 505.50	235	192	293
4 074.00	233	15 126.00	264	13 834.00	271	27 179.00	242	1 112.00	273	27 179.00	162	373	219
4 041.80	234	23 876.40	234	22 836.40	235	29 938.00	232	17 535.80	167	24 696.40	177	581	128
4 023.00	235	33 531.00	192	46 812.00	155	143 821.00	80	42 634.00	95	143 805.00	43	620	118
3 970.00	236	18 220.00	252	18 120.00	248	36 159.00	215	35 583.00	108		328	386	207
3 841.00	237	17 998.00	254	17 998.00	249	15 248.00	273	11 870.00	204	6 476.00	266	361	229
3 825.61	238	26 426.20	224	23 774.90	232	101 141.70	107	48 184.00	90	78 706.10	83	431	186
3 755.92	239	46 701.40	157	41 231.70	172	34 768.60	220	8 689.80	224	26 231.20	167	480	159
3 736.30	240	112 909.00	80	101 233.00	84	16 590.90	270	5 527.00	240	9 526.60	246	491	152
3 591.24	241	28 165.00	213	28 165.00	212	129 449.00	91	−365.50	303	57 198.80	102	441	180
3 534.26	242	84 629.70	100	64 277.10	124	130 591.10	90	31 505.50	119	92 084.10	64	1 550	31
3 462.80	243	61 100.50	132	60 807.50	130	33 601.80	223	−5 210.70	312	27 666.70	160	1 247	44
3 452.00	244	11 512.00	279	14 321.00	268	136 685.00	87	−114 213.00	331	78 947.00	82	746	92
3 389.96	245	17 908.10	255	18 169.86	247	46 752.10	181	4 639.00	245	18 459.90	203	485	156
3 385.00	246	9 671.00	284	8 518.00	286	18 537.00	263	4 534.00	249	10 192.00	242	303	271
3 324.40	247	34 819.70	186	33 917.00	188	38 710.00	203	12 159.00	201	13 359.80	229	136	301
3 252.23	248	26 607.00	223	26 371.00	218	10 216.00	286	−11 444.00	316	14 194.00	224	250	285
3 042.02	249	160 859.60	56	142 167.80	64	541 396.20	28	−62 404.20	327	365 833.20	17	2 260	22
3 032.10	250	14 195.90	270	14 602.10	266	14 549.90	277	7 182.10	235	9 050.40	251	293	275
2 850.00	251	210 000.00	41	210 588.00	39	110 994.00	101	64 280.00	75	84 482.00	73	320	254

垦　　区	企业名称	大型或中型	行业类型
北　　京	北京古船福兴食品有限公司	中型	小麦加工
新疆兵团	图木舒克市前海棉纺织有限责任公司	中型	棉纺纱加工
江　　西	新干县皇城粮油实业有限公司	中型	食用植物油加工
新疆兵团	新疆农垦现代糖业有限公司	中型	制糖业
北　　京	北京北水食品工业有限公司	中型	水产品冷冻加工
北　　京	北京龙门醋业有限公司	中型	酱油、食醋及类似制品制造
新疆兵团	新疆睿盛纺织有限公司	中型	棉纺纱加工
江　　西	新干县吉盛玻璃有限公司	中型	日用玻璃制品制造
新疆兵团	伊犁南岗化工有限责任公司	中型	初级形态塑料及合成树脂制造
新疆兵团	新疆华桉纺织有限公司	中型	棉纺纱加工
新疆兵团	新疆准噶尔农发水电有限公司	中型	自来水生产和供应
北　　京	北京胜利混凝土建材有限公司	中型	其他建筑材料制造
江　　西	长红场一江西佰仕通电子科技有限公司	中型	其他电子器件制造
宁　　夏	宁夏西夏王葡萄酒业有限公司	中型	葡萄酒制造
新疆兵团	哈密市盛镁镁业有限公司	中型	镁冶炼
湖　　北	武汉新世界制冷工业有限公司	中型	制冷、空调设备制造
新疆兵团	新疆仁和纺织科技有限公司	中型	棉纺纱加工
江　　西	江西凯顺玻璃工艺制品有限公司	中型	日用玻璃制品制造
新疆兵团	阿拉尔天丰纺织有限责任公司	中型	棉纺纱加工
新疆兵团	新疆华茂阿拉尔纺织有限公司	中型	棉纺纱加工
湖　　北	扬子江汽车集团有限公司	中型	改装汽车制造
江　　西	萤石矿	中型	
上　　海	上海瀛丰五斗生态农业发展有限公司	中型	稻谷加工
新疆兵团	新疆汉帛纺织有限公司	中型	棉纺纱加工
北　　京	河北安平大红门食品食品有限公司	大型	牲畜屠宰
江　　西	江西井冈山金华泰科技发展有限公司	中型	其他家具制造
北　　京	河北霸州六必居食品有限公司	中型	其他调味品、发酵制品制造
上　　海	广西凤糖柳江制糖有限责任公司	中型	制糖业
新疆兵团	阿拉尔市南疆碳素新材料有限公司	中型	石墨及碳素制品制造
上　　海	广西凤糖白沙制糖有限责任公司	中型	制糖业
湖　　北	湖北皮皮鸭食品有限公司	中型	肉制品及副产品加工
黑龙江	北大荒丰缘集团有限公司	中型	小麦加工
新疆兵团	新疆燕京啤酒有限公司	中型	啤酒制造
新疆兵团	新疆大黄山鸿基焦化有限责任公司	中型	炼焦
湖　　南	湖南上优食品科技有限公司	中型	液体乳制造
江　　西	天顺公司	中型	

3－6 续表 7

增加值（万元）	排序	总产值（万元）	排序	销售产值（万元）	排序	年末资产总额（万元）	排序	所有者权益（万元）	排序	固定资产原值年末数（万元）	排序	年平均从业人员（人）	排序
2 771.00	252	48 023.00	156	47 293.00	153	39 129.00	202	－133.00	300	21 296.00	192	127	302
2 724.98	253	24 281.80	231	21 438.00	238	54 280.80	164	29 250.50	126	49 778.50	111	419	193
2 696.00	254	12 784.00	276	12 714.00	275	3 562.00	308	2 512.00	261	1 227.00	303	41	328
2 691.43	255	19 000.00	247	11 102.20	280	28 859.50	236	4 621.40	247	15 925.80	218	245	286
2 665.00	256	32 476.00	199	32 470.00	196	17 577.00	266	125.00	290	9 090.00	250	65	316
2 654.00	257	5 598.00	300	5 432.00	302	5 578.00	303	4 638.00	246	824.00	308	160	296
2 652.46	258	34 755.00	188	33 335.28	191	61 283.20	155	19 000.20	163	52 639.80	108	717	95
2 645.00	259	7 285.00	298	7 259.00	294	2 273.00	311	1 235.00	272	1 230.00	302	121	303
2 634.74	260	67 351.70	118	71 229.32	111	128 971.90	92	－37 739.90	323	126 165.30	50	900	70
2 608.97	261	33 745.20	191	15 022.30	263	18 961.30	261	5 114.90	244	7 015.20	263	414	197
2 600.27	262	7 665.90	291	7 665.90	291	209 664.80	62	119 517.00	40	155 811.20	41	839	79
2 596.00	263	18 087.00	253	16 768.00	254	14 389.00	279	14 750.00	185	7 641.00	259	52	320
2 570.00	264	10 965.00	281	9 410.00	283	12 435.00	284	14 200.00	187	4 800.00	273	375	218
2 544.80	265	2 472.60	320	5 229.80	304	105 006.00	104	－2 702.00	309	37 920.10	129	208	290
2 432.31	266	14 204.50	269	13 148.03	274	6 946.70	298	656.50	280	1 805.30	294	376	214
2 291.00	267	9 808.00	282	9 808.00	282	46 515.00	182	20 639.00	159	26 236.00	166	401	202
2 279.53	268	28 017.80	214	27 466.01	216	28 372.20	239	7 019.50	236	19 387.80	198	453	171
2 215.00	269	6 975.50	299	6 975.50	296	2 658.00	310	853.00	277	995.00	304	120	304
2 205.02	270	16 936.30	259	11 732.80	277	13 967.70	281	－8 255.90	314	9 354.30	248	316	259
2 027.22	271	14 779.10	267	15 282.90	262	19 050.60	260	3 203.90	255	25 108.40	174	366	225
2 009.00	272	9 266.00	285	5 838.00	298	140 767.00	84	－29 434.00	320	31 140.00	144	667	104
2 000.00	273	8 420.00	288	4 350.00	313	37 850.00	207	3 050.00	256	20 750.00	194	575	129
1 969.10	274	8 780.50	287	8 393.30	287	18 755.50	262	4 429.70	251	6 344.30	268	79	313
1 917.74	275	16 689.30	260	14 807.30	265	10 092.10	287	－208.40	301	64.40	326	312	260
1 874.82	276	276 856.00	32	284 929.76	32	27 155.94	243	10 326.55	215	12 974.60	231	483	157
1 828.00	277	7 648.00	292	7 625.00	292	2 745.00	309	1 599.00	265	1 377.00	297	51	321
1 515.00	278	5 533.00	301	4 620.00	307	4 593.00	305	3 027.00	257	2 963.00	287	140	299
1 448.10	279	19 400.30	245	17 056.70	253	16 623.00	269	11 488.90	208	13 911.10	226	481	158
1 434.69	280		330		331	143 261.60	81	30 748.30	122	854.40	306	385	209
1 411.20	281	7 835.30	290	7 846.60	290	8 895.80	290	－1 954.00	308	8 577.80	256	364	227
1 386.00	282	7 377.00	295	5 912.00	297	5 584.00	302	445.00	282		328	310	263
1 380.00	283	13 942.00	272	15 944.00	258	427 221.00	30	－88 163.00	330	127 051.00	49	359	231
1 374.89	284	7 622.30	293	7 890.20	289	59 475.20	157	48 333.60	89	40 540.30	124	383	210
1 326.54	285	44 227.00	166	44 227.00	163	132 819.30	88	－62 978.60	328	178 618.70	36	845	74
1 275.00	286	5 359.00	303	5 359.00	303	7 026.00	297	2 316.00	263	3 385.00	283	93	310
1 255.00	287	7 521.00	294	5 748.00	300	16 393.00	271	10 164.00	216	9 016.00	254	324	250

垦　　区	企业名称	大型或中型	行业类型
湖　　南	湖南港艺家居有限公司	中型	木质家具制造
湖　　南	湖南楚荣家居科技有限公司	中型	木质家具制造
湖　　南	广东溢莱家居有限公司	中型	木质家具制造
上　　海	广西凤糖雒容制糖有限责任公司	中型	制糖业
江　　西	江西振新砂轮有限公司	中型	其他非金属矿物制品制造
江　　西	鹰潭市大地蔬菜制品有限公司	中型	农产品初加工活动
北　　京	北京二商（江西大观楼）食品有限公司	中型	其他调味品、发酵制品制造
上　　海	广西田林和平糖业有限公司	中型	制糖业
湖　　南	湖南德人牧业科技有限公司	中型	有机肥料及微生物肥料制造
北　　京	承德二商大红门肉类食品有限公司	中型	牲畜屠宰
湖　　南	常德市隆源包装有限责任公司	中型	包装装潢及其他印刷
北　　京	北京古船食品有限公司	中型	小麦加工
江　　西	新干县亿星电子有限公司	中型	电子电路制造
江　　西	新干县新森木业有限公司	中型	其他木材加工
江　　西	新干县洋峰粮油食品有限公司	中型	米、面制品制造
江　　西	钟氏木业	中型	木质家具制造
湖　　南	西湖兄弟粮油加工厂	中型	稻谷加工
湖　　南	湖南车霸房车实业有限公司	中型	汽车零部件及配件制造
湖　　南	常德东旺建材科技有限责任公司	中型	粘土砖瓦及建筑砌块制造
江　　西	江西平安运输有限公司	中型	其他城市公共交通运输
江　　西	靖安优乐美食品有限公司	中型	冷冻饮品及食用冰制造
江　　西	新干县长晶玻璃工艺品有限公司	中型	日用玻璃制品制造
江　　西	江西奥鑫水晶制品有限公司	中型	特种玻璃制造
江　　西	新干丰圣竹业有限公司	中型	竹制品制造
北　　京	驻马店大红门肉类食品有限公司	中型	牲畜屠宰
江　　西	江西平久石业有限公司	中型	其他开采专业及辅助性活动
江　　西	江西南环环保机械设备有限公司	中型	环保技术推广服务
新疆兵团	新疆天业股份有限公司	中型	塑料丝、绳及编织品制造
江　　西	靖安升柯科技有限公司	中型	其他科技推广服务业
江　　西	江西瑞华展示医学技术有限公司	中型	养生保健服务
江　　西	靖安特种工艺厂	中型	林产品初级加工活动
新疆兵团	哈密屹利煤化工有限公司	中型	炼焦
北　　京	北京虎王和田宽食品有限公司	中型	酱油、食醋及类似制品制造
江　　西	相垦水泥有限公司	中型	水泥制品制造
北　　京	北京古船油脂有限责任公司古币分公司	中型	食用植物油加工

3－6 续表 8

增加值（万元）	排序	总产值（万元）	排序	销售产值（万元）	排序	年末资产总额（万元）	排序	所有者权益（万元）	排序	固定资产原值年末数（万元）	排序	年平均从业人员（人）	排序
1 170.43	288	5 000.00	304	9 000.00	284	35 000.00	218	23 000.00	150	2 093.00	289	995	58
1 170.43	289	5 000.00	304	5 000.00	305	13 000.00	283	7 000.00	237	2 093.00	289	995	58
1 170.43	290	5 000.00	304	5 000.00	305	33 000.00	227	17 000.00	170	2 093.00	289	995	58
1 074.40	291	8 843.80	286	7 476.80	293	18 007.70	265	15 364.80	179	12 872.90	232	359	231
985.00	292	7 286.00	297	7 215.00	295	1 582.00	315	678.00	279	827.00	307	51	321
949.00	293	3 126.00	315	315.00	330	1 325.00	316	645.00	281	1 298.00	300	102	309
944.00	294	3 121.00	316	2 905.00	316	7 286.00	296	1 104.00	274	6 512.00	265	104	308
890.30	295	32 438.30	201	35 675.30	183	37 380.00	209	−44 620.10	324	37 369.70	130	525	145
854.00	296	3 724.00	314	3 724.00	315	9 212.00	289	5 381.00	241	3 626.00	281	50	323
823.96	297	188 971.85	47	189 845.59	44	23 496.43	252	4 522.22	250	13 206.07	230	236	287
815.00	298	4 402.00	311	4 402.00	312	1 742.00	314	419.00	283	901.00	305	32	331
801.00	299	19 067.00	246	21 028.00	239	100 959.00	108	55 604.00	84	10 336.00	241	281	277
732.00	300	4 526.00	308	4 428.00	310	995.00	319	309.00	285	325.00	317	46	325
678.00	301	4 349.00	312	4 228.00	314	984.00	320	251.00	288	481.00	313	42	326
579.00	302	4 552.00	307	4 526.00	308	1 016.00	318	348.00	284	598.00	310	40	329
540.00	303	8 150.00	289	8 070.00	288	8 150.00	293	1 000.00	275	4 010.00	276	308	265
523.00	304	2 432.00	321	2 432.00	319	328.00	325	256.00	286	226.00	321	14	332
515.00	305	4 469.00	309	4 469.00	309	5 135.00	304	1 911.00	264	1 265.00	301	55	319
504.00	306	2 483.00	319	2 301.00	320	975.00	321	10.00	297	650.00	309	80	312
335.00	307	1 186.00	322	1 091.00	321	365.00	323	123.00	291	356.00	315	188	294
298.00	308	1 056.00	323	958.00	322	321.00	326	103.00	292	315.00	318	114	306
272.00	309	2 738.00	317	2 715.00	317	1 864.00	313	1 299.00	271	1 822.00	293	110	307
256.00	310	2 697.50	318	2 674.00	318	3 716.00	307	4 311.00	252	3 704.00	280	151	297
253.00	311	926.00	326	926.00	324	815.00	322	254.00	287	467.00	314	42	326
231.07	312	27 757.00	216	27 630.00	214	8 710.09	291	2 667.79	260	70.91	325	330	246
185.00	313	1 021.00	324	898.00	325	342.00	324	144.00	289	336.00	316	138	300
168.00	314	765.00	329	642.00	329	298.00	328	97.00	293	286.00	320	65	316
156.02	315	19 625.90	244	19 556.80	243	1 032 306.90	10	423 592.90	10	112 826.60	55	182	295
156.00	316	856.00	327	812.00	326	135.00	330	56.00	296	121.00	324	47	324
154.00	317	798.00	328	682.00	327	310.00	327	86.00	294	305.00	319	71	315
139.00	318	986.00	325	928.00	323	178.00	329	68.00	295	165.00	322	117	305
72.50	319	45 423.70	163	44 129.50	164	47 312.40	180	−37 479.60	322	17 954.30	206	368	224
43.00	320		330	647.00	328	1 036.00	317	694.00	278	26.00	327		333
2.00	321	4 426.00	310	4 423.00	311	7 418.00	294	7 418.00	232	2 992.00	286	34	330
	322	11 858.00	278	11 327.00	278	6 887.02	299	875.73	276	3 270.68	284	76	314
	323		330		331		331		298		328		333

垦　区	企业名称	大型或中型	行业类型
江　西			
新疆兵团	中煤能源新疆天山煤电有限责任公司	中型	烟煤和无烟煤开采洗选
新疆兵团	新疆唐成棉业有限公司	中型	棉纺纱加工
北　京	承德三元金星鸭业有限责任公司	中型	牲畜屠宰
新疆兵团	新疆叶河源果业股份有限公司	中型	水果和坚果加工
北　京	北京金星鸭业有限公司	中型	牲畜屠宰
新疆兵团	石河子市国能能源投资有限公司	中型	热电联产
新疆兵团	新疆天智辰业化工有限公司	中型	
新疆兵团	阿拉尔青松化工有限责任公司	中型	无机碱制造
内蒙古	呼伦贝尔合适佳食品有限公司	中型	食用植物油加工
黑龙江	黑龙江省北大荒米业集团有限公司	中型	稻谷加工
新疆兵团	新疆新业能源化工有限责任公司	大型	煤制液体燃料生产

3－6 续表 9

增加值（万元）	排序	总产值（万元）	排序	销售产值（万元）	排序	年末资产总额（万元）	排序	所有者权益（万元）	排序	固定资产原值年末数（万元）	排序	年平均从业人员（人）	排序
	324		330		331		331		298		328		333
—13.77	325	13 641.20	273	13 641.17	273	146 540.70	78	—34 394.20	321	125 524.10	52	627	114
—63.98	326	26 985.10	220	24 018.70	230	30 315.20	230	3 965.70	254	32 104.20	143	876	71
—175.00	327	7 341.90	296	8 735.10	285	17 361.80	267	—1 592.00	306	12 540.30	234	312	260
—994.01	328	52 325.40	147	41 513.80	171	90 286.00	119	—274.00	302	28 160.60	156	196	292
—1 989.71	329	24 592.00	230	24 592.00	227	44 010.00	185	16 036.00	176	18 468.00	202	792	87
—2 255.46	330	5 468.00	302	5 468.00	301	221 050.30	59	—1 713.20	307	268 900.60	22	2 076	24
—3 608.26	331	94 407.90	92	77 688.70	102	747 613.00	20	36 883.70	105	265 218.50	23	1 311	39
—5 951.29	332	23 724.10	236	20 780.89	240	127 940.50	93	—53 251.00	326	126 153.00	51	475	162
—8 670.00	333	3 737.00	313	29 538.00	208	40 075.00	200	—45 781.00	325	32 177.00	142	255	282
—9 245.00	334	121 129.00	76	118 072.00	78	396 731.00	34	— 213 669.00	332	165 274.00	39	688	97
—13 141.13	335	111 678.90	81	111 697.98	82	766 856.60	19	271 398.60	22	646 419.40	8	1 358	36

建运服部分

4－1 建筑业基本情况

地　区	年末单位个数（个）	年末从业人员（人）	全年从业人员工资总额（万元）	年末固定资产原值（万元）
全国农垦	**2 969**	**341 847**	**2 903 794.77**	**2 401 982.24**
北　京	2	94	1 013.16	8 189.71
天　津	1	84	1 382.30	445.50
河　北	651	10 312	46 143.00	59 835.45
山　西				
内蒙古	21	338	726.00	1 175.00
辽　宁	179	9 967	31 267.20	58 018.20
吉　林	13	168	364.57	743.00
黑龙江	3	1 775	17 482.47	28 905.83
上　海	9	480	6 388.00	4 345.00
江　苏	60	3 239	31 952.00	57 297.00
浙　江	1	112	1 321.00	
安　徽	129	4 212	4 476.60	1 958.66
福　建	111	1 710	8 260.00	1 907.00
江　西	79	6 499	20 810.60	26 040.20
山　东	1	3	15.00	
河　南	3	334	1 183.00	864.00
湖　北	705	131 603	903 189.00	668 039.00
湖　南	57	12 113	40 561.50	25 692.58
广　东	222	5 876	39 638.27	39 082.82
广　西	128	7 025	45 180.00	217 935.00
海　南	194	8 920	35 463.00	214 808.00
重　庆				
四　川				
贵　州				
云　南	79	782	2 984.00	2 891.00
陕　西	1	4 056	1 825.00	33.78
甘　肃	2	573	6 204.00	4 602.00
青　海				
宁　夏	17	1 692	4 390.00	1 225.00
新疆（兵团）	264	128 014	1 646 236.00	932 536.00
新疆（农业）	7	289	847.20	1 023.59
新疆（畜牧）	30	1 577	4 491.90	44 388.92
热科院				
广　州				
南　京				

4－1续表

地区	年末拥有机械设备总台数（台）	全年施工房屋建筑面积（米²）	房屋建筑竣工面积（米²）	建筑业总产值（万元）
全国农垦	**58 344**	**207 798 171**	**98 610 048**	**24 619 633.48**
北京	7	8 500	6 000	21 807.00
天津	12			66 494.50
河北	4 268	575 821	179 816	889 409.33
山西				
内蒙古	35	20 000	20 000	3 839.00
辽宁	1 560	908 052	549 816	304 145.27
吉林	40	7 480	7 480	803.36
黑龙江	1 018	509 276	448 301	364 820.10
上海	6	573 159	96 521	36 385.00
江苏	730	27	13	200 779.00
浙江				3 555.00
安徽	129	365 043	175 468	94 688.90
福建	123	447 350	129 524	29 602.00
江西	4 319	1 882 193	1 487 192	262 042.20
山东				299.60
河南	75	10 000	9 000	8 041.00
湖北	17 720	168 700 000	83 530 000	10 479 550.00
湖南	11 586	1 067 508	705 833	215 015.00
广东	943	533 433	472 715	215 074.20
广西	2 145	1 620 937	491 960	399 133.00
海南	751	806 853	500 886	506 776.00
重庆				
四川				
贵州				
云南	196	52 750	49 475	17 731.00
陕西	29	2 300	2 300	4 693.00
甘肃	5	90 484	88 094	10 516.00
青海				
宁夏	434	250 000	60 000	11 002.00
新疆（兵团）	11 683	29 236 760	9 477 200	10 109 264.00
新疆（农业）	22	9 995	9 995	334 604.44
新疆（畜牧）	508	120 249	112 459	29 563.58
热科院				
广州				
南京				

4-2 国有及国有控股建筑业基本情况

地　区	年末单位个数（个）	年末从业人员（人）	全年从业人员工资总额（万元）	年末固定资产原值（万元）
全国农垦	**188**	**143 361**	**1 819 763.33**	**1 116 152.16**
北　京	2	94	1 013.16	8 189.71
天　津	1	84	1 382.30	445.50
河　北	2	32	34.40	490.00
山　西				
内蒙古	1	13	92.00	10.00
辽　宁	6	789	3 854.00	3 205.00
吉　林				
黑龙江	3	1 775	17 482.47	28 905.83
上　海	9	480	6 388.00	4 345.00
江　苏	5	173	1 187.00	624.00
浙　江				
安　徽	6	3 079	1 312.00	442.56
福　建	1	50	203.00	
江　西	9	271	997.00	842.20
山　东		3	15.00	
河　南	1	49	133.00	664.00
湖　北	16	49 446	497 433.00	198 762.00
湖　南	1	725	60.50	558.58
广　东	7	289	8 471.50	8 872.00
广　西	16	892	5 435.00	44 203.00
海　南	14	1 056	17 363.00	6 905.00
重　庆				
四　川				
贵　州				
云　南	5	107	538.00	250.00
陕　西	1	4 056	1 825.00	33.78
甘　肃	2	57	504.00	4 602.00
青　海				
宁　夏	2	518	2 681.00	443.00
新疆（兵团）	77	79 314	1 251 350.00	803 264.00
新疆（农业）	1	7	9.00	95.00
新疆（畜牧）		2		
热科院				
广　州				
南　京				

4-2续表

地　　区	年末拥有机械设备总台数（台）	全年施工房屋建筑面积（米²）	房屋建筑竣工面积（米²）	建筑业总产值（万元）
全国农垦	**7 849**	**105 294 177**	**21 019 776**	**14 016 938.10**
北　　京	7	8 500	6 000	21 807.00
天　　津	12			66 494.50
河　　北	5			50.00
山　　西				
内 蒙 古				
辽　　宁	50	12	12	6 120.00
吉　　林				
黑 龙 江	1 018	509 276	448 301	364 820.10
上　　海	6	573 159	96 521	36 385.00
江　　苏	5	5	1	4 488.00
浙　　江				
安　　徽	2	336 936	158 221	79 998.90
福　　建				216.00
江　　西	78	23 300	22 400	4 036.00
山　　东				299.60
河　　南	20	8 000	7 000	6 571.00
湖　　北	687	84 250 000	14 140 000	6 477 582.00
湖　　南	11	405	278	5 780.00
广　　东	35	23 959	23 248	39 328.00
广　　西	191	489 999	86 651	32 118.00
海　　南	2	184 084	106 886	26 245.00
重　　庆				
四　　川				
贵　　州				
云　　南	17	23 285	680	5 432.00
陕　　西	29	2 300	2 300	4 693.00
甘　　肃	5	90 484	88 094	10 516.00
青　　海				
宁　　夏	246	250 000	60 000	11 002.00
新疆(兵团)	5 411	18 520 473	5 773 183	6 812 956.00
新疆(农业)	12			
新疆(畜牧)				
热 科 院				
广　　州				
南　　京				

4－3　交通运输业基本情况

地　　区	年末单位个数（个）	年末从业人员（人）	全年从业人员工资总额（万元）	年末固定资产原值（万元）	年末拥有主要运输工具（台）
全国农垦	**32 920**	**120 235**	**718 315.09**	**2 926 747.19**	**119 559**
北　京	4	1 872	6 786.99	23 833.76	1 709
天　津					
河　北	7 031	15 637	83 185.90	169 889.83	11 917
山　西	39	100	289.00	624.00	42
内蒙古	439	1 900	6 413.40	67 199.10	1 254
辽　宁	3 037	7 392	22 369.39	59 964.61	6 492
吉　林	110	214	723.80	1 855.00	122
黑龙江	31	2 502	12 229.48	380 103.00	1 117
上　海	40	6 775	57 834.00	115 894.00	693
江　苏	30	2 458	25 831.00	25 804.00	771
浙　江	2	2	10.00		2
安　徽	539	935	4 621.73	7 656.92	616
福　建	704	1 488	7 898.30	5 497.63	913
江　西	389	2 183	7 055.35	12 920.00	1 058
山　东					
河　南		35	64.00	132.00	7
湖　北	12 927	52 848	382 443.00	1 859 356.00	41 364
湖　南	110	3 181	11 138.00	23 789.00	22 598
广　东	863	4 730	21 713.05	35 963.05	3 005
广　西	1 786	3 122	17 739.00	29 452.00	584
海　南	1 903	6 887	24 752.00	30 051.00	17 391
重　庆	2	415	3 343.00	1 020.00	287
四　川	1	13	84.00		
贵　州					
云　南	1 221	2 170	9 815.00	55 477.00	5 533
陕　西					
甘　肃	24	32	156.06	557.27	23
青　海					
宁　夏	718	1 182	4 079.00	7 570.00	848
新疆(兵团)					
新疆(农业)	406	629	2 378.00	6 208.00	524
新疆(畜牧)	563	1 520	5 318.64	5 804.02	676
热科院					
广　州					
南　京	1	13	44.00	126.00	13

4－3续表

地　区	全年客货运输量		营业总收入（万元）	
	货运量（吨）	客运量（万人）		货运及装卸收入（万元）
全国农垦	**695 190 890**	**19 225 736**	**2 171 013.96**	**1 633 984.44**
北　京	89 350	373	46 458.46	23 188.39
天　津				
河　北	319 211 820	3 148 084	255 832.25	75 305.34
山　西	21	6	646.00	384.00
内蒙古	5 372 662	742 423	35 264.65	26 274.50
辽　宁	18 296 747	3 369 194	103 803.92	63 748.57
吉　林	96 846	173 911	2 408.27	523.07
黑龙江	329 900	679	58 499.00	8 029.00
上　海	2 614 139	3 815	247 819.00	206 565.00
江　苏	193	106	83 547.00	64 260.00
浙　江			21.00	
安　徽	1 017 340	291 128	10 492.80	6 505.07
福　建	3 186 839	4 632 373	16 095.00	14 281.00
江　西	407 959	65 875	22 622.25	16 509.52
山　东				
河　南		8 947	104.00	30.00
湖　北	67 180 000	2 060	917 512.00	874 739.00
湖　南	1 481 358	603 622	68 422.00	34 317.00
广　东	5 926 578	825	75 238.78	52 615.01
广　西	2 613 478	295	68 094.00	54 365.00
海　南	10 706 331	5 238 223	70 591.00	54 776.00
重　庆	408 421		17 549.00	17 549.00
四　川			0.10	0.10
贵　州				
云　南	253 892 800	1 584	43 065.00	27 074.00
陕　西				
甘　肃	101 974	10 700	1 099.00	1 036.22
青　海				
宁　夏	154	317	9 691.00	6 011.00
新疆（兵团）				
新疆（农业）	569 534	98 510	4 881.00	2 286.00
新疆（畜牧）	1 536 447	832 682	11 119.48	3 537.65
热科院				
广　州				
南　京	150 000	4	138.00	75.00

4－4　国有及国有控股交通运输业基本情况

地　区	年末单位个数（个）	年末从业人员（人）	全年从业人员工资总额（万元）	年末固定资产原值（万元）	年末拥有主要运输工具（台）
全国农垦	**452**	**13 701**	**88 784.30**	**551 477.78**	**5 309**
北　京	4	1 872	6 786.99	23 833.76	1 709
天　津					
河　北	2	16	67.00	135.00	
山　西					
内蒙古	2	237	926.00	4 568.00	9
辽　宁		5	10.00		
吉　林					
黑龙江	31	2 502	12 229.48	380 103.00	1 117
上　海	40	6 775	57 834.00	115 894.00	693
江　苏					
浙　江					
安　徽					
福　建	9	9			
江　西	5	233	572.15	882.00	84
山　东					
河　南		20			
湖　北	4	58	226.00	1 445.00	36
湖　南	2	8	34.00	171.00	31
广　东	6	1 033	4 020.03	8 242.80	754
广　西	2	56	316.00	2 915.00	116
海　南	317	148	1 484.00	3 684.00	20
重　庆		415	3 343.00	1 020.00	287
四　川	1	13	84.00		
贵　州					
云　南	24	112	592.00	7 942.00	434
陕　西					
甘　肃	1	6	32.06	2.27	
青　海					
宁　夏	1	14	143.00	461.00	11
新疆（兵团）					
新疆（农业）					
新疆（畜牧）	1	169	84.59	178.95	8
热科院					
广　州					
南　京					

4-4续表

地区	全年客货运输量		营业总收入	
	货运量（吨）	客运量（万人）		货运及装卸收入（万元）
全国农垦	**4 720 430**	**118 066**	**407 978.32**	**278 748.23**
北京	89 350	373	46 458.46	23 188.39
天津				
河北	25 000	11 000	2 130.00	1 910.00
山西				
内蒙古	20 000		4 707.00	207.00
辽宁			10.00	
吉林				
黑龙江	329 900	679	58 499.00	8 029.00
上海	2 614 139	3 815	247 819.00	206 565.00
江苏				
浙江				
安徽				
福建			48.00	
江西	5 501	36 845	1 284.45	237.52
山东				
河南				
湖北	50 000	40	3 961.00	1 353.00
湖南	5		70.00	70.00
广东		496	4 295.28	
广西	240 200	112	1 417.00	469.00
海南	862 910	64 696	17 851.00	17 700.00
重庆	408 421		17 549.00	17 549.00
四川			0.10	0.10
贵州				
云南	2 000	10	256.00	
陕西				
甘肃	55 000		742.00	737.22
青海				
宁夏	3		725.00	725.00
新疆(兵团)				
新疆(农业)				
新疆(畜牧)	18 000		156.03	8.00
热科院				
广州				
南京				

4－5 批发零售业基本情况

地区	年末单位个数（个）	年末从业人员（人）	全年从业人员工资总额（万元）	营业网点个数（个）
全国农垦	**122 287**	**396 541**	**1 791 829.98**	**88 311**
北京	99	4 388	56 838.23	192
天津	22	4 456	29 539.70	
河北	6 248	22 048	80 064.80	8 216
山西	1 049	3 468	7 369.48	1 141
内蒙古	2 401	5 829	19 011.25	1 757
辽宁	7 134	23 859	166 794.84	5 447
吉林	761	1 775	3 734.24	625
黑龙江	58	7 672	65 709.90	530
上海	194	29 811	408 993.00	2 973
江苏	3 855	12 414	94 594.00	2 938
浙江	51	98	367.60	51
安徽	1 895	6 298	13 445.33	2 439
福建	1 426	5 184	13 039.60	923
江西	3 053	15 066	40 024.30	6 629
山东	12	33	167.20	13
河南	184	853	2 371.88	332
湖北	71 779	124 460	331 949.00	24 206
湖南	2 363	8 019	31 633.78	1 850
广东	3 547	11 191	64 630.95	3 231
广西	4 431	13 983	66 899.00	4 517
海南	2 496	54 314	84 379.00	11 117
重庆	2	42	650.00	
四川	1	4	40.00	4
贵州	2	109	914.00	
云南	4 776	9 812	31 373.00	5 829
陕西	30	136	632.50	27
甘肃	132	395	2 609.76	86
青海				
宁夏	1 207	2 558	6 507.00	1 264
新疆（兵团）	664	24 513	155 275.00	
新疆（农业）	1 268	2 147	4 649.93	1 218
新疆（畜牧）	1 105	1 401	5 676.84	716
热科院		12	93.87	2
广州	6	117	1 641.00	2
南京	36	76	210.00	36

4－5续表

地　区	年末固定资产原值（万元）	年末营业用房面积（米²）	商品销售总额或营业收入（万元）
全国农垦	**5 700 906.08**	**9 281 807**	**64 673 574.58**
北　京	328 481.08	298 876	8 756 865.27
天　津	233 576.70		1 527 991.20
河　北	190 077.80	686 903	3 647 442.00
山　西	3 273.00	31 531	380 567.44
内蒙古	74 325.60	216 930	193 696.62
辽　宁	94 808.81	483 057	388 999.44
吉　林	10 241.67	63 916	7 768.96
黑龙江	804 777.00	403 577	6 909 734.00
上　海	1 140 434.00	746 979	7 855 611.00
江　苏	71 260.00	168 893	851 849.00
浙　江	445.70	2 313	1 689.70
安　徽	19 683.60	176 099	131 961.68
福　建	41 845.00	99 576	129 858.65
江　西	47 831.20	329 905	373 954.00
山　东	77.00	2 460	2 278.48
河　南	9 432.37	39 082	23 235.25
湖　北	558 213.00	1 269 474	11 555 689.00
湖　南	27 683.00	483 213	333 704.00
广　东	150 364.02	212 732	1 353 415.74
广　西	99 803.00	464 017	1 262 361.00
海　南	109 510.00	498 710	1 694 040.00
重　庆	4 950.00	6 700	19 693.00
四　川	5.00	89	64.00
贵　州	154.00		15 089.00
云　南	124 000.00	314 861	2 811 815.00
陕　西	5 679.80	4 119	1 152.20
甘　肃	5 399.85	9 589	155 894.18
青　海			
宁　夏	12 152.00	46 695	29 808.00
新疆（兵团）	1 499 217.00	2 077 716	13 949 655.10
新疆（农业）	28 202.00	78 989	16 037.23
新疆（畜牧）	4 250.93	57 473	8 749.08
热科院	25.95	1 598	570.36
广　州	402.00	2 635	280 255.00
南　京	324.00	3 100	2 080.00

4-6 国有及国有控股批发零售业基本情况

地　区	年末单位个数（个）	年末从业人员（人）	全年从业人员工资总额（万元）	营业网点个数（个）
全国农垦	**832**	**99 115**	**748 862.99**	**4 647**
北　京	92	3 915	52 754.71	163
天　津	22	4 456	29 539.70	
河　北	14	207	286.00	14
山　西	3	45	177.71	3
内蒙古	19	533	3 538.00	43
辽　宁	60	804	1 319.60	58
吉　林	13	28	37.88	13
黑龙江	58	7 672	65 709.90	530
上　海	194	29 811	408 993.00	2 973
江　苏	3	526	2 748.00	3
浙　江	1	6	66.40	
安　徽	6	65	455.79	6
福　建	5	44	351.00	1
江　西	10	1 358	4 416.00	381
山　东	2	4	26.00	
河　南	7	133	871.18	161
湖　北	11	2 074	31 408.00	21
湖　南				
广　东	23	1 712	14 482.13	92
广　西	34	437	3 112.00	34
海　南	41	29 893	10 997.00	41
重　庆	2	42	650.00	
四　川				
贵　州	1	40	168.00	
云　南	24	622	8 663.00	37
陕　西	2	82	432.00	3
甘　肃	6	239	2 235.26	3
青　海				
宁　夏	3	161	649.00	61
新疆（兵团）	168	14 059	102 963.00	
新疆（农业）	2	30	171.73	4
新疆（畜牧）				
热科院				
广　州	6	117	1 641.00	2
南　京				

4－6续表

地 区	年末固定资产原值（万元）	年末营业用房面积（米²）	商品销售总额或营业收入（万元）
全国农垦	**3 924 756.33**	**1 814 771**	**41 352 129.11**
北 京	308 692.55	283 271	8 580 249.12
天 津	233 576.70		1 527 911.20
河 北	47.60	366	5 946.00
山 西	219.99	1 679	2 397.28
内蒙古	35 279.00	27 752	118 246.00
辽 宁	344.90	5 555	4 578.50
吉 林	62.67	1 800	48.00
黑龙江	804 777.00	403 577	6 909 734.00
上 海	1 140 434.00	746 979	7 855 611.00
江 苏	15 206.00	6 908	42 010.00
浙 江	137.70		106.70
安 徽	363.80	7 930	2 683.58
福 建	450.00	950	8 434.00
江 西	2 600.00	12 373	15 761.00
山 东	52.00	375	227.00
河 南	8 601.67	25 832	9 150.92
湖 北	139 128.00	30 740	1 653 603.00
湖 南			
广 东	74 845.80	11 136	885 812.11
广 西	11 348.00	24 061	493 957.00
海 南	46 797.00	82 136	141 832.00
重 庆	4 950.00	6 700	19 693.00
四 川			
贵 州	12.00		3 190.00
云 南	16 522.00	53 053	2 647 978.00
陕 西	5 280.00	700	653.00
甘 肃	4 819.95	1 476	155 279.18
青 海			
宁 夏	4 160.00	3 667	12 956.00
新疆（兵团）	1 065 087.00	69 620	9 972 449.90
新疆（农业）	559.00	3 500	1 336.62
新疆（畜牧）			40.00
热科院			
广 州	402.00	2 635	280 255.00
南 京			

4-7 餐饮业基本情况

地　区	年末单位个数（个）	年末从业人员（人）	全年从业人员工资总额（万元）	营业网点个数（个）
全国农垦	**24 231**	**110 016**	**333 053.54**	**20 935**
北　京	5	264	2 436.66	5
天　津	3	28	244.60	
河　北	1 300	9 980	38 275.72	1 327
山　西	37	434	1 242.80	45
内蒙古	1 114	2 939	11 316.83	894
辽　宁	1 457	13 953	25 605.47	1 320
吉　林	127	428	1 218.04	93
黑龙江	13	271	904.59	14
上　海	6	112	5 074.00	4
江　苏	588	3 050	14 734.00	292
浙　江	18	52	198.50	18
安　徽	573	2 331	7 037.46	796
福　建	406	1 559	5 154.30	324
江　西	848	6 710	16 829.00	1 060
山　东	1	23	58.40	
河　南	31	236	402.00	29
湖　北	11 525	36 839	102 201.00	4 952
湖　南	969	3 103	2 939.00	2 466
广　东	699	4 741	24 234.67	687
广　西	592	3 040	12 467.00	613
海　南	420	8 454	26 193.00	2 353
重　庆	2	285	2 283.00	2
四　川				
贵　州				
云　南	1 916	6 322	20 371.00	2 314
陕　西	18	86	216.50	17
甘　肃	41	92	315.46	34
青　海	1	6	39.00	1
宁　夏	397	1 891	3 124.00	407
新疆（兵团）	21	228	2 323.10	
新疆（农业）	567	1 092	2 800.32	438
新疆（畜牧）	512	1 424	2 716.12	406
热科院				
广　州				
南　京	24	43	98.00	24

4－7续表

地　区	年末固定资产原值（万元）	年末营业用房面积（米²）	商品销售总额或营业收入（万元）
全国农垦	**922 217.45**	**2 834 629**	**1 359 530.94**
北　京	20 975.82	54 467	5 998.64
天　津	801.30		331.30
河　北	40 100.30	149 498	212 098.70
山　西	519.80	4 764	3 390.87
内蒙古	19 824.08	121 983	29 202.84
辽　宁	37 362.27	129 138	75 908.56
吉　林	2 121.83	18 177	2 211.31
黑龙江	24 126.00	61 288	2 111.00
上　海	3 272.00	12 789	7 755.00
江　苏	17 236.00	42 560	60 064.00
浙　江	615.00	1 830	828.00
安　徽	40 378.50	94 463	23 282.60
福　建	20 754.80	54 957	16 863.80
江　西	34 581.00	151 220	189 465.26
山　东		4 525	230.07
河　南	1 000.00	9 770	5 720.00
湖　北	106 657.00	505 815	347 055.00
湖　南	30 090.00	83 057	21 686.00
广　东	33 895.15	231 510	104 329.25
广　西	18 782.00	73 908	66 130.00
海　南	126 155.00	295 929	66 714.00
重　庆	5 970.00	31 200	5 380.00
四　川			
贵　州			
云　南	263 603.00	416 665	78 002.00
陕　西	379.70	23 987	562.30
甘　肃	2 815.13	6 039	611.40
青　海	150.00	13 878	120.00
宁　夏	18 609.00	50 682	9 671.00
新疆（兵团）	41 317.90	50 310	12 402.70
新疆（农业）	6 688.00	90 108	5 688.00
新疆（畜牧）	3 236.87	48 012	4 807.34
热科院			
广　州			
南　京	200.00	2 100	910.00

4-8 国有及国有控股餐饮业基本情况

地区	年末单位个数（个）	年末从业人员（人）	全年从业人员工资总额（万元）	营业网点个数（个）
全国农垦	**224**	**4 601**	**22 722.65**	**276**
北京	5	264	2 436.66	5
天津	3	28	244.60	
河北	2	39	94.00	2
山西	1	10	21.26	1
内蒙古	2	77	258.00	1
辽宁	106	663	548.00	105
吉林				
黑龙江	13	271	904.59	14
上海	6	112	5 074.00	4
江苏	2	142	608.00	1
浙江				
安徽	3	226	1 159.00	2
福建	3	10	43.00	
江西	17	654	2 048.00	65
山东				
河南				
湖北	3	38	116.00	3
湖南				
广东	12	294	1 273.08	12
广西	2	12	72.00	2
海南	4	494	2 292.00	11
重庆	2	285	2 283.00	2
四川				
贵州				
云南	25	505	2 126.00	38
陕西				
甘肃	3	18	94.66	2
青海	1	6	39.00	1
宁夏	4	426	694.00	5
新疆（兵团）	5	27	293.80	
新疆（农业）				
新疆（畜牧）				
热科院				
广州				
南京				

4－8续表

地　区	年末固定资产原值（万元）	年末营业用房面积（米^2）	商品销售总额或营业收入（万元）
全国农垦	**201 413.24**	**434 125**	**59 382.09**
北　京	20 975.82	54 467	5 998.64
天　津	801.30		331.30
河　北	1 519.00	1 439	310.00
山　西	20.02	101	39.70
内蒙古	412.00	730	562.00
辽　宁	344.90	3 805	5 998.50
吉　林			
黑龙江	24 126.00	61 288	2 111.00
上　海	3 272.00	12 789	7 755.00
江　苏	1 902.00	3 728	4 520.00
浙　江			
安　徽	30 001.00	42 472	4 293.00
福　建			49.00
江　西	2 743.00	15 877	5 389.00
山　东			
河　南			
湖　北	1 169.00	7 214	531.00
湖　南			
广　东	2 663.67	16 733	1 885.65
广　西	30.00	2 480	274.00
海　南	66 985.00	87 934	5 179.00
重　庆	5 970.00	31 200	5 380.00
四　川			
贵　州			
云　南	15 864.00	55 754	5 890.00
陕　西			
甘　肃	2 584.13	1 712	240.60
青　海	150.00	13 877	120.00
宁　夏	14 681.00	15 189	1 842.00
新疆（兵团）	5 199.40	5 335	682.70
新疆（农业）			
新疆（畜牧）			
热科院			
广　州			
南　京			

4－9 服务业基本情况

地区	年末单位个数（个）	年末从业人员（人）	全年从业人员工资总额（万元）	营业网点个数（个）
全国农垦	**28 319**	**193 779**	**3 989 648.70**	**32 954**
北京	201	11 682	2 842 797.15	97
天津	26	971	17 768.80	
河北	7 031	19 376	92 511.00	7 564
山西	41	343	1 503.40	91
内蒙古	561	1 521	4 295.11	490
辽宁	2 721	10 489	46 064.84	2 862
吉林	124	287	684.00	129
黑龙江	97	10 048	72 717.08	
上海	123	2 547	60 483.00	54
江苏	2 185	10 956	94 609.00	1 020
浙江	23	64	331.60	23
安徽	844	2 632	6 866.19	1 080
福建	531	1 558	5 222.10	522
江西	251	3 119	11 829.00	1 812
山东	2	3	16.00	
河南	22	431	3 636.66	39
湖北	5 054	58 572	455 973.00	5 127
湖南	1 011	10 667	16 414.00	228
广东	1 645	13 102	107 974.32	1 875
广西	1 239	7 548	53 996.00	1 249
海南	725	10 665	24 024.00	3 258
重庆	2	160	1 760.00	2
四川	1	11	94.57	1
贵州				
云南	2 348	10 613	38 728.00	4 093
陕西	21	145	562.95	21
甘肃	47	308	1 739.82	42
青海				
宁夏	591	2 779	10 479.00	586
新疆（兵团）				
新疆（农业）	423	1 019	2 952.80	340
新疆（畜牧）	304	1 356	1 959.29	268
热科院				
广州	47	464	9 304.00	
南京	78	343	2 352.02	81

4-9续表

地区	年末固定资产原值（万元）	年末营业用房面积（米^2）	商品销售总额或营业收入（万元）
全国农垦	**12 418 389.74**	**5 449 317**	**8 667 883.95**
北京	1 548 122.73	1 315 256	1 280 862.81
天津	52 809.40		69 491.20
河北	144 317.00	284 032	753 096.00
山西	2 174.00	2 341	26 086.02
内蒙古	10 057.73	44 945	58 611.82
辽宁	31 868.94	131 579	72 115.29
吉林	1 167.00	8 516	1 335.72
黑龙江	611 569.00	204 593	468 795.00
上海	590 156.00	125 893	478 358.90
江苏	158 624.00	256 038	391 429.00
浙江	178.00	6 788	1 495.00
安徽	23 563.42	65 505	24 187.15
福建	16 941.78	21 410	8 564.30
江西	5 608.00	58 394	615 184.00
山东	5.00	120	40.00
河南	40 664.11	20 384	47 665.42
湖北	86 447.00	304 351	2 918 989.00
湖南	39 257.00	52 941	313 216.00
广东	8 242 126.71	1 122 932	318 525.77
广西	234 479.00	595 049	465 614.00
海南	45 246.00	208 386	83 677.00
重庆	10 348.00	65 900	5 942.00
四川	78.76	530	233.12
贵州			
云南	361 204.00	379 824	70 280.70
陕西	6 791.50	4 362	9 814.35
甘肃	11 954.90	61 314	7 485.18
青海			
宁夏	82 678.00	47 810	19 695.00
新疆（兵团）			
新疆（农业）	6 923.00	13 621	5 431.00
新疆（畜牧）	4 113.41	31 414	1 906.86
热科院			
广州	42 870.00		112 898.00
南京	6 046.35	15 089	36 858.34

4－10 国有及国有控股服务业基本情况

地　区	年末单位个数（个）	年末从业人员（人）	全年从业人员工资总额（万元）	营业网点个数（个）
全国农垦	**1 089**	**47 461**	**3 206 135.91**	**852**
北　京	200	11 682	2 842 796.85	97
天　津	26	971	17 768.80	
河　北	14	197	1 078.00	13
山　西	2	124	394.71	2
内蒙古	21	197	1 138.00	18
辽　宁	36	30		36
吉　林				
黑龙江	97	10 048	72 717.08	
上　海	123	2 547	60 483.00	54
江　苏	6	3 021	4 002.00	3
浙　江		7	90.00	
安　徽	13	389	1 558.24	4
福　建	3	56	359.00	3
江　西	19	745	1 971.00	17
山　东				
河　南	4	337	3 488.66	20
湖　北	128	3 225	50 936.00	119
湖　南				
广　东	86	6 863	78 204.13	186
广　西	62	2 002	22 887.00	63
海　南	27	1 510	8 340.00	25
重　庆	2	160	1 760.00	2
四　川	1	11	94.57	1
贵　州				
云　南	142	1 425	16 332.00	151
陕　西	1	50	287.05	1
甘　肃	10	232	1 615.52	11
青　海				
宁　夏	12	894	6 186.00	6
新疆（兵团）				
新疆（农业）				
新疆（畜牧）	3	43	251.28	
热科院				
广　州	47	464	9 304.00	
南　京	4	231	2 093.02	20

4－10续表

地　　区	年末固定资产原值（万元）	年末营业用房面积（米²）	商品销售总额或营业收入（万元）
全国农垦	**3 526 844.67**	**3 462 112**	**3 414 259.71**
北　　京	1 547 687.50	1 306 115	1 276 992.68
天　　津	52 809.40		69 491.20
河　　北	2 235.00	810	1 183.00
山　　西	1 808.82	816	979.51
内 蒙 古	3 161.00	12 780	26 398.00
辽　　宁		680	750.00
吉　　林			
黑 龙 江	611 569.00	204 593	468 795.00
上　　海	590 156.00	125 893	478 358.90
江　　苏	23 026.00	101 220	38 026.00
浙　　江		5 124	154.00
安　　徽	15 128.42	36 270	9 800.65
福　　建	6 994.00	1 660	525.00
江　　西	935.00	5 420	2 755.00
山　　东			
河　　南	38 668.11	9 603	47 383.32
湖　　北	34 771.00	70 292	364 591.00
湖　　南			
广　　东	209 878.89	904 039	189 389.13
广　　西	164 512.00	312 085	148 914.00
海　　南	25 865.00	48 533	50 527.00
重　　庆	10 348.00	65 900	5 942.00
四　　川	78.76	530	233.12
贵　　州			
云　　南	39 581.00	144 567	57 815.50
陕　　西	5 997.50	5	7 207.35
甘　　肃	11 828.90	59 082	7 274.98
青　　海			
宁　　夏	77 862.00	26 164	12 949.00
新疆（兵团）			
新疆（农业）			
新疆（畜牧）	3 347.02	7 042	298.03
热 科 院			
广　　州	42 870.00		112 898.00
南　　京	5 726.35	12 889	34 628.34

固定资产投资、外贸出口及科研情况

5-1 固定资产投资完成情况

计量单位：万元

地区	本年完成投资总额（按工程用途分）				资金来源合计
		第一产业	第二产业	第三产业	
全国农垦	**34 936 656.13**	**3 974 143.35**	**15 707 016.25**	**15 255 496.53**	**30 357 498.79**
北京	425 661.55	218 749.65	50 815.26	156 096.64	373 140.64
天津	176 149.30	110 802.00	28 390.00	36 957.30	176 149.30
河北	4 323 562.68	202 180.68	3 173 268.00	948 114.00	4 229 115.68
山西	1 653.22	1 193.84	334.46	124.92	1 653.22
内蒙古	231 858.71	128 750.13	63 597.83	39 510.75	249 298.71
辽宁	884 846.76	158 750.14	322 179.64	403 916.98	884 846.76
吉林	4 717.07	4 507.07	180.00	30.00	4 717.07
黑龙江	945 095.32	516 431.36	79 112.96	349 551.00	939 737.72
上海	403 170.00	54 223.00	109 920.00	239 027.00	403 170.00
江苏	419 249.00	52 662.00	190 199.00	176 388.00	419 249.00
浙江	4 739.68	4 732.68		7.00	4 858.61
安徽	47 151.17	29 609.57	6 840.94	10 700.66	47 313.84
福建	46 988.01	10 054.01	23 978.00	12 956.00	47 266.01
江西	2 616 246.80	68 251.80	1 818 980.00	729 015.00	2 615 667.80
山东	5 638.64	2 279.42		3 359.22	5 638.64
河南	21 621.06	2 877.20	10 935.71	7 808.15	21 530.69
湖北	8 491 312.00	560 228.00	4 690 178.00	3 240 906.00	8 491 392.00
湖南	496 143.48	62 908.48	281 306.00	151 929.00	1 244 920.48
广东	336 194.16	96 955.30	117 320.82	121 918.04	336 194.16
广西	859 662.00	66 202.00	182 387.00	611 073.00	862 626.00
海南	695 154.00	114 556.00	42 865.00	537 733.00	695 154.00
重庆	46 715.00	5 225.00	25 190.00	16 300.00	39 000.00
四川	3 870.06	3 717.80		152.26	3 819.06
贵州	4 294.01	2 556.55	942.91	794.55	4 294.01
云南	135 944.00	33 626.00	37 034.00	65 284.00	134 944.00
陕西	7 225.00	5 739.00	1 483.00	3.00	7 225.00
甘肃	68 929.16	35 806.93	22 611.73	10 510.50	69 181.15
青海	11 050.27	10 580.27		470.00	345.00
宁夏	102 173.70	76 137.90	19 137.50	6 898.30	102 173.70
新疆(兵团)	12 781 729.00	1 119 669.00	4 348 447.00	7 313 613.00	7 751 464.00
新疆(农业)	124 535.96	110 514.76	8 936.46	5 084.74	15 559.77
新疆(畜牧)	128 660.50	66 780.14	43 646.03	18 234.33	91 119.92
热科院	33 698.10			33 698.10	33 716.09
广州	50 731.00	36 844.00	6 799.00	7 088.00	50 731.00
南京	285.76	41.67		244.09	285.76

5-1续表

地区	国家预算资金	国内贷款	利用外资	自筹资金	其他资金	当年新增固定资产
全国农垦	**5 433 281.39**	**1 242 260.68**	**331 709.50**	**19 109 388.10**	**4 240 859.12**	**13 419 097.98**
北京	40 553.16	24 192.20		302 403.90	5 991.38	263 542.44
天津	10 686.80	42 686.00	222.50	122 544.00	10.00	127 261.20
河北	75 409.50	6 000.00		3 948 217.18	199 489.00	1 961 179.68
山西	307.00			566.22	780.00	1 156.06
内蒙古	48 852.56	1 010.00		184 278.15	15 158.00	134 030.71
辽宁	20 989.80	33 697.00		712 033.96	118 126.00	257 704.22
吉林	2 399.50			2 136.57	181.00	3 135.07
黑龙江	486 261.74	1 475.00		308 981.98	143 019.00	652 558.79
上海	12 086.00	128 220.00	1 200.00	245 367.00	16 297.00	294 363.00
江苏	16 933.00			397 980.00	4 336.00	208 366.00
浙江	2 320.00			2 457.82	80.79	2 414.68
安徽	14 291.28			31 324.78	1 697.78	30 171.90
福建	4 885.00	300.00	660.00	40 193.33	1 227.68	32 460.25
江西	307 395.50	4 000.00	145 875.00	1 864 204.30	294 193.00	412 103.30
山东	1 230.25			4 318.39	90.00	5 638.64
河南	4 557.00			16 746.69	227.00	3 449.34
湖北	862 986.00	242 088.00		5 400 904.00	1 985 414.00	4 295 244.00
湖南	506 134.00	45 135.00	181 060.00	100 485.48	412 106.00	436 805.58
广东	60 288.17	6 194.18		187 583.98	82 127.83	206 222.55
广西	25 194.00	56 629.00	831.00	683 256.00	96 716.00	422 426.00
海南	24 551.00	61 251.00		151 133.00	458 219.00	468 775.00
重庆				39 000.00		25 160.00
四川	1 196.90	50.00		1 867.29	704.87	2 780.51
贵州	200.00			1 225.00	2 869.01	3 066.83
云南	19 198.00	40 125.00		54 609.00	21 012.00	58 345.00
陕西	2 449.00			4 776.00		5 888.00
甘肃	5 354.36	10 762.30		50 462.44	2 602.05	24 219.32
青海	146.00			199.00		417.27
宁夏	13 695.90	21 055.00	331.00	67 091.80		50 406.50
新疆(兵团)	2 781 460.00	505 729.00	1 530.00	4 095 781.00	366 964.00	2 905 732.00
新疆(农业)	11 896.96			3 441.44	221.37	13 011.44
新疆(畜牧)	36 964.67	11 662.00		32 797.76	9 695.49	68 673.21
热科院	32 408.34			193.88	1 113.87	22 518.73
广州				50 731.00		19 585.00
南京				95.76	190.00	285.76

5－2　国有单位固定资产完成情况

计量单位：万元

地　区	本年完成投资总额（按工程用途分）				资金来源合计
		第一产业	第二产业	第三产业	
全国农垦	**14 084 541.99**	**2 226 758.54**	**3 276 945.45**	**8 580 838.00**	**12 054 011.94**
北　京	425 545.55	218 749.65	50 815.26	155 980.64	373 140.64
天　津	176 149.30	110 802.00	28 390.00	36 957.30	176 149.30
河　北	242 458.18	17 207.18	95 638.00	129 613.00	242 458.18
山　西	1 643.22	1 183.84	334.46	124.92	1 643.22
内蒙古	164 820.57	80 693.85	58 492.17	25 634.55	179 260.57
辽　宁	105 467.79	16 085.89	4 808.30	84 573.60	105 467.79
吉　林	2 664.33	2 634.33		30.00	2 664.33
黑龙江	945 095.32	516 431.36	79 112.96	349 551.00	939 737.72
上　海	403 170.00	54 223.00	109 920.00	239 027.00	403 170.00
江　苏	307 480.00	41 957.00	98 196.00	167 327.00	307 480.00
浙　江	2 899.86	2 892.86		7.00	3 018.79
安　徽	40 816.24	26 301.79	4 156.20	10 358.25	40 978.91
福　建	18 188.01	3 109.01	8 074.00	7 005.00	20 010.63
江　西	368 159.92	19 279.80	35 269.00	313 611.12	360 628.92
山　东	2 279.42	2 279.42			2 279.42
河　南	10 947.06	1 733.20	1 405.71	7 808.15	10 886.69
湖　北	3 510 199.00	103 306.00	1 498 471.00	1 908 422.00	3 510 199.00
湖　南	105 960.48	6 753.48	15 838.00	83 369.00	503 267.48
广　东	186 136.92	72 979.21	36 916.13	76 241.58	186 136.92
广　西	495 660.00	65 412.00	62 236.00	368 012.00	498 624.00
海　南	237 753.00	90 994.00	35 354.00	111 405.00	237 753.00
重　庆	38 950.00	1 000.00	23 500.00	14 450.00	33 000.00
四　川	2 446.78	2 294.52		152.26	2 395.78
贵　州	4 294.01	2 556.55	942.91	794.55	4 294.01
云　南	99 967.00	24 844.00	34 221.00	40 902.00	98 967.00
陕　西	5 742.00	5 739.00		3.00	5 729.00
甘　肃	68 608.96	35 546.84	22 551.62	10 510.50	68 860.95
青　海	11 030.77	10 560.77		470.00	345.00
宁　夏	101 054.60	76 103.00	18 061.20	6 890.40	101 054.60
新疆（兵团）	5 716 502.00	434 742.00	906 269.00	4 375 491.00	3 493 192.00
新疆（农业）	110 918.77	99 245.85	6 622.00	5 050.92	3 442.58
新疆（畜牧）	86 818.07	42 231.47	34 551.53	10 035.07	53 042.66
热科院	33 698.10			33 698.10	33 716.09
广　州	50 731.00	36 844.00	6 799.00	7 088.00	50 731.00
南　京	285.76	41.67		244.09	285.76

5－2续表

地　区						当年新增固定资产
	国家预算资金	国内贷款	利用外资	自筹资金	其他资金	
全国农垦	**4 869 851.36**	**580 694.68**	**6 164.50**	**5 647 776.88**	**949 524.52**	**5 287 915.36**
北　京	40 553.16	24 192.20		302 403.90	5 991.38	263 542.44
天　津	10 686.80	42 686.00	222.50	122 544.00	10.00	127 261.20
河　北	75 409.50			132 962.68	34 086.00	134 817.18
山　西	307.00			556.22	780.00	1 146.06
内蒙古	42 113.05	21.00		132 499.02	4 627.50	78 595.57
辽　宁	9 577.80	31 697.00		12 951.99	51 241.00	6 507.25
吉　林	2 399.50			264.83		2 664.33
黑龙江	486 261.74	1 475.00		308 981.98	143 019.00	652 558.79
上　海	12 086.00	128 220.00	1 200.00	245 367.00	16 297.00	294 363.00
江　苏	16 933.00			286 211.00	4 336.00	200 000.00
浙　江	2 320.00			618.00	80.79	574.86
安　徽	13 802.28			26 230.63	946.00	25 518.37
福　建	4 864.00	300.00	660.00	13 318.33	868.30	12 958.87
江　西	279 918.00		330.00	46 689.92	33 691.00	45 905.42
山　东	1 230.25			959.17	90.00	2 279.42
河　南	1 057.00			9 602.69	227.00	2 305.34
湖　北	742 915.00	46 005.00		2 305 295.00	415 984.00	1 653 624.00
湖　南	414 969.00	20.00	1 060.00	2 193.48	85 025.00	50 295.48
广　东	57 940.35	6 194.18		113 764.50	8 237.89	122 168.83
广　西	25 194.00	56 629.00	831.00	406 626.00	9 344.00	111 247.00
海　南	22 559.00	61 251.00		138 593.00	15 350.00	36 543.00
重　庆				33 000.00		24 203.00
四　川	857.18	50.00		783.73	704.87	1 693.81
贵　州	200.00			1 225.00	2 869.01	3 066.83
云　南	18 482.00	38 652.00		38 271.00	3 562.00	44 090.00
陕　西	2 449.00			3 280.00		5 666.00
甘　肃	5 354.36	10 762.30		50 142.24	2 602.05	23 899.12
青　海	146.00			199.00		397.77
宁　夏	13 695.90	21 055.00	331.00	65 972.70		49 264.30
新疆（兵团）	2 493 448.00	105 785.00	1 530.00	784 939.00	107 490.00	1 216 098.00
新疆（农业）	2 760.48			460.73	221.37	9 179.48
新疆（畜牧）	36 953.67	5 700.00		9 849.50	539.49	43 091.15
热科院	32 408.34			193.88	1 113.87	22 518.73
广　州				50 731.00		19 585.00
南　京				95.76	190.00	285.76

5-3 外贸出口供货商品金额

计量单位：万元

地　区	外贸出口供货商品金额	农产品	林产品	畜产品	水产品
全国农垦	**1 615 391.05**	**107 963.85**	**3 325.63**	**83 675.11**	**127 229.38**
北　京	31 702.75			19 746.80	
天　津	3 347.00				
河　北	259 344.41				1 351.38
山　西					
内蒙古					
辽　宁	50 156.90	2 242.00			17 985.00
吉　林					
黑龙江	52 270.34	14 304.97	3 325.63	31 294.31	
上　海	63 278.00	25 905.00			
江　苏	22 132.00	2 269.00			
浙　江	105.00	105.00			
安　徽					
福　建	1 130.00	303.00			
江　西	56 883.00				
山　东					
河　南	36.24				
湖　北	466 127.00	24 226.00		5 978.00	60 048.00
湖　南	34 714.88	5 255.88			
广　东	493 396.10	487.00			47 845.00
广　西	38 292.00			26 656.00	
海　南	7 020.00	7 020.00			
重　庆	3 945.00				
四　川					
贵　州					
云　南	7 115.00	7 115.00			
陕　西					
甘　肃	14 522.43	8 858.00			
青　海					
宁　夏	9 873.00	9 873.00			
新疆（兵团）					
新疆（农业）					
新疆（畜牧）					
热科院					
广　州					
南　京					

5-3续表

地区	工业品	医药	食品	纺织品
全国农垦	**1 293 197.08**	**5 840.63**	**65 359.01**	**86 973.67**
北京	11 955.95		11 955.95	
天津	3 347.00		819.00	1 644.00
河北	257 993.03		14 018.00	25 115.77
山西				
内蒙古				
辽宁	29 929.90	401.40	1 500.00	2 284.90
吉林				
黑龙江	3 345.43		3 080.46	
上海	37 373.00			
江苏	19 863.00	140.00	1 635.00	578.00
浙江				
安徽				
福建	827.00			42.00
江西	56 883.00			
山东				
河南	36.24			
湖北	375 875.00	342.00	6 543.00	52 886.00
湖南	29 459.00		20 871.00	
广东	445 064.10		284.40	3 946.00
广西	11 636.00			477.00
海南				
重庆	3 945.00		3 945.00	
四川				
贵州				
云南				
陕西				
甘肃	5 664.43	4 957.23	707.20	
青海				
宁夏				
新疆(兵团)				
新疆(农业)				
新疆(畜牧)				
热科院				
广州				
南京				

5－4　外贸出口供货商品量情况

品种	垦区	产量	品种	垦区	产量
大豆	全国	0.23	虾类	全国	6 366.00
	黑龙江	0.23		广东	6 366.00
玉米	全国	611.60	对虾	全国	6 509.00
	甘肃	590.00		广东	6 048.00
	黑龙江	21.60	原料药	全国	6 895.00
蔬菜	全国	47 234.35		湖北	6 895.00
	宁夏	23 553.00	大米	全国	23 349.18
	甘肃	12 742.35		黑龙江	19 849.18
	湖北	3 980.00		辽宁	3 500.00
水果	全国	23 136.00	乳制品	全国	18 003.00
	湖南	22 456.00		河北	18 003.00
	海南	680.00	罐头	全国	3 521.70
菠萝	全国	10.00		重庆	3 229.00
	广东	10.00		广东	292.70
猪	全国	95 612.00	茶叶	全国	477.00
	广西	56 769.00		福建	425.00
	湖北	38 843.00		浙江	50.00
家禽肉	全国	7 105.00	服装	全国	4 079 036.30
	北京	7 105.00		广东	3 728 816.00
鱼类	全国	16 128.00		江苏	200 000.00
	光明	11 412.00		河北	150 220.30
	广东	2 204.80	棉纱	全国	3 280 000.00
	辽宁	2 076.00		广东	3 280 000.00

5－5 农垦科研基本情况

地区	科研单位情况				
	科研单位个数（个）	职工合计（人）	科技人员（人）	#本科及以上（人）	其他人员（人）
全国农垦	**177**	**13 996**	**6 612**	**5 696**	**6 706**
北京	14	730	429	397	210
天津	1	78	34	30	44
河北	3	33	19	11	12
山西	1	9	3		
内蒙古	5	62	18	12	40
辽宁					
吉林	1	180	57	23	
黑龙江	20	503	345	345	28
上海	17	1 091	951	856	140
江苏	24	1 726	1 438	1 435	288
浙江					
安徽	1	300	60	34	19
福建					
江西	3	185	123	30	62
山东	1	18	10	3	
河南	4	192	64	38	128
湖北	7	835	439	274	396
湖南	4	79	69	35	17
广东	7	1 707	265	143	1 434
广西					
海南	7	385	89		296
重庆	3	85	75	69	10
四川	7	207	125	77	71
贵州	1	86	46	33	40
云南	8	771	387	356	382
陕西					
甘肃	18	549	148	94	359
青海	4	976	83	78	890
宁夏	1	7	6		1
新疆（兵团）					
新疆（农业）	1	13	13	7	
新疆（畜牧）					
热科院	14	3 189	1 316	1 316	1 839
广州					
南京					

5－5续表1

地区	科研单位情况			
	科研经费合计（万元）	#政府拨款（万元）	企业自筹（万元）	实验地面积（公顷）
全国农垦	**422 237.73**	**64 801.35**	**348 390.43**	**12 965**
北京	22 248.96	3 006.00	19 242.96	1
天津				
河北	6.00		6.00	23
山西	47.30		47.30	12
内蒙古	1 320.00	935.00	385.00	151
辽宁				
吉林	267.00		267.00	1 186
黑龙江	8 764.63	8 597.95	166.68	373
上海	30 862.00	1 350.00	29 512.00	
江苏	277 941.00		277 941.00	846
浙江				
安徽	432.80	1.42	417.38	111
福建				
江西	2 686.00		2 686.00	6
山东	7.20		7.20	7
河南	669.00	590.00	79.00	1 023
湖北	2 767.00	1 740.00	1 027.00	299
湖南	688.00	15.00	673.00	134
广东	7 764.59	2 915.21	4 843.38	104
广西				
海南	5 797.00	541.00	5 256.00	207
重庆	3 500.00	680.00	670.00	15
四川	801.75	621.75	130.00	47
贵州	713.76	213.00	500.76	33
云南	5 575.00	4 154.00	1 421.00	4 909
陕西				
甘肃	2 005.79	58.50	1 947.29	356
青海	348.64	220.00	128.64	1 193
宁夏				
新疆（兵团）				
新疆（农业）	93.00		93.00	20
新疆（畜牧）				
热科院	46 931.31	39 162.52	942.84	1 909
广州				
南京				

5-5续表2

地区	企业科技创新情况			
	科技人员（人）	科研经费合计（万元）	其中：财政经费（万元）	企业自筹（万元）
全国农垦	**4 112**	**138 378.86**	**33 041.65**	**105 219.21**
北京	978	27 549.24	3 463.00	24 086.24
天津				
河北	634	13 789.00	130.00	13 541.00
山西				
内蒙古				
辽宁				
吉林				
黑龙江	1 363	32 600.00	27 923.00	4 677.00
上海				
江苏				
浙江				
安徽	123	1 790.20	392.40	1 397.80
福建				
江西	15	2 226.00		2 226.00
山东				
河南	2	50 000.00		50 000.00
湖北	93	1 272.00	150.00	1 122.00
湖南	5	5.00	5.00	
广东	194	1 203.94	322.75	881.19
广西	322	1 743.00	295.00	1 448.00
海南				
重庆				
四川	3	30.00		30.00
贵州	15	198.00	153.00	45.00
云南				
陕西				
甘肃	204	3 627.48	28.50	3 598.98
青海				
宁夏				
新疆(兵团)				
新疆(农业)				
新疆(畜牧)				
热科院				
广州	161	2 345.00	179.00	2 166.00
南京				

附　录

附录一　中华人民共和国 2020 年国民经济和社会发展统计公报

中华人民共和国 2020 年国民经济和社会发展统计公报[1]

国家统计局

2021 年 2 月 28 日

2020 年是新中国历史上极不平凡的一年。面对严峻复杂的国际形势、艰巨繁重的国内改革发展稳定任务，特别是新冠肺炎疫情的严重冲击，以习近平同志为核心的党中央统揽全局，保持战略定力，准确判断形势，精心谋划部署，果断采取行动，付出艰苦努力，及时作出统筹疫情防控和经济社会发展的重大决策。各地区各部门坚持以习近平新时代中国特色社会主义思想为指导，全面贯彻党的十九大和十九届二中、三中、四中、五中全会精神，按照党中央、国务院决策部署，沉着冷静应对风险挑战，坚持高质量发展方向不动摇，统筹疫情防控和经济社会发展，扎实做好“六稳”工作，全面落实“六保”任务，我国经济运行逐季改善、逐步恢复常态，是唯一实现经济正增长的全球主要经济体，脱贫攻坚战取得全面胜利，决胜全面建成小康社会取得决定性成就，交出一份人民满意、世界瞩目、可以载入史册的答卷。

一、综合[2]

初步核算，全年国内生产总值[3] 1 015 986 亿元，比上年增长 2.3%（图 1）。其中，第一产业增加值 77 754 亿元，增长 3.0%；第二产业增加值 384 255 亿元，增长 2.6%；第三产业增加值 553 977亿元，增长 2.1%。第一产业增加值占国内生产总值比重为 7.7%，第二产业增加值比重为 37.8%，第三产业增加值比重为 54.5%（图 2）。全年最终消费支出拉动国内生产总值下降 0.5 个百分点，资本形成总额拉动国内生产总值增长 2.2 个百分点，货物和服务净出口拉动国内生产总值增长 0.7 个百分点。分季度看，一季度国内生产总值同比下降 6.8%，二季度增长 3.2%，三季度增长 4.9%，四季度增长 6.5%。预计全年人均国内生产总值 72 447 元，比上年增长 2.0%。国民总收入[4] 1 009 151 亿元，比上年增长 1.9%。全国万元国内生产总值能耗[5]比上年下降 0.1%。预计全员劳动生产率[6]为 117 746 元/人，比上年增长 2.5%。

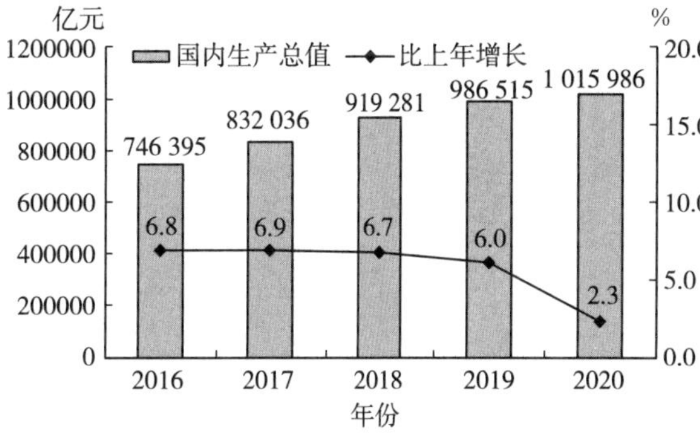

图 1　2016—2020 年国内生产总值及其增长速度

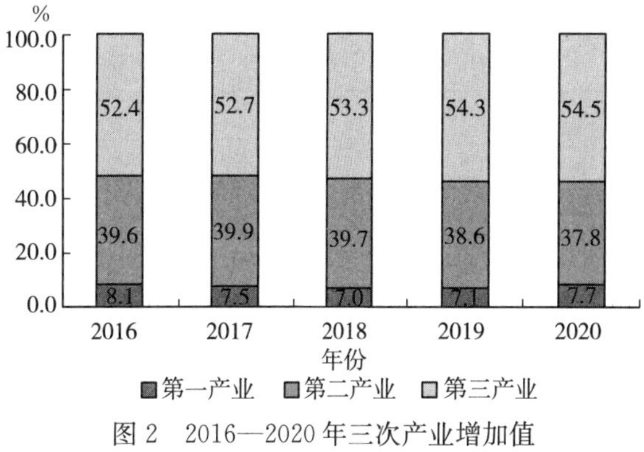

图 2　2016—2020 年三次产业增加值占国内生产总值比重

全年城镇新增就业 1 186 万人，比上年少增 166 万人（图 3）。年末全国城镇调查失业率为 5.2%，城镇登记失业率为 4.2%。全国农民工[7]总量 28 560 万人，比上年下降 1.8%。其中，外出农民工 16 959 万人，下降 2.7%；本地农民工 11 601 万人，下降 0.4%。

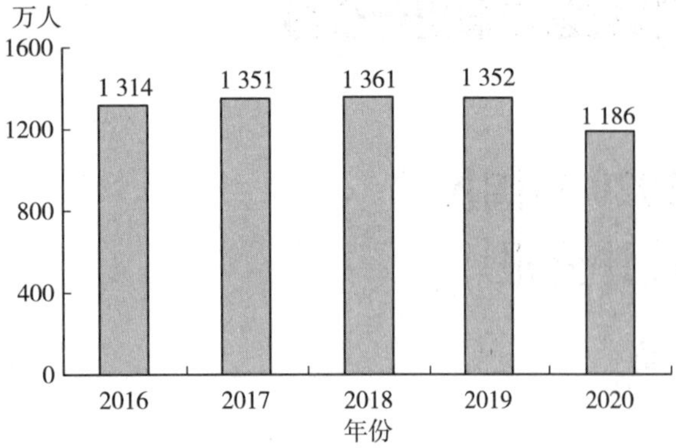

图 3　2016—2020 年城镇新增就业人数

全年居民消费价格比上年增长 2.5%。工业生产者出厂价格下降 1.8%。工业生产者购进价格下降 2.3%。农产品生产者价格[8]上涨 15.0%。12 月份，70 个大中城市新建商品住宅销售价格同比上涨的城市个数为 60 个，下降的为 10 个。2020 年居民消费价格月度涨跌幅度见图 4，居民消费价格比上年涨跌幅度见表 1。

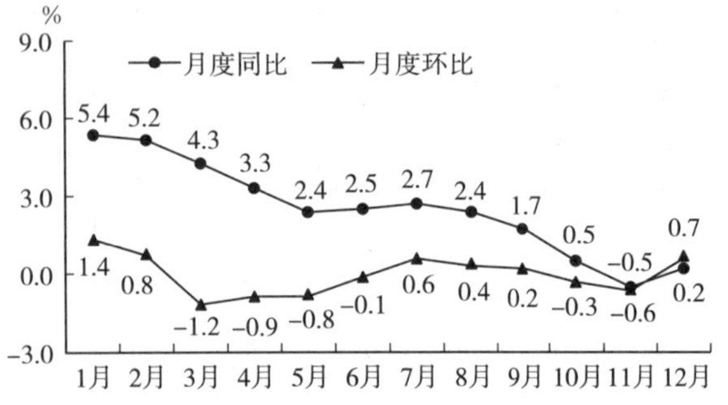

图 4　2020 年居民消费价格月度涨跌幅度

表 1　2020 年居民消费价格比上年涨跌幅度

指　　标	全国（%）	城市	农村
居民消费价格	2.5	2.3	3.0
其中：食品烟酒	8.3	7.8	9.6
衣着	−0.2	−0.2	−0.3
居住[9]	−0.4	−0.4	−0.5
生活用品及服务	0.0	0.1	−0.1
交通和通信	−3.5	−3.6	−3.2
教育文化和娱乐	1.3	1.4	1.1
医疗保健	1.8	1.7	2.0
其他用品和服务	4.3	4.4	4.1

年末国家外汇储备 32 165 亿美元，比上年末增加 1 086 亿美元（图 5）。全年人民币平均汇率为 1 美元兑 6.897 4 元人民币，比上年升值 0.02%。

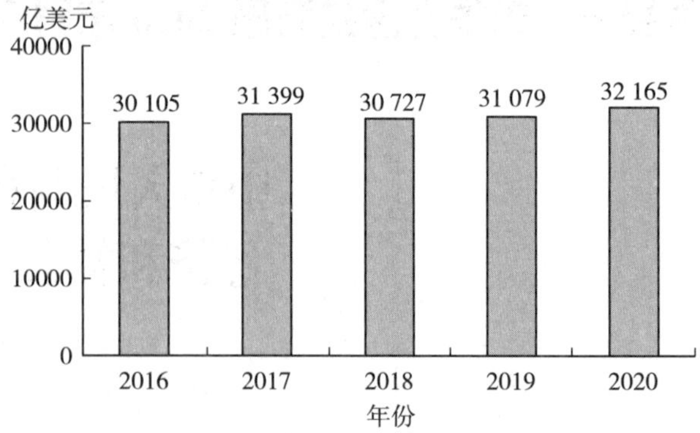

图 5　2016—2020 年年末国家外汇储备

三大攻坚战取得决定性成就。按照每人每年生活水平 2 300 元（2010 年不变价）的现行农村贫困标准计算，551 万农村贫困人口全部实现脱贫。党的十八大以来，9 899 万农村贫困人口全部实现脱贫，贫困县全部摘帽，绝对贫困历史性消除。全年贫困地区[10]农村居民人均可支配收入 12 588 元，比上年增长 8.8%，扣除价格因素，实际增长 5.6%。在监测的 337 个地级及以上城市中，全年空气质量达标的城市占 59.9%，未达标的城市占 40.1%。细颗粒物（PM2.5）未达标城市（基于 2015 年 PM2.5 年平均浓度未达标的 262 个城市）年平均浓度 37 微克/米^3，比上年下降 7.5%。1 940 个国家地表水考核断面中，全年水质优良（Ⅰ～Ⅲ类）断面比例为 83.4%，Ⅳ类断面比例为 13.6%，Ⅴ类断面比例为 2.4%，劣Ⅴ类断面比例为 0.6%。年末全国地方政府债务余额控制在全国人大批准的限额之内。金融风险处置取得重要阶段性成果。

新产业、新业态、新模式逆势成长。全年规模以上工业中，高技术制造业[11]增加值比上年增长 7.1%，占规模以上工业增加值的比重为 15.1%；装备制造业[12]增加值增长 6.6%，占规模以上工业增加值的比重为 33.7%。全年规模以上服务业[13]中，战略性新兴服务业[14]企业营业收入比上年增长 8.3%。全年高技术产业投资[15]比上年增长 10.6%。全年新能源汽车产量 145.6 万辆，比上年增长 17.3%；集成电路产量 2 614.7 亿块，增长 29.6%。全年网上零售额[16] 117 601 亿元，按可比口径计算，比上年增长 10.9%。全年新登记市场主体 2 502 万户，日均新登记企业 2.2 万户，年末市场主体总数达 1.4 亿户。

城乡区域协调发展稳步推进。年末常住人口城镇化率超过 60%。分区域看[17]，全年东部地区生产总值525 752亿元，比上年增长2.9%；中部地区生产总值222 246亿元，增长1.3%；西部地区生产总值213 292亿元，增长3.3%；东北地区生产总值51 125亿元，增长1.1%。全年京津冀地区生产总值86 393亿元，比上年增长2.4%；长江经济带地区生产总值471 580亿元，增长2.7%；长江三角洲地区生产总值244 714亿元，增长3.3%。粤港澳大湾区建设、黄河流域生态保护和高质量发展等区域重大战略深入实施。

二、农业

全年粮食种植面积11 677万公顷，比上年增加70万公顷。其中，稻谷种植面积3 008万公顷，增加38万公顷；小麦种植面积2 338万公顷，减少35万公顷；玉米种植面积4 126万公顷，减少2万公顷。棉花种植面积317万公顷，减少17万公顷。油料种植面积1 313万公顷，增加20万公顷。糖料种植面积157万公顷，减少4万公顷。

全年粮食产量66 949万吨，比上年增加565万吨，增长0.9%（图6）。其中，夏粮产量14 286万吨，增长0.9%；早稻产量2 729万吨，增长3.9%；秋粮产量49 934万吨，增长0.7%。全年谷物产量61 674万吨，比上年增长0.5%。其中，稻谷产量21 186万吨，增长1.1%；小麦产量13 425万吨，增长0.5%；玉米产量26 067万吨，持平略减。

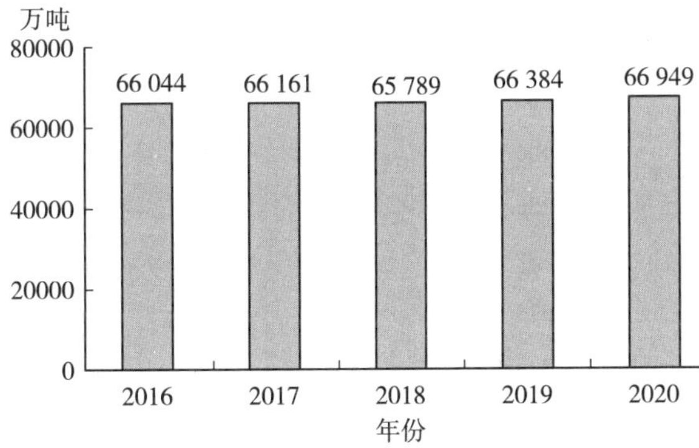

图6　2016—2020年粮食产量

全年棉花产量591万吨，比上年增长0.4%。油料产量3 585万吨，增长2.6%。糖料产量12 028万吨，下降1.2%。茶叶产量297万吨，增长7.1%。

全年猪牛羊禽肉产量7 639万吨，比上年下降0.1%。其中，猪肉产量4 113万吨，下降3.3%；牛肉产量672万吨，增长0.8%；羊肉产量492万吨，增长1.0%；禽肉产量2 361万吨，增长5.5%。禽蛋产量3 468万吨，增长4.8%。牛奶产量3 440万吨，增长7.5%。年末生猪存栏40 650万头，比上年末增长31.0%；全年生猪出栏52 704万头，比上年下降3.2%。

全年水产品产量6 545万吨，比上年增长1.0%。其中，养殖水产品产量5 215万吨，增长3.0%；捕捞水产品产量1 330万吨，下降5.0%。

全年木材产量8 727万米[3]，比上年下降13.1%。

全年新增耕地灌溉面积43万公顷，新增高效节水灌溉面积160万公顷。

三、工业和建筑业

全年全部工业增加值313 071亿元，比上年增长2.4%（图7）。规模以上工业增加值增长2.8%。在规模以上工业中，分经济类型看，国有控股企业增加值增长2.2%；股份制企业增长3.0%，外商及港澳台商投资企业增长2.4%；私营企业增长3.7%。分门类看，采矿业增长0.5%，制造业增长3.4%，电力、热力、燃气及水生产和供应业增长2.0%。

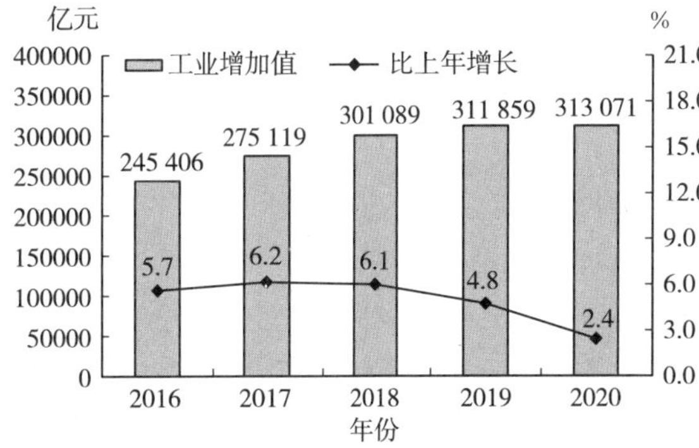

图7　2016—2020年全部工业增加值及其增长速度

全年规模以上工业中，农副食品加工业增加值比上年下降1.5%，纺织业增长0.7%，化学原料和化学制品制造业增长3.4%，非金属矿物制品业增长2.8%，黑色金属冶炼和压延加工业增长6.7%，通用设备制造业增长5.1%，专用设备制造业增长6.3%，汽车制造业增长6.6%，电气机械和器材制造业增长8.9%，计算机、通信和其他电子设备制造业增长7.7%，电力、热力生产和供应业增长1.9%。2020年主要工业产品产量及其增长速度见表2。

表 2　2020 年主要工业产品产量及其增长速度[18]

产品名称	单位	产量	比上年增长（%）
纱	万吨	2 618.3	−7.4
布	亿米	460.3	−17.1
化学纤维	万吨	6 126.5	4.1
成品糖	万吨	1 431.3	3.0
卷烟	亿支	23 863.7	0.9
彩色电视机	万台	19 626.2	3.3
其中：液晶电视机	万台	19 247.2	3.0
家用电冰箱	万台	9 014.7	14.0
房间空气调节器	万台	21 035.3	−3.8
一次能源生产总量	亿吨标准煤	40.8	2.8
原煤	亿吨	39.0	1.4
原油	万吨	19 476.9	1.6
天然气	亿米^3	1 925.0	9.8
发电量	亿千瓦小时	77 790.6	3.7
其中：火电[19]	亿千瓦小时	53 302.5	2.1
水电	亿千瓦小时	13 552.1	3.9
核电	亿千瓦小时	3 662.5	5.1
粗钢	万吨	106 476.7	7.0
钢材[20]	万吨	132 489.2	10.0
十种有色金属	万吨	6 188.4	5.5
其中：精炼铜（电解铜）	万吨	1 002.5	2.5
原铝（电解铝）	万吨	3 708.0	5.6
水泥	亿吨	24.0	2.5
硫酸（折 100%）	万吨	9 238.2	1.3
烧碱（折 100%）	万吨	3 673.9	6.2
乙烯	万吨	2 160.0	5.2
化肥（折 100%）	万吨	5 496.0	−4.1
发电机组（发电设备）	万千瓦	13 226.2	38.3
汽车	万辆	2 532.5	−1.4
其中：基本型乘用车（轿车）	万辆	923.9	−10.2
运动型多用途乘用车（SUV）	万辆	905.0	2.6
大中型拖拉机	万台	34.6	23.0
集成电路	亿块	2 614.7	29.6
程控交换机	万线	702.5	−11.1
移动通信手持机	万台	146 961.8	−13.3
微型计算机设备	万台	37 800.4	10.6
工业机器人	万台（套）	21.2	20.7

年末全国发电装机容量 220 058 万千瓦，比上年末增长 9.5%。其中[21]，火电装机容量 124 517 万千瓦，增长 4.7%；水电装机容量 37 016 万千瓦，增长 3.4%；核电装机容量 4 989 万千瓦，增

长2.4%；并网风电装机容量28 153万千瓦，增长34.6%；并网太阳能发电装机容量25 343万千瓦，增长24.1%。

全年规模以上工业企业利润64 516亿元，比上年增长4.1%[22]。分经济类型看，国有控股企业利润14 861亿元，比上年下降2.9%；股份制企业45 445亿元，增长3.4%；外商及港澳台商投资企业18 234亿元，增长7.0%；私营企业20 262亿元，增长3.1%。分门类看，采矿业利润3 553亿元，比上年下降31.5%；制造业55 795亿元，增长7.6%；电力、热力、燃气及水生产和供应业5 168亿元，增长4.9%。全年规模以上工业企业每百元营业收入的成本为83.89元，比上年减少0.11元；营业收入利润率为6.08%，提高0.20个百分点。年末规模以上工业企业资产负债率为56.1%，比上年末下降0.3个百分点。全年全国工业产能利用率[23]为74.5%，其中，一、二、三、四季度分别为67.3%、74.4%、76.7%、78.0%。

全年全社会建筑业增加值72 996亿元，比上年增长3.5%（图8）。全国具有资质等级的总承包和专业承包建筑业企业利润8 303亿元，比上年增长0.3%，其中，国有控股企业2 871亿元，增长4.7%。

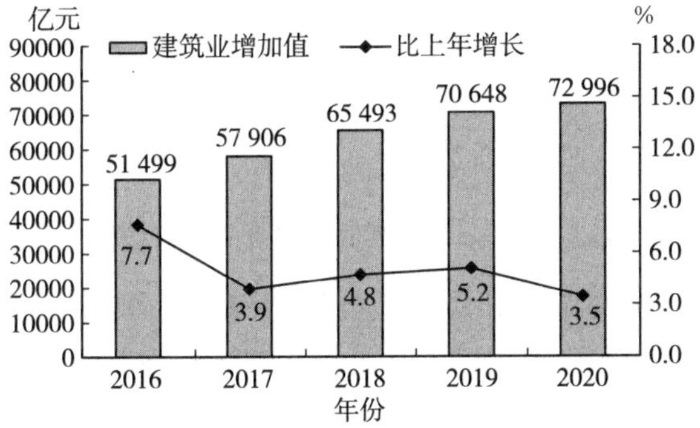

图8 2016—2020年建筑业增加值及其增长速度

四、服务业

全年批发和零售业增加值95 686亿元，比上年下降1.3%；交通运输、仓储和邮政业增加值41 562亿元，增长0.5%；住宿和餐饮业增加值15 971亿元，下降13.1%；金融业增加值84 070亿元，增长7.0%；房地产业增加值74 553亿元，增长2.9%；信息传输、软件和信息技术服务业增加值37 951亿元，增长16.9%；租赁和商务服务业增加值31 616亿元，下降5.3%。全年规模以上服务业企业营业收入比上年增长1.9%，利润总额下降7.0%。2020年服务业增加值及其增长速度见图9。

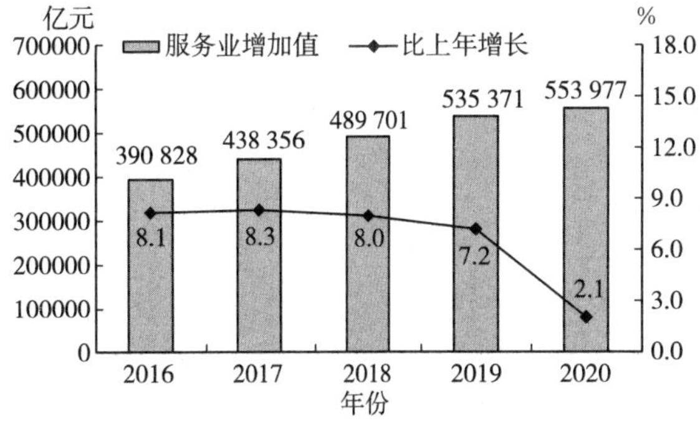

图9 2016—2020年服务业增加值及其增长速度

全年货物运输总量[24]463亿吨，货物运输周转量196 618亿吨·公里（表3）。全年港口完成货物吞吐量145亿吨，比上年增长4.3%，其中，外贸货物吞吐量45亿吨，增长4.0%。港口集装箱吞吐量26 430万标准箱，增长1.2%。

表3 2020年各种运输方式完成货物运输量及其增长速度

指　标	计量单位	绝对数	比上年增长（%）
货物运输总量	亿吨	463.4	−0.5
铁路	亿吨	44.6	3.2
公路	亿吨	342.6	−0.3
水运	亿吨	76.2	−3.3
民航	万吨	676.6	−10.2
货物运输周转量	亿吨·公里	196 618.3	−1.0
铁路	亿吨·公里	30 371.8	1.0
公路	亿吨·公里	60 171.8	0.9
水运	亿吨·公里	105 834.4	−2.5
民航	亿吨·公里	240.2	−8.7

全年旅客运输总量97亿人次，比上年下降45.1%。旅客运输周转量19 251亿人·公里，下降45.5%（表4）。

表4 2020年各种运输方式完成旅客运输量及其增长速度

指　标	计量单位	绝对数	比上年增长（%）
旅客运输总量	亿人次	96.7	−45.1
铁路	亿人次	22.0	−39.8
公路	亿人次	68.9	−47.0
水运	亿人次	1.5	−45.2
民航	亿人次	4.2	−36.7

（续）

指　标	计量单位	绝对数	比上年增长（%）
旅客运输周转量	亿人·公里	19 251.4	−45.5
铁路	亿人·公里	8 266.2	−43.8
公路	亿人·公里	4 641.0	−47.6
水运	亿人·公里	33.0	−58.0
民航	亿人·公里	6 311.2	−46.1

年末全国民用汽车保有量28 087万辆（包括三轮汽车和低速货车748万辆），比上年末增加1 937万辆，其中，私人汽车保有量24 393万辆，增加1 758万辆。民用轿车保有量15 640万辆，增加996万辆，其中，私人轿车保有量14 674万辆，增加973万辆。

全年完成邮政行业业务总量[25]21 053亿元，比上年增长29.7%。邮政业全年完成邮政函件业务14.2亿件，包裹业务0.2亿件，快递业务量833.6亿件，快递业务收入8 795亿元（图10）。全年完成电信业务总量[26]136 758亿元，比上年增长28.1%。年末全国电话用户总数177 598万户，其中，移动电话用户159 407万户。移动电话普及率为113.9部/百人。固定互联网宽带接入用户[27]48 355万户，比上年末增加3 427万户（图11），其中，固定互联网光纤宽带接入用户[28]45 414万户，增加3 675万户。全年移动互联网用户接入流量1 656亿GB，比上年增长35.7%。年末互联网上网人数9.89亿人，其中，手机上网人数[29]9.86亿人。互联网普及率为70.4%，其中，农村地区互联网普及率为55.9%。全年软件和信息技术服务业[30]完成软件业务收入81 616亿元，按可比口径计算，比上年增长13.3%。

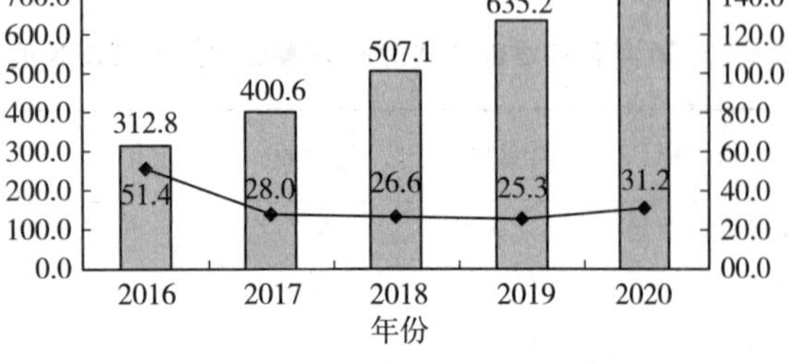

图10　2016—2020年快递业务量及其增长速度

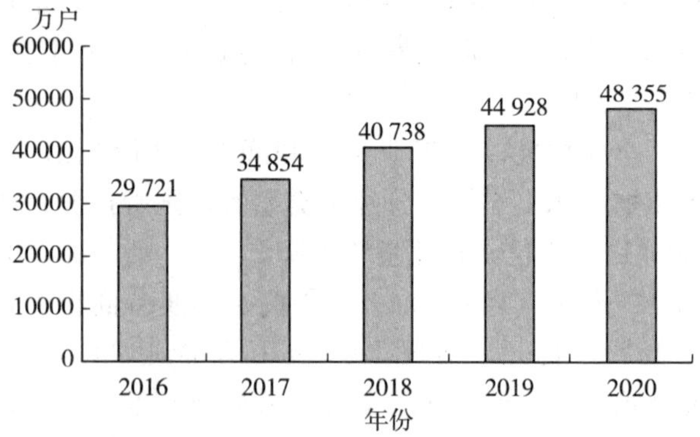

图11　2016—2020年年末固定互联网宽带接入用户数

五、国内贸易

全年社会消费品零售总额391 981亿元，比上年下降3.9%（图12）。按经营地统计，城镇消费品零售额339 119亿元，下降4.0%；乡村消费品零售额52 862亿元，下降3.2%。按消费类型统计，商品零售额352 453亿元，下降2.3%；餐饮收入额39 527亿元，下降16.6%。

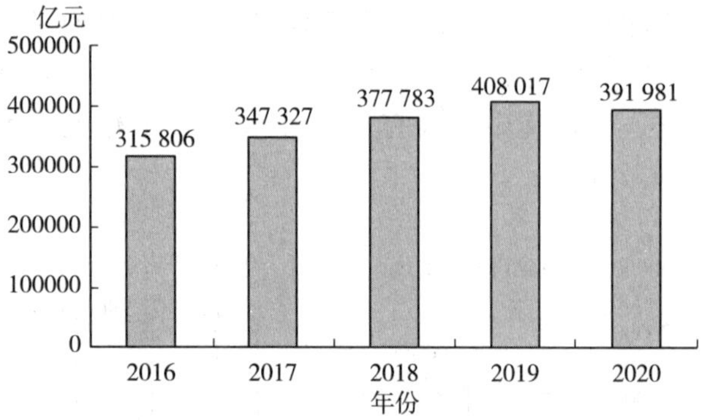

图12　2016—2020年社会消费品零售总额[31]

全年限额以上单位商品零售额中，粮油、食品类零售额比上年增长9.9%，饮料类增长14.0%，烟酒类增长5.4%，服装、鞋帽、针纺织品类下降6.6%，化妆品类增长9.5%，金银珠宝类下降4.7%，日用品类增长7.5%，家用电器和音像器材类下降3.8%，中西药品类增长7.8%，文化办公用品类增长5.8%，家具类下降7.0%，通信器材类增长12.9%，建筑及装潢材料类下降2.8%，石油及制品类下降14.5%，汽车类下降1.8%。

全年实物商品网上零售额97 590亿元，按可比口径计算，比上年增长14.8%，占社会消费品零售总额的比重为24.9%，比上年提高4.0个百分点。

六、固定资产投资

全年全社会固定资产投资[32]527 270亿元，比上年增长2.7%。其中，固定资产投资（不含农户）518 907亿元，增长2.9%（表5）。分区域看[33]，东部地区投资比上年增长3.8%，中部地区投资增长0.7%，西部地区投资增长4.4%，东北地区投资增长4.3%。

表5 2020年分行业固定资产投资（不含农户）增长速度

行　业	比上年增长（%）	行　业	比上年增长（%）
总计	2.9	金融业	−13.3
农、林、牧、渔业	19.1	房地产业[36]	5.0
采矿业	−14.1	租赁和商务服务业	5.0
制造业	−2.2	科学研究和技术服务业	3.4
电力、热力、燃气及水生产和供应业	17.6	水利、环境和公共设施管理业	0.2
建筑业	9.2	居民服务、修理和其他服务业	−2.9
批发和零售业	−21.5	教育	12.3
交通运输、仓储和邮政业	1.4	卫生和社会工作	26.8
住宿和餐饮业	−5.5	文化、体育和娱乐业	1.0
信息传输、软件和信息技术服务业	18.7	公共管理、社会保障和社会组织	−6.4

在固定资产投资（不含农户）中，第一产业投资13 302亿元，比上年增长19.5%；第二产业投资149 154亿元，增长0.1%；第三产业投资356 451亿元，增长3.6%（图13）。民间固定资产投资[34]289 264亿元，增长1.0%。基础设施投资[35]增长0.9%。2020年固定资产投资新增主要生产与运营能力见表6。

全年房地产开发投资141 443亿元，比上年增长7.0%（表7）。其中，住宅投资104 446亿元，增长7.6%；办公楼投资6 494亿元，增长5.4%；商业营业用房投资13 076亿元，下降1.1%。年末商品房待售面积49 850万米^2，比上年末增加29万米^2。其中，商品住宅待售面积22 379万米^2，减少94万米^2。

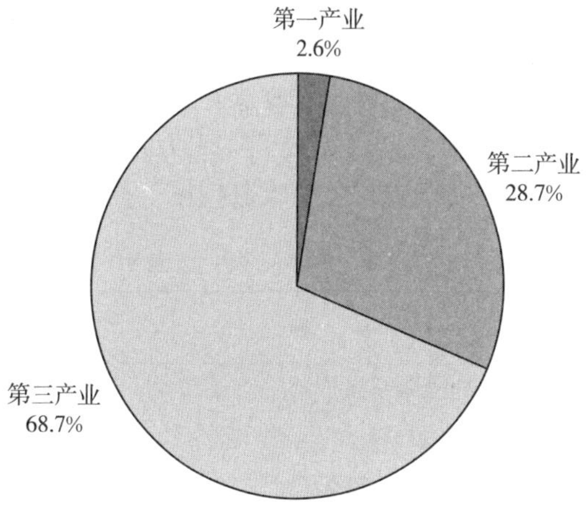

图13　2020年三次产业投资占固定资产投资（不含农户）比重

表6 2020年固定资产投资新增主要生产与运营能力

指　标	单位	绝对数
新增220千伏及以上变电设备	万千伏安	22 288
新建铁路投产里程	公里	4 933
其中：高速铁路	公里	2 521
增、新建铁路复线投产里程	公里	3 380
电气化铁路投产里程	公里	5 480
新改建高速公里里程	公里	12 713
港口万吨级码头泊位新增通过能力	万吨/年	30 562
新增民用运输机场	个	3
新增光缆线路长度	万公里	428

表 7　2020 年房地产开发和销售主要指标及其增长速度

指　标	单位	绝对数	比上年增长（%）
投资额	亿元	141 443	7.0
其中：住宅	亿元	104 446	7.6
房屋施工面积	万米^2	926 759	3.7
其中：住宅	万米^2	655 558	4.4
房屋新开工面积	万米^2	224 433	−1.2
其中：住宅	万米^2	164 329	−1.9
房屋竣工面积	万米^2	91 218	−4.9
其中：住宅	万米^2	65 910	−3.1
商品房销售面积	万米^2	176 086	2.6
其中：住宅	万米^2	154 878	3.2
本年到位资金	亿元	193 115	8.1
其中：国内贷款	亿元	26 676	5.7
个人按揭贷款	亿元	29 976	9.9

全年全国各类棚户区改造开工 209 万套，基本建成 203 万套。全面完成 74.21 万户[37]建档立卡贫困户脱贫攻坚农村危房改造扫尾工程任务。

七、对外经济

全年货物进出口总额 321 557 亿元，比上年增长 1.9%。其中，出口 179 326 亿元，增长 4.0%；进口 142 231 亿元，下降 0.7%（图 14）。货物进出口顺差 37 096 亿元，比上年增加 7 976 亿元（表 8）。对“一带一路”[38]沿线国家进出口总额 93 696 亿元，比上年增长 1.0%。其中，出口 54 263 亿元，增长 3.2%；进口 39 433 亿元，下降 1.8%。2020 年主要商品出口数量、金额及其增长速度见表 9、表 10，对主要国家和地区货物进出口金额、增长速度及其比重见表 11。

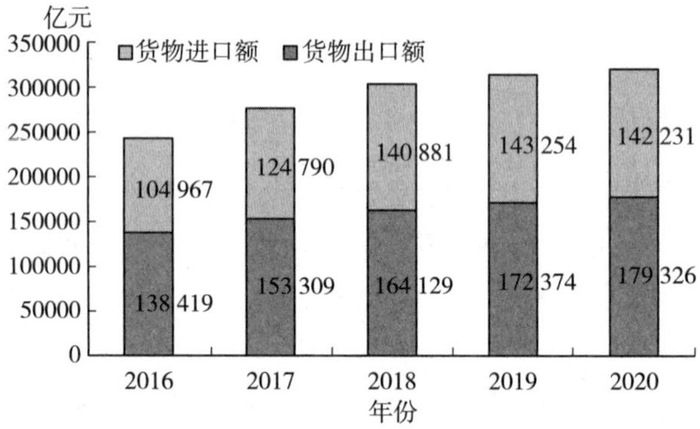

图 14　2016—2020 年货物进出口总额

表 8　2020 年货物进出口总额及其增长速度

指　标	金额（亿元）	比上年增长（%）
货物进出口总额	321 557	1.9
货物出口额	179 326	4.0
其中：一般贸易	106 460	6.9
加工贸易	48 589	−4.2
其中：机电产品	106 608	6.0
高新技术产品	53 692	6.5
货物进口额	142 231	−0.7
其中：一般贸易	86 048	−0.7
加工贸易	27 853	−3.2
其中：机电产品	65 625	4.8
高新技术产品	47 160	7.2
货物进出口顺差	37 096	—

表 9　2020 年主要商品出口数量、金额及其增长速度

商品名称	单位	数量	比上年增长（%）	金额（亿元）	比上年增长（%）
钢材	万吨	5 367	−16.5	3 151	−14.8
纺织纱线、织物及制品	—	—	—	10 695	30.4

（续）

商品名称	单位	数量	比上年增长（%）	金额（亿元）	比上年增长（%）
服装及衣着附件	—	—	—	9 520	−6.0
鞋靴	万双	740 137	−22.4	2 454	−20.9
家具及其零件	—	—	—	4 039	12.2
箱包及类似容器	万吨	201	−34.7	1 429	−23.9
玩具	—	—	—	2 317	7.7
塑料制品	—	—	—	5 902	20.0
集成电路	亿个	2 598	18.8	8 056	15.0
自动数据处理设备及其零部件	—	—	—	14 599	12.0
手机	万台	96 640	−2.8	8 647	0.4
集装箱	万个	198	−17.9	508	10.5
液晶显示板	万个	126 747	−15.9	1 370	−7.1
汽车（包括底盘）	万辆	108	−13.2	1 090	−3.2

表 10 2020 年主要商品进口数量、金额及其增长速度

商品名称	单位	数量	比上年增长（%）	金额（亿元）	比上年增长（%）
大豆	万吨	10 033	13.3	2 743	12.5
食用植物油	万吨	983	3.1	515	17.7
铁矿砂及其精矿	万吨	117 010	9.5	8 229	17.8
煤及褐煤	万吨	30 399	1.5	1 411	−12.1
原油	万吨	54 239	7.3	12 218	−26.8
成品油	万吨	2 835	−7.2	818	−30.4
天然气	万吨	10 166	5.3	2 315	−19.4
初级形状的塑料	万吨	4 063	10.1	3 628	−1.2
纸浆	万吨	3 063	12.7	1 088	−7.6
钢材	万吨	2 023	64.4	1 165	19.8
未锻轧铜及铜材	万吨	668	34.1	2 988	33.4
集成电路	亿个	5 435	22.1	24 207	14.8
汽车（包括底盘）	万辆	93	−11.4	3 242	−3.5

表 11 2020 年对主要国家和地区货物进出口金额、增长速度及其比重

国家和地区	出口额（亿元）	比上年增长（%）	占全部出口比重（%）	进口额（亿元）	比上年增长（%）	占全部进口比重（%）
东盟	26 550	7.0	14.8	20 807	6.9	14.6
欧盟[39]	27 084	7.2	15.1	17 874	2.6	12.6
美国	31 279	8.4	17.4	9 319	10.1	6.6
日本	9 883	0.1	5.5	12 090	2.1	8.5
韩国	7 787	1.8	4.3	11 957	0.0	8.4
中国香港	18 830	−2.2	10.5	482	−22.9	0.3
中国台湾	4 163	9.5	2.3	13 873	16.2	9.8
巴西	2 417	−1.5	1.3	5 834	5.8	4.1

（续）

国家和地区	出口额（亿元）	比上年增长（%）	占全部出口比重（%）	进口额（亿元）	比上年增长（%）	占全部进口比重（%）
俄罗斯	3 506	2.1	2.0	3 960	−6.1	2.8
印度	4 613	−10.5	2.6	1 445	16.7	1.0
南非	1 055	−7.5	0.6	1 422	−20.4	1.0

全年服务进出口总额45 643亿元，比上年下降15.7%。其中，服务出口19 357亿元，下降1.1%；服务进口26 286亿元，下降24.0%。服务进出口逆差6 929亿元。

全年外商直接投资（不含银行、证券、保险领域）新设立企业38 570家，比上年下降5.7%（表12）。实际使用外商直接投资金额10 000亿元，增长6.2%，折1 444亿美元，增长4.5%。其中，"一带一路"沿线国家对华直接投资（含通过部分自由港对华投资）新设立企业4 294家，下降23.2%；对华直接投资金额574亿元，下降0.3%，折83亿美元，下降1.8%。全年高技术产业实际使用外资2 963亿元，增长11.4%，折428亿美元，增长9.5%。

表12 2020年外商直接投资（不含银行、证券、保险领域）**及其增长速度**

行业	企业数（家）	比上年增长（%）	实际使用金额（亿元）	比上年增长（%）
总计	38 570	−5.7	10 000	6.2
其中：农、林、牧、渔业	493	−0.4	40	4.9
制造业	3 732	−30.8	2 156	−10.8
电力、热力、燃气及水生产和供应业	260	−11.9	217	−9.4
交通运输、仓储和邮政业	592	0.2	347	12.1
信息传输、软件和信息技术服务业	3 521	−18.0	1 133	13.3
批发和零售业	10 812	−21.9	819	33.3
房地产业	1 190	13.3	1 407	−12.5
租赁和商务服务业	7 513	30.1	1 838	22.6
居民服务、修理和其他服务业	447	23.8	21	−42.4

全年对外非金融类直接投资额7 598亿元，比上年下降0.4%，折1 102亿美元，下降0.4%（表13）。其中，对"一带一路"沿线国家非金融类直接投资额178亿美元，增长18.3%。

表13 2020年对外非金融类直接投资及其增长速度

行业	金额（亿美元）	比上年增长（%）
总计	1 101.5	−0.4
其中：农、林、牧、渔业	13.9	−9.7
采矿业	50.9	−32.3
制造业	199.7	−0.5
电力、热力、燃气及水生产和供应业	27.8	10.3
建筑业	51.6	−39.4
批发和零售业	160.7	27.8
交通运输、仓储和邮政业	26.5	−52.3
信息传输、软件和信息技术服务业	67.1	9.6

（续）

行　业	金额（亿美元）	比上年增长（%）
房地产业	27.3	−43.4
租赁和商务服务业	417.9	17.5

全年对外承包工程完成营业额 10 756 亿元，比上年下降 9.8%，折 1 559 亿美元，下降 9.8%。其中，对“一带一路”沿线国家完成营业额 911 亿美元，下降 7.0%，占对外承包工程完成营业额比重为 58.4%。对外劳务合作派出各类劳务人员 30 万人。

八、财政金融

全年全国一般公共预算收入 182 895 亿元，比上年下降 3.9%（图 15）。其中，税收收入 154 310 亿元，下降 2.3%。全国一般公共预算支出 245 588 亿元，比上年增长 2.8%。全年新增减税降费超过 2.5 万亿元。

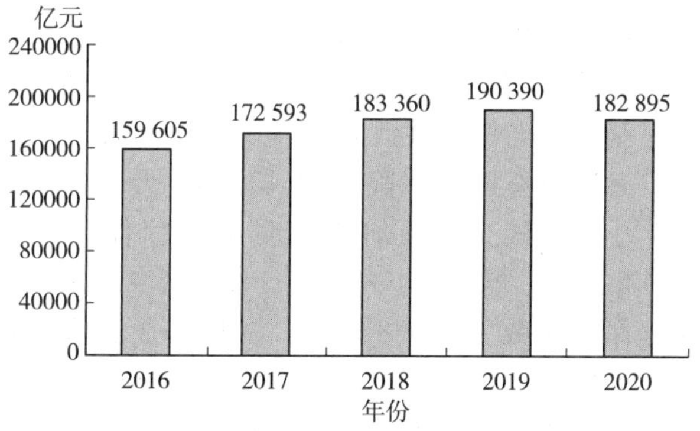

图 15　2016—2020 年全国一般公共预算收入

注：图中 2016—2019 年数据为全国一般公共预算收入决算数，2020 年为执行数。

年末广义货币供应量（M2）余额 218.7 万亿元，比上年末增长 10.1%；狭义货币供应量（M1）余额 62.6 万亿元，增长 8.6%；流通中货币（M0）余额 8.4 万亿元，增长 9.2%。

全年社会融资规模增量[40] 34.9 万亿元，按可比口径计算，比上年增加 9.2 万亿元；年末社会融资规模存量[41] 284.8 万亿元，按可比口径计算，比上年末增长 13.3%，其中，对实体经济发放的人民币贷款余额 171.6 万亿元，增长 13.2%。年末全部金融机构本外币各项存款余额 218.4 万亿元，比年初增加 20.2 万亿元，其中，人民币各项存款余额 212.6 万亿元，增加 19.6 万亿元。全部金融机构本外币各项贷款余额 178.4 万亿元（表 14），增加 19.8 万亿元，其中，人民币各项贷款余额 172.7 万亿元，增加 19.6 万亿元。人民币普惠金融贷款[42]余额 21.5 万亿元，增加 4.2 万亿元。

表 14　2020 年年末全部金融机构本外币存款余额及其增长速度

指　标	年末数（亿元）	比上年末增长（%）
各项存款	2 183 744	10.2
其中：境内住户存款	934 383	13.8
其中：人民币	925 986	13.9
境内非金融企业存款	688 218	10.8
各项贷款	1 784 034	12.5
其中：境内短期贷款	492 682	4.3
境内中长期贷款	1 137 504	17.1

年末主要农村金融机构（农村信用社、农村合作银行、农村商业银行）人民币贷款余额 215 886 亿元，比年初增加 25 210 亿元。全部金融机构人民币消费贷款余额 495 668 亿元，增加 55 994 亿元。其中，个人短期消费贷款余额 87 774 亿元，增加 7 177亿元；个人中长期消费贷款余额 407 894 亿元，增加 48 817 亿元。

全年沪深交易所 A 股累计筹资[43] 15 417 亿元，比上年增加 1 883 亿元。首次公开发行上市 A 股 394 只，筹资 4 742 亿元，比上年增加 2 252 亿元，其中，科创板股票 145 只，筹资 2 226 亿元；A 股再融资（包括公开增发、定向增发、配股、优先股、可转债转股）10 674 亿元，减少 370 亿元。全年各类主体通过沪深交易所发行债券（包括公司债、可转债、可交换债、政策性金融债、地方政府债和企业资产支持证券）筹资 84 777 亿元，比上年增加 12 791 亿元。全国中小企业股份转让系统[44]挂牌公司 8 187 家，全年挂牌公司累计股票筹资 339 亿元。

全年发行公司信用类债券[45] 14.2 万亿元，比上年增加 3.5 万亿元。

全年保险公司原保险保费收入[46]45 257亿元，比上年增长6.1%。其中，寿险业务原保险保费收入23 982亿元，健康险和意外伤害险业务原保险保费收入9 347亿元，财产险业务原保险保费收入11 929亿元。支付各类赔款及给付13 907亿元。其中，寿险业务给付3 715亿元，健康险和意外伤害险业务赔款及给付3 237亿元，财产险业务赔款6 955亿元。

九、居民收入消费和社会保障

全年全国居民人均可支配收入32 189元，比上年增长4.7%，扣除价格因素，实际增长2.1%（图16）。全国居民人均可支配收入中位数[47]27 540元，增长3.8%。按常住地分，城镇居民人均可支配收入43 834元，比上年增长3.5%，扣除价格因素，实际增长1.2%。城镇居民人均可支配收入中位数40 378元，增长2.9%。农村居民人均可支配收入17 131元，比上年增长6.9%，扣除价格因素，实际增长3.8%。农村居民人均可支配收入中位数15 204元，增长5.7%。城乡居民人均可支配收入比值为2.56，比上年缩小0.08。按全国居民五等份收入分组[48]，低收入组人均可支配收入7 869元，中间偏下收入组人均可支配收入16 443元，中间收入组人均可支配收入26 249元，中间偏上收入组人均可支配收入41 172元，高收入组人均可支配收入80 294元。全国农民工人均月收入4 072元，比上年增长2.8%。

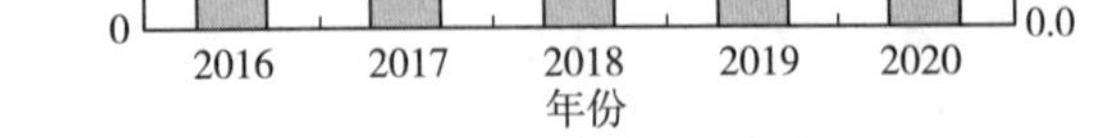

图16 2016—2020年全国居民人均可支配收入及其增长速度

全年全国居民人均消费支出21 210元，比上年下降1.6%，扣除价格因素，实际下降4.0%。其中，人均服务性消费支出[49]9 037元，比上年下降8.6%，占居民人均消费支出的比重为42.6%。按常住地分，城镇居民人均消费支出27 007元，下降3.8%，扣除价格因素，实际下降6.0%；农村居民人均消费支出13 713元，增长2.9%，扣除价格因素，实际下降0.1%。全国居民恩格尔系数为30.2%，其中，城镇为29.2%，农村为32.7%。2020年全国居民人均消费支出及其构成见图17。

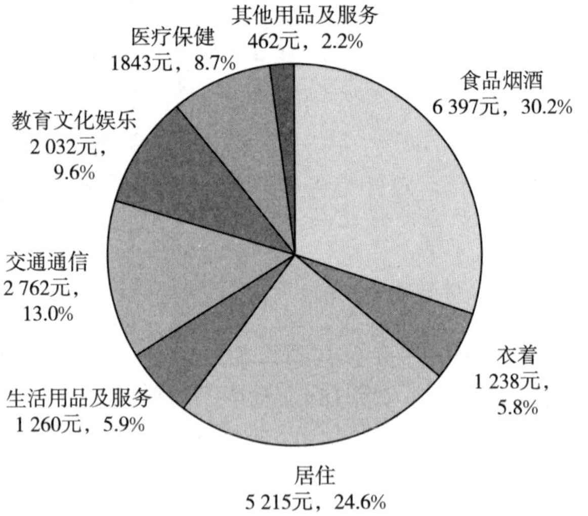

图17 2020年全国居民人均消费支出及其构成

年末全国参加城镇职工基本养老保险人数45 638万人，比上年末增加2 150万人。参加城乡居民基本养老保险人数54 244万人，增加978万人。参加基本医疗保险人数136 101万人，增加693万人。其中，参加职工基本医疗保险人数34 423万人，增加1 498万人；参加城乡居民基本医疗保险人数101 678万人。参加失业保险人数21 689万人，增加1 147万人。年末全国领取失业保险金人数270万人。参加工伤保险人数26 770万人，增加1 291万人，其中，参加工伤保险的农民工8 934万人，增加318万人。参加生育保险人数23 546万人，增加2 129万人。年末全国共有805万人享受城市最低生活保障，3 621万人享受农村最低生活保障，447万人享受农村特困人员[50]救助供养，全年临时救助[51]1 341万人次。全年资助8 990万人参加基本医疗保险，实施直接救助[52]7 300万人次。全年国家抚恤、补助退役军人和其他优抚对象837万人。

年末全国共有各类提供住宿的社会服务机构4.1万个，其中，养老机构3.8万个，儿童服务机构735个。社会服务床位[53]850.9万张，其中，养老服务床位823.8万张，儿童服务床位9.8万张。年末共有社区服务中心2.9万个，社区服务站39.3万个。

十、科学技术和教育

全年研究与试验发展（R&D）经费支出 24 426 亿元，比上年增长 10.3%（图 18），与国内生产总值之比为 2.40%，其中，基础研究经费 1 504 亿元。国家科技重大专项共安排 198 个项目（课题），国家自然科学基金共资助 4.57 万个项目。截至年末，正在运行的国家重点实验室 522 个，国家工程研究中心（国家工程实验室）350 个，国家企业技术中心 1 636 家，大众创业万众创新示范基地 212 家。国家级科技企业孵化器[54] 1 173 家，国家备案众创空间[55] 2 386 家。全年授予专利权 363.9 万件，比上年增长 40.4%（表 15）；PCT 专利申请受理量[56] 7.2 万件。截至年末，有效专利 1 219.3 万件，其中，境内有效发明专利 221.3 万件，预计每万人口发明专利拥有量 15.8 件。全年商标注册 576.1 万件，比上年下降 10.1%。全年共签订技术合同 55 万项，技术合同成交金额 28 252 亿元，比上年增长 26.1%。

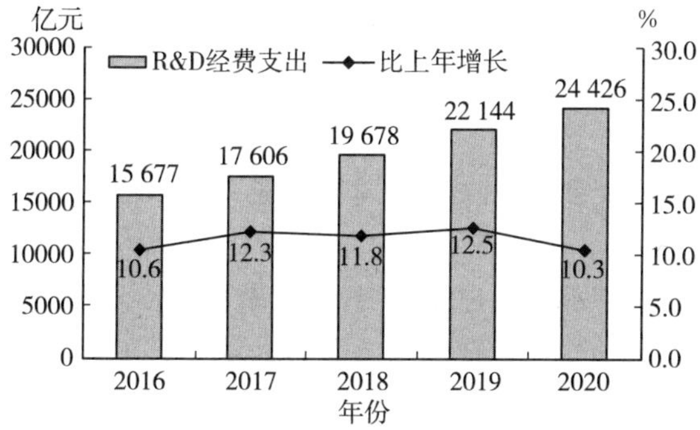

图 18　2016—2020 年研究与试验发展（R&D）经费支出及其增长速度

表 15　2020 年专利授权和有效专利情况

指　　标	专利数（万件）	比上年增长（%）
专利授权数	363.9	40.4
其中：境内专利授权	350.4	42.6
其中：发明专利授权	53.0	17.1
其中：境内发明专利	43.4	22.5
年末有效专利数	1 219.3	25.4
其中：境内有效专利	1 111.5	27.9
其中：有效发明专利	305.8	14.5
其中：境内有效发明专利	221.3	18.8

全年成功完成 35 次宇航发射。嫦娥五号发射成功，首次完成我国月表采样返回。我国首次火星探测任务“天问一号”探测器成功发射。500 米口径球面射电望远镜（FAST）正式开放运行。北斗三号全球卫星导航系统正式开通。量子计算原型系统“九章”成功研制。全海深载人潜水器“奋斗者”号完成万米深潜。

年末全国共有国家质检中心 852 家。全国现有产品质量、体系和服务认证机构 724 个，累计完成对 79 万家企业的认证。全年制定、修订国家标准 2 252 项，其中，新制定 1 584 项。全年制造业产品质量合格率[57]为 93.39%。

全年研究生教育招生 110.7 万人，在学研究生 314.0 万人，毕业生 72.9 万人。普通本专科招生 967.5 万人，在校生 3 285.3 万人，毕业生 797.2 万人。中等职业教育[58]招生 644.7 万人，在校生 1 663.4万人，毕业生 484.9 万人。普通高中招生 876.4 万人（图 19），在校生 2 494.5 万人，毕业生 786.5 万人。初中招生 1 632.1 万人，在校生 4 914.1万人，毕业生 1 535.3 万人。普通小学招生 1 808.1 万人，在校生 10 725.4 万人，毕业生 1 640.3万人。特殊教育招生 14.9 万人，在校生 88.1 万人，毕业生 12.1 万人。学前教育在园幼儿 4 818.3 万人。九年义务教育巩固率为 95.2%，高中阶段毛入学率为 91.2%。

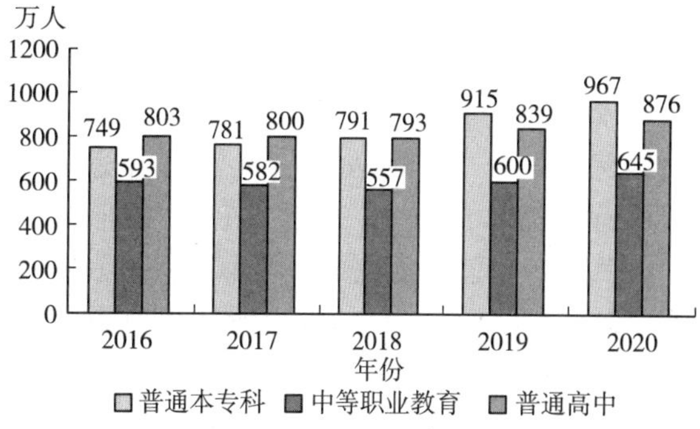

图 19　2016—2020 年普通本专科、中等职业教育及普通高中招生人数

十一、文化旅游、卫生健康和体育

年末全国文化和旅游系统共有艺术表演团体 2 027个，博物馆 3 510 个。全国共有公共图书馆 3 203个，总流通[59] 56 953 万人次；文化馆 3 327 个。有线电视实际用户 2.10 亿户，其中，有线数字电视实际用户 2.01 亿户。年末广播节目综合人口覆盖率为 99.4%，电视节目综合人口覆盖率为

99.6%。全年生产电视剧202部7 476集，电视动画片116 688分钟。全年生产故事影片531部，科教、纪录、动画和特种影片[60]119部。出版各类报纸277亿份，各类期刊20亿册，图书101亿册（张），预计人均图书拥有量[61]7.24册（张）。年末全国共有档案馆4 234个，已开放各类档案17 659万卷（件）。全年全国规模以上文化及相关产业企业营业收入98 514亿元，按可比口径计算，比上年增长2.2%。

全年国内游客28.8亿人次，比上年下降52.1%（图20）。其中，城镇居民游客20.7亿人次，下降53.8%；农村居民游客8.1亿人次，下降47.0%。国内旅游收入22 286亿元，下降61.1%。其中，城镇居民游客花费17 967亿元，下降62.2%；农村居民游客花费4 320亿元，下降55.7%。

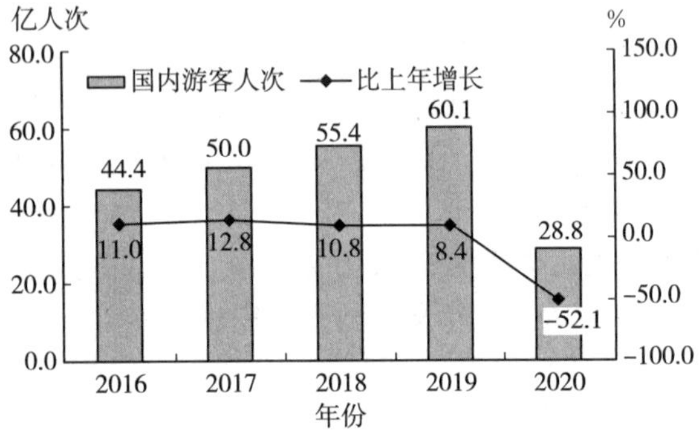

图20　2016—2020年国内游客人次及其增长速度

年末全国共有医疗卫生机构102.3万个，其中，医院3.5万个，在医院中有公立医院1.2万个，民营医院2.4万个；基层医疗卫生机构97.1万个，其中，乡镇卫生院3.6万个，社区卫生服务中心（站）3.5万个，门诊部（所）29.0万个，村卫生室61.0万个；专业公共卫生机构1.4万个，其中，疾病预防控制中心3 384个，卫生监督所（中心）2 736个。年末卫生技术人员1 066万人（图21），其中，执业医师和执业助理医师408万人，注册护士471万人。医疗卫生机构床位911万张，其中，医院713万张，乡镇卫生院139万张。全年总诊疗人次[62]78.2亿人次，出院人数[63]2.3亿人。截至年末，全国累计报告新型冠状病毒肺炎确诊病例87 071例，累计治愈出院病例82 067例，累计死亡4 634人。全国共有8 177家医疗卫生机构提供新型冠状病毒核酸检测服务，总检测能力达1 153万份/天。

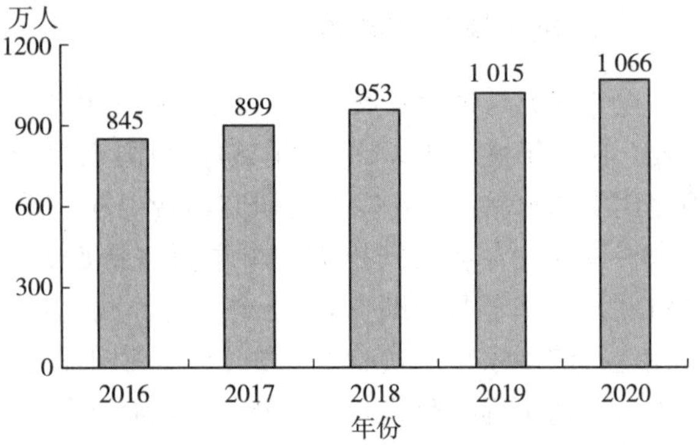

图21　2016—2020年年末卫生技术人员人数

年末全国共有体育场地[64]371.3万个，体育场地面积[65]31.0亿米^2，预计人均体育场地面积2.20米^2。全年我国运动员在3个运动大项中获得4个世界冠军，共创1项世界纪录[66]。全年我国残疾人运动员在6项国际赛事中获得24个世界冠军[67]。全年全国7岁及以上人口中经常参加体育锻炼人数比例[68]达37.2%。

十二、资源、环境和应急管理

全年全国国有建设用地供应总量[69]65.8万公顷，比上年增长5.5%。其中，工矿仓储用地16.7万公顷，增长13.6%；房地产用地[70]15.5万公顷，增长9.3%；基础设施用地33.7万公顷，增长0.3%。

全年水资源总量30 963亿米^3。

全年完成造林面积677万公顷，其中，人工造林面积289万公顷，占全部造林面积的42.7%。种草改良面积[71]283万公顷。截至年末，国家级自然保护区474个。新增水土流失治理面积6.0万平方公里。

初步核算，全年能源消费总量49.8亿吨标准煤，比上年增长2.2%。煤炭消费量增长0.6%，原油消费量增长3.3%，天然气消费量增长7.2%，电力消费量增长3.1%。煤炭消费量占能源消费总量的56.8%，比上年下降0.9个百分点；天然气、水电、核电、风电等清洁能源消费量占能源消费总量的24.3%，上升1.0个百分点（图22）。重点耗能工业企业单位电石综合能耗下降2.1%，单位合成氨综合能耗增长0.3%，吨钢综合能耗下降0.3%，单位电解铝综合能耗下降1.0%，每千瓦·时火力发电标准煤耗下降0.6%。全国万元国内生产总值二氧化碳排放下降1.0%。

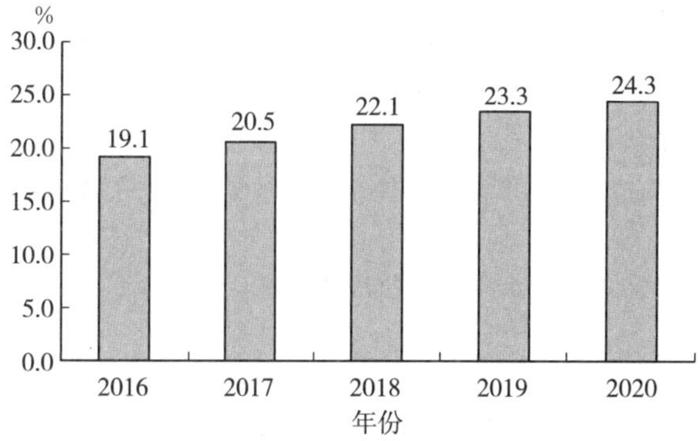

图 22　2016—2020 年清洁能源消费量占能源消费总量的比重

全年近岸海域海水水质[72]达到国家一、二类海水水质标准的面积占 77.4%，三类海水占 7.7%，四类、劣四类海水占 14.9%。

在开展城市区域声环境监测的 324 个城市中，全年声环境质量好的城市占 4.3%，较好的占 66.4%，一般的占 28.7%，较差的占 0.6%。

全年平均气温为 10.25℃，比上年下降 0.09℃。共有 5 个台风登陆。

全年农作物受灾面积 1 996 万公顷，其中，绝收 271 万公顷。全年因洪涝和地质灾害造成直接经济损失 2 686 亿元，因旱灾造成直接经济损失 249 亿元，因低温冷冻和雪灾造成直接经济损失 154 亿元，因海洋灾害造成直接经济损失 8 亿元。全年大陆地区共发生 5.0 级以上地震 20 次，成灾 5 次，造成直接经济损失约 18 亿元。全年共发生森林火灾 1 153 起，受害森林面积约 0.9 万公顷。

全年各类生产安全事故共死亡 27 412 人。工矿商贸企业就业人员 10 万人生产安全事故死亡人数 1.301 人，比上年下降 11.7%；煤矿百万吨死亡人数 0.059 人，下降 28.9%。道路交通事故万车死亡人数 1.66 人，下降 7.8%。

注释：

[1] 本公报中的数据均为初步统计数。各项统计数据均未包括香港特别行政区、澳门特别行政区和台湾省。部分数据因四舍五入，存在总计与分项合计不等的情况。

[2] 2020 年开展第七次全国人口普查，相关数据于 2021 年 5 月份发布，公报中不再单独发布人口和就业人员相关数据。公报中涉及的人均指标根据人口预计数计算得到。

[3] 国内生产总值、三次产业及相关行业增加值、地区生产总值、人均国内生产总值和国民总收入绝对数按现价计算，增长速度按不变价格计算。

[4] 国民总收入，原称国民生产总值，是指一个国家或地区所有常住单位在一定时期内所获得的初次分配收入总额，等于国内生产总值加上来自国外的初次分配收入净额。

[5] 万元国内生产总值能耗按 2015 年价格计算。

[6] 全员劳动生产率为国内生产总值（按 2015 年价格计算）与全部就业人员的比率。2020 年就业人员数据为预计数。

[7] 年度农民工数量包括年内在本乡镇以外从业 6 个月及以上的外出农民工和在本乡镇内从事非农产业 6 个月及以上的本地农民工。

[8] 农产品生产者价格是指农产品生产者直接出售其产品时的价格。

[9] 居住类价格包括租赁房房租、住房保养维修及管理、水电燃料等价格。

[10] 贫困地区包括集中连片特困地区和片区外的国家扶贫开发工作重点县，原共有 832 个县。2017 年开始将新疆阿克苏地区纳入贫困监测范围。

[11] 高技术制造业包括医药制造业，航空、航天器及设备制造业，电子及通信设备制造业，计算机及办公设备制造业，医疗仪器设备及仪器仪表制造业，信息化学品制造业。

[12] 装备制造业包括金属制品业，通用设备制造业，专用设备制造业，汽车制造业，铁路、船舶、航空航天和其他运输设备制造业，电气机械和器材制造业，计算机、通信和其他电子设备制造业，仪器仪表制造业。

[13] 规模以上服务业统计范围包括年营业收入 2 000 万元及以上的交通运输、仓储和邮政业，信息传输、软件和信息技术服务业，水利、环境和公共设施管理业，卫生行业法人单位；年营业收入 1 000 万元及以上的房地产业（不含房地产开发经营），租赁和商务服务业，科学研究和技术服务业，教育行业法人单位；以及年营业收入 500 万

元及以上的居民服务、修理和其他服务业，文化、体育和娱乐业，社会工作行业法人单位。

[14] 战略性新兴服务业包括新一代信息技术产业，高端装备制造产业，新材料产业，生物产业，新能源汽车产业，新能源产业，节能环保产业和数字创意产业八大产业中的服务业相关行业，以及新技术与创新创业等相关服务业。2020年战略性新兴服务业企业营业收入增速按可比口径计算。

[15] 高技术产业投资包括医药制造、航空航天器及设备制造等六大类高技术制造业投资和信息服务、电子商务服务等九大类高技术服务业投资。

[16] 网上零售额是指通过公共网络交易平台（主要从事实物商品交易的网上平台，包括自建网站和第三方平台）实现的商品和服务零售额。

[17] 东部地区是指北京、天津、河北、上海、江苏、浙江、福建、山东、广东和海南10省（直辖市）；中部地区是指山西、安徽、江西、河南、湖北和湖南6省；西部地区是指内蒙古、广西、重庆、四川、贵州、云南、西藏、陕西、甘肃、青海、宁夏和新疆12省（自治区、直辖市）；东北地区是指辽宁、吉林和黑龙江3省。

[18] 2019年部分产品产量数据已完成核实调整，2020年产量增速按可比口径计算。

[19] 火电包括燃煤发电量，燃油发电量，燃气发电量，余热、余压、余气发电量，垃圾焚烧发电量，生物质发电量。

[20] 钢材产量数据中含企业之间重复加工钢材约30 566万吨。

[21] 少量发电装机容量（如地热等）公报中未列出。

[22] 由于统计调查制度规定的口径调整、统计执法、剔除重复数据等因素，2020年规模以上工业企业财务指标增速及变化按可比口径计算。

[23] 产能利用率是指实际产出与生产能力（均以价值量计量）的比率。企业的实际产出是指企业报告期内的工业总产值；企业的生产能力是指报告期内，在劳动力、原材料、燃料、运输等保证供给的情况下，生产设备（机械）保持正常运行，企业可实现并能长期维持的产品产出。

[24] 货物运输总量及周转量包括铁路、公路、水路和民航4种运输方式完成量，2020年增速按可比口径计算。因新组建国家管网集团，部分油气运输管线统计归口发生变化，管道运输相关数据尚在核实。

[25] 邮政行业业务总量按2010年价格计算。

[26] 电信业务总量按2015年价格计算。

[27] 固定互联网宽带接入用户是指报告期末在电信企业登记注册，通过xDSL、FTTx＋LAN、FTTH/O以及其他宽带接入方式和普通专线接入公众互联网的用户。

[28] 固定互联网光纤宽带接入用户是指报告期末在电信企业登记注册，通过FTTH或FTTO方式接入公众互联网的用户。

[29] 手机上网人数是指过去半年通过手机接入并使用互联网的人数。

[30] 软件和信息技术服务业包括软件开发、集成电路设计、信息系统集成和物联网技术服务、运行维护服务、信息处理和存储支持服务、信息技术咨询服务、数字内容服务和其他信息技术服务等行业。

[31] 根据第四次全国经济普查结果及有关制度规定，对2016—2019年社会消费品零售总额数据进行修订。

[32] 根据第四次全国经济普查、统计执法检查、统计调查方法改革和制度规定，对2019年固定资产投资数据进行修订，2020年增速按可比口径计算。

[33] 见注释17。

[34] 民间固定资产投资是指具有集体、私营、个人性质的内资调查单位以及由其控股（包括绝对控股和相对控股）的调查单位建造或购置固定资产的投资。

[35] 基础设施投资包括交通运输、邮政业，电信、广播电视和卫星传输服务业，互联网和相关服务业，水利、环境和公共设施管理业投资。

[36] 房地产业投资除房地产开发投资外，还包括建设单位自建房屋以及物业管理、中介服务和其他房地产投资。

[37] 数据包括2019年全国64.16万户建档立卡贫困户存量危房和脱贫攻坚“回头看”排查新增的10.05万户建档立卡贫困户危房。

[38] “一带一路”是指“丝绸之路经济带”和“21世纪海上丝绸之路”。

[39] 对欧盟的货物进出口金额不包括英国数据，增速按可比口径计算。

[40] 社会融资规模增量是指一定时期内实体经济从金融体系获得的资金总额。

[41] 社会融资规模存量是指一定时期末（月末、季末或年末）实体经济（境内非金融企业和个人）从金融体系获得的资金余额。

[42] 普惠金融贷款包括单户授信小于1 000万元的小微型企业贷款、个体工商户经营性贷款、小微企业主经营性贷款、农户生产经营贷款、建档立卡贫困人口消费贷款、创业担保贷款和助学贷款。

[43] 沪深交易所股票筹资额按上市日统计，筹资额包括了可转债实际转股金额，2019年、2020年可转债实际转股金额分别为995亿元和1 195亿元。

[44] 全国中小企业股份转让系统又称“新三板”，是2012年经国务院批准的全国性证券交易场所。全年全国中小企业股份转让系统挂牌公司累计筹资不含优先股，股票筹资按发行报告书的披露日统计。

[45] 公司信用类债券包括非金融企业债务融资工具、企业债券以及公司债、可转债等。

[46] 原保险保费收入是指保险企业确认的原保险合同保费收入。

[47] 人均收入中位数是指将所有调查户按人均收入水平从低到高（或从高到低）顺序排列，处于最中间位置调查户的人均收入。

[48] 全国居民五等份收入分组是指将所有调查户按人均收入水平从低到高顺序排列，平均分为5个等份，处于最低20%的收入家庭为低收入组，依此类推，依次为中间偏下收入组、中间收入组、中间偏上收入组、高收入组。

[49] 服务性消费支出是指住户用于餐饮服务、教育文化娱乐服务和医疗服务等各种生活服务的消费支出。

[50] 农村特困人员是指无劳动能力，无生活来源，无法定赡养、抚养、扶养义务人或者其法定义务人无履行义务能力的农村老年人、残疾人以及未满16周岁的未成年人。

[51] 临时救助是指国家对遭遇突发事件、意外伤害、重大疾病或其他特殊原因导致基本生活陷入困境，其他社会救助制度暂时无法覆盖或救助之后基本生活暂时仍有严重困难的家庭或个人给予的应急性、过渡性的救助。

[52] 包括医保部门实施的住院救助、门诊救助和其他有关部门实施的直接救助。

[53] 社会服务床位数除收养性机构外，还包括救助类机构、社区类机构的床位。

[54] 国家级科技企业孵化器是指符合《科技企业孵化器管理办法》规定的，以促进科技成果转化、培育科技企业和企业家精神为宗旨，提供物理空间、共享设施和专业化服务的科技创业服务机构，且经过科学技术部批准确定的科技企业孵化器。

[55] 国家备案众创空间是指符合《发展众创空间工作指引》规定的新型创新创业服务平台，且按照《国家众创空间备案暂行规定》经科技部审核备案的众创空间。

[56] PCT专利申请受理量是指国家知识产权局作为PCT专利申请受理局受理的PCT专利申请数量。PCT（Patent Cooperation Treaty）即专利合作条约，是专利领域的一项国际合作条约。

[57] 制造业产品质量合格率是指以产品质量检验为手段，按照规定的方法、程序和标准实施质量抽样检测，判定为质量合格的样品数占全部抽样样品数的百分比，统计调查样本覆盖制造业的29个行业。

[58] 中等职业教育包括普通中专、成人中专、职业高中和技工学校。

[59] 总流通人次是指本年度内到图书馆场馆接受图书馆服务的总人次，包括借阅书刊、咨询问题以及参加各类读者活动等。

[60] 特种影片是指采用与常规影院放映在技术、设备、节目方面不同的电影展示方式，如巨幕电影、立体电影、立体特效（4D）电影、动感电影、球幕电影等。

[61] 人均图书拥有量是指在1年内全国平均每人能拥有的当年出版图书册数。

[62] 总诊疗人次是指所有诊疗工作的总人次数，包括门诊、急诊、出诊、预约诊疗、单项健康检查、健康咨询指导（不含健康讲座）人次。

[63] 出院人数是指报告期内所有住院后出院的人数，包括医嘱离院、医嘱转其他医疗机构、非医嘱离院、死亡及其他人数，不含家庭病床撤床人数。

[64] 体育场地调查对象不包括军队、铁路系统所属体育场地。

[65] 体育场地面积是指体育训练、比赛、健身场地的有效面积。

[66] 受新型冠状病毒肺炎疫情影响，2020年国际级体育赛事大幅减少，我国运动员获世界冠军数和创世界纪录数比往年有所减少。

[67] 2020年1—3月的国际赛事数据（受新型冠状病毒肺炎疫情影响，2020年4月以后停止参加国际赛事）。

[68] 经常参加体育锻炼人数比例来自2020年全民健身活动状况调查。经常参加体育锻炼的人是指每周参加体育锻炼频度3次及以上，每次体育锻炼持续时间30分钟及以上，每次体育锻炼的运动强度达中等及以上的人。

[69] 国有建设用地供应总量是指报告期内市、县人民政府根据年度土地供应计划，依法以出让、划拨、租赁等方式与用地单位或个人签订出让合同或签发划拨决定书、完成交易的国有建设用地总量。

[70] 房地产用地是指商服用地和住宅用地的总和。

[71] 种草改良面积是指通过实施播种、栽种等措施增加牧草数量的面积，以及通过压盐、压碱、压沙，土壤改良，围栏封育等措施使草原原生植被、生态得到改善的面积之和。

[72] 近岸海域海水水质采用面积法进行评价。

资料来源：

本公报中城镇新增就业、城镇登记失业率、社会保障、技工学校数据来自人力资源和社会保障部；外汇储备、汇率数据来自国家外汇管理局；环境监测、万元国内生产总值二氧化碳排放等数据来自生态环境部；财政数据来自财政部；市场主体、质量检验、国家标准制定修订、制造业产品质量合格率数据来自国家市场监督管理总局；水产品产量、新增高效节水灌溉面积数据来自农业农村部；木材产量、造林面积、种草改良面积、国家级自然保护区数据来自国家林业和草原局；新增耕地灌溉面积、水资源总量、新增水土流失治理面积数据来自水利部；发电装机容量、新增220千伏及以上变电设备、电力消费量数据来自中国电力企业联合会；港口货物吞吐量、港口集装箱吞吐量、公路运输、水运、新改建高速公路里程、港口万吨级码头泊位新增通过能力数据来自交通运输部；铁路运输、新建铁路投产里程、增新建铁路复线投产里程、电气化铁路投产里程数据来自中国国家铁路集团有限公司；民航、新增民用运输机场数据来自中国民用航空局；民用汽车、道路交通事故数据来自公安部；邮政业务数据来自国家邮政局；通信业、软件业务收入、新增光缆线路长度等数据来自工业和信息化部；互联网上网人数、互联网普及率数据来自中国互联网络信息中心；棚户区改造、建档立卡贫困户脱贫攻坚农村危房改造数据来自住房和城乡建设部；货物进出口数据来自海关总署；服务进出口、外商直接投资、对外直接投资、对外承包工程、对外劳务合作等数据来自商务部；减税降费数据来自国家税务总局；货币金融、公司信用类债券数据来自中国人民银行；境内交易场所筹资数据来自中国证券监督管理委员会；保险业数据来自中国银行保险监督管理委员会；医疗保险、生育保险、资助参加基本医疗保险、实施直接救助数据来自国家医疗保障局；城乡低保、农村特困人员救助供养、临时救助、社会服务数据来自民政部；优抚对象数据来自退役军人事务部；国家科技重大专项、国家重点实验室、国家级科技企业孵化器、国家备案众创空间、技术合同等数据来自科学技术部；国家自然科学基金资助项目数据来自国家自然科学基金委员会；国家工程研究中心（国家工程实验室）、国家企业技术中心、大众创业万众创新示范基地等数据来自国家发展和改革委员会；专利、商标数据来自国家知识产权局；宇航发射数据来自国家国防科技工业局；教育数据来自教育部；艺术表演团体、博物馆、公共图书馆、文化馆、旅游数据来自文化和旅游部；电视、广播数据来自国家广播电视总局；电影数据来自国家电影局；报纸、期刊、图书数据来自国家新闻出版署；档案数据来自国家档案局；医疗卫生数据来自国家卫生健康委员会；体育数据来自国家体育总局；残疾人运动员数据来自中国残疾人联合会；国有建设用地供应、海洋灾害造成直接经济损失数据来自自然资源部；平均气温、台风登陆数据来自中国气象局；农作物受灾面积、洪涝和地质灾害造成直接经济损失、旱灾造成直接经济损失、低温冷冻和雪灾造成直接经济损失、森林火灾、受害森林面积、生产安全事故数据来自应急管理部；地震次数、地震灾害造成直接经济损失数据来自中国地震局；其他数据均来自国家统计局。

附录二　西藏国有农场基本情况

西藏国有农场基本情况统计表（一）

（2020年）

项目名称	计量单位	西藏	八一农场	米林农场	易贡茶场	察隅农场
一、人口情况		—	—	—	—	—
农场总户数	户	789		175	523	91
农场总人口数	人	2 435		600	1 509	326
其中：在职职工人数	人	483	97	70	280	36
离、退休职工人数	人	1 023	195	251	447	130
年末从业人员数	人	567	116	135	280	36
二、土地总面积	亩	50 616	12 905	6 341	27 173	4 197
其中：耕地面积	亩	11 062	2 310	2 354	6 270	128
牧草面积	亩	2 200	2 200			
林地面积	亩	17 846	3 473		13 230	1 143
果园面积	亩	4 863	100	3 523	740	500
茶园面积	亩	7 213			5 045	2 168
橡胶园面积	亩					
水面面积	亩	420	420			
其他土地面积	亩	7 012	4 402	464	1 888	258
三、生产总值	万元	16 677.00	2 113	8 634	2 700	3 230
其中：第一产业增加值	万元	8 474.00	63	3 281	1 900	3 230
所占比重	%	50.81	3	38	70.37	100
第二产业增加值	万元	3 050.00		2 500	550	
所占比重	%	18.29		29	20.37	
第三产业增加值	万元	5 153.00	2 050	2 853	250	
所占比重	%	30.90	97	33	9.26	
四、收入情况		—	—	—	—	—
职均年收入	元	48 571	77 974	42 900	52 490	63 790
年人均纯收入	元		8 200	10 600	27 540	63 790
从业人员年均收入	元	37 178	72 187	42 500	52 490	63 790
五、主要财务指标情况		—	—	—	—	—
年末资产总额	万元	114 474.32	33 016	14 344	12 303	54 811
年末负债总额	万元	32 428.95	10 567	6 839	11 001	4 022
年末所有者权益	万元	82 045.37	22 449	7 505	1 302	50 789
营业总收入	万元	4 642.45	2 091	654	962.2	935
营业总支出	万元	4 289.39	2 044	441	743.8	1 061
利润总额（十、一）	万元	678.92	47	164	218.4	250
农场办社会职能支出总额	万元	100.00				100
其中：财政补助	万元					
企业自筹	万元	100.00				100
六、生产、生活情况		—	—	—	—	—
农机总动力	千瓦	12 400	67	333	11 000	1 000
高标准农田面积	亩	3 494	844		2 650	
有效灌溉面积	亩	6 936	3 300		3 610	26
场内道路里程	公里	122	50	19	50	3
其中：硬化里程	公里	77	6	19	50	2
符合生活饮用水卫生标准人数	人	2 435		600	1 509	326
年末实有住房面积	米^2	81 540	22 000	12 540	47 000	
人均住房占有面积	米^2	33.49		20.90	31.15	

西藏国有农场主要农产品生产情况表（二）

（2020 年）

项目名称	计量单位	西藏	八一农场	米林农场	易贡农场	察隅农场
一、种植业		—	—	—	—	—
（一）农作物播种面积	亩	6 184	120	2 134	3 000	930
1. 粮豆作物播种面积	亩	4 534		2 134	2 000	400
总产量	吨	1 885		715	850	320
亩产量	千克	416		335	425	800
2. 棉花播种面积	亩					
总产量	吨					
亩产量	千克					
3. 油料作物播种面积	亩	1 000			1 000	
总产量	吨	150			150	
亩产量	千克	150			150	
4. 糖料作物播种面积	亩					
总产量	吨					
亩产量	千克					
5. 蔬菜种植面积	亩	150	120			30
总产量	吨	148	95			53
亩产量	千克	987	792			1 767
6. 其他农作物播种面积	亩	500				500
其他农作物总产量	吨	21				21
（二）干胶总产量	吨					
（三）水果总产量	吨	1 626		1 426		200
（四）茶叶总产量	吨	70			70	
二、养殖业		—	—	—	—	—
当年出栏畜禽数	头（只）	39 235		36 435	1 200	1 600
年末存栏畜禽数	头（只）	42 796		41 436	1 100	260
肉类总产量	吨	1 102		936	40	126
禽蛋总产量	吨	580		580		
水产品总产量	吨					
牛奶总产量	吨	62		2	60	

附录三 2020年农垦大事记

2020年农垦大事记

一 月

9日 老挝总理通伦·西苏里在访华期间，专程莅临云南农垦咖啡有限公司考察调研，中国驻老挝大使姜再冬、云南省副省长张国华等陪同。

9日 农业农村部副部长于康震到广西农垦良圻原种猪场调研生猪稳产保供工作，对广西农垦非洲猪瘟防控工作给予充分肯定，要求进一步加大“防非”措施的推广应用力度。

23日 海南橡胶国产20号胶全国首张NR20合约标准仓单顺利生成，标志着海南橡胶20号胶率先走进国际化产品序列。

25日 广东省委常委叶贞琴获悉农垦系统疫情防控初步情况后，指示“广东农垦的疫情防控工作，要纳入省及当地的疾控部门工作体系；在防疫战斗中，农垦不能独成体系”。

二 月

2日 黑龙江省副省长程志明率黑龙江省工业和信息化厅、卫生健康委员会等部门到北大荒绿源食品有限公司，实地查看北大荒绿源消毒液生产情况，现场解决制约企业现阶段产量的实际问题，要求企业尽快提升产能，全力保障防疫消毒用品供应充足。

19日 天津市市长张国清在《食品集团认真贯彻落实市委市政府部署要求持续加力做好疫情防控和供应保障工作》上批示：“张勇同志：食品集团全力投入疫情防控和群众生活供给保障，反映迅速，行动有力，取得了很好效果，发挥了国企的中坚作用，很给力！向同志们表示感谢！”

三 月

2日 上海市委副书记廖国勋一行调研光明食品集团，了解集团近阶段运营和疫情防控工作情况。

3日 内蒙古自治区党委书记、人大常委会主任石泰峰到月盛斋正镶白旗畜牧产业园调研京蒙扶贫协作项目建设及企业运行情况。

3日 天津食品集团董事会审议通过，聘任万守朋为天津食品集团有限公司职业经理人总经理；聘任张庆东为天津食品集团有限公司职业经理人分管对口帮扶和“一带一路”项目建设副总经理。

5日 广西壮族自治区副主席费志荣率调研组深入广西糖业集团大新制糖公司调研疫情防控和榨季生产工作，强调要做到疫情防控和榨季生产两手抓、两手硬、两不误，奋力夺取疫情防控和改革发展双胜利。

9日 上海市副市长宗明调研光明食品集团，代表上海市委、市政府对光明食品集团在疫情期间作出的积极贡献表示感谢。

9日 湖南省委书记杜家毫在屈原管理区河市镇水稻生产全程机械化作业培训基地考察春耕生产。

9日 海南省委副书记李军在《海南省新型冠状病毒肺炎疫情防控工作指挥部简报》上批示：“海垦集团要在全面复工复产中采取更有效措施，在全省走前列”。

12日 中央政治局委员、上海市委书记李强在崇明区检查调研新冠肺炎疫情防控和企业复工复产复市情况，并实地调研第十届中国花卉博览会筹备和园区建设工作。

13日 河南省副省长何金平一行到开封大红

门检查复工复产和疫情防控工作。

15日 内蒙古自治区政协党组成员、副主席常军政一行到月盛斋正镶白旗现代畜牧业产业园检查企业复工复产情况和脱贫攻坚工作。

18日 辽宁省农垦改革发展领导小组办公室下发《辽宁省农垦改革发展领导小组关于调整组成人员的通知》，领导小组办公室设在省农业农村厅。各市相应调整本级农垦改革发展领导小组成员。

21日 广东省委常委叶贞琴一行莅临广东省农垦总局，调研广东农垦疫情防控、稳产保供有关情况。

21日 海南省委常委、常务副省长毛超峰率队调研海南农垦30万头生猪全产业链项目，全力推动企业项目实现满负荷复工复产。

23日 河北省委常委、石家庄市委书记邢国辉调研首农股份行唐百万蛋种鸡产业扶贫项目。

23日 黑龙江省委常委、统战部部长聂云凌实地调研完达山乳业阳光公司。

24日 黑龙江省委书记、省人大常委会主任张庆伟深入北大荒农垦集团所属企业北大荒豆制品有限公司、北大荒丰威食品有限公司调研企业改革发展情况，强调要深入学习贯彻习近平总书记对垦区改革的重要讲话和重要指示精神，深化体制机制创新，激发内生动力，坚决完成改革目标任务，不断扩大品牌影响，全面提升市场竞争力，加快建设现代农业大基地、大企业、大产业，努力形成农业领域航母。

26日 广东省政协主席王荣调研广东燕塘乳业股份有限公司、广东广垦绿色农产品有限公司疫情期间农业生产和农产品供应保障情况。

26日 天津市副市长李树起在天津食品集团主持召开专题汇报会，听取食品集团关于天津市“菜篮子”应急供应保障项目建设投资计划和红光农场农业公园项目建设思路。

26日 中央政治局委员、国务院副总理胡春华到三元食品调研考察。

29日 河北省省长许勤一行到三元食品新乐工业园调研。

30日 首农供应链管理有限公司投资2 244.19万元收购越南自然人黎中德持有的越南APA水产品进出口有限公司70%股权。

四　月

7日 老挝国家电视台《新闻联播》播出专题节目，报道云南天然橡胶产业集团旗下云垦云橡公司在中老联合战“疫”中积极担当、主动作为的事迹。

9日 广西壮族自治区党委副书记孙大伟到广西农垦金光片区同正种猪场建设项目和龙山特色农业示范区调研。

12日 北大荒集团宝泉岭分公司（管理局）与鹤岗市进行社区属地化管理移交协议签约，分公司（管理局）以及鹤岗区域内的10个农场，分别与鹤岗市签订了社区属地管理移交协议。

13日 天津市委常委、常务副市长马顺清到天津食品集团利达粮油公司调研粮油市场保供稳价工作。

14日 北大荒集团九三分公司（管理局）与嫩江市政府举行社区属地化管理移交仪式，标志着九三分公司（管理局）社区属地化管理工作启动。

14日 中共黑龙江省委机构编制委员会下发《关于撤销省农垦总局所属各管理局及建三江、九三、共青管理委员会有关事宜的通知》（黑编〔2020〕51号），撤销黑龙江省农垦总局所属哈尔滨、绥化、齐齐哈尔、九三、北安、牡丹江、建三江、红兴隆及宝泉岭9个管理局及其内设机构；撤销原分别与农垦建三江管理局、九三管理局及共青农场社会行政管理委员会合署办公的农垦建三江管理局、九三、共青管理委员会，不再保留其特殊建制县财税职能，收回各管理局机关事业编制共1 500名，收回农垦系统（除农垦总局外）机关工勤编制220名。

15日 农业农村部召开深化农垦改革发展工作视频会，总结交流各地贯彻落实中央农垦改革发展决策部署工作成效，对标目标任务，就深化农垦改革、促进农垦现代农业高质量发展、加快打造具有国际竞争力的现代农业集团作出安排。农业农村部副部长张桃林出席会议并讲话。

20日 农业农村部向中央全面深化改革委员会办公室呈报了《关于报送农垦国有农场办社会职能改革“回头看”情况的函》，对“回头看”中显现的成效、发现的问题进行了总结，提出要进一步扩大农垦国有农场办社会职能改革成果，提高改革成色。

20 日 云南省委副书记王予波在云南省青年创业园调研时，参观了云南农垦集团“爱云咖”高校校园创客空间，对集团一直致力于青年创新创业工作和取得的成绩给予充分肯定。

20 日 新疆维吾尔自治区党委副书记、兵团党委书记王君正到兵团农业农村局调研指导工作。

22 日 甘肃省副省长常正国一行莅临黄羊河集团公司调研。

22 日 天津市委常委、常务副市长马顺清在《食品集团认真贯彻顺清常务副市长调研要求全力以赴保障城市“米袋子”“菜篮子”供应》上批示：“要切实做到储备充足、供应顺畅、价格平稳、品质一流，为稳定市场、保障供应、服务全市人民再立新功。”

23 日 海南省委决定，盖文启任海南农垦控股集团党委委员、书记，并提名为董事长人选。海南省委副书记、省深化海南农垦管理体制改革领导小组组长李军，副省长、领导小组副组长刘平治出席干部大会并讲话。

24 日 甘肃省委副书记、省长唐仁健在武威市政府《关于祁连山精品奶源重要基地建设情况汇报》上批示：“请正国同志阅处，给予协调支持。”副省长常正国批示：“请农业农村厅、省农垦集团按照安排的支持意见，落实好唐省长批示要求，情况通报。”

27 日 “广州风行发展集团有限公司”更名为“广州越秀风行食品集团有限公司”。

28 日 农业农村部办公厅下发《农业农村部办公厅关于组织开展第一批中国农垦农场志编纂工作的通知》，全面启动中国农垦农场志编纂工作。

3—4 月 光明食品集团所属光明国际有限公司为以色列、西班牙、新西兰等集团境外企业捐赠23.1万只口罩及防护服、护目镜等防疫物资。

3—4 月 河北省中捷友谊农场为中东欧国家及其驻华使馆捐赠一次性医用口罩7.95万只，为斯洛伐克捐赠防护服、口罩、护目镜等医疗物资6吨，农场外事办协助沧州市为克罗地亚奥帕蒂亚、波兰乌斯特龙和切申3座友好城市捐赠口罩11万只。

五 月

1 日 内蒙古自治区党委副书记、主席布小林出席中利牧业2.5万头优质奶牛现代化生态循环牧场入驻兴安农垦集团呼和马场开工仪式并讲话。

4—6 日 新疆维吾尔自治区政协副主席，兵团党委副书记、副政委孔星隆赴一师阿拉尔市调研，强调要大力发展林果业、肉牛养殖业，加快编制连队布局规划，稳妥推进连队整合。

7 日 北大荒农垦集团有限公司注册成立。

8 日 上海市委副书记、代市长龚正调研指导花博园区建设工作。

8 日 拉萨市净土八一农场完成企业化改制工作，由拉萨市八一农场变更为拉萨市净土八一农场有限公司。

12 日 上海市副市长彭沉雷调研五四农场都市现代农业工作，要求五四农场当好“菜篮子”供应的主力军。

12 日 北京市政协主席、党组书记吉林率政协“健全和完善文化经济政策，推进文化产业发展引领区建设”联合调研组调研双桥农场E9区创新工场并参加文化讲堂活动。

15 日 海南天然橡胶、新疆生产建设兵团红枣、北大荒蔬菜、广东农垦生猪产业集群被纳入首批50个全国优势特色产业集群建设名单。

18 日 北大荒大学成立大会在哈尔滨举行。

20 日 原农业部党组成员、国务院参事室特约研究员、中国农产品市场协会会长张玉香参加2020“海口火山荔枝节”开幕式，并赴海垦红明湘海荔枝产业基地调研。

20 日 中国荔枝产业大会在茂名举办。中央政治局委员、广东省委书记李希对此次大会做出重要批示：“2020年中国荔枝产业大会在茂名成功举办，荔枝销售实现疫情下逆势上扬好局面，可喜可贺。感谢农业农村部和有关方面的大力支持。下一步，要深入学习贯彻习近平总书记关于‘三农’工作的重要讲话和重要指示批示精神，深化拓展大会成果，着力做强做优荔枝产业，高质量打造荔枝产业带，擦亮广东农业品牌，为实现乡村振兴‘3年取得重大进展，5年见到显著成效’目标作出新的更大贡献”。

25 日 黑龙江省委常委、副省长王永康深入黑龙江农垦科学院水稻研究所水稻科技园区考察调研。

26 日 新疆维吾尔自治区党委常委、副主席艾尔肯·吐尼亚孜主持召开农垦改革工作推进会，研究推进农垦改革发展有关工作。

27日 甘肃省副省长常正国在《甘肃农垦集团关于落实省委省政府领导在武威市〈关于祁连山精品奶源带重要基地建设情况汇报〉上所作批示情况的报告》上批示："抓紧推进，在规模化和全省产业体系构建中多做贡献。"

27日 海南省委副书记、省深化海南农垦管理体制改革领导小组组长李军主持召开领导小组第19次会议，学习贯彻海南省委七届七次全会精神，总结海南农垦改革发展情况，部署下阶段农垦改革发展重点工作。

28日 甘肃省委副书记孙伟调研甘肃农垦集团祁连牧业公司，实地查看肉牛养殖情况，详细了解企业复工复产情况。

28日 西藏自治区副主席张永泽一行到天津食品集团津垦牧业公司阿旺绵羊胚胎移植保种基地调研。

28日 天津食品集团嘉立荷牧业公司万头奶牛场项目开工仪式在唐山市丰润区隆重举行。河北省委常委、唐山市委书记张古江出席相关活动。

5月 首农股份跨国收购英国樱桃谷农场100%股权，实现中国著名肉鸭品种"百年回归"故乡北京。

六 月

3日 安徽省委书记李锦斌赴安徽农垦寿西湖农场检查"三夏"工作，并进行现场指导。

7日 中国农工民主党中央副主席杨震率队调研云南农垦镇雄天使食品有限公司，深入了解企业复工复产情况以及以农产品加工带动贫困户增收的情况。

9日 农业农村部会同财政部、国务院国有资产监督管理委员会制定印发《农垦现代农业企业集团评估工作方案》，成立了由三部委有关司局级领导、业务处室负责人、专家共同组成的评估工作组，正式启动农垦企业竞争力评估工作。

11日 安徽省人大常委会副主任谢广祥到安徽农垦龙亢农场考察调研农业机械化和农业服务全程社会化服务工作。

14—16日 新疆维吾尔自治区政协副主席、兵团党委副书记、副政委孔星隆到第六、七、八师调研农业生产情况。

17日 河北省政协副主席葛会波一行到中捷友谊农场调研疫情防控常态化下包联企业的生产运营情况。

17日 在西藏自治区深度贫困地区脱贫攻坚现场推进暨深化对口援藏扶贫工作会上，天津食品集团与西藏昌都市人民政府签署了2020年对口支援西藏扶贫工作协议。

19日 江苏省副省长赵世勇到江苏农垦集团调研。

21日 新疆生产建设兵团党委书记王君正，党委副书记、司令员彭家瑞，党委副书记、副政委孔星隆在《关于兵团连队人居环境整治调研情况的报告》上先后作出批示，对兵团人居环境整治工作作出部署。

22日 天津市副市长李树起在《关于农业农村委、市食品集团赴河北承德、内蒙古敖汉旗等地推动扶贫协作项目的报告》上批示："市食品集团以全面落实扶贫攻坚为己任，发挥优势，建载体、搭平台、建项目，为承德市扶贫攻坚做出了突出贡献。同时也扩大自己的影响力和实力，望再接再厉，取得更大成绩。"

22日 江苏农垦集团新洋、淮海、临海农场有限公司医院移交属地政府管理并举行签约仪式。

24日 在第四届世界智能大会上，天津食品集团与英国农业工程精准创新中心举行了智慧农场项目云签约仪式，天津市副市长李树起等见证签约。

七 月

1日 内蒙古自治区副主席黄志强调研乌拉盖管理区生态保护、红色教育、畜牧业高质量发展及金融支持农牧业情况。

6日 津巴布韦副总统莫哈迪赴安徽调研指导皖津项目，充分肯定了中国政府及安徽农垦为津巴布韦粮食生产做出的贡献。

8日 北京市副市长卢彦一行到首农股份中育种猪公司南口种猪场建设项目视察调研，要求首农食品集团为北京市"菜篮子"工程做贡献。

8日 河北省委副书记赵一德到河北三元食品有限公司调研。

9日 光明食品集团与上海市浦东新区人民政府签署"金色中环发展带"战略合作框架协议。

9日 江苏省委副书记任振鹤到江苏农垦集团调研农垦改革发展情况并主持召开座谈会。

13日 广东省委批准支光南同志任广东省农垦集团公司（省农垦总局）党委书记，免去陈少平同志的广东省农垦集团公司（省农垦总局）党委书记、委员职务。

16日 中央政治局委员、上海市委书记李强在云南省委书记陈豪的陪同下，考察调研云南农垦蔬菜集团云南阿卡黑蔬菜（扶贫）基地，实地了解扶贫协作工作的开展情况。

17日 经黑龙江省委常委会会议决定，杨宝龙任北大荒农垦集团有限公司（省农垦总局）总经理、副董事长、党委副书记。

24日 农业农村部农垦局公布51家第一批中国农垦农场志编纂农场名单。

24日 天津市委常委、天津警备区政委李军到天津食品集团利达粮油公司调研指导工作。

27日 中央政治局委员、北京市委书记蔡奇到永外三元街“大磨坊文化创意园”调研，察看园区规划建设，走访入驻企业。

27日 全国人大常委会委员、宪法委员会主任委员李飞一行就《中华人民共和国动物防疫法》修订到首农集团奶牛中心延庆基地调研。

29日 广西壮族自治区主席陈武到广西农垦集团调研并主持召开座谈会，强调要持续推进农垦管理体制机制改革，立足和深耕“农”字，充分发挥优势，加快促进一、二、三产业融合发展，努力在大健康和文旅产业领域上做出特色，积极投身乡村振兴战略，为推进广西现代农业高质量发展作出新的更大贡献。

八 月

1日 海南农垦战略发展研讨会在海口举行，海南省委副书记李军参加。

5日 农业农村部副部长于康震到首农集团中育种猪原种猪场和南口种猪场项目建设基地调研。

15日 天津市市长张国清在《宝坻区人民政府、天津食品集团关于宝坻区国家现代农业产业园创建进展情况的报告》上批示：“请树起同志阅示。要紧紧围绕‘农’字，抓出效果，抓出品牌！”副市长李树起批示：“请宝坻区、市食品集团严格按照国清市长批示要求，突出效果和品牌，并列出工作路线图时间表，实施清单化管理，确保今年年底见成效，为迎接国家验收打下坚实基础。”

19日 海南橡胶、中国移动海南公司、华为技术有限公司共同发起成立“橡胶产业5G联合创新实验室”。

20日 贵州省党政代表团考察调研光明集团西郊国际农产品交易中心。上海蔬菜集团与贵州蔬菜集团等签署了《对口支持协议》《战略合作框架协议》。

25日 全国人大常委会副委员长、中华全国总工会主席王东明率队到三元食品集团调研。

25日 首农股份山东樱桃谷公司在英国成立全资子公司Cherry Valley Farms（UK）Limited。

26日 河北省委书记、省人大常委会主任王东峰到海兴农场调研，实地察看有机碱梨种植基地，详细了解基地建设情况。

29日 2020年中国农民丰收节“智慧农垦万里行之福安农垦”宣介会在福安市开幕。

九 月

10日 全国人大常委会副委员长吉炳轩一行到首农食品集团二商希杰、通州粮油大杜社粮库就“珍惜粮食、反对浪费”开展专题调研。

11日 中央政治局委员、国务院副总理胡春华到北大荒集团建三江分公司气象台、七星农场大豆绿色高产高效示范田、七星农场玉米绿色高产高效示范田、七星农业科技园区及北大荒智慧农业农机中心无人农场参观考察。

12日 农业农村部副部长张桃林一行到北大荒集团建三江分公司创业农场有限公司调研。

14日 天津市副市长金湘军与广西农垦集团在天津食品集团座谈交流，就食品集团与广西农垦集团加强合作展开洽谈。

17日 中央政治局委员、天津市委书记李鸿忠率天津市党政代表团赴新疆和田地区视察指导天津食品集团肉羊养殖项目。

17日 全国人大常委会副委员长曹建明一行到北大荒集团建三江分公司二道河农场有限公司万亩大地号调研现代化大农业发展情况。

19日 全国人大常委会副委员长吉炳轩率调研组到天津利达粮油储运公司开展“珍惜粮食、反对浪费”专题调研，实地察看粮食生产、储存运输情况。

21 日 中国驻泰国宋卡总领馆马凤春总领事到泰国广垦橡胶（沙墩）有限公司进行安全巡视，并与中方员工代表座谈。

25 日 北京市政协主席吉林一行到“六必居博物馆”参观，实地调研中华传统老字号文化传承发展情况。

28 日 农业农村部农垦局邀请自然资源部所有者权益司、中国人民银行金融市场司及中央党校等单位领导、专家就农垦国有农用地管理、保护、利用中存在的难点问题进行研讨交流，启动“研究完善农垦国有农用地管理办法”有关重点问题研究工作。

十　月

1 日 首农股份首农种猪公司与英国 Genus 所属 PIC 公司合作的第一窝仔猪在延庆曾祖代种猪场诞生。

5 日 泰国副总理朱林率商业部官员一行到广垦橡胶泰华公司 BK 乳胶工厂考察调研公司发展情况。

14 日 天津食品集团王朝公司推出的王朝锦邑 18 年 XO 白兰地斩获 2020 国际葡萄酒（中国）大奖赛（IWGC）大金奖。

15 日 吉林省人民政府与光明食品集团签订合作框架协议。

16 日 广西农垦土地资产证券化专项债券在上海证券交易所成功发行，本期产品为全国首单面向农户的农村土地承包费资产证券化产品，实现广西农垦土地资源资产证券化零的突破。

17 日 商务部副部长王炳南到首农供应链管理有限公司调研。

22—23 日 农业农村部农垦局在黑龙江农垦建三江分公司召开全国农垦扶贫产业示范交流活动，交流学习各地产业扶贫经验，研究推进农垦脱贫攻坚与乡村振兴衔接。

27 日 乌兹别克斯坦共和国驻华大使馆特派全权大使赛义多夫率代表团一行，到燕塘乳业公司广州开发区旗舰工厂进行访问交流。

28—29 日 农业农村部农垦局在江苏连云港举办全国农垦创新农业经营管理体制培训班，总结交流各地创新农业经营管理体制的新进展、新成效和典型经验。

十 一 月

4 日 云南省委副书记王予波调研云南农垦集团所属云胶集团孟连公司孟连制胶厂。

4 日 北京市委副书记、市长陈吉宁以“四不两直”方式到二商希杰进行食品安全和诺如病毒预防工作的检查。

9—13 日 农业农村部、国家发展和改革委员会、民政部、财政部、国家卫生健康委员会相关司局组成联合调研组赴黑龙江省，了解黑龙江农垦改革发展情况，研究探讨下一步北大荒农垦集团改革发展问题。

13 日 内蒙古自治区党委副书记、主席布小林在呼伦贝尔农垦集团谢尔塔拉农牧场调研民族传统奶制品产业发展情况。

16 日 广西农垦集团农村产业融合发展专项债券成功发行，本期产品为全国农垦系统首单，也是广西首单农村产业融合发展专项债券，实现了农垦系统农村产业融合发展专项债券从无到有的突破。

18 日 天津食品集团与唐山市丰南区人民政府签署《现代农业园区项目建设协议》和《食品加工园区项目建设意向书》。

19 日 农业农村部召开党组会议，研究农垦改革发展等工作。会议充分肯定了农垦改革工作成效，要求加大工作力度，加快改革进程，按时保质完成农垦改革发展重点任务，打造农业农村现代化标杆。

21 日 中共中央对外联络部部长宋涛一行到河北行唐县调研首农股份峪口禽业百万蛋种鸡精准扶贫项目。

26 日 江苏省农垦集团有限公司与内蒙古伊利实业集团股份有限公司在南京签署战略合作备忘录。

11 月 农业农村部印发 2020—2030 年天然橡胶相关工作方案。

11 月底 “十三五”时期确定的 304 家贫困农场实现全部脱贫摘帽。这标志着农垦贫困农场脱贫攻坚取得了决定性胜利，农垦进入接续推进农场巩固提升新阶段。

十 二 月

1 日　广州市国有资产监督管理委员会召开市属食品产业资源整合工作会议，明确将广州皇上皇集团、广州食品集团等相关企业及品牌资源以协议转让或无偿划拨的方式整合到越秀集团，形成合力，打造广州市属食品龙头企业。

2 日　经征得财政部、国资委同意，农业农村部办公厅印发《关于开展农垦现代农业企业集团评估工作的通知》，发布农垦现代农业企业集团国际竞争力评价指标体系，在全国组织开展农垦现代农业企业集团评估工作。

3 日　农业农村部办公厅印发《关于做好全国农垦改革发展成效评估总结的函》，部署各省（自治区、直辖市）对 5 年来贯彻落实中央农垦改革发展文件精神、完成本省农垦改革发展任务情况进行评估总结。

3—4 日　京津沪渝穗五垦区合作发展研讨会在北京召开，倡议逐步扩大垦区企业间的交流合作范围，加快打造农垦现代农业航母。农业农村部农垦局局长邓庆海出席会议。

4 日　黑龙江省委书记、省人大常委会主任张庆伟赴北大荒农垦集团有限公司调研座谈。

7 日　北京市委常委、常务副市长崔述强组织召开专题会议，要求首农食品集团“利用清河地区土地优势，按照所有权和经营权分离的原则，发展现代设施农业，把清河农场建设为首都蔬菜、副食品生产基地”，副市长隋振江，副市长、市公安局局长亓延军参加会议。

14 日　广东省广垦橡胶集团公司在泰国新建的年产能 6 万吨项目——益梭通标胶工厂（YS）正式进入运营。

17 日　海南省深化海南农垦管理体制改革领导小组召开总结海南农垦改革发展座谈会，海南省委副书记、领导小组组长李军，副省长、领导小组副组长刘平治，农业农村部农垦局局长邓庆海出席并讲话。

23 日　古巴驻华大使卡洛斯・米格尔・佩雷拉・埃尔南德斯向双桥农场颁发“古中建交 60 周年荣誉证书”及“古中建交 60 周年纪念章”，以感谢 60 年来双桥农场为古中人民关系的全面发展所作出的贡献。

30 日　上海光明集团、江苏农垦、浙江农垦及安徽农垦联合在合肥召开长三角垦区协同合作联席会议，签署意向书，全面推进长三角垦区一体化高质量发展。

30 日　皇上皇集团、广州食品集团管理权移交越秀集团。

图书在版编目（CIP）数据

2021中国农垦统计年鉴 / 中华人民共和国农业农村部农垦局，中国农垦经济发展中心编．—北京：中国农业出版社，2021.10

ISBN 978-7-109-28864-5

Ⅰ.①2… Ⅱ.①中… ②中… Ⅲ.①农垦地区—统计资料—中国—2021—年鉴 Ⅳ.①C832-54

中国版本图书馆CIP数据核字（2021）第212241号

2021中国农垦统计年鉴
2021 ZHONGGUO NONGKEN TONGJI NIANJIAN

中国农业出版社出版
地址：北京市朝阳区麦子店街18号楼
邮编：100125
责任编辑：李昕昱　　文字编辑：孙蕴琪
版式设计：王　怡　　责任校对：刘丽香
印刷：北京通州皇家印刷厂
版次：2021年10月第1版
印次：2021年10月北京第1次印刷
发行：新华书店北京发行所
开本：889mm×1194mm　1/16
印张：23.5　　插页：8
字数：900千字
定价：398.00元
